中世の中日禅宗交流史

釈 会忍 著

山喜房佛書林

序――刊行に寄せて――

日中間の文化交流、禅宗の交流に注目する外国の研究者が増加してきて久しい。中国・台湾の研究者も然りである。そうとはいえ、日本禅宗史の展開にまで及ぶ研究となるとそう多くはない。このような中で、台湾の釈会忍（李秀真）師が、駒澤大学大学院人文科学研究科博士後期課程に在学し、論文を完成させ、二〇〇六年に「中世の中日禅宗交流史」の論題で、博士（歴史学）の学位を取得し、その後も研鑽に努め、この度の著書刊行に至ったことは、誠に慶賀なことである。研究指導に当たったものとして、その労を多とし、心より祝賀するものである。

本論文は中世における日中禅宗の交流とその展開について考察し、それが、日本の禅林の成立と展開にいかなる影響を与えたかを、宗風（思想）の変化などに重点を置いて考察している。また、教団・政治・文化等の関わりについても考察し、独自の論を展開している。また、その際に禅僧の語録の分析を駆使している点も本論の特色である。

中でも蘭渓道隆と円爾弁円の『坐禅論』を比較研究、無学祖元をはじめとする禅僧たちと時頼との関係を語録の分析を通じて明らかにし、南浦紹明が外交僧としても一定の活動をし、臨済宗の中でも独自の宗風をもって存在感を示し、清拙正澄の『大鑑清規』が日本の禅林の中で、儀式を重視する清規として、珍重されたことを明らかにし、無象静昭の初期鎌倉禅林の中での貢献、無本覚心の念仏禅、五山禅林の基礎を築いた夢窓疎石の宗風の特質などを明らかにしている。いずれも、先行研究を踏まえながらも、独自の論を展開していることに敬意を表したい。ただ、道元禅師と道元系の曹洞宗の宗風と教団展開の研究については、小生への多少の遠慮と留学期間の制限の問題があったのかもしれないが、深めてほしかった。今後の課題としてほしいと思う。

もとより、論の展開の独自性が、研究書の生命であるが、釈会忍(李秀真)師は学僧・修行僧としても、模範となる存在である。駒澤大学院在学中のことを振り返ると、朝早く起床し、坐禅を行い、食事をし、念仏を唱えながら掃除を行い、道路を挟んだところに所在する駒澤大学の図書館で勉学し、昼食と夕飯に戻り、二〇時まで勉学し、帰宅し、勉学のその日の整理をし、夜坐をして、23時には就寝するという、毎日であった。まさしく、学僧としての日課であった。ややもすると「研究さえ良ければそれでよし」とする研究者、とくに、小生も含めて、僧侶でもある研究者に大いに警鐘を鳴らす存在でもあるといっても過言ではなかろう。
ともかく、研究者でもあり、学僧・修行僧としても、立派に開花した著者に祝意を表するものである。

合掌

二〇一五年七月吉日

駒澤大学長　文学博士　廣瀬良弘　誌

はしがき

本書では、日本の中世の禅宗史を考察するにあたって当然のことながら中日の禅僧の交流を抜きにしては考えられないが、いわゆる従来の「禅宗史」は、すなわち禅僧の伝記を中心として述べたところに、その特色があった。概して法系に従い禅僧の伝記を編年順に列記したものである。一方、語録は禅僧の垂示・普説・問答・偈頌・文疏等が弟子等によって編纂されたものである。これには禅僧本人の思想ばかりでなく、僧団の生活や儀礼等をうかがわせるものが多い。さらに、禅宗僧団の変遷をうかがわせる好箇の史料でもあると言えよう。換言すれば、語録は禅宗史研究の根本史料であり、禅籍の中でも重要な地位を占めるものである。本書はこの語録を重要史料として扱うことによって新たな地平を切り開くことにしたい。本書では、叢林の文化・制度、対外の関係、政治の関係、禅宗の地方展開などに関することを中心に述べることとする。

本書では中世における中日禅宗の交流とその展開について明らかにし、それが日本禅林の成立と展開に如何なる影響を与えることになったか、宗風（思想）の変化などに重点を置いて検討を加えることにする。

また、本論の研究方法は、歴史的・文献学的・思想的立場から禅宗の諸問題を取り扱い、中世禅宗史を総体的に把握することにつとめるものである。なお、本稿で取り扱う時期は一三世紀の後半から一四世紀の後半に至るおよそ一世紀あまり、すなわち鎌倉中末期から室町期に限定し、考察の密度を高めたい。

本書の内容であるが、まず、初期禅宗の展開が、後の禅宗史にいかなる影響を与えたかについて考察を試みることにしたい。日本の禅宗界は宋朝を滅亡させて興った元の時代に渡来した高僧たちによって伝えられ展開した、多様な門派の集合体で構成されたといってもよい。初期禅宗における渡来僧に対する研究は重要な問題を提示する。鎌倉時代に渡来した禅僧が日本初期禅宗教団の性格にどのような影響を与えることになったのか考察を加えることにする。

つぎに、禅僧が為政者に如何なる影響を与えたかについてみることにしたい。北条時頼は深く禅僧に帰依し、禅の奥義を極め悟道した始めての武士であった。これは鎌倉武士が精神面で禅から大きな影響を受ける契機となった。以降、武家政権と禅宗との関係は緊密さを維持していった。一例を挙げれば、室町期の禅僧は外交文書の起草・語学力・儒教への知識などの教養を具えていたので、日本の武家政権が五山の僧侶を外交官僚として登用もした。五山派の中心的位置にあった夢窓派の禅僧たちは室町幕府外交の中枢部分を担った。従来の研究は室町幕府外交における夢窓派禅僧の役割の分析にのみ力点を置いてきた。そこで本論では、まず早期の禅僧である円爾・蘭渓道隆・無学祖元などを検討し、その様相を解明することを研究の課題としたい。鎌倉期には、中日禅僧が頻繁に往来することにより、日本への中国禅宗の影響が飛躍的に大きくなった。このことについての的確な論究は、それ以降の展開を把握するために是非必要なことである。従来、禅宗では師弟関係を最も重要視しており、「門派」の継承問題が重要な位置を占めた。加えて、この時期には禅寺の数が増加し、大きな僧団が形成された。このような中で禅林の発展が武家政権と如何なる関係にあったのか、如何なる影響力を発揮したか、十分に検討する必要がある。

さらに、鎌倉時代における禅宗文化の伝播について考えようとする時、直ちに思い浮かべられるのは宋朝文化の日本への受容の問題である。日本の禅宗は中国の十方叢林の影響を強く受け、その寺院制度は中国禅林の様式を採用したものであった。しかし、日本の禅院制度を見ると、鎌倉期から室町期に至る過程で少しづつ変化している様子が確認できる。中日禅宗交流の中で様々なことが関連しあい、中世禅宗の文化・制度が新たな展開を遂げるに至る。存外これまで禅宗発展史の立場からは、これらについての研究が看過されてきたように見受けられる。そこでこれらの新たな文化・制度について、禅宗発展史の立場から見直すことに重要な意義があると考える。

中日禅宗交流史の研究にとって教団・政治・文化に関する面で重要な課題について、いくつかの新事実を明らかにすることができたと思う。しかし、本研究は様々な課題の一端を明らかにしたものにすぎない。その成果を基にして今後の課題の研究を進展させ、その全体の解明に向って更なる努力を重ねていく所存である。

本書の出版に際し、私は様々な「善」の因縁に恵まれ、より良い研究環境が与えられた。まず、駒澤大学大学院の博士課程では広瀬良弘先生のおすすめにより、はじめて禅宗交流史の研究に手を染めた。その後も恩師諸先生や諸先輩のご指導を頂戴することができた。とくに現在の広瀬学長には指導教授として御指導御鞭達をいただき、研究と生活の両面にわたって格別の御配慮をいただいた。

また、博士課程の期間、石井修道、片山良一の両先生の講義を拝聴できたことは、無上の喜びであった。さらに、久保田昌希、瀧音能之、程正、多田羅哲子、呉本信一の諸先生の御指導を受けることが出来た。本書の完成にあたっては諸先生から多くの御指導を賜った。その学恩は筆舌に尽くしがたい。

留学期間の生活は、若林スミ、若林元子、丸山劫外、長尾紀子氏など友人各位の温かいご配慮のもとで快適に送ることが出来た。論文をまとめることができたのは、周囲の方々のご好意に包まれ、環境に恵まれ、励ましを得たからで、駒澤大学にあったことの幸を感じている。また、私が今日まで平穏に研究をつづけ得たのは、故師匠菩妙和尚はもとより、多くの諸師の温かい御庇護にもよる。そして、本書の出版のために方々より助成金を受けることが出来た。本書の出版にあたり、これまでお世話になった多くの方々に衷心より感謝をささげる次第である。

また、困難な出版を引き受けて下さった山喜房佛書林の浅地康平氏の御高配と、関係諸氏のご好意に厚く御礼を申し上げる次第である。

合　掌

平成二十七年七月六日

釈　会忍（李　秀真）　誌

目次

目次

目次

目次

序章　本論の課題と方法

一　研究の動向

禅宗中日交流史研究の動向について概観しておくことにする。しかし、この部分はすでに多くの研究者によって詳しく述べられているので、それに譲ることにする。本論では、総説書、叢林の文化・制度、対外の関係、政治の関係、禅宗の地方展開などに関することを中心に述べることとする。

(一) 総説書

まず、総説書の部分は辻善之助氏の先駆的研究によって大きく前進した。辻善之助『日本仏教史』[1]は、全十巻の大著で、政治や社会・文化的諸関係の論述も多岐にわたっており、それらは中世以降の部分においてとくに顕著に見られる。すでに栄西以前に禅は伝来していたが、とくに、栄西以降に臨済禅が興隆した。また、密教祈祷が盛んに行われるようになり、禅宗と朝廷との関係が緊密になっていった。さらに、鎌倉時代における地方文化の発達においても、寺院の僧侶の力が大きく影響を与えている。元からの渡来僧が五山版などを通して禅の興隆につとめた。

今枝愛真『禅宗の歴史』[2]が、禅宗が平安時代の伝来から鎌倉時代の興隆までの間に、従来の旧仏教に変わって、なぜ日本で栄えるようになったのか、どのような発展過程を辿って日本の社会のなかに浸透して行ったのか、また、政治や社会基盤とどのような関連を持つにいたったのか、さらに、五山派の展開や、江戸時代禅宗の興隆について詳細に考察している。鷲尾順敬『日本禅宗の研究』[3]は、栄西以前の禅から、黄檗宗に関するものなどの論文が集められて編纂されている。荻須純道『日本中世禅宗史』[4]は、鎌倉時代の二つの禅の主流である栄西・聖一・法燈の教乗禅と蘭渓道隆・無学祖元の鎌倉禅について詳述している。宋朝の念仏禅と教禅一致の禅風は日本の禅宗界へも大きな影響を与えたこと、また、宗峰妙超とその禅の特色についても述べている。

船岡誠『日本禅宗の成立』[5]は、特に、二つの時期に分けて論述されている。日本の禅宗がどのように生まれたのか、何時成立したのかの二点である。それらの内容は禅僧たちの活動であり、社会の成長と禅宗との関連、すなわち日本の禅宗の受容過程についてである。また、本書は禅宗に焦点を絞った鎌倉仏教論でもあり、特に鎌倉新仏教成立の歴史的意義を説明したものである。この時期は、律令国家体制の崩壊期であるとともに、中世国家体制の成立期でもあった。貴族官人層の没落と武士・農民層の台頭ということである。それとともに新しい人間観が成立したと述べている。すなわち、我々も仏や神になれるという人間観は武士・農民の成長とともに自ら勝ち取ってきたものである。従来浄土教の展開によって鎌倉仏教はとくに新仏教と説明されることがある。禅宗においても鎌倉以前から、いわゆる禅と禅宗に関わる「禅僧」が存在したとする。そして、このような存在は鎌倉期に宋代の禅によって形成された。この受容について述べている。

上田純一『九州中世禅宗史の研究』[6]は、北部九州は古来より大陸文化受容の窓口であったが、鎌倉期以降に活溌化する禅宗の流入に際しても同様であったと述べる。氏はとくに地域社会での寺院の役割といったものに注目し、禅僧と外護者の関係などを研究した。すなわち、地域の歴史の流れの中に、禅宗の展開を正確に位置づけた。古田紹欽「日本禅宗史——臨済宗」[7]は、明治までの臨済宗と黄檗宗の歴史概観を述べている。また、同氏『日本禅宗史の諸問題』では、[8]鎌倉時代の初期における栄西の『興禅護国論』を再考し、円爾の渡来僧への対応等について考察している。宇井伯寿『禅宗史研究』[9]は主として北宗の側から、『第二禅宗史研究』[10]は、南宗の側から視点をかえて南北二宗における事実を中心に追求した。とくに六祖壇経の研究があるが、この研究は壇経の単なる成立史的研究ではなく、研究がめざした根底には南北二宗の性格を公正に知ろうとする意図が存在したことを看過することはできない。柳田聖山「中国禅宗史」は、[11]インドの禅が中国社会に来て初め神仙方術の信仰として定着しつつ、次第にそれを脱却してゆく過程をできうる限り詳しく追求することによって、中国禅宗の歴史的性格を明らかにしょうとしたのである。とくに、北宗禅と南宗禅、禅宗の形成、以心伝心の道等の問題について論述している。なお、「禅と禅宗」・「禅宗の本質」は、[12]禅宗における禅の語義の変遷を述べている。

(二) 叢林の文化・制度

鎌倉末期から室町に至り五山制度・機構については多くの論考がある。また中世の対外交流における禅を分析した先駆的研究がある。先ず、五山叢林の制度から見ていくことにしよう。この分野でも玉村竹二の『日本禅宗史』に多くの関連した論文が収められている。玉村氏の禅宗史研究を特徴づけている五山文学、叢林と林下、十方住持制度の研究など、現在も影響力を持っている。

玉村竹二「五山叢林の塔頭について」[13]では、塔頭は日本においてそれがいかに発展を遂げたかということについて述べている。これは禅宗寺院制度史上の一大課題である。氏は中国禅林の塔所・庵居と日本の塔頭を比較し、これらは元来中国の寺院の伽藍配置の形であったが、日本にも禅宗を中心に伝わったとする。しかも、禅苑制度は日本に移植後も、可能な限り中国風の純粋性を保持せんと努力がなされた。しかし、日本の塔頭は守塔比丘が門派を相承し、門派の拠所となる中で、師檀関係の成立、塔主の位地向上など異なる性格が明らかになった。

なお、氏は「鎌倉五山塔頭の移動について」[14]で、塔頭とは、現在では、一般寺院の子院の別名に使われる語になっているが、その厳密な定義を言えば、各寺院のうちに於いて、主要な塔所ということである。すなわち、塔所は僧侶の墓所を言うので、塔頭とはその主なものを指す。そして、塔頭または塔所が一人の墓所である以上、原則として一箇所に限られるものである。故に日本の禅院においても鎌倉期当初はこの法則が守られていた。しかしながら、円覚寺開山の無学祖元から、日本風の制度に移転したとする。

辻善之助「安国寺利生塔考」[15]の研究成果は、あたかもそれが永久不変の定説であるが如く学界に承認されてきたところである。辻氏によると、暦応元年（一三三八）、足利尊氏・直義は、全国六十六個国に一国一寺一塔建立の計画を起した。この計画は、直義によるものとされているが、それは表面上のものであり、実際は尊氏と協力して夢窓疎石の参画に依って、おのおの一寺一塔を造立したのである。そして、その設立は禅宗の発展史上、宗教史上のみならず、幕府の政治・軍事の上でも重要な影響を持つものであったことを究明したものである。今枝愛真「安国寺・利生塔の設立」[16]は、室町幕府の草創期にあたって、安国寺・利生塔は新設された。とくに、利生塔の設置は、併せて、旧仏教側の懐柔掌握に資しようとしたのではなかろうか。五山叢林の形成とその発展のうえで極めて大きな役割を果たし、この後の五山叢林に多大な影響を及ぼしたことは見逃してはならない点であるとする。また、経済基盤については、寺院に安国寺・利生塔を設定するにあたり、幕府は新たな一寺一塔のために料所を寄進しているとする。

高橋隆三「臨済宗官寺の制度――官寺の沿革及び住持職両班等に就いて」[17]は、臨済宗において官寺が何時ごろ設定されたのかを明確に示す何ものも存在しないとし、ただ限られた史料の中では早期の五山の沿革・住持・沙彌・待者・両班などの問題点を研究している。玉村竹二「五山叢林の十方住持制度に就いて」[18]は、元来、五山・十刹・諸山の住持任命法について、十方住持制度を中国より取り入れて採用したというものでありもっとも理想的と思われる。鎌倉時代を通じて、この制度が維持されていたので、一派一流による私寺化は禁止されていた。しかし、建武二年朝廷は五山の列位を改めてから、東福寺は藤原氏の墳寺となり、聖一派のみがその住持を一派独占するが、その後も、五山制度の中で五山の一つとしてありつづけ、一流相承の寺院、すなわち度弟院としての先跡を開く結果となった。室町幕府の方針が通らなかったところに、十方住持制度の衰頽の萌芽を見出すことができる。さらに、度弟院の中の特定の一派とは、いうまでもなく仏光派の中の一大支派たる夢窓派のことである。足利将軍家とこの派との師檀関係は緊密な関係にあったとし、考察を加えている。

今枝愛真「禅宗の官寺機構」[19]は、これら五山派は単に中央の五山叢林のみならず、ひろく全国に渡って展開し、全体としてはかなりの大教団を形成していたとする。そのなかの東福寺の聖一派系の官刹と末寺数との対比から類推すると、中世末から近世初期にかけての五山派の寺院総数は約数千個寺であろうとする。桜井景雄「官寺制五山の成立について」[20]は、官寺制度の展開について基本的な問題を解決している。第一には、檀越と寺との関係であり、第二には、住持相続の問題について論述している。斎藤夏来『禅宗官寺制度の研究』[21]は、鎌倉後期から江戸初期の政治権力と禅宗との関りを特徴づける官寺制度に着目し、その展開を考察している。南禅寺を頂点に構成された官寺制度の全体像を究明し、制度や紫衣事件にも言及しつつ五山の展開過程を考究し、禅宗の研究に新たな分野を拓いた。禅宗の起源についても、斎藤氏は、日本の歴史的・社会的見地から論述している。まず、禅宗史研究の概要を紹介し、つぎに、鎌倉仏教と禅宗について述べている。今枝愛真「禅律方と鹿苑僧録」[22]によると、僧録は成立以来二百数十年の長期にわたり、中世禅林の最高統轄機関として存続したのである。それは、日本禅林の官寺機構がほぼ完成を見たわけであったとする。中世禅林における僧録制度が創設されるに至ったのである。春屋妙葩の登場以後には正式な僧録の任命はなく、ただ、その業務のみが受け継がれていたことがわかる。禅林行政における主導権をもまったく喪失してしまったものもあった。二百数十年にわたって中世禅林の最高行政機関であった鹿苑僧録および蔭涼職は、名実ともにまったく停止され、鹿苑院と僧録の業務は再び分離されてしまったとする。玉村竹二「公帖考」[23]によると、公帖とは、官寺禅院の住持の辞令で、それを管掌する室町幕府の将軍及び鎌倉府の公方の発給文書する者である。玉村氏は、公帖の定義、文書の様式、中世の公帖の成立などの問題を論究している。公帖制度は室町幕府が全国を統治していることを示すのに有効なものであった。幕府は各国の守護を外護者に持つ場合が多かった官寺禅院を管掌することができたからであるとする。

広瀬良弘「禅宗の教団運営と輪住制」[24]は、禅宗寺院の住持の選出と交替の方法について述べている。官寺制度の確立が進められていく中で、交替する方法が二つに分かれる。すなわち、十方住持制度と輪住制である。林下禅林がその発展に伴って門派の中心となる各寺院で行ってきた輪住制について検討を加えている。とくに、林下でも最大の勢力を持した曹洞禅の輪住制について考察している。竹貫元勝「林下教団における地方教線拡張と塔頭」[25]は、林下教団の発展と塔頭の問題を分析するものである。

玉村竹二『五山文学』[26]は、中国より禅林文学の移植がなされたときに、その移植の径路に数系統の別があることを強調し、延文・貞治年代に、五山文学が内容的に最高潮の時期であることを明らかにしている。内容により、五山文学の淵源・成長・表現形式・興隆・変質と衰頽などの問題を分析している。禅林文学には、一、禅宗本来の宗旨の表現手段によるもの、二、語録的性格のもの、三、寺制上の実用より来るもの、四、士大夫社会より移植された純粋の在俗文学の系統を引くもの、以上四種の要素があるとする。なお、氏は「禅と五山文学」[27]で、禅林文学とその特質が日本に浸透し、禅林も次第に官僚化して行った。また、禅林が官僚化したために、官僚貴族と禅僧とは密接な関係を形成していった。社交手段としての詩文の創作が行われるようになった。禅林文学は日本へ導入され、五山文学の成立へと至ったと述べている。玉村竹二「禅僧の法諱に就いて」[28]と「禅僧称号考」[29]は、禅僧の道号・法諱は種々に組合されて用いられ、この方法は全く中国化した。禅宗は唐代より五代を経て宋代に至り、教義・寺院制度・建築などもまったく中国化した。法諱に系字のあること、その系字によって宗派を識別し得ること、それから、その禅僧の受業師を探り当てることができることを明らかにした。

和島芳男「中世禅僧の宋学観」[30]は、中世における宋学の受容においては主に禅僧らが経典を解説する際に儒家の思想を引用したことによって、かえって日本の宋学研究が本格的に開幕するのを近世まで遷延せしめたという内容である。さらに、栄西・円爾などの入宋僧たちに関する事蹟にまで及んでいる。玉懸博之『日本中世思想史研究』[31]は、第一は、中世の人々が「歴史とは何か」をという問題ないし問いかけにいかなる解答を提示したかということと、第二は、中世の人々の政治観の形成について示している。換言すれば、中世の歴史観と政治観をとらえる際の視点について言及しているのである。

鏡島元隆『訳註　禅苑清規』は、[32]僧団の生活規定を示した清規の出現は、禅宗を教団的に独立させる決定的な要因として重要な意義をもつものであると記載している。特に、『禅苑清規』の清規史上における意義と内容・異本を考察している。宇井伯寿「清規の意義」・[33]「百丈清規の歴史的意義」[34]は、大乗戒と小乗戒の立場から清規の意義を述べている。近藤良一「百丈清規の成立とその原型」[35]は、『百丈古規』と『百丈清規』における内容・性格を掌握し、また、八世紀から九世紀に生き禅宗教団の成立に寄与した人物について論証している。百丈時代から宋代『禅林清規』の成立時代に至るまでに、叢林は変質したが、外面的条件としては政治・経済・社会的状勢が変化したこと、内面的条件としては思想的変化との関連がみられることが述べられ、また、『百丈古規』の規定が『禅林清規』中には散見されるとする。小坂機融「清規の変遷」・「清規論の展開」[36]は、時代の変遷の過程の中での清規成立の意義を述べている。特に、『洞谷清規』の例を取り上げ、社会基盤の変化に伴う世俗化の中で清規は大きく影響を受けていると述べている。また、清規は時代の変遷の中で禅宗が発展し、時代を対応して行く上に大きく寄与したとしている。

(三) 対外関係と禅宗

川添昭二「鎌倉時代の対外関係と文物の移入」[37]は、鎌倉時代に相当する時期の東アジアの国際関係を概観し、南宋・高麗・元との外交関係や貿易について述べ、浄土・禅宗・儒学などの大陸の諸思想の受容・模倣などを考察している。また、大陸文化に対する新しい対応とその鎌倉文化への影響を明らかにすることを課題としている。同氏「鎌倉時代の対外関係と博多」[38]は、韓国の新安における沈没船を素材に、鎌倉末期における対外関係のなかで博多がどのような役割を演じたのかを考察している。日本と元との間の文物の交流の具体相を見ようとしたものであり、博多を舞台に、十四世紀初頭の東アジアにおける日本の位相を見定めようとしたものである。

村井章介「漢詩と外交」[39]は、漢詩は東アジアの外交において、面談や漢文外交文書ほど直接ではないにしても、意思疎通の重要な媒介であり続けてきた。詩の宴は、時に外交担当者としての教養のほどが試される場であり、また、ときに異なる民族が心情を通話し合える場だった。氏は奈良から平安期、鎌倉から南北朝期、室町から戦国期の三期に区切って、各時期の外交に漢詩がどう関わったかを論述している。なお、氏の「渡来僧の世紀」[40]は、蘭渓道隆は北条時頼の招聘で渡来したが、時頼は大なる感動をもって迎え、相次いで宋朝の有名な禅僧を招聘していくことになったとする。

松尾剛次「渡来僧の世紀——建長寺開山蘭渓道隆」[41]は、蘭渓道隆の渡来の動機を解明する。また、建長寺の創建の経過も述べている。芳賀幸四郎「渡来僧とその業績」は、[42]中世日本の禅宗における中国からの渡来僧とその業績を簡単に紹介している。主なものは蘭渓道隆・無学祖元・大休正念などである。鷲尾順敬『鎌倉武士と禅』[43]は、平安時代から鎌倉時代までの武士の中での文化的知識思想の發達、また、日宋禅僧の頻繁な往来と、文化の進展が見られた。鎌倉時代の文化興隆に関しては、精神的面では宋の学問宗教がその要素となった。そして、それは当時大陸から渡来した高僧達の功労によるものであったとする。

田中健夫『中世海外交渉史の研究』[44]は、中世の対外関係は大きく見て、倭寇にはじまって倭寇に終ったということができるとする。その中に、海賊衆の研究・日鮮貿易に於ける博多商人の活動・中世の対馬と宗氏の勢力拡張などの個別研究がある。西尾賢隆『中世の日中交流と禅宗』[45]は、主に鎌倉後期から室町期にかけての日中の交流をテーマとするもので禅宗の関係を考察するものである。渡来僧は鎌倉期においてどのような歴史的意義をもっているのであろうか。栄西と円爾が南宋から禅を伝えたとはいっても、それは兼修禅と教乗禅であった。明朝は海禁政策を断行した。室町幕府による日本の一元的な外交権の掌握のために目前の外交文書を作成し交流することを必要とした。そのために、禅僧が用いられた。中国では禅僧と士大夫階級との関係から相互に強い影響を及ぼしあい、漢詩文の世界でも同様であった。そして両国間は自由交流から制限交流へと変化していった。この漢詩文の世界が禅僧とともに日本にも流入し、五山文学の萌芽がみられるようになっていくとする。

木宮泰彦『日華文化交流史』[46]は、氏の旧著『日支交通史』の文化交渉の部分について大幅に増訂を加えたものである。千八九百年の永きにわたり、日華両国間で絶えず文化の交流が行われた。日本固有の文化を培って、特異優秀な国風文化を創造して来た。故に日華両国の文化発展の軌跡を分析し、その本質を究めるには、まず、両国の交流の沿革を明らかにし、文化交流の情勢を考察せねばならないとする。この書は交通史とはいえ、単なる外交史や貿易史ではなく、寧ろ文化の交流に重点を置いたものである。南宋の中葉以後は、日宋商船の来往が頗る頻繁な時代であった。従ってこの時代における入宋僧の数は甚だ多く、彼等の大部分は、南宋において爛熟した禅宗を伝えた。それに伴って、特色ある宋の新文化をもたらした。文化の移植という観点からすると、最も重要な時期であった。また、この時代の僧侶は、唐末五代もしくは北宋時代に渡海したもののように、多くの従僧を伴って行ったのではないとする。

伊藤幸司は『中世日本の外交と禅宗』[47]は、中世の禅宗界は多様な勢力が混在していたが、本書では、中世後期の外交を担った禅宗勢力、中世的禅宗の基本単位である「門派」の視角から考証し、外交僧をめぐる門派の歴史的・地域的特質を把握する。そして、当該期の外交で最も重要な位置を占めた五山系臨済禅の分析に焦点を絞っている。村井章介「建武・室町政権と東アジア」[48]は、中世後期の対外関係の基本的特徴を考えるとすれば、交流の社会的基盤が広がって新たな媒介者が現れ、国家の枠を超えた結合が生まれてくることを述べている。この時期中国の僧侶だけではなく官人ともコミュニケートできた。ここに、日本の武家政権が五山の僧侶を外交官僚として登用した理由がある。五山禅僧は幕府との密接な関係のもとに栄え、外交にも活躍したとする。同「春屋妙葩と外交――室町幕府初期の外交における禅僧の役割」は[49]、五山派が禅宗界の最大勢力となり、幕府・朝廷と極めて親密な関係をとり結ぶにいたった最大功労者は、言うまでもなく夢窓疎石である。五山制度を完成させ、禅僧が国家外交に積極的に関わっていくに至ったのは彼の力によるところが大きいとする。これらの論文はいずれも氏の『アジアのなかの中世日本』に収められている。要するに、アジアへの視線から、政治・外交や国際意識への関心、交渉・交流、史料、比較史などの五つの方向から研究されている。その間には主に国家権力の操作による増幅・変形・拡散といった過程があるとする。

（四）政治権力と禅宗

西山美香『武家政権と禅宗』[50]は、日本中世に於ける、武家政権と夢窓疎石によって創出された禅文化の諸相を考察したものである。また、西山氏は日本禅を象徴する天龍寺と『夢中問答』を中心に、夢窓疎石によって創出された文化の史的意義を検討・考察し、日本の禅思想・禅文化の体系を解明している。村井章介『北条時宗と蒙古襲来』[51]は、蒙古襲来の際に北条時宗が毅然とした態度で空前の国家危機を救ったその功績は看過できないとする。そして、時宗の誕生前後の幕府政治では将軍勢力と執権勢力が対立し、後者が前者を連続して撃破したこと。また、時宗の日中禅宗との緊密な関係と、彼の死後の政治改革等の問題点を分析している。玉村竹二「足利義持の禅宗信仰に就いて」[52]・「足利直義の禅宗信仰の性格」[53]・「北条貞時の禅宗帰響の一断面」[54]は、足利直義や各将軍と禅との関係について述べている。また、将軍足利義持が隠遁者を好んだこと。彼の禅僧的行為としては、外面的には正しく禅宗における規矩を理解し、これに従うように指示を出しているものの、禅宗の信仰内容においてはどれほど深く入っていたかについて研究している。さらに、貞時は禅宗に対する性格が、多少異なり禅院の人事について干渉を行ない、宗教の活動を援助するなど禅宗寺院の自主統制管理をはじめている。それ以来、禅宗と政治は緊密な関係になったとしている。

（五）禅宗の地方展開

広瀬良弘『禅宗地方展開史の研究』[55]は、一九八八年刊行された著書であり、必ずしも明確に項目が立てられているわけではないが、特に曹洞宗を中心とした林下禅林を研究している。曹洞宗と臨済宗の分類よりも叢林と林下の分類の方が有効であるとする玉村氏の研究を支持し、曹洞宗の禅僧・禅寺・教団と社会との関係を中心に考察している。本書では鎌倉・南北朝期の禅宗、地域とくに北陸において考察し、五山派の展開から林下禅林の展開へと変化をみたことを明らかにし、曹洞宗の展開を明らかにした。なお、氏の「曹洞禅僧における神人化度・悪霊鎮圧」[56]は、禅僧が祈祷・授戒・葬祭の能力を持って力を發揮するようになったと述べる。また、禅僧の祈祷そのものを成功させたのは、禅僧が宗教的力量を高め道元以来の連綿として継承してきた法脈の正統性を主張したことによるとする。さらに、「中世後期における禅僧・禅寺と地域社会――東海・関東地方の曹洞宗を中心として」[57]は、一向一揆の展開を念頭に置きなから中世後期における宗教と地域との関連という観点から林下禅林の研究を進めている。曹洞宗展開の時期と地域、曹洞宗展開の二つ類型、曹洞宗禅僧の活動と地域社会などの問題について分析している。葉貫磨哉『中世禅林成立史の研究』[58]は、中世禅林の発展と為政者の信仰はいつも関係が深くて、武家政治と禅宗の関係が主流となり、地方発展は付随的な成果となったと述べる。僧徒は中央叢林を離脱して幕府の管轄外の地方の禅林に移動した。これら林下禅林の生成過程についても地方発展という形を論述したものである。原田正俊『日本中世禅宗と社会』[59]は、禅宗をめぐる諸研究を、通史、禅僧研究、禅と文化、地方で展開などについてそれぞれの内容を詳述している。

玉村竹二「臨済宗」・[60]「鎌倉の寺院と僧侶の生活」[61]は、鎌倉時代に生まれた新仏教諸派は、多かれ少なかれ、教団に否定的態度から出発していると述べる。鎌倉において純粋な中国の禅林の自給自足の運営が始まり、宗門の修業教育を司る役僧、寺院経営を司る役僧が生まれた。言うまでもなく、寺院の外護者は鎌倉武士が中心である。禅宗には第一は、能動的に求められた禅宗。第二は、受動的に受容された禅宗の二種類の分類である。後者は禅宗を純粋に取り入れようという目的ではなく、むしろその属する旧宗派を活生化させる手段として、これを採用しようという態度である。黒田俊雄『日本中世の社会と宗教』[62]は、顕密体制論中世国家体制・中世仏教体制の成立とその展開について述べ、顕密主義の形成、顕密仏教における歴史意識、中世文学における王法と佛法、寺院と民衆、仏教革新運動の歴史的性格、中世の身分意識と社会観など諸問題の分析に努めている。しかし、その中での問題にも論及しているが、禅宗の一大展開をも顕密体制論の中で扱おうとしている点は無理があるようにもみえる

以上、禅宗史研究の動向について、総説書、叢林の文化・制度、対外関係と禅宗、政治権力と禅宗、禅宗の地方展開などを中心に述べきたが、ここで取り上げたすべての分野について本論で考察するわけではないことをあらかじめおことわりしておきたい。

1 辻善之助『日本仏教史』中世篇之三（岩波書店、一九七〇年）。
2 今枝愛真『禅宗の歴史』（至文堂、一九八六年）。
3 鷲尾順敬『日本禅宗の研究』（東京経典出版社、一九四五年）。
4 荻須純道『日本中世禅宗史』（木耳社、一九六五年）。
5 船岡誠『日本禅宗の成立』（吉川弘文館、一九八七年）。
6 上田純一『九州中世禅宗史の研究』（文献出版、二〇〇〇年）。

7　古田紹欽「日本禅宗史――臨済宗」（『講座禅四・禅の歴史――日本』、中国筑摩書店、一九七四年）。
8　古田紹欽『日本禅宗史の諸問題』（大東出版社、一九八八年）。
9　宇井伯寿『禅宗史研究』（岩波書店、一九九〇年）。
10　宇井伯寿『第二禅宗史研究』（岩波書店、一九九〇年）。
11　柳田聖山「中国禅宗史」（『講座禅第三巻　禅の歴史』、中国筑摩書店、一九七四年）。
12　柳田聖山『初期禅宗史書の研究』（法蔵館、二〇〇〇年）。
13　玉村竹二「五山叢林の塔頭について」（『歴史地理』七六―五・六、一九四〇年）。
14　玉村竹二「鎌倉五山塔頭の移動について」（『日本禅宗史論集』（上）思文閣、一九七六年）二四五頁。
15　『大日本史料』六之八、辻博士の研究の結果をほとんどそのまま採用しており、さらに、辻善之助『日本仏教史』中世篇之三（岩波書店、昭和四十五年）においても、この説が敷衍されている。
16　今枝愛真「安国寺・利生塔の設立」（『中世禅宗史の研究』、東京大学出版社、一九七〇年）。
17　高橋隆三「臨済宗官寺の制度――官寺の沿革及び住持職両班等に就いて」（『国史学』第二三・二四号）。
18　玉村竹二「五山叢林の十方住持制度に就いて」（『日本仏教史学』第二巻・第一号、一九四二年）。
19　今枝愛真「中世禅林の官寺機構」（『歴史地理』八七――三・四）。
20　桜井景雄「官寺制五山の成立について」（『禅中文化史の研究』、思文閣出版社、一九八六年）。
21　斎藤夏来『禅宗官寺制度の研究』（吉川弘文館、二〇〇三年）。
22　今枝愛真「禅律方と鹿苑僧録」（『中世禅宗史の研究』、東京大学出版社、一九七〇年）。
23　玉村竹二「公帖考」（『日本禅宗史論集』（下之二）思文閣、一九八一年）。
24　広瀬良弘「禅宗の教団運営と輪住制」（今枝愛真『禅宗の諸問題』（雄山閣、一九七九年）。

25 竹貫元勝「林下教団における地方教線拡張と塔頭」(『花園大学研究紀要』四、一九七三年)

26 玉村竹二『五山文学』(至文堂、一九五五年)。

27 玉村竹二「禅と五山文学」(『禅講座』第五冊、筑摩書店)。

28 玉村竹二「禅僧の法諱に就いて」(『歴史地理』第七〇巻・第一号、一九三七年)。

29 玉村竹二「禅僧称号考」(『畫説』第五三・五四・七〇・七一・七二号、一九四一年)。

30 和島芳男「中世禅僧の宋学観」(『魚澄先生古稀記念国史学叢書』魚澄先生古稀記念会、一九五九年)。

31 玉懸博之『日本中世思想史研究』(ぺりかん社、一九九八年)。

32 鏡島元隆『訳註 禅苑清規』(曹洞宗宗務庁、一九九三年)。

33 宇井伯寿「清規の意義」(『仏教思想研究』岩波書店、一九八二年)。

34 宇井伯寿「百丈清規の歴史的意義」(『仏教思想研究』岩波書店、一九八二年)。

35 近藤良一「百丈清規の成立とその原型」(『北海道駒沢大学研究紀要』第3号、一九六八年)。

36 小坂機融(『道元思想のあゆみ』(三)、吉川弘文館、一九九三年)。

37 川添昭二「鎌倉時代の対外関係と文物の移入」(『岩波講座日本歴史——中世2』岩波書店、一九七五年)。

38 川添昭二「鎌倉時代の対外関係と博多」(『鎌倉時代文化伝播の研究』吉川弘文館、一九九三年。

39 村井章介「漢詩と外交」(『アジアのなかの日本史』文化と技術、東京大学出版会、一九九三年)

40 村井章介『東アジア往還』(朝日新聞社、一九九五年)。

41 松尾剛次「渡来僧の世紀——建長寺開山蘭渓道隆」(『日本中世の禅と律』吉川弘文館、二〇〇三年)。

42 芳賀幸四郎「渡来僧とその業績」(『中世日本の禅とその文化』財団法人鹿野山禅青少年研修所、一九八七年)。

43 鷲尾順敬『鎌倉武士と禅』(大東出版社、一九三二年)。

44　田中健夫『中世海外交渉史の研究』（東京大学出版会、一九八一年）。
45　西尾賢隆『中世の日中交流と禅宗』（吉川弘文館、一九九九年）。
46　木宮泰彦『日華文化交流史』（冨山房、一九五五年）。
47　伊藤幸司『中世日本の外交と禅宗』（吉川弘文館、二〇〇二年）。
48　村井章介「建武・室町政権と東アジア」（『アジアのなかの中世日本』倉書房、一九九七年）。
49　村井章介「春屋妙葩と外交――室町幕府初期の外交における禅僧の役割」（『アジアのなかの中世日本』倉書房、一九九七年）。
50　西山美香『武家政権と禅宗』（笠間書院、二〇〇四年）。
51　村井章介『北条時頼と蒙古襲来』（日本放送出版協会、二〇〇一年）。
52　玉村竹二「足利義持の禅宗信仰に就いて」（『日本禅宗史論集』（上）思文閣、一九七六年）。
53　玉村竹二「足利直義の禅宗信仰の性格」（『仏教史学』第七巻・第二号）。
54　玉村竹二「北条貞時の禅宗帰嚮の一断面」（『日本禅宗史論集』（上）思文閣、一九七六年）。
55　広瀬良弘『禅宗地方展開史の研究』（吉川弘文館、一九八八年）。
56　広瀬良弘「曹洞禅僧における神人化度・悪霊鎮圧」（『禅と日本文化』第十巻「禅とその歴史」ぺりかん社、一九九九年）。
57　広瀬良弘「中世後期における禅僧・禅寺と地域社会――東海・関東地方の曹洞宗を中心として」（『歴史学研究別冊特集』、一九八一年、十一月号）。
58　葉貫磨哉『中世禅林成立史の研究』（吉川弘文館、一九九三年）。
59　原田正俊『日本中世禅宗と社会』（吉川弘文館、一九九八年）。

60　玉村竹二「臨済宗」（『日本史叢書』「宗教史」山川出版社）。
61　玉村竹二「鎌倉の寺院と僧侶の生活」（『国文学』第五巻・第五号　第二特集）。
62　黒田俊雄『日本中世の社会と宗教』（岩波書店、一九九〇年）。

二　課　題

中世の禅宗史を考察するにあたって当然のことながら日中の禅僧の交流を抜きにしては考えられないが、いわゆる従来の「禅宗史」は、すなわち禅僧の伝記を中心として述べたところに、その特色があった。概して法系に従い禅僧の伝記を編年順に列記しているにすぎない。一方、語録は禅僧の垂示・普説・問答・偈頌・文疏等が弟子等によって編纂されたものである。これらには禅僧本人の思想ばかりでなく、僧団の生活や儀礼等をうかがわせるものが示されている場合が少なくない。さらに、禅宗僧団の変遷をうかがわせる好箇の史料でもあると言えよう。換言すれば、語録は禅宗史研究の根本史料であり、禅籍の中でも重要な地位を占めるものといえよう。本論はこの語録を重要史料として扱うことによって新たな地平を切り開くことにしたい。

本論では中世における中日禅宗の交流とその展開について明らかにし、それが日本禅林の成立と展開に如何なる影響を与えることになったか、宗風（思想）の変化などに重点を置いて検討を加えることにする。また、本論の研究方法は、歴史的・文献学的・思想的立場から禅宗の諸問題を取り扱い、中世禅宗史を総体的に把握することにつとめるものである。なお、本稿で取り扱う時期は一三世紀の後半から一四世紀の後半に至るおよそ一世紀あまり、すなわち鎌倉中末期から室町期に限定し、考察の密度を高めたい。

言うまでもなく、中日禅宗交流史の研究は各々テーマごとに進められてきており、また、その成果に立脚しつつ、既に幾多の研究成果が積み重ねられてきている。しかし、語録に象徴される禅宗特有の史料的制約から、中世対外関係史を禅僧の動向から積極的に分析した研究自体は僅少である。したがって、その禅僧の語録を用いての研究は中日交流史研究の面からも重要なものとなるに相違ない。

ここで課題の設定について述べることにする。まず、初期禅宗に対して如何なる影響を与えたのかについて考察を試みることにしたい。日本の禅宗受容を分析する上では、栄西より早く日本に禅を伝来させた人物についての問題があり、また、日本の禅宗界は宋朝を滅亡させて興った元の時代に、渡来した高僧たちによって伝えられ展開した多様な門派の集合体で構成されていた。初期禅宗における渡来僧に対する研究は重要な問題を提示する。鎌倉時代に渡来した禅僧が日本初期禅宗教団の性格にどのような影響を与えることになったのか考察を加えることにする。

つぎに、禅僧が為政者に如何なる影響を与えたかについてみることにしたい。北条時頼は深く禅僧に帰依し、禅の奥義を極め悟道した始めての武士であった。これは鎌倉武士が精神面で禅から大きな影響を受ける契機となった。以降、武家政権と禅宗との関係は緊密さを維持していった。一例を挙げれば、室町期の禅僧は外交文書の起草・語学力・儒教への知識など教養を具えていたので、日本の武家政権が五山の僧侶を外交官僚として登用もした。五山派の中心的位置にあった夢窓派の禅僧たちは室町幕府外交の中枢部分を担った。従来の研究は室町幕府外交における夢窓派禅僧の役割の分析にのみ力点を置いてきた。そこで本論では、まず早期の禅僧である円爾・蘭渓道隆・無学祖元などを検討し、その様相を解明することを研究の課題としたい。鎌倉期には、中日禅僧が頻繁に往来することにより、日本への中国禅宗の影響が飛躍的に大きくなった。このことについての的確な論究は、それ以降の展開を把握するために是非必要なことである。従来、禅宗では師弟関係を最も重要視しており、「門派」の継承問題が重要な位置を占めた。加えて、この時期には禅寺の数が増加し、大きな僧団が形成された。このような中で禅林の発展が武家政権と如何なる関係にあったのか、如何なる影響力を発揮したか、十分に検討する必要がある。

さらに、鎌倉時代における禅宗文化の伝播について考えようとする時、直ちに思い浮かべられるのは宋文化の日本への受容の問題である。日本の禅宗は中国の十方叢林の影響を強く受け、その寺院制度は中国禅林の様式を採用したものであった。しかし、日本の禅院制度を見ると、鎌倉期から室町期に至る過程で少しづつ変化していく様子が確認できる。中日禅宗交流の中で様々なことが関連しあい、中世禅宗の文化・制度が新たな展開を遂げるに至る。存外これまで禅宗発展史の立場からは、これらについての研究が看過されてきたように見受けられる。そこでこれらの新たな文化・制度について、禅宗発展史の立場から見直すことに重要な意義があると考える。

教団・政治・文化等のかかわり合いについて考察しておく必要があると考える。以下、各章で検討していくことにする。

三　本論の構成

本論は八章より成る。論究の目的は中世禅宗史の観点から中日の交流の様相を考察し、如何なる展開、どのような問題点があるかについて究明してみることにしたい。以下、各章の構成を簡略に説明する。

第一章　初期禅宗の展開とその思想的特質

鎌倉時代においてはじめて中国から日本に本格的な禅が伝えられている。時頼は、宝治元年（一二四七）道元を鎌倉に招き、建長五年（一二五三）には建長寺を創建して中国禅僧の蘭渓道隆を開山に請じ、翌年円爾から禅戒を受けている。建長寺の建立は後世の禅宗にとって大いなる意義を持つものであった。鎌倉時代における禅林の発展と武家社会とはどのように緊密な関係であったのか、禅宗は武士の修養に如何なる影響を与えたかについて究明したい。

また、円爾と蘭渓の二人が京都・鎌倉において禅林を代表する人物として如何に主導的な役割を果し、南宋の純粋禅と京都の兼修禅は中世禅林に対して、どのように影響力を発揮したかを十分に検討する必要がある。なお、嘉禎元年(一二三五)四月の円爾の入宋以降、蘭渓道隆・兀菴普寧・大休正念・無学祖元などの渡来僧を、積極的に受け容れ交流をはかったことが関東禅林発展のための推進力になったことを看過することはできない。この意味からも円爾が中国の禅僧と如何に交流を持ったかについても考察を加えていくことにしたい。

さらに、渡来した蘭渓道隆は初めて日本の禅林に清規を定めているが、彼の宗風が初期鎌倉禅林の形成に対して如何なる影響を与えたか、また、蘭渓の門派大覚派の性格が日本の禅宗の歴史には具体的にどのような意義をもったのかについても考察したい。

さらに、加えて、円爾と蘭渓の二人はほぼ同時代の人物で、両者の教化の地域が鎌倉、京都と異なるにも関わらず、ともに『坐禅論』を著述している。両者の禅風の特色を比較分析し、両論の関連性と相異点と成立年代について論究することにしたい。

第二章　無学祖元の宗風と北条時宗の禅宗外護

弘安二年（一二七九）は、南宋が滅亡した年であるが、北条時宗の時代であり、初めて中国の禅僧を招聘している。この招請は日本の文化史から見ても大きな意義を持つものである。時宗の仏教に対する熱心な態度と、加えて、中国禅僧との交流が今日の日本の禅宗の興隆に決定的な影響を与えた。中世禅林形成時において時宗はどのような役割を担ったかを検討することにしたい。さらに、日本禅宗発展の大きな推進力になった時宗が実際には如何なる信仰を持ったのであろうか。

この時期、南宋は元の進攻により社会的不安を招き、禅僧が活動するにおいても行き先き不透明な時期であったろう。そのような中で蘭渓道隆・兀菴普寧・無学祖元・大休正念などが渡来し、純粋禅を挙揚することになる。彼等は鎌倉禅の禅風形成に大きな影響を与えているのである。これらの点について考察を加えていくことにする。

さらに、無学祖元の渡来は中世の禅林に如何なる影響を与えたのか。これを中日の交流という観点からすれば、単なる外交史や貿易史ではなく、禅宗文化の交流に重点を置いて検討を試みるものである。

時頼は建長寺を建て、時宗は円覚寺を建立したがその主な目的は「鎮護国家、紹隆仏法」であった。鎌倉禅林の発展と北条氏は深く関わっている。如何に当該期の王法と仏法が緊密な関係にあったかの問題についても論究したい。

第三章　南浦紹明の禅風の特色とその展開

南浦紹明は正元元年（一二五九）に入宋し、臨安府浄慈寺の虚堂に参禅する。のち、臨済宗松源派の禅風はそのまま日本に移植されているが、それは中日の禅宗の交流史から言えば、どのような意義をそなえていたのであろうか、本論はまずこの点に着目した。加えて、南浦は純粋禅を挙揚したことは明らかであるが、中世禅林に対して如何なる影響を与えているのかを考察することにしたい。

南宋が滅亡し、その混乱を避けて渡来した禅僧が増加したこともあって、日中の交流が盛んになった。日本は禅宗のみならず、文化の面でも大きな影響を受けることになる。入宋した南浦紹明は渡来の禅僧とどのような交流があったかについて考察を加え、さらに、南浦の門派大応派が日本禅林において如何なる役割を果したか、各々の問題点について考究することにしたい。

第四章　清拙正澄と清規

清拙正澄は、嘉暦元年（一三二六）六月に日本に渡来した。翌年（一三二七）北条高時から使節に迎えられ、建長寺の第二十一世に住する。この時期に五山制度を導入したが、禅林の内部は自浄能力を失って惰性に流れ、代わって幕府が統制を強化しようとした。当時の禅林における寺院の維持経営と僧侶の風紀が次第に問題になるようになった。

清拙は日本禅林のこのような情況の中で僧団の規律を定めた『大鑑清規』を作成している。この清規は京都・鎌倉を中心に活動した臨済宗の禅僧たちの規範となるものであった。また、日本における各々の宗門儀礼は臨済宗の清規に大きな影響を受けた。清規は禅林修行における生活の規範であり、従来から禅宗研究における重要な課題の一つであったと言えよう。

『大鑑清規』の内容（各項目）は、清拙が日本に滞在して各寺の住持を担った時代につきつぎと作成していったものである。考察すると、明らかに、「叢林細事」の部分は清拙が日本に来てから書いたものであることが確認できる。『大鑑清規』には室町時代の宗教・政治・経済・社会の情況が反映されており、同時に、禅林規式の変遷をも含んでいるといえる。本論では『大鑑清規』と諸清規の関係について考察を加えることにしたい。

第五章　曹洞宗宏智派東明慧日の渡来の意義

初期鎌倉の禅林の主流は臨済宗であった。しかし、北条貞時に至って禅林の発展のために、とくに、はじめて曹洞宗の禅僧を招聘して中国曹洞宗を日本へ移植している。延慶元年（一三〇八）、東明慧日が貞時に招請されて渡来した。

本論では、曹洞宗宏智派の東明慧日が日本の禅林にどのような影響を与えたか考察することにする。また、来日前の在宋期間における東明慧日のさまざまな事跡について論述を加え、なお、東明は日本の名刹に「七処九会」と称されるほど晋住しているが、その住山の年代についても考察を試みることにしたい。

第六章　無象靜照の宗風と中世禅林における位置

無象靜照が、建長四年(一二五二)入宋の志を立てると、円爾はとくに数枚の紹介状を書いて宋国の諸耆宿に無象を推薦した。無象はまず杭州徑山の石渓心月に参禅し、すぐに省悟した。また、宝祐二年（一二五四）、大休正念とともに石渓の会下に参じていた時、北条時頼から大休正念を招聘すべく書簡が到着した。つづいて、弘安元年（一二七八）十二月二十三日、無学祖元は中国の渡来僧のなかで第一番目に幕府から正式な招聘書を受けている。このことから無象靜照と間接的な関連が存在していたことを明らかにしたい。

つぎに、文永九年(一二七二)九月三日に、無象が法源寺に住持している期間に禅宗と天台宗との軋轢が起こっている。無象靜照は禅宗の危機を歎いて、さまざまな経・論を博引旁証して、禅宗は最上乗の仏教であることを強調した。これを『興禅記』と名付けて朝廷に奉っている。内容は禅宗と国家の相互の関係について詳しく説明している。とくに仏法と王法の両者の相互依存の関係を述べている。ここでは、『興禅記』を中心に無象靜照の禅風の特色について考察を加えていくことにする。さらに、中世禅林と無象靜照はどのような関連があるのか、そのかかわりについても究明してみることにしたい。

第七章　無本覚心の宗風とその特質

無本覚心が臨済宗の法燈派の系統に属しながらその北陸の教線の発展に寄与したことは注目すべきことである。加えて、その時期の臨済各宗派はほぼ中央権勢に連なって大きな教団を形成していた。これに対して無本覚心の紀州由良興国寺のいわゆる林下としての展開を比べると、彼の禅風は極めて異色なものと言えよう。

その『法燈円明国師行実年譜』、『法燈円明国師之縁起』の二つの文献は無本覚心の基本的史料といえるが、念仏の思想については全く記載されていない。しかも、無本覚心が高野山萱堂聖の始祖になっており、それとの関連に関する論考は多いとはいえない。また、一遍上人が無本覚心に念仏を印可されたことは疑う余地はない。さらに、『法灯法語』は法燈の宗風の特色をうかがわせるばかりでなく、当時の禅林の特質を知らせる好個の文献資料と言えよう。

本論では無本覚心の禅風における密教的色彩、念仏の関係、神祇信仰とのかかわりについて考察することにしたい。また、『法語』についても無本覚心の思想の特質を論究することにつとめたい。

第八章　禅宗史上における夢窓疎石の思想とその位置

夢窓疎石は、鎌倉の末期から南北朝時代にかけて生きた禅僧である。一度も中国へ渡海することがなかった。すでに中国から独立しつつあった日本臨済禅を担う人物としては第一級の高峰顕日に参じてその蘊奥を究めた英傑である。また、日本の五山十刹制度は中国の南宋に源を発して鎌倉末期に開始され、室町時代にその完成を遂げたが夢窓の存在と無縁ではない。

『臨川家訓』には南北朝期の宗教・政治・経済・社会の情況が反映されており、同時に、禅林規式の変遷過程をも含んでいるといえる。『臨川家訓』と中国の『禅苑清規』など四大清規と同異点についても考察を加えてみることにする。さらに、以上のことから夢窓が理想とした叢林のあり方を究明することにしたい。

『西山夜話』は、夢窓が弟子たちに仏教の教理と禅の奥義を細部にわたって述べたものである。やはり夢窓自らの禅の思想とその特質が表現されているといえる。夢窓の禅風の特色について考察を加えていくことにする。そして、その中で中国禅とのとかかわりについても究明してみることにしたい。

また、『夢中問答集』は、夢窓が直義の信仰上の疑問について一つずつ自問自答の形式で説明を加えたものである。禅に関して論理的な展開となるように排列されている。その中の夢窓の大乗仏教的な思想に関して考察を試みることにしたい。また、その内容を他の教典と比較しつつ検討することに心がけたい。夢窓が中世の禅林に対して如何に影響を与えたがについて論述することにしたい。大発展を遂げた夢窓派は叢林に巨大な派閥を形成していることについても詳細に分析する必要がある。

以上、八章にわたって、中世の中日禅宗交流の開始とその実際とその展開について考察し、その独自性と日本禅林形成への影響について考察を加えるものである。

第一章　初期禅宗の展開とその思想的特質

はじめに

日本の初期禅宗における栄西は幕府の外護を背景に京都への進出を果し、勅許を得て建仁寺を創建した。その禅風は台密兼修であった。しかしながら、栄西が寿福寺と建仁寺を創建したことは、その後の禅宗が鎌倉・京都を中心としてに二極に展開することになった。その先駆けをなす活動であったと言える。

寛元四年(一二四六)、蘭渓は日本で禅宗を広めるために渡来した。その純粋禅の禅風は中世禅林においてはじめて挙揚されたものである。また、寛元年間(一二四三～一二四六)、道元は越前に吉祥山永平寺教団を形成している。曹洞宗教団の拠点が成立した重要な時期といえよう。また、この時期は京都に円爾開山の東福寺が創建され、さらに、渡来した蘭渓道隆のために建長寺が開山された時期であった。

円爾と蘭渓の二人は鎌倉時代のほぼ同時期に活動した人物である。両者は京都・鎌倉において禅林を代表する人物として如何に主導的な役割を果し、日本禅宗の発展について極めて大きな足跡を残したことであったか。南宋の純粋禅と京都の兼修禅は中世禅林に、どのような影響を与えたか十分に検討することが必要である。また、円爾が入宋し、中国の禅僧と如何に交流したか考察を加えることにしたい。

第一節　北条時頼と中世禅林

日本禅宗における栄西の鎌倉の教化によって寿福寺が建立され、また、京都の建仁寺が創建されたその禅宗の性格は基本的には禅密兼修であった。蘭渓道隆・兀菴普寧など渡来僧によって禅宗は全く独立した地位を認められた。禅林の発展と武家社会とはどのように緊密な関係であり、また、禅宗は武士の修養に如何なる影響を与えたか。日本における禅宗の発展に大きな役割を果した時頼と禅宗との関連を中心に考察を加えることにしたい。

一　時頼の参禅について

時頼（一二二七～一二六三）は安貞元年（一二二七）五月十四日に京都で生まれた。父は時氏で京都の六波羅探題に任じられていた。母は安達景盛の娘松下禅尼である。時頼の幼名は戒寿丸といい、長じて北条五郎と称した。暦仁元年（一二三八）九月一日、十二歳で左兵衛少尉に任ぜられ、寛元元年（一二四三）閏七月二十七日、十七歳で左近将監に任ぜられた。同四年（一二四六）三月二十三日、時頼は危篤となった兄の北条経時より祖跡を譲られ、家督と執権職を継承した。『吾妻鏡』のこの日の記事に、のち寄合衆に発展する「深秘御沙汰」の語が見られる。[1]

時頼は幼年の時期より篤く仏教を信仰していた。兄の病死によって執権となると、建長元年（一二四九）に建長寺の寺地を開拓して工事を起こす事になり、鎌倉建長寺の創建は、密教色彩の建仁寺・東福寺のそれと異なり、純粋たる禅寺としてであった。一二九五年に成立した『野守鏡』は「禅宗の諸国に流布することは関東に建長寺を建てられしゆえなり」といい[2]、建長寺の建立は後世の禅宗には重大なる意義を持つものであった。時頼は同六年に円爾について受戒した。

このようにみると、時頼の禅宗に対する信仰心は看過できないものがある。寛元四年（一二四六）蘭渓道隆は日本に渡来し、宝治二年（一二四八）十二月、時頼に招かれて常楽寺に入って新住持になった。『大覚禅師語録』の中で特別に時頼の仏教に対する篤い信仰についてつぎのように記載している。[3]

本寺大檀那盡己行仁、忠心輔國。本來身登菩薩地、人間世現貴官身、持大權掌大柄、濟世之念似海之深、養民之心如山之固。欽崇佛法、永保皇家、天地合宜、蠻夷率服、以至有情無情、莫不從風而靡。不被物之所移、自能轉物、便見日用之道、動靜無虧。元禪師一向無慈悲方便、埋沒賢人、殊不知理天下大事、非剛大之氣、不足以當之。要明佛祖一大事因緣、須是剛大之氣、始可承當。今尊官興教化、安社稷、息干戈、清海宇、莫不以此剛大之氣定千載之昇平。世間之法既能明徹、則出世間之法無二無異分、無別無斷故。山僧宗門晩進、草芥無能、既至仙鄉、荷台施重法之故。亦不輕人、廣開寺宇、重建僧堂、令鄙者領衆行道。若非曩有莫大因緣、何以如此、鄙懷亦不敢生嬾墮之心、種件依唐式行持、但隨緣去住而已。

北条時頼はすでに仁徳を行い、忠心をもって国家を輔ける。本来、菩薩の境地に達しているが、今は人権の貴官として世間に現れており、大きな権力を持って政柄を掌握している。しかし、済世の理念は海のように深く、護民の心は山のように固まっている。さらに、仏法を崇めている。今、時頼は禅宗の挙揚のために建長寺を創建し、老僧に禅僧らを導いて修行を行うように命じたので、私は怠けまい、全く唐様で行おうと考えた。以上のように時頼の仏教心について語っている建長五年（一二五三）十一月、時頼は建長寺の落成を慶祝する際に、自ら五部の大乗経典を書写して供養した。『語録』にはつぎのように掲載されている。[4]

檀越寫五部大乘經上堂。且五部大乘聖教、是玄妙耶、非玄妙耶。大檀施主力究此理、洞徹真實、剖一微塵、大經卷、於不靜中、自得真靜。向有為内、能行無為。然後於第二義門、為人方便、出一滴血、直濺梵天、寫大乘經、功資品類、如是則用周萬物而無盡、利極百姓而有餘、似日昇東、無幽不燭、到這裏三業六根、本來清淨、纖塵諸垢、當下消除、頭頭露本地風光、處處作無心佛事。或時坐微塵裏、轉大法輪、卷舒在我。或時踞公庭上、啟大圓鏡、鑒照非他、自利利人、其功功普、個是大檀那就内打出、佛眼難窺底事。如今清淨、梵行僧衆書寫此經、讀誦此經、授持此經、供養此經、無極之功、人人知有。且喚那個作此經、現前僧俗若也知得落處、非但傳佛心宗、亦乃善濟群有、苟或不然。

五部大乗経典の功徳は極めて玄妙であり、言葉で表現できないほどである。大檀越がこの論理を探究すれば世間の真相に洞徹し、不静の中に静を得る。有為の中に向って行けば無為を行うことができる。大乗経典を書写すればその功徳が衆生を助けて、そして一切の万物が救済されて国民に利益をもたらす。まだ、余力があれば、ここに至る人は三業・六根を清浄にして大法輪を転じることができるとしている。

時頼の参禅の態度については義堂周信の『空華日用工夫』の永徳二年九月二十五日の条に収載されている。[5]

等持院一品百日忌、建仁拈香、南禅陞座、千衆諷経、府君与管領話、及真如長老竊吹、及諷経並斎罷、府君還駕、約余及太清参府、講楞厳疏第五下之六根証入章、君密話及天下政事云、万一有変、欲棄天下、当如永平長老勧平氏、余与太清、密賛慰労会、視世如弊屣、是乃安楽長久之基云云。

と記載されている。当時、時頼は天下に固執することから悩みが起こっていたようで、道元は時頼に天下を棄てることを勧めた。天下が弊屣のように見えれば、自然に煩悩を消し去れるというものであった。これは世間を見ることが弊屣の如くになれば、すなわち長い安楽の基になる。道元の示寂後、百三十年を経て、時頼に政権より離脱することを勧めたことが義満・義堂などにも知られていたほどである。[6]

康元元年（一二五六）十二月二十三日、時頼は熱心な法を求めるので最明寺を建立して自ら修行のところとなし、その寺に入って落飾した際、蘭渓道隆を請い戒師となし、法名を覚了房道崇といった。これから時頼は正式に仏教に帰依した。時頼は一般の武士とその落飾に多少異なるところがあると思う、その精進の実際が文献の中にしばしば現れている。『吾妻鏡』につぎの記載がある。[7]

奉書寫紺紙金字大般若經一部六百巻

夫當五十鈴、河上兮、有宗祠之奇勝、代稱之礒宮。於八萬寶藏中兮有教門之卓躒、佛名之波若、吾朝百王之元祖也。欽戴甚自隆周之清廟、三世諸佛之智母也。恢弘起自五唐之貞觀、是以肅敬、是以講嘆。於是弟子、往年被冒痾黑、個時偷發願念、忽得除愈、遂得安全者、早寫即有即空甚深之妙理、奉賁一陰一陽不測之靈威、宿霧涉歳。雖兆餘氣之快霽底露不空、可謂一念之潛通、是以華夏靜謐之明時、枝幹相應之佳景、虔任誠素、敬致啟白、六色第五之禁可惶、付祠部以懃道儀、諸經第一之說不妄、驚神咒以期勝利。弟子者、義勇雖缺、治略雖踈、剪長鯨於海表、寤寐攸念者波瀾之永罷、仰仁風於寰中、造次所羨者枝條之不鳴、年來存報國之忠。今已遂遁世之志、清淨在身。雖猒機務於桑門之後、縹眇寄眼、只馳信心於栢城之邊、彼杭州判史之纏宿痾也。偏誓善因於無量壽之樂邦、零陵大守之慕前事也。遙凝明信於有虞氏之尊廟、愚魯所跂、已越舊聞、況畢妙典之為偈也。每字皆營麗水之波色、真諦之鎊金書也。遺文出於五源之風吟、其金字六百軸、軸軸有壯麗之餘、此緇襟三十人、人人合哥唄之聲、綷是鄭重、福不唐捐、仰願二所太神、受般若花、以增法樂。伏乞三品大王、仍莫耆藥、以保仙齡、几厥擁護國家者、神之明德也。我願廼在之、富饒民黎者、經之惠力也。我願又在之、云神云經、盍納受素念、無適無莫、必圓滿宿望、然則百年無恙、年年常遇有年之年、庶事有成、事事只聞無事之事、都鄙快樂、子孫繁昌、乃至功德之餘、幽顯普利。敬白。

正嘉元年四月十五日

弟子沙彌道崇敬白

時頼は病気を直すために願文を作成しその宿願の成就を祈った。そして、正嘉元年（一二五七）四月十五日、時頼は自ら『大般若経』の一部六百巻を書写して大神宮に奉納した。史料の内容によると、まず、「年来存報国之忠、今已遂遁世之志」という、時頼はもともと国家に忠誠を尽したが、今、中国の渡来僧と交流し、その考え方を変革して遁世の志しをなした。隠遁の思想は日本においても超世俗性の理想として早くから存在した。聖徳太子の思想にもみられる。「世間虚仮、唯仏是真」の句は、それを端的に示している。殊に、日本の中世にも世俗的生活から離脱する手段として特殊な修行法が出現した。[8]修行僧たちは世俗的な活動から離れて、深い幽谷に隠遁して静寂な生活を送っていた。

なお、この願文の祈りは自分のみではなく、同時に般若智慧を受けて法楽の増加をもたらし、国家の安穏と人民の安楽を願うものであった。時頼に忠国と愛民の武士の精神を見ることができる。ここに大きな慈悲のこころがはっきりと示されている。さらに、この史料によって当時、日本人は禅宗に対する観念が完全に「神仏合一」の信仰風潮に溶け混んでいるような状況にあったことを知るのである。日本では、奈良時代に早くも神仏合一の思想が存在している。[9]しかしながら、こういう観念と兀菴普寧の場合は異なるものであった。

二　時頼と中世禅林の展開

兀菴普寧（一一九七～一二七六）臨済宗楊岐派破菴派。宋国西蜀（四川省）の人。号は兀菴。幼くして出家し、諸老宿に歴参し、建康の蔣山に至り痴絶道冲の言葉を聞いて省悟し、ついで、阿育王山に登り、無準師範に参じて悟り、師無準師範の法を受け継いでいる。さらに、杭州(浙江省)霊隠山、天童山に遷って第一座となり、象山の霊巌寺にいたが、蒙古の侵入に逢い寺院も多くこれに侵された。したがって、南宋の禅僧は多く日本へ渡来した。

文応元年(一二六〇)兀菴普寧は博多に着いた。その時、兀菴はすでに六十三歳の老僧であり、宋の常州福聖寺の住持を辞めて禅宗を擧揚するためだけに遠く日本へ渡来した。まず、聖福寺に入り、つぎに、京都の東福寺に入り円爾と同門の関係となった。兀菴は厚く待遇され、東福寺に於いて円爾の懇請により同寺の大衆に客僧として説法を行った。両者が旧交を暖めているところを見ると、あるいは円爾あたりの勧請があったのではなかろうか。[10]当時、蘭渓道隆は建長寺の住持として特別に上堂して兀菴を迎えて喜んだ。『元亨釈書』巻六に、「寧之蔣山旧友也。相見喜慰労問」[11]と記載している。その後に渡来した大休正念・西澗子曇などの来朝には蘭渓との間に関連することが見出される。[12]ほどなく、北条時頼は専ら建長寺に至り兀菴に参礼したがこのような高僧の容貌は二年前にかつて夢の中で見たものだった。[13]

弟子在大宋曽礼拝和尚、今者多幸再拝慈顔。師即握拳云、吾雖年老、拳頭硬在。復進前云、弟子両年前曾夢見和尚頂相、教訓参禅、惺後親絵供養。此者獲拜慈相與見一同、喜悦之至。

いよいよ兀菴を敬服した。まもなく、蘭渓道隆は建長寺の住持を兀菴に譲る。すなわち兀菴普寧は建長寺第二代の住持となったのである。

兀菴の禅風の特色は、一には、「不立文字、直指人心」であり、教理への執着を打破するものであった。当時、日本の仏教界において教義・名相が強調されて修行者がこれに執著していたので道業の妨げになった。その現象は天台・真言・浄土などに見られた。そして、兀菴は特にこの弊害に対して執着を打破するべきだと主張している。

教中道、離言説相、離文字相、離心縁相、畢竟平等、無有変易。[14]

従古以来、惟弘教法、於今始創宗門。往々信與疑未決者衆、殊不知、不立文字、直指人心、見性成仏之旨、従上無数大劫、千仏万仏互相出世、惟伝此心。[15]

参禅の目的はただ見性を探す。若し、見性を得ればあらゆる煩悩が消え、すなわち成仏する。その論理は無限の大劫からあり、千仏・万仏が世間に現れるために、この方法が唯一伝えられた。さらに、参禅の要旨を述べられている。[16]

參禪學道究明生死大事、徹證為期者、第一須堅久身心。先將平昔所學、諸子百家、文章四六所習經律論、文字之學、與夫見聞覺知、惡知惡覺、一切雜毒、颺在他方世界、然後退歩就已、放教空勞勞地。只將古人一轉語、貼在鼻尖子上、晝三夜三、行住坐臥、折旋俯仰、孜孜切切、抵死拚生、與之厮厓、無纖毫間斷。不見道、暫時不在、如同死人、提撕來提撕去、日久歳深、因縁純熟、忽然啐地折、曝地斷、大死一回、已眼豁開、本地風光、頓現在前、方知道、元來只在自己不在別人、直下不疑佛、不疑祖、不疑天下老和尚舌頭。

参禅は全くに生死を究明するために、まず、信心を堅固にし、諸子百家の文章を捨てて、長い時間を経ると自然に悟りが開けるとする。兀菴は建長寺の仏殿の本尊地蔵菩薩を礼拝しなかった。その意味は自分はすでに証悟して阿羅漢になっている。菩薩の位階は阿羅漢の下であるので、礼拝しないというものであった。鎌倉時代には「神・仏」の観念は同一視する傾向があった。その中で兀菴が建長寺の住持として本尊地蔵菩薩の像を礼拝しなかったこのことは、当時の鎌倉の「神仏合一」の仏教信仰に対して大きな刺激をあたえることになった。こういうことは禅宗の発展史からみれば正しい仏教観念の展開が見られたといえる。鎌倉新仏教はとくに神祇不拝の面が強調されてきた。しかもその神祇不拝のとらえ方には一神教ないしは無神論的な意味合いが込められていた。[17]この兀菴の激しい性格も妥協を許さないものであったらしい。いわゆる禅宗の和尚の風格を具えているといえよう。

弘長二年（一二六二）十月十六日、兀菴が北条時頼に建長寺において参禅指導を行なうとすぐに悟りが開けている兀菴はそれを印可した。北条時頼の悟りは最明寺殿の契悟因縁の中につぎのように記載されている。[18]

最明曰、弟子近日坐禪、見得非斷非常底。

師云、參禪只圖見性、若得見性、方得千了百當。

最明曰、和尚方便指示。

師云、天下無二道、聖人無兩心、若識得聖人之心、即是自己本源自性。

最明曰、弟子道崇無心。

師云、若真箇無心、竪窮三際、横遍十方。指燭云譬如蝋燭未焼成以前、即是本地風光、本來面目。反至焼成點爇、輝耀雅觀、照徹冥暗、人人瞻望、末後燭盡光極、依舊如前消息。佛出世度人、亦復如是。未出世以前、淨法界身、本無出沒、以大悲願力、示現、出世成道、隨上中下根機、演説三乘十一分教、拈花示衆、為令聖凡人天大衆、明心見性、末後入無餘涅槃。亦如一條蝋燭、無二無別、萬古流通、直至今日。若見此性、直下便見也。良久云、見麼。
最明日、森羅萬象、山河大地、與自己無二無別、
師云、青青翠竹、盡是真如、鬱鬱黄花、無非般若。
我無佛法一字說、子亦無心無所得、無說無得無心中、釋迦親見燃燈佛。

まず、時頼は最近弟子（自分）が坐禅をすると、非常非断を見ることができる。兀菴はこのような問題点に返答して、仏教の教理の中心思想はすなわち「中道」である。一切の諸法が全く中道を離れぬことである。しかし、常見・断見に執着すれば契悟ができない。参禅の目的は見性を求めるためにあり、若し見性を受ければ生死のことは問題外である。天下の中に聖道は二つあらず、聖人の心も二つあらず。若し聖人の心を分かれば、すなわち自己本来の自性が見えると説明するのである。つづいて、時頼は世間の森羅万象・山河大地と自己とを区別せず、いま、時頼は常見・断見を捨てて釈迦牟尼仏の中道である理事円融・事々無礙を契悟した。特に、「青々翠竹が盡くす是真如、鬱々黄花が般若に非ざる無し」の偈頌で時頼に印可を与えた。

時頼は一時に全身に汗を流して自分の証悟に対して非常に感動し、弟子である自分の二十一年の疑問がすぐに氷解して、今は、満足しているとする。[19] こころから感泣して兀菴に向って九拝した。兀菴は本尊の前に線香を供え、悟りの印可を与えた。「我無仏法一字説、子亦無心無所得、無説無得無心中、釋迦親見燃燈佛。」と、[20] 同時に、自己の法衣を託付し、釈尊の慧命を継続させたである。時頼の契悟は日本の思想史・宗教史から見ても極めて重大なことである。禅宗が伝来して先ず鎌倉武士に大きな精神面での影響を与えている。さらに、兀菴は時頼に五首の助道の偈頌を贈り与えたがこれは修行勉励のためであった。[21]

老僧初到與三拳、埋恨胸中結此冤、痛恨忽消開正眼、方知吾不妄宣傳。

悟了還同未悟時、著衣喫飯順時宜、起居動靜曾無別、始信拈花第二機。
二十一年曾苦辛、尋經討論枉精神、驀然摸著娘生鼻、翻笑胡僧弄吻唇。
治國治民倶外事、存心存念自工夫、心思路絶略觀看、佛也無兮法也無。
壬戌十月十六朝、虚空拳踢不相饒、等閑打破疑團後、大地黄金也合消。

京都の円爾は時頼が悟ったことを聞いて、特に偈頌で慶祝し、「大機大用大根人、鼻孔遼天独露身、凜凜威風行閫外、五湖四海一天真。」と書いている。[22]

正治元年（一一九九）九月に、栄西は鎌倉に下向し、幕府の庇護を受けた。その時期の鎌倉禅は禅宗的要素が稀薄であり、武家も現世の要望を密教に、来世の往生を念仏に求めて永久の満足感に浸っていた。[23] したがって、時頼の証悟は鎌倉武士に、積極的に仏教信仰に取り組むことに大きな影響を与えている。時頼の実例は参禅者に直接激励を与える効果があり、信仰の形態を大きく転変させた。このことが禅宗の発展史上に貢献したことは言うまでもない。

弘長三年（一二六三）十一月の初め、時頼は大病になり、鎌倉の諸禅寺は特別に千手観音菩薩像を鋳造して昼夜不断に康復を祈り、僧正良基は導師として五穀を断って誠心に祈祷した。[24] 二十二日に至り、遂に、三十七歳を一期の生命として卒去した。その臨終の様子が『吾妻鏡』に記載され、[25] 袈裟を着し、端然として縄床に安座して、偈頌を唱えた。

業鏡高懸、三十七年、一槌打砕、大道坦然。

弘長三年十一月二二日　　道崇珍重云々

このように恰も高僧の示寂の様子であり、時頼の臨終のように即身成仏の瑞相を現し、世間に再来した人である。手で印を結び、口に遺偈を唱えて安然として目を閉じた。

兀菴の帰国はきわめて突然のことであり、帰国の理由は『東巖安禅師行実』の中につぎのように収載されている。[26]

如今崇公円寂後、法光寺殿幼年。未有誠志信敬之心。諸余大名。雖有帰敬、罕有実頭人。因念所住之寺、乃是大覚開山。誅榛夷石、大効功労。吾今無功無益、久住非理。

まず、時頼の死後、時宗はまだ幼年で、「誠志信敬之心」がなく、「諸余大名」には帰敬の志のあるものはいても、抜群の人は稀であり、滞在の意義はなくなったと痛感した旨、帰唐の理由を説明した。つぎに、住する寺はすなわち蘭渓道隆が開山したものであろう。大いに功労を持つが、今、兀菴は功なく益もなく、久しく住むことは理に非ずとした。さらに、大覚派が既得の権益を守るために、後来の者を拒否しようという姿勢が窺われたからである。

兀菴は時宗を訪ねて帰国のこと話すと、幼い時宗は躊躇したが、最終的には許さざるを得なかった。兀菴はすぐに寺へ帰り、大衆に分かれる際、「無心遊此国、有心復宋国、有心無心中、通天路頭活。」[27]という、一つの偈頌を残して宋に帰った。また、平日に檀家の供養の金を箱に収めて封印し、「常住に施し、知事が私用するあらず」と銘を書くものであった。さらに、加えて、兀菴の語録版について、その輸送が困難により、「この間、私の語録を見るべき者なし」と考えて、遂に、全部の語録を焼き払っている。兀菴普寧の強い性格の一端が見えよう。今は、建長寺にいる時に出版された語録の一部で東巖に贈与されたものが唯一残っている。

兀菴は鳥羽より船に乗って中国へ帰国する時、船長は老朽の船を以って兀菴に乗らしめ、自己は良い船に乗ったという。このような時に兀菴は息して東巖に曰く「日本の風はかくの如く、有徳の者は破弊の船に乗り、無徳の者は良い船に乗る」[28]と。このように見ると、兀菴が日本から離れる時のこころは複雑なものがあったことが知られるのである。

兀菴の帰国にたいしてその弟子の巖安は極めて落嘆した。兀菴和尚が来日して皓月麗天の如く、衆星の光で覆われていた。しかし、この間に忌妬の人があって陰謀をもって退院を勧めると述べている。[29]これが帰朝の理由であった。このことが『元亨釈書』にも同じように掲載されている。[30]

遇六群之猖獗、作一錫之返飛。

帰国の後、兀菴が悟空敬念に手紙を書いて自ら帰国の理由を詳細に説明した。その内容は『東巖安禅師行実』の中に記載されている。[31]

老僧無巴鼻、暫遊此國。乃見此國、從古以來、信向之多、唯弘教法者衆。近為外來之者、邪魔外道、妄言綺語、誑或人天及乎窮其底蘊、經律論之教、全不知之、教外別傳之旨、猶更不曉。且虚語僻語、惑亂此國。正法淩滅、邪法熾然、人人愁歎之多、所以老僧急急抽頭回唐、為入出計。更不將眼視之、不將耳聽之。自歎釋迦老漢神通廣大、尚且被六群比丘惡黨邪魔外道波旬等欺淩。

記載の内容によると、外来者は妄言・綺語・虚語・僻語を以って大衆を惑わすとある。正法が滅亡し、邪法が非常に蔓延したようだ。このようなことに人々は愁嘆した。したがって、兀菴は急いで中国へ帰国した。史料の中にある「外来者」ということばは、はっきりは示していないが、諸般の記事によって推測すれば、明らかに建長寺開山の蘭渓道隆及びその一門を指すに外ならない。正元元年（一二五九）北条時頼は蘭渓が建長寺の住持であったのを罷免して建仁寺住持に移し、その後を兀菴に継がせて建長寺の第二代の住持とした。このようなことが蘭渓の門下を鬱して兀菴に怨みを持つようになったと考えられる。[32]

兀菴と悟空敬念と東巖とは悉く無準師範の法系と関連する人々である。したがって、その状況は同じようなものになった。兀菴の状況が悪なものになったことに対してを悲憤慷慨しているのである。日本に宋の禅宗をそのまま伝来した兀菴の置かれていた状況には微妙なものがあったようである。後世においても、大覚派・仏光派等々は、互いに激しい勢力争いを展開するのである。[33] 臨済宗の門派間では複雑な問題が存在したのである。

兀菴普寧は日本にあること僅かに五年、その法嗣も東巖恵安・南州宏海など二・三の人にすぎなかったが、執権時頼を教化して徹底した悟りを開くに達せしめたことは鎌倉武士と禅とを結びつけるのに多大な功績があったといえる。時頼は深く禅宗を信仰したことはいうまでもなく、始めて禅の奥義に参じて悟道した。したがって、武士の修養と参禅とは不可分の関係となり、禅宗は武士の積極的保護をうけて発展の基礎を築くに至ったのである。さらに、時頼は禅寺の創建・所領寄進・禅僧の招聘などに力を尽くし、禅宗の発展に大きく貢献したのである。

1 『吾妻鏡』寛元四年三月二十三日条。
2 『野守鏡』(『続群書類従』第二七輯、平文社、一九八五)五〇九頁。
3 『大覚禅師語録』巻上(『大正蔵』八十・四八頁上)。

4　『大覚禅師語録』巻上（『大正蔵』八十・六十頁下）。
5　『空華日用工夫』永徳二年九月二十五日条。
6　辻善之助『日本仏教史』第三巻　中世篇之二（岩波書店、一九七〇年）二八二頁。
7　『吾妻鏡』正嘉元年四月十五日条。
8　中村元『中世思想』（春秋社、一九九九年）七七頁。
9　村山修一『本地垂迹』（吉川弘文館、平成七年）三五～四八頁。
10　今枝愛真『禅宗の歴史』（至文堂、一九八六年）四七頁。
11　『元亨釈書』巻六（『大日本仏教全書』第六二巻・史伝部）一〇一頁中。
12　大村豊隆「宋元来朝僧と鎌倉禅」（『東北福祉大学論叢』第十巻、東北福祉大学、一九七一年）一二四頁。
13　『兀菴普寧禅師語録』（『続蔵経』一二三冊・九頁）。
14　『兀菴普寧禅師語録』（『続蔵経』一二三冊・三頁）。
15　『兀菴普寧禅師語録』（『続蔵経』一二三冊・十一頁）。
16　『兀菴普寧禅師語録』（『続蔵経』一二三冊・十四頁）。
17　船岡誠「日本禅宗の成立」（吉川弘文館、一九八七年）一二八～一四五頁。鎌倉新旧仏教の代表的な僧は神祇観について、第一に、旧仏教は本地垂蹟論的であり、新仏教は護法神論的であること。第二に、旧仏教は神祇は僧にとってあくまで崇拝の対象であり、新仏では必ずしもそうではない。
18　『兀菴普寧禅師語録』（『続蔵経』一二三冊・二三頁）。
19　『兀菴普寧禅師語録』（『続蔵経』一二三冊・二三頁）。
20　『兀菴普寧禅師語録』（『続蔵経』一二三冊・二三頁）。

21 『兀菴普寧禅師語録』（『続蔵経』一二三冊・一二三頁）。
22 『聖一国師語録』（『大正蔵』八十・二一頁中）。
23 葉貫磨哉『中世禅林成立史の研究』（吉川弘文館、一九九三年）八七頁。
24 『吾妻鏡』弘長三年十一月八日条。
25 『吾妻鏡』弘長三年十一月二二日条。
26 『東巖安禅師行実』（『続群書類従』第九輯　上）三一二頁。
27 『元亨釈書』六巻（『大日本仏教全書』第六二巻・史伝部）一〇一頁中。『東巖安禅師行実』（『続群書類従』第九
上）三一三頁。
28 『東巖安禅師行実』（『続群書類従』第九輯　上）三一四頁。
29 『東巖安禅師行実』（『続群書類従』第九輯　上）三一三頁。
30 『元亨釈書』巻六（『大日本仏教全書』第六二巻・史伝部）一〇一頁中。
31 『東巖安禅師行実』（『続群書類従』第九輯　上）三一六頁。
32 玉村竹二『臨済宗史』（三省印刷、一九九一年）一〇頁。
33 玉村竹二『日本禅宗史論集』（下之二）（思文閣、一九八一年）三八九頁。

第二節　円爾における教化と教団の展開

一　円爾と無準師範

円爾（一二〇二〜一二八〇）は臨済宗楊岐派破庵派の人。駿河（静岡県）の出身である。父は米沢五郎左衛門親常といわれている。母、坂本姫は手を挙げて明の星の光を採ってこれを呑み込もうとする夢をみて妊娠した。建仁二年（一二〇二）十月十五日に生まれた。円爾は二歳のとき、人々の話の内容を聞いてその是非を論ずることができた。人の顔貌をみるとその嬉しいとか悲しいこともよく分かった。また、その冬は大雪であった。円爾はその雪を指して母に「これは何ですか」と聞き、母は「これは雪というものです」と答えた。円爾は「私が生まれた時に雪が降った」と言ったという。[1] このような事情から見ると、円爾は明晰な智慧の持主であったことが知られる。

建永元年（一二〇六）、円爾は五歳にして母が帰依した久能山の堯弁の元で仏門に入った。九歳に至り仏教の基礎の『倶舎論』・『倶舎円暉頌疏』・『倶舎論普光疏』などを読破した。次いで、円爾は寿福寺に滞在した数年間に主に『大蔵経』を披閲した。さらに、法華の教学を学び、十五歳で、天台止観の講席に学んだ。

承久元年（一二一九）、名僧智証大師（円珎）の遺跡を慕って近江の園城寺の出家となり、同年十月二十日南都（奈良）の東大寺に赴いて登壇受戒した。[2] 翌年、京都に行って儒学を学んだ。円爾は自ら二十年近く大・小二乗の経典を学んだことをかえりみて、このようなことは単に自己の知解を増しただけで、生死大事において何ら益するところがあろうかという反省であった。そして、とくに関東上野の長楽寺の栄朝に参学した。栄朝は単に三密瑜伽の観行法を伝持するのみでなく、さらに、禅戒をうけて教外別伝の道を修めている。この時、禅に参じたことは円爾にとって禅宗を傾慕し、ついに後日入宋を導く要因となった。そして、円爾は栄朝と相見したことで、その修行の生涯に大きな影響を与えられることになった。

さらに、嘉禄二年（一二二六）、鎌倉に至り寿福寺の蔵経院に寄寓した。その住持の荘厳行勇と長楽寺の栄朝は関東法門の双璧といわれていた。その門下の高足の般若房了心[3]が「古い四諦の外別を立て法性」という文に至って滞礙していたところ、円爾はその句を解明して人々を驚かせた。自ら思うに、「今、東方学者以心為魁、而淺易如此。我其誰寄哉、不若入宋地」[4]と、東方学者のなかに大歇了心をもって指南と成す、膚淺なることかくの如し、「我がそれ誰にか依らん。」と、始めて渡宋の決意をした。

円爾は入宋のために先に博多の円覚寺にとどまった。この寺は蘭渓道隆が来日した時暫くここにとどまっており、日宋の交流の上で言えば一つの重要な歴史的役割を担った寺である。[5]また、今回、円爾の入宋の費用は全て謝国明が支え助けた。謝国明は宋の帰化人で、貿易の船主であり、換言すれば、彼は円爾の入宋の大きな功徳主であった。

嘉禎元年（一二三五）四月、円爾は平戸の港から出帆して十昼夜を経て中国の明州（浙江の寧波）に到着した。まず、景福律院で月公から戒律の開遮問題を聞いた。また、天童山[6]に登って当時の住持である痴絶道冲に会い教導を受けた。さらに、臨安の天竺寺の栢庭月公、浄慈寺の笑翁妙堪、霊隠寺の石田法薫などの門派から禅を学ぶこと六年になった。ついで、円爾は径山の無準師範に礼し、師範禅師は円爾を見て大器であることを知って入門を許して弟子にした。

円爾は無準の会下に参じ、直ちに侍者となり、その側近に「爾老」と敬称され、懇切に参禅の指導を受けたという。径山の時期、無準師範は円爾の明断さと学問への精進の態度に感心している。そして、円爾の帰国の際に師範は予言をした、つぎのように記載している。[7]

女学海浩渺、比来我竹篦下一時乾枯。佗日帰本国必於無涓滴処、横起波瀾、竪無勝幢、揮吾道、須踵従上乃祖遺芳、永利未来際。

円爾は仏教の教理に通達しているので、将来、日本へ帰国した時には、必ず大きな吾道を挙揚するだろう。祖師の遺芳を継承しており、未来永劫に衆生の利益のためにつくすように円爾に大きな希望を託している。いうまでもなく、無準師範の懇切な教示であり、加えて、円爾は学問と徳性とを兼ね備えているとして、殊に円爾を上人と称した。

嘉禎三年（一二三七）十月、無準師範は径山において自書の法語一篇を円爾に与えている。その内容はつぎのように記載されている。[8]

道無南北、弘之在人。果能弘道則一切處物是受用處、不動本際而歴遍南方、不渉外求、而普參知識。如是則非特此國彼國、不隔絲毫、至於及盡無邊香水海、那邊更那邊。猶指諸掌耳、此吾心之常分、非假於它術、如是信得及徹、則逾海越漠陟嶺登山初不惡矣。圓爾上人效善財遊歴百城、參尋知識決明已躬大事、其志不淺炷香求語、故書之以示之。

丁酉歳十月　　住　大宋國徑山　無準老僧（華押）印

道には南北がなく、これを弘むるに人あり、果して能く道を弘むれば、すなわち一切処惣じて受用の処になる。円爾は禅宗を挙揚するために善智識を歴参し、自己の大事を決明してこのようなことを志すこと浅くない。さらに、仁治二年（一二四一）三月一日真夜中、無準師範は特別に圻方庵と円爾二人を呼んで線香をつけて仏前に供えており、「今夜、当山の鎮守である広沢竜王が現れて私に告げた。方庵・円爾の二人は衆生を教化することのために至った」と告げた。したがって、無準師範は円爾に早く日本へ帰り、自分の国家に禅宗の妙道を挙揚せよ。同時に、自ら西天二十八祖から東土の祖に嗣法され、慧能は五祖弘忍よりそれを授けられ、慧能から南嶽を経て無準に至るまで五十四世に当たる「仏祖宗派図」を書くと、さらに、「無準範禅師」と自署した。[9]

禅宗は以心伝心の宗派であると称し、仏教諸派中でも特に相承意識が強いものである。これも南宋時代における中国の社会的特質であり、無準師範は自ら仏祖より数えて西天東土そのした径山の恵譲禅師から自身に至るまで五十四世に当たる。今、師範は親書の仏祖宗派図を円爾に授けており、その法嗣を継承することの証明として「承天爾禅師」と書く。[10] これにより中国の禅宗の法脈は正式に日本に移植された。また、円爾のこのような行動は中国禅宗の地位を日本において確認させたとも考えられるのである。日本禅宗の発展史から言えば一大画期をなすものであった。さらに、円爾は密庵祖師から親授した法衣と竹杖を授けられ、法衣は無準師範から円爾への嗣法が終了したことを証明するものであった。

「大宗派図」の最末に無準師範から承天爾禅師とあり、円爾の名前が無準の会下に別筆で書入れられている。玉村氏によると、この筆蹟から見てこれは全く無準師範の自筆であり、無準が円爾の名前を自筆することなの、その意義は円爾が無準の法脈を受け継ぐことを印可したということである。円爾がこれを書写したと同時に他の事情を考えてやや後の加筆という見方が安全であろう。また、円爾の名の記入を見ると、無準は淳祐九年（日本建長元年）三月十八日に示寂した。そして、建長元年以後、無準が「宗派図」に自筆で加筆することは不可能である。[11] それで、ほぼ淳祐元年、両年の間に書入れられたと推測される。

いま、中国の宗派図で現存の最古のものは、すなわち無準師範の門弟が南宋の端平元年（一二三四）ごろに『仏祖宗派図』を編んだものである。[12]その原物は四本あり、日本に伝来している。無準師範が円爾に仏祖宗派図を親書したものがその中の一つであり、現在、東福寺に所蔵されており、国宝指定されている。この「仏祖宗派図」は中日禅宗の交流史からみれば重要な意義をそなえている。

また、無準師範は「勅賜万年崇福禅寺」の八大字を書いて円爾に与えた。この意義は円爾が帰国後に最初に崇福禅寺に住することになっているということである。後に寺にこの額を掛けている。「勅賜」の二字は円爾が帰国したら必ず天皇に仏道を教える師となることを示唆している。

同年四月二十日、円爾は径山万寿寺の無準師範のもとを辞して帰国する時、無準師範は特別に楊岐方会禅師の伝法衣と『仏法大明録』の一部を最後の贈物とした。五月一日、円爾は船に乗って明州の定海を出航した。『善隣国宝記』によると、[13]その渡海は三隻船で共に發したものの、二船は已に没んだ。円爾が乗るところの船に忽ち一人の女人が現れ、これを怪しみ、円爾は「宋の船はもともと婦人はなく、何れより来るか」と問う。女曰く「わたしはこれ八幡大菩薩なり、師を庇護せんのみ」という。このような事情をみると、円爾の入宋から帰国まで完全に八幡大菩薩が守護している。そして承天寺一派の僧侶が毎歳正月十一日に筥崎八幡神前において楞厳行導を修する。この「承天寺の八幡諷経」の行事は現在もなお続けられている。これが由来だと伝えられている。

遂に、同年七月十五日ごろ、博多に到着した。白石虎月の『東福寺誌』によると、「同七月、博多に帰着す（師・年四十歳在宋七ヶ年也。）綱首謝国明（宋国人にして来朝せし人）師を同地来迎院に労ふ」[14]としている。また、『聖一国師年譜』のなかに同じように記載されており、「七月博多諸綱首館来迎院、或請普説」[15]という。博多の綱首たちが円爾を来迎院に迎えて普説を請たとしている。

円爾は宋から帰国する際に数千巻の典籍をもたらし、これを普門院の書庫に収蔵した。これら典籍の目録は『東福寺誌』文和二年十一月条、「普門院経論章疏語録儒書目録」に掲載されている。また、その法孫虎関師錬の『元亨釈書』にその書について「蓋爾師帰時将来経籍数千巻、見今普門院書庫内外之書充棟」[16]と記載されている。弘安三年六月六日、その書は普門院書庫に収められて広く利用されたので円爾は自ら「三教典籍目録」一巻を作る。今、これを見ることができないが、幸いにして円爾の法孫なる大道一以が普門院に住しており、それが文和二年（一三五三）であるからこの目録もおそらくその年に作られたものであり、すなわち円爾の寂後七十六年後のことであった。[17]

その典蔵の経論章疏とともに百七十余部三百七十余巻、僧伝、禅籍、儒書、詩、文集、医学、辞書など二百三十余部九百六十余巻が含まれている。これらの典籍は五山文化における儒学・漢詩文の興隆に大きく寄与した。[18]そして、円爾が典籍をもたらし、日本文化の発展に対して貴重な史料を与えるなど極めて大きく寄与したことは看過できない。

仁治二年（一二四一）七月、円爾は前後七年にわたる中国の参禅を終わると帰国した。随乗房堪慧は円爾とともに径山の無準師範に学んで帰国して大宰府横越に伽藍を建立した。これは在宋時約束なので、同年、堪慧に招かれて崇福禅寺の開山に住した。まず、円爾は帰国に当たって恩師師範の親書の「勅賜万年崇福禅寺」の額を掲げて開堂法式を行うこととなった。

また、同三年（一二四二）秋、博多の綱首謝国明によって承天寺が創建され、円爾は開山住持となったのである。[19]径山の無準師範はこのことを聞いて直ちに「承天禅寺」および「諸堂」の額を書いて円爾に贈って来ている。これは『元亨釈書』のなかに記載されている。[20]

謝国明於博多東偏、創承天寺、与爾領之。仏鑑聞新寺事、書承天禅寺及諸堂額諸牌等大字寄之。

『元亨釈書』は『聖一国師年譜』より二十一年後の仏教史書であり、法孫の虎関師錬は円爾の伝記を特別に明確に記載している。

無準師範は南宋における宗教界の大禅師であり、また、円爾はその会下に参禅大悟して教禅兼修の国師であるがゆえ、謝国明は円爾を敬仰して承天寺の開山に招請した。つまり、承天寺は円爾と謝国明の私寺として創建された。承天寺の開創以後は謝国明と博多の綱首たちが檀越として経済的基盤を支えている。

承天寺の伽藍について宋朝禅院の様式を取り、叢林の規式は完全に径山万寿禅寺の寺規であり、はじめて博多に宋朝禅が挙揚されたのである。要するに、その寺の宗教的性格は、第一に、宋朝禅の直接輸入であり、第二に、強い密教色彩の兼修禅寺であり、第三に、謝国明の私寺であるということである。[21]

同三年（一二四二）、径山の火事を知った円爾は謝国明やその他の人々に勧めて寄付を集め径山万寿禅寺の再興のために檜材を送っている。無準師範は特別にその材木の状況を述べて感謝状を送っている。その内容がつぎのように収載されている。[22]

師範和尚手白、日本承天堂頭長老、維持隆暑、緬惟道體安隱、去秋初、能上人來收書、且知住持有況、老懷慰喜、又荷遠念、山門興復重大也、特化千板為助、良感道義、不謂、巨舟之來、為風濤所皷、其同宗者多有所失、此舟幸得泊華亭、又以、朝廷以為内地不許抽解、維持一年、方得遂意、今到華亭、已領五百三十片、其三百三十片尚在慶元、未得入手、余乙百四十片別舡未到且留、能上人在此、少往復見數日分曉卻津發、其帰方得作書。致謝、綱使謝丈大檀越也。嘗聞、日本教律甚盛、而禪宗未振、今長老既能豎立此宗、當一一依從上佛祖所行、無有不殊勝矣。便中略之、此布復未及詳具、余宜為大法多多珍愛、是祝。

この史料をみると、謝国明は千本の材木を寄進している。径山側はすでに五百三十本の材木を受け華亭に収めたが、なお、三百三十本が慶元にあり、まだ受領していない。余の百四十本はほかの船舶に頼んだものの中国に到着していないと言う。この史料はただ径山の材木を寄進することの経緯を説明するのみではない。無準は日本の禅宗の興隆に対して関心を持っている。この文献は当時の日宋貿易の実態の一部をうかがう貴重な史料である。中国五山の第一位である径山という大刹の復興のために、謝国明がただ材木を寄進しただけではなく、経済的援助も行った。中日禅宗の交流という点から言えば、当時の宗教界における径山の地位が日本の禅宗にとって如何に重要であったかがわかる。また、つぎのように述べている。[23]

師範和南手白、

師範備員亀山十有八載、兩罹災異、中間乃蒙助、以板木成就建造、今幸落成、感激之至、去冬偶冐氣發作、日來精神倦乏、去日無多、必無縁再得面接、宜城虎圖貳本、謾以見命、切冀多多、珍護、是請、

大宋臨安府徑山興聖萬壽禪寺住持老僧　師範　稟

日本綱使大檀越台座

帰国の後、円爾と恩師無準師範の間にはしばしば書簡の往復があった。しかし、現存する無準の書簡は僅かに四通に過ぎない。まず、仁治三年（一二四二）二月、円爾が崇福寺に住した際に、宋国の便船に二つの贈物を託して、次のように述べている。[24]

師範和南手、白日本國大宰府崇福爾長老、一別許久、每切馳系、近者收書、且知出應人天之命、為世導師老懷慰喜。既為主法人、當行平等慈以接來學、其常住事務、一一付之知事略提綱要而已。專於方丈之職、與四

衆激揚此事、亦當時時自警、佛法如大海轉入轉深、不可少怠、使此宗異日大震於郷國、豈不偉哉。山中雖復羅火厄、日來有成就之漸、無勞遠念、正續但欠佛殿、亦一面經營矣。恐欲知之、祐音二兄在此、過得甚好、祐近來有趣向、甚可喜、前日所寄二件信物、一一如書中數目領訖、極感道義、便中就以錦法衣一頂、乃前輩尊宿相傳者付去、遇説法一披、餘宜為大法自愛。是祝、

大宋國臨安府・徑山興聖萬壽禪寺住持特賜

佛鑑圓照禪師師範和南　　崇福爾長老

無準は円爾が崇福寺に住したことを喜び、特に住持の職事と修行のことを詳しく教え励ました。円爾は崇福寺の住持とならば誰にでも同じように慈をもって接し、寺院の事務の一つ一つを知事に任せ、その大綱を掌握するのみとし、専ら方丈の職において衆徒と共にあり生死の大事を激励すべきである。また、仏法は大海のように奥深く、入れば入るほどいよいよ深遠である。少しも修行を怠るべきにあらずとする。無準は円爾の器量の大きさを信頼しており、将来の日本における禅宗の興隆に期待をかけている。さらに、径山の火災について漸く復興していることを報じている。無準は相伝の錦の法衣を円爾に贈り、説法の際に着て大法のために自愛自重するよう祈っている。

寛元元年（一二四三）師範の返書につぎのように述べられている。[25]

師範和南手白承天堂頭長老、向曾收書、已嘗回答。就有錦法衣壹頂附去、乃是從上來諸知識所傳者、以表付授不妄。且知長老還故國、緣法殊勝、所至響合、宜以此道力行、使吾祖之教、在在處處、熾燃而興、此為至祝也。便風聊復眷眷之意、未間切宜為大法保愛、餘不一一。

師範和南手　白承天堂頭長老

円爾は帰朝ののち、はじめて大宰府の崇福寺・肥前の万寿寺で開堂説法し、ついで、博多の承天寺の開山として住して禅宗を称揚した。錦の法衣は先輩の善智識たちにより代々伝えられてきたものである。今、この法衣を円爾に授け与えたことは不妄の意義を表す。また、円爾は帰国以後、殊勝の法縁にして至るところで歓迎され、禅宗を挙揚するために一生をささげているとしている。

同年九月、円爾は錦法衣をもらったことに返書した。つぎのように述べている。[26]

九月師上書於佛鑑、其略曰、圜爾百生幸甚、得獲依附法座、随衆辨道、殊沐慈悲開示方便、自爾以降、時時自警、雖日本來圓成、亦須漸斷塵緣、漸除習氣、至於無作之作、無功之功、譬如大海轉入轉深。今年貺賜法誨、百拜啟讀、懷仰不已、特賜錦袈裟一頂、感激之私、銘篆肌倣。又弊寺自去歳八月始起、今年一周圓備、此是老和尚道德所及、龍天打供、了辨一大緣事謹此布覆、伏冀慈亮。

無準師範の会下で参禅したことは円爾にとって極めて幸甚であり、ことに無準の慈悲をもって開示した。承天寺は一年前に建築が完成したが、これは全く無準老和尚の福徳の御蔭で、円爾より以下の者は警悟し、だんだん塵縁を断じて習気を除くべきと考えて、次第に無作の作、無功の功に至ったという。円爾は錦法衣を授けられ、心より感激した。師弟の書簡の往復から交誼の深厚がうかがえる。

寛元二年（一二四四）、無準は書を寄せて円爾からの宝塔の寄贈を感謝し、円爾は崇福寺から東福寺に移り、四名刹[27]に住したので、禅僧は皆精進弁道に専念できたとし、つぎのように記している。[28]

印上人來收書、竝前一書及寶塔一一領得、甚感不忘、第相去阻遠、無由即答。且知自崇福遷東福、住四名刹、安衆行道、殊慰老懷。但恁麼操守、力弘此道、使一枝佛法流布於日本、真不忝為宗乘中人也。長老禪教兼通、又能踐履、不患不殊勝、只貴始終一節、介然不改耳、此老僧所望餘無佗祝。多多為大法自愛、不一一。

大宋径山住持・円照老僧師範書復　　日本東福堂頭爾長老

円爾は臨済宗楊岐派の無準の禅を日本に移植し、また、中国の禅院の規律を伝えたのである。円爾が日本に広く禅宗を挙揚したことで師範は満足した。博多禅から京都禅まで日本の禅宗の発展史からみると、円爾は極めて大きな貢献をしたといえる。

しかし、円爾は帰国ののち一・二年のうちに崇福寺・万寿寺・承天寺など三禅寺に住し、宗教界において高い地位を得た。このため太宰府有智山の僧義学は円爾の高い名声に嫉妬して危害を加えんとした。寛元元年（一二四三）朝廷に奏して承天寺を破壊しようとした。朝廷はこれを許さず、かえって承天寺・崇福寺の両寺を官寺に取り立てた。[29]博多の聖福寺の開創に続いて五十年後に承天寺が創建された。承天寺の開創を中世の博多の経済・文化の発展史からみれば、謝国明ら綱首によって博多が中世の国際貿易都市として形成され、彼等はその信用を保証する役割を担った。また、はじめての禅寺の官寺化は博多禅の展開の基礎を築くことであり、以上のことが日本の禅宗発展史上に大きな推進力を与えたと思われる。

二　東福寺の成立と展開

嘉禎元年（一二三五）三月、藤原道家は嫡子関白教実の夭折に遭い始めて世間の無常を痛感した。そして道家の造寺の願はここに發したものであろう。同二年（一二三六）四月二日、藤原道家は瑞夢によって翌日に自ら一千四百字の造寺の願文を作ることになり[30]、京都の東南の地に大伽藍を建立し、仏殿に五丈の釈迦牟尼を安置している。寺名「東福」というのは「亜洪基於東大、取盛業於興福」[31]による。すなわち東福寺の寺号は洪基を東大寺に、盛業を興福寺により、両寺の名称の中から各々一つの字を取って寺名とした。

道家は東福寺を建立してその目的である戒定慧の三学を兼ね学ばせ、また、大小顕密などの教えを学ぶ真言・止観を専宗とした。換言すれば、東福寺は基本的に総合仏教の道場としての機関であり、また、国家の安寧を祈祷し、君臣の寿福を祝うことであった。

東福寺の造営に着工した延応元年（一二三九）八月五日、仏殿の上棟を見てから、[32]道家の亡くなった後三年を経て建長七年（一二五五）六月二日に至ってその落慶供養になった。道家の子前摂政一条実経によって営まれた。東福寺の工事が上棟より十七年間かかり、伽藍が仏殿に続いて法堂・山門・僧堂・庫院・昭堂・方丈・浴室・東司・衆寮と堂宇を建立していった過程が辿られ、「叢林開堂之風俗」が新しく加えられたことは確かである。いうまでもなく、東福寺の伽藍の構造は鎌倉時代に新仏教として濃厚な禅院的色彩を具えている。日本の仏教建築物から言えば、東福寺は旧仏教と見られ、同時に新仏教の理念をも導入している。その伽藍構造上に新たに宋朝の禅林の風格・規式が取り込まれていることは最早争われない事実である。

寛元元年（一二四三）二月、円爾は湛慧の推挙によって月輪別荘に行き道家と禅道について問答し、遂に、円爾から道家は禅門の大戒と秘密灌頂とを授けられた。これは円爾が京都に進出することを意味し、この間円爾は皇室と極めて深く接触した。このことは日本の禅宗成立史の上からみれば意義深く注目すべきことであった。

道家は円爾を「僧正」に任じ、あるいは「日本総講師」に補せんとしたが円爾は辞退した。さらに、唐朝の法欽が大宗より国一の号を賜ることの例に倣い「聖一和尚」の四字を親書して贈った。道家は円爾の道誉に感動して円爾を東福寺の開山に招請することを定めた。その後道家の父子とともに夫人・近衛兼経・西園寺実氏など公家や文武百官が相次いで円爾に入門した。そして、南宋の禅は早い時期に公家社会を中心に広く展開された。

寛元三年、円爾は後嵯峨天皇に『宗鏡録』百巻を献呈し、天皇は忙しい中にもつねに本書を閲読し、遂に、親書「朕得此録於爾師、見性已了」と同書のうしろに記した。後嵯峨天皇と円爾の関係をみるに、禅宗が宮廷の信仰を得るようになったのは円爾に始まるといってよい。[33] 翌年、円爾は前太政大臣兼経の命をうけて『宗鏡録』を講じている。[34] その講席には諸宗の学僧たちも多数参列していたという。

正嘉元年（一二五七）三月、後嵯峨天皇は亀山殿において大乗の菩薩戒を受けられた。円爾はのちに招請されて戒師として説法すること七箇日にわたり、上皇は受戒の喜びのしるしとして黄金の扇を円爾に賜った。[35] 翌日、上皇の乳母も仙園寺殿で受戒した。また、同皇子の高峰顕日は弟子になり、勅命を受けて東大寺の大勧進となった。さらに、文永四年（一二六七）七月、岡屋の藤原兼経が大乗戒をうけた。亀山天皇の勅により円爾は尊勝寺の幹事となる。[36]

文永五年（一二六八）円爾六七歳になり、堀河の大相国源基具に「三教要略」[37] を説明した。同九年（一二七二）二月、円爾は特に後嵯峨天皇に召され、亀山院薬草院において「御臨終」の説法を行った。まもなく、天皇は崩御された。このような天皇の「御臨終」の説法を行うことは極めて希有である。[38]

また、文永八年（一二七一）九月二十五日、大蒙古国皇帝は国信使者の趙良弼を遣かわす。皇帝の聖旨を奉じ、使者は日本に和を請う。その国書を円爾におくり、つぎのように記載している。[39]

大蒙古國皇帝、差來國信使趙良弼、欽奉
皇帝聖旨、奉使
日本國請和、於九月十九日、致大宰府、有守護所小貳殿、阻隔不令到京、又十餘遍、堅執索要國書、欲差欲
差特上

國王幷、
大將軍處者、良弼本欲付與、緣、
皇帝聖訓、直至見
國王幷
大將軍時、親手分付、若與于別人授受、即當斬汝、所以不分付守護所。小貳殿先以將者國書副本、並無一字
差別、如有一字冒書、本身万断、死於此地、不帰郷国、良弼所賚御宝書、直候見。
國王幷
大將軍、親自分付、若使人強取、即當自刎於此、伏乞照鑒、
（文永八年）
至元八年九月廿五日
使西四州宣撫使小中大夫秘書監國信使張良弼

この書状は東福寺末寺の大宰府崇福寺を通して円爾のもとにと届けられたが、当時、大宰府守護所は日本側を代表する鎌倉幕府の出先機関として機能していた。[40]明らかに円爾は、当時活動の場であった京都の公家政権と鎌倉の武家政権との仲介を期待されていたのであろう。その文書が元々三通あり、現在、東福寺の宝庫にその一つが秘蔵されている。

文永十年（一二七三）正月一日東福寺の法堂が落慶した。亀山天皇は円爾を宮中に請じて大乗戒を授けられ、翌年、「御譲位」の後にも「御受戒」せられた。建治元年（一二七五）九月一日、藤原実経はその息子家経と文武百官を率いて東福寺に詣で、円爾に要請して上堂・説法を受けた。明らかに、円爾と九条道家とは緊密な関係が

存在したことが知られる。禅宗が円爾により広く朝廷や公家社会に展開されることになった。[41]また、『沙石集』巻九に「聖一和尚によって、（中略）日本禅門の繁昌これより起こる。」とあり、円爾によって禅宗が京都に新たに進出し、禅宗の発展が始まっていることがわかる。

弘安三年（一二八〇）六月一日、円爾は病気となり、東福・承天・崇福・万寿寺の規範のために特別八箇条を制定した。[42]

東福寺條條事

一、公家、關東御祈祷如日來不可有退轉。

一、本願御家門御祈祷不可有退轉。

一、円爾、以仏鑑禪師叢林規式一期遵行之永不可有退轉矣。

一、東福寺長老職事、円爾門徒中、計器量人代代可讓與也。

一、聖教法衣等安置普門院並常樂庵、不可出于他所矣。

一、承天寺者我法房也、一期以後、曉首座可傳領寺務矣。

一、崇福寺事仏鑑禪師門下初圻侍者入院（住平江戸府定慧寺）、次円爾帰朝可令弘通禪法之由頻受命、仍禪師自書崇福寺之額字被授之、爾間、帰朝最前、申下敕願宣旨畢、而僧齋料所依無之、少卿（經資朝臣）當時為檀那扶持之云々、向後依違事出來之時者、東福寺殊可有其沙汰者也。

一、水上山萬壽寺者、円爾帰朝以後、第二開山之寺也、檀那帰依寄進山林田園等、雖讓補長老職於覺禪房彼逝去之後、以門弟補之、彼寺向後可為于東福寺沙汰也。

弘安三年六月一日　　東福寺住　円爾（華押朱印）

この寺規をみると、円爾は全く径山無準師範の禅林規式に継承しており、すなわち南宋の禅風がそのまま日本へ移植されている。その第一・二条みると、東福寺は公家・武家の祈祷の日を退転すべきではないとする。その意味は東福寺は京都・鎌倉の支配者層の強力な支持を獲得し、遂に、宮廷においても禅宗の地位を確立したからにほかならない。また、第四条に、東福寺の住持は他派の人を交えず、ただ円爾の門派の人を任じるとある。換言すれば、東福寺の相続はただ自分の門流のみで定めていくとしている。古い文化を持つ京都は強い伝統尊重の傾向を持っており、このような思想は必ず門流尊重の特質に大きな影響を与えたと考えられる。第八条は、いわば円爾の自らの門徒に対する遺言であったと見られる。

さらに、同年六月三日、普門院・常楽寺の規式を制定した。

普門院常樂庵條條規式

一、門徒等背遺命存私曲結徒黨成連署不可、致無所處之群議、若於如然之輩、永不可門徒事。

一、所住僧衆非淨潔梵行之人、不可共住。接心而以坐禪為業、欽意而以辨道為念。出行無度、語語不法、恣情不可犯制戒。如有違越此規式者、作衆議可出寺院矣。

一、寺衆不可取入五辛等事。

一、人工者恭敬行者、々々恭敬衆僧沙彌等、深可存禮節、猥不令譾恣、若亂禮儀者可追放寺院事。

右堅守此規式不可違犯之状如件

弘安三年六月三日　　円爾（華押）

これ普門院・常楽寺の規式にも「接心して坐禅を以って業となし、弁道を以って念となせ」と誡めている。また、「東福寺条々」には「承天寺者、我法房一期以後、曉首座可伝領寺務矣。」とある[43]。白雲慧曉は円爾より最後の密教灌頂をうけた禅僧であり、[44]禅僧の中で一人白雲慧曉だけが、円爾の密教思想を受け継ぎ、[45]正応五年には東福寺の第四世となった。円爾は、東福寺の住持に中国禅僧を任ぜしめなかった。それは東福寺の禅風が教禅の形態を持続して密教臭の強いものであったためである。

円爾は特に寺院の長老職事の人材を選ぶことにおいて極めて慎重であった。もちろん、入宋以前の円爾は台密僧として経歴を持ったので東福寺が構成されて自然に密教的性格を持つにいたったと思われる。

同年六月二日に至り、円爾はやや衰弱して普門院から常楽庵へ移った。藤原丞相実経は親しく円爾の病気を見舞い、自ら看護につとめ、一夜不眠で看病に当たり、また、光明峰寺殿に願文をつくり円爾の平癒を祈祷した。さらに、亀山文応上皇は特に医師を派して病を診させ、同時に、「円爾和尚を見放したら、将来、朕は誰に頼んで仏法を修学するのか。」と述べたという。

弘安三年（一二八〇）九月五日、時宗は円爾が病に倒れると、慰問の書簡を贈り、また、加賀の熊野荘を寄進している。[46]そのことに対して円爾は特に感謝の書簡を書いている。

又關東將軍家、不忘先事歸依當寺之旨、寄附庄園之狀、近日到來、伏於久痾聊慰於老懷、抃躍之餘不覺手足所措、御祈禱如舊規強可致忠勤、更不可緩怠。凡祝檀信之福壽全佛法之惠命、奉祈蓮府萬葉之繁榮、佛閣千劫之昌隆。將此深心奉于塵刹、上報四恩下資三有、法界有情同圓種智矣。

圓爾、本忘只在斯、為吾門流者縱。雖孤居山家村裏、宜守此旨、深存故質不可廢退自己叢林、一粒萬劫五觀六念、報施主之恩成自他之願。所謂傳不傳之妙、報不報之恩者也。

右寺中條條之事、先雖記之。今又大檀那光臨病牀、忝垂高問、是則親承先佛之遺付、長為歷代之外護、匪啻今日實有由哉。下情不任感激之至、粗述愚懐、注進行事、但風火相逼、右筆不堪、依仰重記注進之狀如件。

弘安三年九月十五日　　圓爾（華押）

また、『須知簿』巻末記に、つぎのようにある。[47]

圓爾為法忘身、不顧危亡、凌萬里之風波、把雙徑之法流、周旋倭漢、遍參知識、顯密禪教、大小内外、粗捜精要、頗得梗概。然而能所施如車兩輪、内外護譬鳥雙翼。圓爾忝蒙先君台命粫開般若叢林、直饒卻石可移願心無退。上報四恩下資三有、法界有情同圓種智。凡為吾徒雖亦山院村寺宜護此法、所謂傳不傳之妙、報不報之恩者也。丞相既承先佛之遺付、長為吾法外護、生生世世慎勿相忘、

年　月　日　圓爾

弘安三年九月十五日、円爾は特に公家関東大檀那の寄進を受けて祈祷するよう定めているのである。つぎのように記載している。

公家關東大檀那御祈祷等注進文

一、每月朔望兩度皇辰、就大佛殿諷誦大悲呪、消災神呪回向所集殊勳、祝延今　上皇帝聖壽無疆云々、次就法堂燒香。
一、每月初八、十八、廿八僧堂前念誦十方諸佛菩薩寶號回向同前。
一、每月晦望兩度布薩、奉為公家關東大檀那御家門。
一、每月初一日、就山門閣上羅漢供、回向曰、天下太平海内靜謐。
一、每月初二、十六、就成就宮諷經大悲神呪、消災神呪。（每年四節念誦回向同前）
一、每月初四、十八、就大佛殿火德諷經、回向同前。
一、每日就成就宮轉讀大藏經三卷、回向同前。

一、毎日朝暮就大佛殿諷誦首楞嚴神呪、消災神呪、奉為大檀那御家門。
一、毎日中、就大佛殿、尊勝陀羅尼七返、奉為關東御祈祷。
一、毎月十四日・廿一日開山禪定聖靈並准后大姉、御遠忌者別勤仕之。
一、毎月祖忌、毎年天台大師忌、佛誕生、佛成道、佛涅槃等、徑山佛鑑禪師忌者、向後住持人不可有退轉矣。
一、毎年四節禮數、毎月五五上堂、三七入室、毎日四時坐禪、三時諷經、(已上見中行事年)。

同年十月一日、円爾は常楽庵に大衆を集めて祝聖し、また、将軍惟康親王・北条時宗の増崇禄位を祈り、趺坐して躬らの出世始末を述べる。また、同十七日、門弟たちが遺偈を乞うたので示寂の偈頌を書いている。

利生方便、七十九年、欲知端的、仏祖不伝。

弘安三年十月十七日　　東福老珍重

遺偈をしたため、筆を投げて遷化した。その臨終をめぐる作法は珍しいものである。円爾の遺偈は東福寺に珍蔵されている。円爾は卒去以後に国師号を諡されている。それ以前、渡来禅僧の蘭渓道隆に禅師号が諡されている。虎関師錬の『元亨釈書』によれば、円爾の国師号、蘭渓の禅師号はともに「本朝之濫觴」であるという。[48]

このような事情が『諸宗勅号記』にも記載されている。[49]

恵日聖一国師本朝之濫觴也。然則以禅宗為棟梁與与、諺日国師始自爾。禅師始自隆云云。

聖一国師　　東福開山　　弘安三年十月十七日寂

年譜日　　正和帝追諡聖一国師云云

三　円爾と渡来僧の交流

1　蘭渓道隆

円爾の京都禅が朝廷や公家社会のなかに極めて大きな影響を与えたことは周知のことであった。しかしながら、一方、鎌倉禅の大きな発展には同じような円爾の貢献を見逃せない。また、南宋の渡来僧が必ず先ず東福寺に至って円爾を訪問し、円爾の指示によって鎌倉へ行った。このようにみると、円爾は当時の禅宗界で重要な地位をしめていたことがうかがえる。

円爾は寛元元年（一二四三）以来、その教化の範囲は京都が中心だったが、しかし、北条時頼が建長寺を創建すると、円爾は京都・鎌倉の両地を往復することとなる。宝治三年（一二四九）八月、北条時頼は道元を鎌倉に招いたが、道元の高踏的態度は必ずしも時頼の現実主義を満たさなかったのであろう。建長元年（一二四九）、時頼は建長寺の建立を発願し、円爾を招いたが、『聖一国師年譜』は次のように記している。[50]

平元帥時頼（最明寺殿）闢巨福山、刱建長寺。師遣僧十員行叢林礼。

円爾は自らは赴かなかったが、建長寺の地鎮祭のために僧侶十人を派遣して禅林の礼儀を行わせた。建長寺は建長三年十一月に造立の工事が始まり、同五年十一月二十五日、仏殿が竣工した。[51]

蘭渓道隆が寛元四年（一二四六）、日本に渡来した。蘭渓は旧知の友である律僧智翁（明観房）を頼って来朝し、次いで、翌年上京して月翁の泉涌寺に寄寓している。宝治二年（一二四八）蘭渓は北条時頼に招かれて常楽寺に住したが、このことは円爾の推薦によると思われる。『聖一国師年譜』には、[52]

及平平帥請隆蘭渓為第一世。隆與師書疏往来数数不絶。

とある。蘭渓道隆が建長寺の開山になったことは、円爾が時頼に推挙したことと密切な関係があると考えられる。

円爾と蘭渓とは両者の間でしばしば往復書簡を取り交わしているが、従来知られている伝記史料には両者の関係を示すはっきりした史料がない。しかしながら、『異国日記』（四）に蘭渓道隆の尺牘案という貴重な史料がある。つぎのように収載されている。[53]

〔大覺尺牘〕

盛刹今夏安衆多少併有何事幸示及

道隆頓首再拜

伏惟

普門當頭和尚大禪師

踞座丈室遠接方來、

道體日增淵福、道隆、今夏内外蒙庇苟安、但創立之初規模未定、惟切向仰不知、高養何如、夏前續續重荷、以佳茗貺、兼以勞問至深感、在寸衷未易釋也、大凡欲弘斯道須是、往日於唐土偏參歸來者捨公孰為主持耶。東西相向雖遠而初無間隔之處、但各出隻手頽綱不患不振耳、郷人千十郎之便無可友書聊通音問、今後華京並西州有何新聞毋惜見示、草卒愧不謹甚伏乞明察、不專、

六月初十日　　建長禪寺住持比丘　道隆頓首

当時、円爾は普門寺の住持であり、蘭渓は建長寺の開山住持であったが、この書簡の内容によると、「創立之初、規模未定」とあり、書簡を書かれた時期は建長三年十一月以前であることが推測できる。蘭渓は臨済宗松源派の無明恵性の法を継承したが、[54]円爾は臨済宗破庵派の無準師範に嗣法した。蘭渓は無準の弟子である円爾とすでに中国で知り合いであった。建長寺を創建する際に円爾が門下の僧侶十人を鎌倉に遣わし、蘭渓にできる限りの

援助をしている。このように見ると、円爾と蘭渓は深い友情と、緊密な協力によって禅宗の発展ために尽くしていることになる。[55] 蘭渓との関係が親密であったことは『聖一国師語録』にも、つぎのようにあることからも知られる。[56]

竹林無数出龍孫、隠約春深独閉門、恵意温和寄頭角、可憐天性不知恩。

蘭渓が筍を送り韻に和す一偈が見られるように親密なるものがあった。ついで、建長五年（一二五三）冬、建長寺の落慶と開堂入寺を祝うために円爾はわざわざ鎌倉に赴いた。時頼はこのことを聞いて非常に喜んだ。翌日、寿福寺で布薩大会が行われ、時頼も円爾の説戒に列席したが、その夜、円爾を私邸に招き菩薩戒をうけた。[57]

弟子一圓（無住）在尾州木賀崎、聞師赴相陽營點心等物祇候旅邸、師不敢略伸其謝而呵曰、汝不専辨道輙講世禮、甚無謂也、古人云、行者圓信始生、善須將養、若渋事紛動令道芽破敗、豈不其然乎、一圓敬唯而退。師居壽福寺、住持（悲願房朗譽）密告平相州時頼、平大喜、翌日布薩、住持稱疾 請師説戒、師固辭、遂不獲已為衆説戒、時頼預聽。其夕、請就私第受禪戒。

時頼、一日問曰、善知識所説不一、或説妄心縁起而有生滅、真心凝然不生不滅、或説大疑之下必有大悟、或説須看念起謂之回光返照、如上諸説、何疎何親、師曰這裏不論疎親曰、豈無方便、師曰説似一物即不中、時頼頷之。即受戒受衣鉢。誓曰、願為法門外護、慎勿相忘、師須早歸洛陽、勸其君入此法門。

その時、時頼は円爾に対して、願わくは、われ法門の外護とならん。慎んで相忘すること忽れ。師、須らく洛陽に帰り、君臣に勧めて此の法門に入らしむべし。[58] と誓ったといわれる。時頼は円爾に帰依して弟子に入って参禅を重ねている。円爾の京都・鎌倉にあってうけた信任は日を追って厚くなり、東福寺の造営が完成した際、世俗的にも円爾の名声は天下に鳴り響いたのである。

また、建長七年(一二五五)円爾は東福寺の落慶法要を行うために一旦京都へ帰ったが正嘉元年(一二五七)再び鎌倉に下り、時頼をはじめ武将らのために『仏法大明録』を講演して禅法を唱導した。[59]円爾は幕府と深い関係を築き、加えて、時頼は将軍宗尊親王に円爾を推薦しており、やがて、建仁寺の住持を招請している。同二年五月、前年焼失した同寺の復興を成し遂げている。[60]その後、正元元年(一二五九)円爾は建仁寺住持の席を蘭渓道隆に譲っている。[61]さらに、時頼の招請を容れて寿福寺に入った。『元亨釈書』につぎのように記載されている。

亀谷山、栄西創之、禅規未全、爾之重入相陽、平副帥命行叢矩、於是住持処偏室、爾南面行事、鍾鼓魚板、一時改響。

従来、寿福寺は源氏将軍家の菩提所として栄西が創建して以来、禅林の規式を守ることができないでいたようである。円爾は時頼の懇請により中国叢林の寺規を教え、住持はしばらく偏室に退いた。円爾は寿福寺の規則を新たに定めた結果、鍾鼓魚板が一時に新たな響に改められたというのである。こうして寿福寺は新たな生命の修道所としての転機の時を迎えたのである。

2　兀菴普寧

文応元年(一二六〇)兀菴普寧が日本へ渡来した。やがて入京して、東福寺に赴いて円爾に厚遇されている。ある日、東福寺方丈で説法したところ、京都中の僧俗が参集している。円爾は無準師範の会下で同門であった兀菴普寧を時頼に推挙してその招聘を実現し、建長寺の第二世住持になった。円爾は建長寺の入院式を賀するため特に鎌倉に赴いた。『兀菴語録』をみると、「堂頭法兄、径山師席義聚属承約不忘。」[62]といって、堂頭法兄すなわち円爾との約束によるものであり、そして兀菴の来日は円爾の要請によることを推測せしめる。このような事情からみれば、円爾と兀菴との両者の緊密な関係がうかがわれる。

まもなく、円爾は時頼の参禅の師となり、時頼は円爾に書簡を送り、「今見兀菴、彌信師之鉗鎚妙密」[63]といい、さらに、円爾に対する信頼と帰依を深めた。翌年十月、時頼は兀菴によって契悟して印可を与えられた。そのことについて円爾は時頼の大悟に祝意を表し、一首の偈頌を贈った。[64]

大機大用大根人、鼻孔遼天独露身、

凜凜威風行闔外、五湖四海一天真。

また、時頼がなくなったので円爾は弔問のために再び鎌倉に赴いた。『聖一国師年譜』にはとくに「十一月二十二日、平元帥時頼卒、十二日訃至。」[65]と記載されている。円爾が北条氏との関係をいかに重視していたかが知られるであろう。

時頼の歿後、時宗はなお年幼であり、加えて仏法を信ずる者もなかった。兀菴は二度にわたり、「我今老、懶槌拂倦乎、爾来代住持。」[66]と円爾に書簡を寄せた。文永元年(一二六四)兀菴は宋に帰国したが、この後、円爾は再び鎌倉を訪ねることはなかった。

3　無学祖元

蘭渓道隆の歿後、建長寺が空席となった。北条時宗は弘安元年(一二七八)十二月、蘭渓の弟子徳詮・宗英の二人に書を与え、俊傑の禅僧を招聘するために宋国に派遣した。[67]弘安二年(一二七九)六月、無学祖元が時宗の聘請に応じて来日した。

円爾は径山同門の旧友無学の来朝を喜び、とくに太宰府まで僧侶を遣わして轎を準備してこれを迎えた。然し、円爾の厚意を無学は謝絶している。『聖一国師年譜』弘安二年条に、つぎのように記載されている。[68]

夏、元子元自宋而至、師即具轎遣僧以仰之。元答書曰、祖元拜違慈誨、茫不知幾十年、茲來承將軍之命、甚欲親灸慈誨、抵岸且辱法兄遣僧遣轎、即欲安泊稍定便灶拜床下、忽暑氣相侵、頭昏眩甚。若牽強而行、恐又增益。姑令三徒弟、先往展拜。復乃上書招斎、元答書曰、祖元伏被慈染、尤見法誼眷顧之篤、祖元甚欲一走床下、而關東主人、再有消息來、令小弟只留館、故其他一切勿接、祖元不可趨承之初、而可相彿也、且承招飯、併望免講。

無学は暑気のために体調を崩したことを理由に鄭重にこれを辞した。したがって、取り敢えず三人の弟子をもって代わって拝謁せしめる返書を送った。円爾はまた書簡を送り、無学に精進料理をともに食したいと上京を促しているが、無学はこれに返書して「床下に一走(＝今は床にふしているのでいけない)」したい、また、「関東主人」(将軍時宗)からの命令で滞在中に他の人との接触をしないように言われているなどと、饗宴に招かれることを断っている。遂に、円爾は旧友の無学に会う機会がなかった。

同年八月二十一日無学祖元は建長寺第五世の住持になった。入院の後に、円爾に書簡を贈って挨拶した。このとき、時宗は弟子としての礼をして、法兄の厚意に感謝することを忘れなかった。その内容が『仏光禅師語録』(『無学語録』)にはつぎのように記されている。[69]

與聖一和尚書

某頓首再拜、上覆東福堂上法兄和尚禪師侍者、某昨值便郵、因布尊安字、忽拜慈染、知徹尊几、又審法候清勝有加、且廑諄諄誨藥、撫勞存問、手足深憐、備見言外、某感鏤入心、其可忘耶。小弟自入寺之後、與小衆、幸安隨分、叢林隨分接納。但臂長袖短耳、先師之道、烏可擬及萬分之一、過沐奬與、益增慚恐、和尚德尊、年劭一國所歸、當知不在衆之多寡、產之厚薄、蒙示喩、當置諸下懷也、呵凍草草作謝、深負不謹、天寒多多為師道珍護。不宣、十一月十三日、福山昝末某、頓首　再拜上復。

無学が建長寺に入って禅僧を導いたので大衆が参禅弁道を怠けない。無学は無準師範の会下における円爾への法縁を厚く思い、畏敬の念をもって仰慕したことであろう。

関東鎌倉禅林の発展史から言えば、早期、栄西はその活躍の主軸をなしたものが密教であり、また、持戒・持律が仏法の再興をもたらすものとしていて、再興される仏法が「護国」と主張する。[70]その時代、栄西の主張と外護者の源氏将軍の信仰とは少なくともその密僧的部分で合致した。円爾に至って「教禅兼通」であったことは北条氏の現実主義的信仰の部分で彼の帰依を獲得したといえよう。

義堂の『空華日用工夫』のなかに「日本禅林莫盛関東、関東禅林莫盛福鹿両山」[71]と褒められている建長寺・円覚寺二大禅刹の建立に円爾は実に深く寄与したといえる。また、円爾が中国の禅僧を推薦して一流の人材を鎌倉の禅林にあつめ、蘭渓道隆・兀菴普寧・大休正念・西澗子曇・無学祖元など渡来僧を積極的に受け容れ交流をはかったことが関東禅林発展のための推進力になったことを看過することはできない。一方、中日禅僧の交流からみると、円爾の地位がとくに重要である。いわゆる「天下禅刹之盛、無如関東人材蔚如也」と述べている。[72]さらに、日本の禅僧ら悟空敬念・一翁院豪・無象静照・南浦紹明・白雲慧暁などはいずれも一度は円爾の許可を取り、その紹介・便宜・使者の任などを得て入宋の途についた。[73]

要するに、円爾は日本の禅宗を前進させる契機をもたらした傑僧であったといえよう。臨済宗は京都・鎌倉の政治の中枢に布教の拠点を拡大していったが、円爾は栄西とともに、あるいはそれ以上に中日禅宗の交流上、重要な役割を果たした人物であったといえる。

1　『聖一国師年譜』(『大日本仏教全書』第九五巻）参照。『元亨釈書』巻七（『大日本仏教全書』第六二巻・史伝部）一〇二頁。
2　このときの度牒、戒牒が東福寺に珍蔵されている。
3　木宮泰彦『日華文化交流史』(冨山房、一九五五年、三三九頁）によれば、般若房（大歇了心）の入宋は嘉禎年（一二三五～一二三七）という。また、『空華日用工夫』応安七年十月八日条、「蓋本朝禅苑、柳於千光、禅僧衣服礼数、始於了心、心亦入宋」とあった。大歇了心が入宋して誰についたか明らかでないが、あるいは大歇了心は、入宋なか蘭渓と何らかの係わり合いを持ったのかも知れない。大歇了心は入宋して、禅院の儀礼に習熟したものと思われる。
4　『元亨釈書』巻七（『大日本仏教全書』第六二巻・史伝部）一〇二頁。
5　古田紹欽『日本禅宗史の諸問題』(大東出版社、一九八八年）八八頁。
6　木宮泰彦『日華文化交流史』(冨山房、一九五五年）三五九頁。天童山について、その地が明州に近いだけに、日宋来往の一種の掛錫のところの如く観があった。
7　『元亨釈書』巻七（『大日本仏教全書』第六二巻・史伝部）一〇二頁。
8　『東福寺誌』嘉禎三年十月条。
9　『東福寺文書』五・六条。「師範無準授円爾附法宗派図」。

10 玉村竹二「臨済宗各宗派図各説」(『日本禅宗史論集』(下之一) 思文閣、一九八一年) 三九三頁。
11 玉村竹二「臨済宗各宗派図各説」(『日本禅宗史論集』(下之一) 思文閣、一九八一年) 三九三頁。
12 玉村竹二『日本禅宗史論集』(下之二)(思文閣、一九七九年) 一六七頁。
13 『善隣国宝記』嘉禎元年条。
14 『東福寺誌』仁治二年六月条。
15 『聖一国師年譜』仁治二年七月条。
16 『元亨釈書』巻七 (『大日本仏教全書』第六二巻・史伝部) 一〇四頁。
17 木宮泰彦『日本古印刷文化史』(冨山房、一九一八年) 一五九頁。
18 木宮泰彦『日華文化交流史』(冨山房、一九五五年) 三七二頁。
19 『聖一国師年譜』仁治三年条。
20 『元亨釈書』巻七 (『大日本仏教全書』第六二巻・史伝部) 一〇四頁。
21 『東福寺文書』弘安三年六月一日条、円爾は東福・承天・崇福・万寿寺などの規寺の第六条に「承天寺者我法房也。」
22 『東福寺誌』仁治三年条。
23 『東福寺誌』仁治三年条。
24 『聖一国師年譜』仁治三年二月条。(『大日本仏教全書』第九五巻) 一四九頁中。
25 『聖一国師語録』(『大正新脩大蔵経』八十冊) 二二頁下。『聖一国師年譜』寛元元年条。一四九頁下。
26 『聖一国師年譜』寛元元年九月条。(『大日本仏教全書』第九五巻) 一五〇頁上。
27 四名刹という、すなわち崇福寺・万寿寺・承天寺・東福寺。

28 『聖一国師語録』（『大正新脩大蔵経』八十冊）二二二頁中。『聖一国師年譜』寛元四年条。一五〇頁下。
29 『東福寺誌』寛元元年五月二十九日条。
30 広渡正利編『博多承天寺』四一三頁。
31 『元亨釈書』巻七（『大日本仏教全書』第六二巻・史伝部）一〇四頁上。
32 『東福寺誌』延応元年八月五日条。
33 広渡正利編『博多承天寺史』（文献出版社、一九七七年）四二〇頁。
34 『聖一国師年譜』寛元元年九月条。（『大日本仏教全書』第九五巻）一五〇頁上。
35 『聖一国師年譜』正嘉元年（一二五七）三月条。（『大日本仏教全書』第九五巻）一五一頁下。
36 『聖一国師年譜』文永四年七月条。（『大日本仏教全書』第九五巻）一五二頁下。
37 仏の教法を三種に分別したもの（有教・空教・中道）の要略。
38 和島芳男「聖一国師とその時代」（『中世文化史研究』、星野書店、一九四四年）二九七頁。
39 『鎌倉遺文』第一四巻・一〇八八四条。『東福寺誌』文永八年九月二十五日条。
40 瀬野精一郎「大宰府守護考」（『鎮西御家人の研究』、吉川弘文館、一九八五年）一〇八頁。
41 辻善之助『日本仏教史』第三巻　中世篇之二（岩波書店、一九七〇年）一二〇頁。
42 『東福寺誌』弘安三年六月一日条。
43 『聖一国師年譜』弘安三年六月三日条。
44 『東福寺誌』弘安三年十月八日条。
45 上田純一『九州中世禅宗史の研究』（文献出版、二〇〇〇年）一二三五頁。
46 『東福寺誌』弘安三年九月五日条。

47 『東福寺誌』一四〇頁。
48 『元亨釈書』巻六（『大日本仏教全書』第六二巻・史伝部）一〇〇頁下。『元亨釈書』巻七、一〇四頁下。
49 『諸宗勅号記』（『続群書類従』第二十八輯　下、続群書類従完成会、一九八一年）四〇八頁。
50 『聖一国師年譜』建長元年条。（『大日本仏教全書』第九五巻）一五〇頁下。
51 『吾妻鏡』建長五年十一月二十五日条。『建長興国禅寺碑文』によると、建長三年十一月八日「開基創建、為始作大伽藍」とある。
52 『聖一国師年譜』建長元年正月二十一条。
53 『異国日記』――金地院崇伝外交文書集成（東京美術、一九八九年）一四七頁。
54 『元亨釈書』巻六（『大日本仏教全書』第六二巻・史伝部）一〇〇頁上。
55 今枝愛真「円爾と蘭渓道隆の交渉――往復書簡を通して見たる――考察」（『禅宗の諸問題』、雄山閣、一九七九年）三頁。
56 『聖一国師語録』（『大正新脩大蔵経』八十・二二頁中）。
57 『聖一国師年譜』建長六年九月一日条。
58 『聖一国師年譜』建長六年九月一日条。『東福紀年禄』は全然同文なり。しかして日本におけるこれの禅門菩薩戒は聖一派より五山列刹に伝派せしものとなり。虎関撰『慧日古規』・『禅戒規』を参照する。
59 『聖一国師年譜』正嘉元年条。
60 『元亨釈書』巻七（『大日本仏教全書』第六二巻・史伝部）一〇四頁上。
61 『元亨釈書』巻七（『大日本仏教全書』第六二巻・史伝部）一〇四頁上。
62 『兀菴普寧禅師語録』（『続蔵経』一二三冊・一二三頁）九頁。

63 『聖一国師年譜』（『大日本仏教全書』第九五巻）一五二頁上。
64 『聖一国師語録』（『大正新脩大蔵経』八十・二二頁中）。
65 『聖一国師語録』文応二年十一月二十二日条。
66 『東巖安禅師行実』（『続群書類従』第九輯　上）三一二頁下。
67 『円覚寺文書』（『鎌倉市史』史料編（二）四条）。
68 『聖一国師年譜』（『大日本仏教全書』第九五巻）一五三頁下。
69 『仏光禅師語録』（『大正新脩大蔵経』八十冊）二三〇頁下。
70 高木豊『鎌倉仏教研究』（岩波書店、一九八二年）六三頁。
71 『空華日用工夫』永徳二年閏正月十一日条。
72 『空華日用工夫』延文五年八月条。
73 玉村竹二「日本僧の群参した宋末元初中国禅林の諸会下」（『日本禅宗史論集』（下之一）思文閣、一九七九年）七七九頁。辻善之助『日本仏教史』第三巻　中世篇之二（岩波書店、一九七〇年）一〇三頁。

第三節　蘭渓道隆と初期禅林

蘭渓道隆は栄西の寂後五十年に来朝した。建長寺を開創し、純粋な松源派の祖師禅を挙揚した。この点に円爾などの京都禅とは趣きが異なる。栄西の鎌倉禅と密教的色彩を具えていたという点で異なる。さらに、蘭渓は初めて日本の禅林に清規を定めている。蘭渓は実に謹厳な人であり、時頼の厚遇を受けるにつけ、次第に生涯を日本禅宗の興隆にささげる決心を固めるようになった。

本論では、蘭渓道隆の宗風は初期鎌倉禅林の形成に対して如何に影響を与えているか、また、大覚派蘭渓道隆の門派の性格が日本の禅宗史には具体的にどのような意義をもったのか。この問題について考察を加えることにしたい。

蘭渓道隆（一二一三〜一二七八）は臨済楊岐派松源派の人で、日本臨済宗大覚派の祖師になった人物である。西蜀（四川省）浙江に生まれた。宝慶元年（一二二五）十三歳の時、成都の大慈寺で得度し、のち無準師範・痴絶道沖・北礀居簡などに参ずるも証悟するところがなく、ついに、平江府（江蘇県）陽山の無明慧性に参究して悔悟されてその法を嗣いだ。[1] 道隆は俊仍の弟子で月翁智鏡から日本では仏教が盛んであるが、いまだ、禅宗は始まったばかりとの日本の事情を聞いてきた。渡日・教化の志が起こった。加えて、蘭渓道隆は自己の夢枕に現れたという、『空華日用工夫略集』に、つぎのように述べられている。[2]

建仁の月心[3]来話、唐国の祠山大帝はすなわち盧山帰宗の土地神なり。大覚禅師の感夢に其の日本有縁の意を示す者三度になる。（原漢文）

この土地神は蘭渓が日本と縁があることを示し、このことが三度重なったという、このように蘭渓は日本へ来朝の意志が早くより強まり、準備を進めていたようである。さらに、蘭渓道隆は日本の渡来の動機であるが、これまでの研究によると、ほぼ、二つの説があるようである。一には、辻善之助氏は「夙により来朝の志あり」を[4]、西尾賢隆氏は「これらの僧は自分から日本で禅を弘めよう渡海する」を[5]、松尾剛次は「自ら意志で来日した」を[6]主張している。二には、村井章介氏は「蘭渓道隆は北条時頼の招きで渡来した」を主張している。[7]このように、この問題に関して異なる主張をしている。しかし、「東厳安禅師行実」に、[8]

正嘉二年秋、念山主語死日、我聞西明寺殿、信敬禅法。遣使宋朝、請来蘭渓和尚、建建長寺。鎌倉一境、道化大旺。

とある。蘭渓道隆は日本からの招きで渡来していることになる。しかしながら、『元亨釈書』巻六に、つぎのようにめる。[9]

嘗聴東僧之盛称、国光及禅門之草味、常志游化、遂以淳祐六年乗商船著宰府。本朝寛元四年丙午也、乃入都城寓泉涌寺之来迎院。

『元亨釈書』は虎関師錬が朝廷に奉るために記載したものである。また、この本の成立の年代が一三二二年になっており、これは蘭渓の示寂の年代（一二七八）から遠くないものである。したがって、蘭渓が自ら日本に弘法のために渡来したと考えられるのである。

寛元四年（一二四六）、蘭渓は明観鏡智などの言に依り、遂に、日本商船に乗り弟子義翁紹仁・竜江応宣らと九州の博多にいたる。大歇了心が寿福寺に居り、蘭渓は暫く錫をここに留めた。その時に時頼はこれを聞き、歓喜して迎え、常楽寺を付与した。[10]

宝治二年（一二四八）十二月、蘭渓は北条時頼に招かれて常楽寺に入り新住持になり、ならびに僧堂を建立・寄付され、大いに宗乗を挙揚せしめた。これは鎌倉における僧堂の建立の始めである。入院陞座の法語は『大覚語録』巻上に、次のように記載されている。[11]

法座、盡大地作一法王座、未稱全提。拈須彌山、為一片舌頭、豈充宏辯。雖然仁義道中略通一線、驟歩登座。祝聖拈香、此一瓣香恭為兩國至尊、用祝三祇劫壽、恭願懋昭大德、宏濟群生、垂拱而四海清平、無為而萬邦入貢。

次拈香、此香得處親切、久矣珍藏、快便難逢、不妨拈出奉為前往、大宋國平江府陽山尊相禪寺、臨濟正派松源嫡嗣無明大和尚、爇向鑪中𤏶恩報德。

専ら、「両国至尊」・三祇劫寿を祝い、国家の安泰を願い、人民の安楽を祈るのであった。つぎに自己の松源派の師の無明和尚恩を謝し、徳に報ずる。蘭渓は国家・法脈に対して誠心誠意、庇護を願い、法恩を感謝した。つぎに、正元元年（一二五九）京都建仁寺に入寺して陞座祝香に「今上皇帝有道の明君」とはじめて述べているが、円爾の陞座祝香を行ったことは、『聖一国師語録』の中でこのような形で伝わっていないことからすると極めて早い例とされよう。蘭渓は宋の理宗皇帝にも慶祝することを忘れていない。禅僧が朱子学に得しところはこれに止まらず、国家観念もまた併せ得た。北宋時代よりの忠君愛国の観念である。仏教に聖寿を祝福する礼は六朝より始まり、祝聖なる語もその時期より流行語になった。これは北宋以来早く存在し、南宋に至りとくに顕著になった。[12]

蘭渓は、僧団の教育には更に厳しい教誡をして『常楽寺文書』の「蘭渓道隆常楽寺板榜」につぎのように収載している。[13]

光陰有限、六七十歳、便在目前。苟若虚過、一生灼然、難得復本。既挂仏衣之後、入此門来、莫分彼此之居、各以当行斯道、党以栗船上殿為名、晝夜知恣情、非但與俗無殊、亦乃於汝何益。今後本寺主者、既為衆僧之首、当依建長矩式而行、晝則誦経之外、可還僧房中、客前坐禅。初後夜之時、以香為定式、領衆坐禅、二更三点、可霊鼓房主帰衆方休息。四更一点、仍復坐禅、至開静時方入寮。夜中不可高声談論、粥飯二時、竝須齊赴、不可先後、今立此為定規、不可故犯。若有恣意不従之者、申其名来、可與重罰。

住山　　道隆（花押）

常楽寺はもともと密教と兼修禅の寺であったようであるが、蘭渓が住持になって以後純粋禅の寺となったと考えられる。したがって、蘭渓は常楽寺[14]の衆僧に対して坐禅のときに、怠惰な態度をみせないように教え誡している。また、昼夜二六時中の修行生活において修行者が守るべき寺規を定めているのである。始めて宋僧に依って宋の禅宗が日本に挙揚せられることになったのである。このようにして宋朝禅は着々と根づき、「鎌倉一境、道化大旺」と讃えられるに至る。[15]しだいに蘭渓の名声は全国に広まっていった。また、坐禅は如何にするものかの間に対しては自ら坐して禅定に入っている姿をみせている。『大覚語録』巻上に坐禅に関してつぎのように述べている。[16]

道非遠而行之必至、事在易而懼之則難。所以十方叢林、十方人建立、山僧住持此間、只要與諸人同究佛祖無上妙道、報答三有四恩。真實有道念者、四威儀中身心自然安樂、不被外物所移。參禪不知滋味者、凡坐時便見。千辛萬苦、昏散俱生。昏則一向無知、隨夢而轉。散則多端雜想、心地不寧。散而復昏、昏而復散、昏沈散亂、無有了時。如此做工夫、做到一百年、也只是箇愚昧漢。此病只緣汝無道念、無佛法身心所以如是。汝若將世間雜事、一時捨卻、單單以生死無常大事挂懷、世念既輕、道念自重。道念若重、坐禪時昏散侵汝不得。如主將善能行令相似、不動干戈、六賊不敢故犯。一日勝一日入大解脱法門、汝等若未得做工夫之法、更為汝重重説過、忘想顛倒起時。

参禅者が坐禅の方法を理解しないのには二つの理由がある。第一には「昏」、すなわち一向に無知で、妄想に引きずられてばかりいるもの。第二には、「散」、すなわち雑念ばかりで、心が落ちないもの。要するに、この病が主に道念を失わせ、仏法への信心もなくなる。蘭渓は、仏道は遠くなく、実践すればそこに至る。やれば容易になるが、懼れば難しいということを説いて日本禅僧を勉励した。[17] 蘭渓は住持として、仏祖の妙道を参究すれば、その功徳は三有四恩すなわち、まわりのすべての人々の恩にむくゆることになると説くのである。宋朝の禅宗は始めて日本で挙揚されて新現象をもたらしたのである。[18] 加えて、蘭渓は熱心に日本の禅僧を教化した時頼はこれをこころから喜んだ。つまり蘭渓が来朝するに及んではじめて渡来僧によって純粋禅が挙揚されたのである。[19]

北条時頼は、建長元年（一二四九）この寺域を開拓して一大工事を起こすことにした。同三年（一二五一）十一月八日工事を始め、同五年十一月二十五日鎌倉山内に建長寺が創建された。[20] 蘭渓は時頼の知遇に感激している。蘭渓は開山第一世住持に請せられた。時頼は深く禅風を崇めて早くから円爾について戒を受け、さらに、蘭渓にも帰依しているのである。

建長寺の土地はもともと刑場であって地獄谷と称されていた。[21] 仏殿が落成し、丈六の地蔵菩薩が本尊として丈高い宋風の蓮華座の上に結跏趺坐し、左右に一千体の小地蔵を安置することになった。[22] 地名をとって山号とし、年号をとって寺名とし巨福山建長寺とした。[23] 同年二月、後深草天皇から「大建長興国禅寺」の勅額下賜があった。天皇の勅賜寺という寺格を与えられた。もう一つの意義は「禅寺」が勅額を受けて、禅寺開創が公認されたことになる。したがって、建長寺の創建は日本禅宗の展開史に決定的な意義を具えるものであった。その建立の趣旨は『吾妻鏡』によると、つぎのようなものである。[24]

上皇帝の万歳を祈り、将軍及び重臣の千秋、天下の泰平を願う、下は三代の将軍二位家及び一門の亡霊の冥福を弔うというのである。

また、建長寺仏殿の梁牌銘に時頼及び蘭渓の名について記している。[25]

上間　上祈、今上皇帝、千仏垂手扶持、諸天至心、擁護長保、南山寿久、為北闕尊、同胡越於一家、通車書於万国。

正五位下行相模守平朝臣時頼敬書

下間　伏願、三品親王、征夷大将軍、干戈偃息、海晏河清、五穀豊登、万民康楽、法輪常転、仏日増輝。

建長五年癸巳（丑）十一月五日　住持伝法宋沙門道隆謹立

この皇帝万歳を祈る言葉は以前にはみられなかったものである。「鎮護国家」を標榜するものにしたのである。日本の禅宗にも国家主義的要素が含まれるようになったのである。正に南宋の思想の影響が現れたものと思われる。[26]

蘭渓は弟子の訓育を厳正に行い、行・住・坐・臥を二六時中にいささかの油断もなく、正念相続につとめることを建前としている。蘭渓は自筆をもって建長寺の弟子のために寺規を定めた。この二つの史料は国宝に指定されて現在に至り建長寺に珍蔵されている。その内容は『建長寺文書』「蘭渓道榜」に、つぎのように記載されている。[27]

見鞭影而後行、即非良馬。待訓辭而發志、實非好僧。諸兄弟同住清淨伽藍、已無饑寒之苦、當以此事、念茲在茲。若眼光特謝之時、其害甚重。所以、古人道饒、汝通諸子百家、三來十二分教、於汝分上、並不得濟、不若體無漏道、現在當來、誠為廣益、且無漏道、作麼生體、毎日施一箇屍骸、上々下々、喜笑怒罵、更是阿誰百人中、真實於此、回頭返照者鮮、纔有不如意事、便瞋詬向行、如此之者、何止一二。參禪辨道、只為了此生死大事。豈可沐浴放暇之日、便恣情懶慢。長老・首座、區々力行、不知為誰家事、挂佛袈裟、受信施食、苟無見處、它時戴角披毛、千生萬劫、償他失在。

今後沐浴之日、昏鐘鳴至二更三點、轉四更至曉鐘時、並要坐禪。不歸堂赴衆者、罰出院。

四更五點後、聖僧侍者收洗面桶。

五更一點後、若有洗面者、罰油一斤。

昏鐘鳴後、至定鐘時、不許向火。

二更點一後、聖僧侍者埋爐中火。若有開向之者、罰二斤油。

四更一點至五更二點、並不許向火。犯者罰二斤油。

火爐頭・僧堂內、並不許說話、犯者罰一斤油。

行歩有聲、揭簾粗糙者、罰一斤油。

堂中所行之事、略呈一二、各宜自守、勿犯此規、謹屯奉聞、的非文具。

住山蘭溪　道隆　白

鞭影を見て後行くは、即ち良馬に非ず、訓辭を待ってして志を發するのは実は好僧に非ず。諸兄弟が清浄な伽藍に同住すれば、已に饑寒の苦なし、当に此の事を以ってすべし、茲を念いて茲に在り。蘭渓は仏法を明らかにするには修道のことが大切であると説き、参禅弁道は生死大事を了ぜんがためであるとする。この戒規は沐浴・

洗面をはじめ日常生活の言動に至るまでの細かい規則を定めており、炉辺や僧堂で談話すれば罰は油一斤、歩行で声を出せば同じく一斤など、罰則をも記している。罰油は軽罪の償いとして燈明銭を出させることである。この禅林の規則を制度化している。完全な中国諸山禅林で行われている規式を移したものである。非常に厳密な規矩であった。建長寺の住衆は守らなければならなかった。これは罰則つづきの規則であった。その目的は「行も亦禅、坐も亦禅」という語もあるように、修行の禅僧がこころのなかに「念茲在茲」を持って一心不乱の境地に至り、自発的な求道心を起こさなくてはならないとし、参禅弁道はただこの生死大事を了せん為であるとする。いかにしてか沐浴放暇の日はそのまま情を恣に懶慢となるのだろうか。今日、仏の袈裟を掛け、檀家の布施を受けながら、いやしくも悟道の見処がなければ、将来に戴角披毛の畜生道に堕ち、千生万劫するのは償い難いことであるとする。蘭渓の参禅弁道には休止休息がない。厳格な禅風であったことが窺えるのである。

蘭渓は『坐禅論』の中で修行と坐禅と両者の緊密な関係を述べている。『坐禅論』の冒頭に「坐禅は大解脱の法門なり、諸法はこれより流出し、万行はこれより通達し、神通智慧の徳はこれの内より起こり、人天性命の道はこれの内より開く。諸仏既に此門より出入し、菩薩行じて即ち此門に入る。」[28]と述べ、坐禅の目的は解脱のためであり、坐禅は将来、仏になるためのものである。また、「云何が安心し、云何が用心せんや。答えて曰く、仏心は一切の相を著することなく、相を離れたるを以って実相となる。行・住・坐・臥四威儀の中、坐を以って安穏の義となる（中略）一日の坐禅は一日の仏なり、一生の坐禅は一生の仏なる。」[29]と説くのである。蘭渓道隆は参禅の修道者に対して懇切に教戒して、坐禅が将来、成仏の根源となるとする。

さらに、蘭渓道隆は禅僧に対して厳しく誡しめる。『大覚禅師省行文』に、「鬚髪を剃除して、仏の袈裟を掛けるあり、形は僧形に似ていると雖も、志は未だ俗志を捨てず、東西に奔走し、真偽は何か分からず。只塵縁に随順することを知って、翻って懞憧たることを成す。虚しく信施を消して、徒に空門に厠はる。(中略) 檀那が四事を以って供養するのは、意義は何があり、汝が救抜を望む。今生に玄妙に通じず、来世に益々牽纏せられ、宗親を負累して、同じく地獄に堕ちる。」と述べている。[30]

蘭渓は禅林の綱紀を粛正しようとした。それは禅界によい影響を与えることになった。[31] このような『百丈清規』による寺規が定められる風潮は大覚派だけに限らず、大応派・聖一派などにも及んでいった。蘭渓は来朝して建長寺で坐禅の作法を厳しく指導し、その結果、日本の禅寺にはその作法が正しく流布している。この貢献績は大きい。時頼は大いに感動し、これを契機に相次いで宋朝の禅僧を招聘したのである。[32] 葉貫磨哉「北条時頼と鎌倉禅林」は鎌倉禅林の生成発展の過程と武家社会とは密接不可分の関係であって、禅宗文化は武家によって育成されたといってても過言ではないとする。[33]

蘭渓の宗風は楞厳・円覚などの経典に依っている。完全に宋代禅宗の風潮であり、南宋松源派の宗風をそのまま日本に移植したと思われる。蘭渓にとって実参実究に悟道の工夫が肝要なことはいうまでもない。のちに夢窓は特に建長寺大覚禅師の禅風を挙揚している。[34] また、蘭渓は儒教にも精通しており、教化のなかに濃厚な儒教的色彩を持っていた。[35] その例は時宗に「示左馬禅」の法語中に示されている。

さらに、蘭渓は建長寺の鐘を鋳造する際、その銘文を作成している。つぎのように述べている。[36]

南閻浮提各以音聲長為佛事、東州勝地特開榛莽刱此道場。天人歸向龍象和光、雲斂霏開兮樓觀百尺、嵐敷翠鎖兮勢壓諸方、事既前定法亦恢張。圜範洪鐘結千人之緣會、宏撞高架鎮四海之安康、脫自一模重而難舉、圓成大器鳴則非常。蒲牢纔吼星斗晦藏、群峰答響心境俱亡、扣之大者其聲遠徹、扣之小者其應難量。東迎素月西送夕陽、昏寐未惺攪之前寤、宴安猶恣警之而莊、破塵勞之大夢。息物類之顛狂、妙覺覺空根塵消殞、返聞聞盡本性全彰、共證圓通三昧、永臻檀施千祥、回此善利上祝親王、民豊歳稔地久天長。
建長禪寺住持宋沙門道隆

建長七年（一二五五）時頼の発願によって千人より勧進して縁を結び鋳鍾した。その内容で見るように蘭渓は特に自ら「建長禅寺住持宋沙門」と署名し、この時、日本ではじめて「禅寺」と呼称したという。[37] 鋳鍾の意義は四海の安康に鍾を撞く、共に円通三昧を証し、永い檀施の吉祥を持ち、親王に民豊歳稔と地久天長を祝う。鋳鍾のことは純粋禅の挙揚だけではなく、また、鎮護国家の意義を含まれているものと思われる。

蘭渓道隆は弘安元年（一二七八）七月二十四日に示寂した。世寿六六歳、建長寺でその生涯を終わった。辞世の頌に曰く「用翳晴術、六十六年、一鎚擊碎、大道坦然。」である。[38] 時宗の奏上によって大覚禅師の禅師号が諡された。日本での禅師号の諡は初めてとされる。大休正念は大覚禅師の威徳と禅風を賛嘆している。

円鑑洞明、眼光爍破四天下。大覚雄機、喝下逆流九曲水、建巨福大光明幢、砭末運中流帝砥硅、懸仏日兮扇玄風、震法雷兮甘雨。故東海宗仰為西来之意。[39]

蘭渓は松源派の厳しい禅風の中で育くまれてきた、純粋禅を挙揚することを以って自らの使命と考えていたのであろう。このような蘭渓の遺誡はとくに注目される。「大覺拾遺錄」に、つぎのようにみえる。[40]

一、松源一派有僧堂規、専要坐禪、其余何言、千古不可廢之、廢則禪林何在、宜守行矣。
一、福山各菴不論濟洞、和合輔弼、莫昧佛祖本宗。
一、戒是僧體、不許葷酒驀門前、何況入山中。
一、參禪學道者非四六文章、宜參活祖意、莫念死話頭。
一、大法莫授非器、吾宗榮衰唯在於此矣。

山僧遺訓無它事囑囑。
住山道隆

この遺誡は南浦大応国師の真蹟である。遺誡の第一条に、僧堂の規式は専ら坐禅することを要すとある。これを廃すれば則ち禅林は何んの存在でもない。特に、宋朝禅風の坐禅を強調しているのである。福山（巨福山＝建長寺）の諸寺庵は臨済・曹洞の門派を問わず和合して相互扶助する。さらに、第四条に、参禅学道は四六文章に非ず、宜しく仏の意に参ずべし、というように、全くの純粋祖師禅を挙揚した。第五条において、伝法・嗣法を頗る重視する。『延宝伝燈録』にはその嗣法の弟子が十六人も記載されており、[41]その中でも特に葦航道然・桃渓徳悟・無及徳詮・約翁徳倹などが優秀な弟子であり、大覚門派の四傑と称せられている。

蘭渓道隆の峻厳な禅の実践という禅風は宋朝禅の一面を示すものとなった。、このようなことが時頼をはじめとする鎌倉武家に対して大きな影響を与えることになった。蘭渓道隆は建長寺に十年間住した。純粋な宋風の禅を挙揚し、僧堂を設けて厳然たる規矩を行うに至って、鎌倉の教乗禅的な禅風が一掃され、京都的教乗禅とも異なるものになった。。これより宋風の禅としての基礎が確定的となった。蘭渓の禅宗史上に占める地位は益々高いものになった。この厳密な禅林の規範は中国の諸山禅林で行われていた規範であった。初期日本禅林の展開に大きな影響を与えるものであったのである。

1　『元亨釈書』巻六（『大日本仏教全書』第六二巻・史伝部）一〇〇頁上。『延宝伝燈録』巻三。『本朝高僧伝』巻十九参照。
2　義堂周信『空華日用工夫略集』永徳元年五月七日条。
3　玉村竹二『五山禅僧伝記集成』（講談社、一九八三年）一六一頁。月心慶圓は臨済宗大覚派。法諱は慶圓、道号は月心。郷国・俗姓不詳。弱年より建仁寺に月翁元規に参じ、その後諸方を遊歴し、尋ねて入元して彼の地の諸老にも参じたが、博士浩識を以って鳴り、元人は月心を「大乗菩薩」という称賛される。帰朝の後、美濃定林寺（十刹）に住し、嗣香を月翁に通じて、その法を嗣いた。その後関東に下向、建長寺を第五十八世に住持・建仁寺を第五十六世に住持になる。
4　辻善之助『日本仏教史』第三巻・中世篇之二（岩波書店、一九七〇年）一二五頁。
5　西尾賢隆『中世の日中交流と禅宗』（吉川弘文館、一九九九年）五頁。
6　松尾剛次「渡来僧の世紀――建長寺開山蘭渓道隆」（『日本中世の禅と律』吉川弘文館、二〇〇三年）一二九頁。
7　村井章介『東アジア往還』（朝日新聞社、一九九五年）四九頁。
8　『東巖安禅師行実』（『続群書類従』第九輯　上）三〇六頁上。
9　『元亨釈書』六巻（『大日本仏教全書』第六二巻・史伝部）一〇〇頁。
10　『建長寺年代記』・『善隣国宝記』・『本朝高僧伝』に参照。
11　『大覚禅師語録』巻上（『大正蔵』八十・四六頁中）。
12　足利衍述『鎌倉室町時代之儒教』（日本古典全集刊行会、一九三二年）三六頁。

13 『常楽寺文書』（『鎌倉市史』史料（三）第二九二条）。
14 常楽寺、鎌倉市の大船にところである。北条泰時は亡母追福のために創建される。泰時の法号常楽寺殿に因んで寺号を定める。
15 『東巖安禅師行実』（『続群書類従』第九輯　上）三〇六頁上。
16 『大覚禅師語録』巻上（『大正蔵』八十・四六頁下）。
17 同右。
18 鷲尾順敬『鎌倉武士と禅』（大東出版社、一九二二年）六五頁。
19 辻善之助『日本仏教史』第三巻・中世篇之二（岩波書店、一九七〇年）一二五頁。
20 『吾妻鏡』建長三年十一月八日条、建長五年十一月二十五日条に参照。
21 『鎌倉市史』社寺編（（吉川弘文館、一九五九年）二六九頁参照。巨福山の号は巨福呂（小袋）の地名に取ったもの、建長寺のある谷はその開刱以前地獄谷といって犯罪人の処刑場であったと伝える。
22 『建長寺文書』正和五年四月二十六日条。（『鎌倉市史』史料編　第三）
23 建長興国禅寺碑文。
24 『吾妻鏡』建長五年十一月五日条。
25 『鎌倉五山記』（『史籍集覧』第二十六冊、すみや書店、一九六八年）五九〇頁。
26 辻善之助『日本仏教史』第三巻・中世篇之二（岩波書店、一九七〇年）一二七頁。
27 『建長寺文書』（『鎌倉市史』史料編　第三）第一九七号。この二大幅の墨蹟・法語規則は鎌倉市指定の文化財として、鎌倉の建長寺に珍蔵である。
28 『大覚禅師坐禅論』（洗心書店、一九三五年）一頁。

29 同右、二二頁。
30 『大覚禅師省行文』（『大日本仏教全書』第四八巻・禅宗部全）四九頁。
31 芳賀幸四郎「渡来僧とその業績」（『中世日本の禅とその文化』財団法人鹿野山禅青少年研修所、一九八七年）三十頁。
32 大村豊隆「宋元来朝僧と鎌倉禅」（『東北福祉大学論叢』第十巻、東北福祉大学、一九七一年）。
33 葉貫磨哉『中世禅林成立史の研究』（吉川弘文館、一九九三年）八七頁。
34 夢窓国師著『夢中問答』（岩波書店、一九四二年）五三頁。巻上に「鎌倉の最明寺の禅門、建長寺を建立して禅を崇みらる。其の比は禅僧とし衆にまじはる者をば、同じく坐禅を専らにして経論語録を学するをだに、尚無道心の僧なりと、開山大覚禅師はいましめ玉ひけり。況んや世間の名利をや。ただ僧家のみにあらず、檀家及び其の家人達も、此の宗を信ずる人はひとへに本分を悟らんことを要とす。」
35 足利衍述『鎌倉室町時代之儒教』（日本古典全集刊行会、一九三二年）五二頁。
36 『大覚禅師語録』巻上（『大正蔵』八十・九一頁上）。
37 辻善之助『日本仏教史』第三巻・中世篇之二（岩波書店、一九七〇年）一三〇頁。
38 『五山記考異』（史籍集覧第二十六冊、すみや書房、一九六九年）六〇二頁。
39 『念大休禅師語録』（『大日本仏教全書』第四八巻・禅宗部全）二三二頁下。
40 『大覚拾遺録』（『大日本仏教全書』第四八巻・禅宗部全）四九頁。
41 『延宝伝燈録』巻三。

第四節　蘭渓道隆と円爾の『坐禅論』について

建長寺の蘭渓道隆（一二一三〜一二七八）が著した『大覚禅師坐禅論』と東福寺の円爾辯円（一二〇二〜一二八〇）の『坐禅論』は、両論とも鎌倉期の著作である。蘭渓と円爾は当時の日本禅宗界における双壁で、ほぼ同時代の人物である。また、両者の教化の地域が鎌倉、京都と異なるにも関わらず、ともに『坐禅論』を著述している。

鎌倉期の禅宗について論述したものに、玉村竹二の『臨済宗』[1]がある。氏はその中で日本人が禅を能動的に求めた時期と受動的に求めた時期とに区分し、臨済宗派が日本で最初に純然たる禅宗の教団を形成したことを明らかにし、さらに、禅宗の受容と発展とを論述している。広渡正利『聖一国師伝補遺』は、[2]蘭渓と円爾における『坐禅論』の項目による比較を行っているが、内容と特色とに関してはまったく論述していない。古田紹欽「円爾――栄西と道元を踏まえて――」は、[3]円爾の「語録」と「年譜」からその禅風について考察を加えている。また、菅基久子「蘭渓道隆の『坐禅論』」は[4]、仏教の因果と功徳の視点から蘭渓の『坐禅論』を分析している。さらに、吉原健雄「円爾における修行不要論」は、[5]両者を多少は比較しているが、本格的な分析を全面展開しているわけではない。

これらの研究情況を踏まえて本論では、蘭渓と円爾における『坐禅論』の内容から、両者の禅に関しての特色を比較分析し、両論の関連性と相異点について論究することにしたい。また、両論の成立年代について考察することにもつとめたい。

一　両論における比較

両論における基本的な相違点はつぎのようなものである。南宋から渡来した蘭渓の『坐禅論』は漢文体で書かれており、一般にはあまり流布しなかったと思われる。これに対して、日本人の円爾の『坐禅論』は片仮名交じりの平易な文体を用いているので、禅僧のみならず、在俗の人々も一読しただけで深い感銘を覚えたに相違ない。また、両論は説法の対象が異なっていた。前者は主に出家の弟子達に対してのものであり、後者は専ら九条道家という在俗者に開示したものであった。以上の二点は両論の基本的相違点である。

蘭渓の『坐禅論』の内容は序文ののち、全体は三十五問答という形式によって構成されている。第一問答の「坐禅為諸法根源」から第三十五問答の「仏菩薩入生死欲界、利益衆生」に至るまで、その本質的な部分は完全な南宋臨済宗の禅風によって論述されている。インドの禅はいわゆる「静慮」であり、内観であって他に働きかけるということは少なかった。しかし、達磨は中国に来ると直ちに梁の武帝と問答を行っている。また、二祖慧可は「断臂求道」[6]により達磨の法嗣となり商量を行って修行の向上をはかっている。「問答商量」は従来の中国の禅宗が重視したことであり、いわば特徴である。この『坐禅論』は蘭渓の宗風の特色をうかがわせるばかりではなく、南宋臨済宗の宗風を知らせる好個の文献資料でもあるのである。

円爾の『坐禅論』も同じように中国の問答の形式をとっている。全体の構成は二十四問答から成り、日本臨済宗の宗風が表れているとみる。この史料から中国の禅宗が日本に移植され、受容され、そしてその後、変遷していった様子をうかがうことができるのである。

「蘭渓道隆と円爾の『坐禅論』の比較対称表」（表1）に示したように第四の問答までは、両者ともにほぼ同様の問題を扱っており、第五の問答も同様の課題であり、内容もほぼ同様である。ところが、修行上の「安心・用心」について述べている部分ではその主張が異なる。

円爾は「行住坐臥の四威儀の中に、無心無念なる處、これ實の用心なり工夫なり。」と述べており、仏心は無相・無著であり、日常の行、住、坐、臥の四威儀のなかで無心・無念になることが用心であり、工夫であり、禅であると述べており、動態禅の立場である。完全な中国禅宗の特色を示している。インド禅は元来精神統一の技術として、瞑想・坐禅を用いてきた。それを定と慧の統一ととらえたのが隋の天台智顗であった。しかし、九世紀以降、中唐の禅宗はそのような禅定と智慧の宗教よりも、さらに変化し、日常生活そのものの中で禅を実践するようになっていった。[7] こうして、禅を日常生活の中に取り込むという思想が曹溪慧能の弟子馬祖道一（七〇九～七八八）に至って特に顕著になっていった。『馬祖道一語録』につぎのように見える。[8]

道不用修、但莫汚染。何為汚染、但有生死心造作趣向、皆是汚染。若欲直会其道、平常心是道。

仏道は修行を要せぬ、ただ自己を汚さぬことであるとする。何が汚れかと言えば、もし生死の心を起こし、何かをなし何かのためにするならばすべて汚れである。当たり前の心が仏道である。すなわち「平常心是道」であると述べている。

また、『維摩経』には凡夫の生活でも聖者の生活でもないのが菩薩の生き方であると書かれている。いま、行住坐臥し、相手に応じて行動することが仏道のすべてにほかならない。[9] こうした仏性がすべて日常生活の中に現れるという考え方をする中国禅宗が本格的な発展を遂げていくことになるが、それはやはり馬祖から始まったと言える。[10]

蘭溪は「行住坐臥四威儀中、以坐為安穩義、以端坐思實相云也。」と述べ、行、住、坐、臥の四種禅法の中で「坐禅」をもって第一の安穏とし、端坐をもって実相を思うと主張した。[11]蘭渓は臨済宗楊岐派の無準師範・痴絶道冲らに学び、松源崇岳門派の無明慧性に参究してその法を継承した。この点から言えば、蘭渓の禅法は、さらに、インドの静態禅のタイプに近いものと言えよう。実相の「観照般若」をインドでは静的禅定によったが、中国では行、住、坐、臥の中に実相をみるという動態禅であったのである。蘭渓は専らその四種のなかに「坐禅」を位置づけ、静態禅こそが「安穏」であると主張したのである。これに対して、円爾は「行・住・坐・臥」そのものが禅であるという、動態禅を主張した。

また、円爾は禅法について説明するときに、よく経典を引き合いに出して参禅を勧めている。たとえば、『金剛経』の第十四品「離相寂滅」に「離一切諸相、則名諸仏」とあることをもって無相・無著について定義を加えている。円爾は『坐禅論』の第十問答の中では『法華経』の経文をもって無心の「功徳」について解説している。円爾の禅観は臨済宗楊岐派の禅法である。それは天台・華厳の教学と禅の融合を主張し、教禅一致の思想であった。

これに対して、蘭渓は純粋禅を挙揚した。開山の菩提達磨からの正伝、六祖慧能の「教外別伝、不立文字」を主張し、これら祖師禅にも馬祖道一以来の仏性論が加えられた。「不立文字、教外別伝、直指人心、見性成仏」の禅を唱えているのである。四言四句がもっとも簡明直截に禅宗の宗義を示しているとする。

蘭渓の宗風は特に坐禅を強調するものであった示寂前に「遺戒」五条を制定し、[12]門下を誡めている、その「遺誡」の第一条に「松源一派有僧堂規、専要坐禪、其余何言、千古不可廢之、廢則禪林何在、宜守行矣。」とあり、松源一派の僧堂の規矩に従う、修行生活の中で坐禅を専要とするものである。千古にわたり廢すべからざるものであり、万一廢されれば禅林としての存在はない、守って行かなければならないというものである。この「遺誡」

をみると、蘭渓は特に坐禅を強調している。また、「遺誡」の第四条には「參禪學道者非四六文章、宜參活祖意、莫念死話頭。」とあり、参禅者が経論に依遵すれば解脱は得られないとして、文字や四六駢儷文、漢詩文の世界への執着を打破している。遺誡から蘭渓の禅風の特色が松源派の宗風を唱えるものであり純粋禅の主張であることが理解できるのである。

蘭渓は第十五問答「迷悟の根本」について色と心との関連を述べており、色相には凡夫と聖人の区別があるが、心体には迷と悟の差別がないと主張する。しかし、円爾はこの問題点に対して「色心ともに迷悟の差別なし」と主張した。

蘭渓の『坐禅論』は冒頭に「夫坐禪大解脱法門也。諸法從是流出、萬行自是通達、神通智慧德從此内起、人天性命道自此内開。諸佛已從此門出入、菩薩行即入此門、二乘猶在半途外道、雖行不入正路、凡顯密諸宗不行此法、不有成佛道者也。」と述べている。坐禅は大解脱の法門である。これに対して顕密諸宗はこの法を行じないので、成仏不可能な道であるとし、坐禅の目的と利益を闡明にしたのである。

これを円爾のそれと対照すると、その『坐禅論』には「夫坐禪の宗門と云々、大解脱の道なり、諸法は皆此門より流出し、万行もみな此道より通達し、智慧神通の妙用も此の中より生じ、人天の性命も此中より開ける。」とあり、漢語の部分はほぼ同様のものになっている。しかし、円爾はことに「坐禪の宗門」を強調しており、「宗門」直ちに禅宗ということではなかった。自己の「宗派」ということを強調しているといえよう。換言すれば、円爾の東福寺の禅と蘭渓の建長寺の禅には異なるものがあったということである。

また、円爾には上流公家の外護を受け、東福寺という一大寺院に拠点を置いて、教団を一層組織化していこうとする姿勢が伺える。[13] 加えて東福寺の「条々事」に「東福寺長老職事、円爾門徒中、計器量人代々可譲与也。」

とあり、東福寺代々の住職には、門徒中より優れた者を選んで行くべきであることを述べている。これは自からの「宗風」を建立するためであった。そのためもあってか東福寺の住持職には中国禅僧を任ぜしめなかったのである。[14]円爾は門派意識が非常に強く、東福寺の住持職は聖一派の禅者だけであり、他派の人物が入寺することを許さなかった。[15]これは蘭渓開山の建長寺が十方住持制度を採ったことに比べると極めて対照的である。したがって、東福寺を中心とした聖一派という一大門派が誕生したことは円爾の当初からの姿勢であり、極めて自然なる成り行きであったと言えよう。ここにいう「宗門」とは達磨の祖師禅であって、天台の止観などの禅観とは異なるものであった。東福寺の宗風は特に顕密諸宗の仏教と伝来した禅とが融合したものであった。このような禅が京都を中心として新たなる発展を遂げたことは日本禅宗の展開史から言えば重要な意義を持つものであった。

円爾禅の性格は顕・密・禅の三教を融合する教禅合一のものである。[16]「東福寺年月日須知簿」[17]の末尾に「顕密禅教、大小内外、粗精捜要、頗得梗概」と記載している。円爾の禅風は顕・密・禅の三教の領域にわたっており、今枝愛真が指摘するように、円爾の禅風がいかに包容力に富んでいたものであったかが知られるであろう。[18]これは円爾の禅風の特色である。

つぎに、注目すべきは弘安三年十月十五日、円爾が示寂の二日前に、無関普門・慧曉・爾性の三人の弟子のために灌頂を行なっていることである。また、道家への授戒のときも併せて密教の灌頂を行っている。東福寺において密教が修めせられて伝法灌頂が進行していたのである。円爾は禅の性格に濃厚な密教的色彩[19]もそなえており、入宋以前、鎌倉寿福寺の阿忍から密教三部の秘印も受けていたので、宋より帰国した彼の禅風は自然と密教的色合いの強いものになったのであった。これを蘭渓の純粋禅と比べてみると、禅の性格がかなり異なるのである。要するに、円爾の禅風の特色として兼修禅的傾向が指摘され、密教的性格については従来より強調されてきていることである。蘭渓の鎌倉禅は純然たる南宋の禅林清規と松源派の祖師禅を挙揚しており、それに対して円爾の京都禅の性質は趣きがかなり異なるものである。

蘭渓の『坐禅論』の第六・七問答において坐禅の儀法を詳しく説明する。蘭渓は別に『蘭渓坐禅儀』（金沢文庫蔵）[20]を撰述している。『坐禅論』は専ら禅僧に参禅させるために書かれたもので、坐禅儀の部分については『蘭渓坐禅儀』によって要略を述べている。たとえば、第六問答の「端坐実相」には細かな坐禅の意義とそれを日々修することの必要性を力説しているところなどがある。とくに坐禅を実践する上での注意の事項と綿密な工夫について述べている。また、第七問答の「開半目守鼻端」に関しても、眼を開いて遠くを見れば、外境に侵されて心が散乱するとある。目を塞げば、また昏沈の境に落ちて心明らかならずとする。蘭渓は坐禅の技術面について様々な「形」にはそれに相応する理由あることを述べているのである。

蘭渓の唱える坐禅の「やり方」と円爾の『坐禅論』を対照してみると、円爾は『坐禅論』の中で、表1にもみられるように坐禅工夫する際の注意点については一切触れていないのである。道家の立場からみると、世俗の生死の問題について重大な煩悩を持つが、坐禅の実践には関心はなかったのではないかと考えられる。また、道家は禅に参ずる期間も長くなかったので深奥な禅の意義と詳しい坐禅の技巧については教えることがなかったのかもしれない。

両論の結論における円爾の『坐禅論』第二十四問答は臨終に赴こうという時に如何に末後の用心をするかということである。すなわち本論の目的は生死の問題を解決することにあった。また、本論は特に九条道家一人の求めに応じたものであり、その性質は蘭渓のものとは必ずしも同じではない。円爾は道家に答えて「一心おこりて生死あり、無心のとき、生ずる身もなく、滅する心もなし、無念無心のとき、全く生滅なし、」と述べている。臨終の用心の要旨を無心を中心として説いている。もし、無心になれば寂滅為楽となることを強調し、「かくの如く法を信じて此身を捨てるに、一念も法を思うべからず、穴賢々々。」と結んで身を捨てるほどに無心になることを強く主張しているのである。

この点は蘭渓の『坐禅論』には見えないものである。蘭渓は『坐禅論』の冒頭に述べているように坐禅の目的は大解脱である。そして、この『坐禅論』の結論は主に仏になることと、いかに衆生に利益を与えるかに主題が置かれている。この論は専ら出家者を対象にし、いっそう修行への努力を要求しており、蘭渓の厳しい禅風をうかがうことができる。鎌倉を中心に純然たる祖師禅を挙揚して坐禅することが自利のみではなく、同時に利他になることも説いている。

二　両論の成立の年代について

円爾の『坐禅論』と蘭渓の『大覚禅師坐禅論』の成立の年代についてであるが、従来の研究者が成立の時期については判断しにくいとしてきた。[21]円爾の『坐禅論』は専ら九条道家に開示するために書かれたものである。『聖一国師年譜』によると、円爾が九条道家とはじめて会うのは、湛慧の推挙により月輪別荘に迎えられた寛元元年（一二四三）二月である。そして、九条道家が滅したのは建長四年（一二五二）二月である。このことから、円爾の『坐禅論』の成立年代は寛元元年から建長四年までの十年間と言えよう。

しかるに、蘭渓は寛元四年（一二四六）に来日した。建長元年（一二四九）建長寺を創建しはじめ、同五年（一二五三）冬に落慶した。したがって、蘭渓の『坐禅論』は寛元四年以降ということになる。加えて、蘭渓は『蘭渓坐禅儀』の末尾に「寛元四年十一月二十九日　大宋国蘭渓道隆和尚作。」と記載している。つまり、『蘭渓坐禅儀』は来日以後の著作である。[22]また、『大覚禅師坐禅論』と『蘭渓坐禅儀』との両論は参禅について不可欠の基本的な手引書となっている。そして、『大覚禅師坐禅論』の成立と『蘭渓坐禅儀』の成立年代はほぼ同じ頃と思われる。したがって、蘭渓の『坐禅論』はおよそ寛元四年（一二四六）から遅くとも建長五年（一二五三）以前であったといえよう。すなわち、来日してから建長寺の落慶までの間にこの論が成立したと推測するものである。

ここで、円爾と蘭渓との両論の内容を比べてみると、円爾の『坐禅論』は『大覚禅師坐禅論』を殆んどそのままに書き下したものに過ぎない。もちろん、その内容は円爾が自己の宗風にあうようにやや修正した点はあるが、明らかに円爾の『坐禅論』は蘭渓の『大覚禅師坐禅論』を手本にしたものであるといえよう。[23]蘭渓の来日年代は寛元四年である。そして、九条道家の卒年は建長四年（一二五二）二月である。よって円爾の『坐禅論』の成立年代について筆者は、寛元四年（一二四六）から建長四年までの七年間と推測するのである。

ここで、あらためて両論を比較してみた結果を挙げておきたいと思う。まず、同じ論点としては、蘭渓の問答の第一・二・三・四・十七・十八・十九・二十・二十一・二十六・三十四などの問答を円爾もほぼ同じようなことを主張している。蘭渓の『坐禅論』では禅僧たちにとって重要な持戒・禅定・解脱・成仏などを論述しているが、しかし、円爾の場合は、これらについてまったく言及していないのである。蘭渓の問答でいえば、第十二・十四・十六・二十二・二十四・二十五・二十七・三十・三十一・三十二・三十三などである。これらについて円爾は全く論述していないのである。それは円爾の『坐禅論』が九条道家に対して述べたものであったが、故にそれらを必要としなかったからである。また、円爾の『坐禅論』以外の著作つまり遺誡などにもそれらについての内容のものはみられず寺院運営に関するものが多いのである。これらの点を総合的にみると蘭渓の禅風とはことなるものであったことが理解できるのである。

円爾と蘭渓との『坐禅論』はほぼその旨趣を同じくするが、両者の参学の経歴や性格、あるいは教示する対象などに異なる点があるので、主張には異なる部分が生じているのである。そこに両者の禅風の特色が表われているといえよう。

結びにかえて

初期禅宗の展開とその思想的特質については、初期の中世禅林において円爾と蘭渓は如何に主導的な役割を果したか、どのように影響力を発揮したかを具体的にしておくことにある。円爾は嘉禎元年(一二三五)四月に入宋し、帰国するときに無準師範の親書の「仏祖宗派図」を受けている。これにより中国禅宗の法脈は正式に日本に移植されたのである。また、円爾のこのような行動は中国禅宗の地位を日本において確認させることになった。それは、日本禅宗の発展史からみても一大画期をなすものであった。また、円爾は渡来僧を積極的に受け容れ交流をはかった。このことが中世禅林発展の推進力となった。合せて中世禅林における中日の禅僧が頻繁に往来したことが日本の禅林や文化に大きな影響を与えたことも改めて考察してみた。

仁治三年（一二四二）、中国径山万寿寺の火災を知った円爾は謝国明やその他の人々に勧めて寄付を集め万寿禅寺の復興のために檜材を送り、寄進しただけではなく、経済的援助も行った。この事実は『東福寺史』などにより知られているところであるが、さほど詳しい分析もなされていないのが実状である。本論では謝国明との関係なども含めて考察を試みた。当時の中日宗教界において、とくに日本の禅宗にとって径山の地位が如何に高いものであったかが理解できる。円爾は後嵯峨天皇・亀山天皇・藤原兼経などに大乗戒を授けている。禅宗が円爾により広く朝廷や公家社会に展開されることになる。円爾は栄西とともに、あるいはそれ以上に中世の中日禅宗の交流上に重要な役割を果たした人物であったといえる。

『蘭渓道榜』と『大覚禅師省行文』にみられる通り、渡来した蘭渓道隆は日本の禅林に初めて厳格な清規を定めた人物である。そこには蘭渓の厳しい姿が表されており、これも初期日本禅林の展開に大きな影響を与えるものであったことを明らかにした。

蘭渓と円爾の『坐禅論』についての考察はさほど多くはない。広渡正利の『聖一国師伝補遺』は、蘭渓と円爾における『坐禅論』の項目による比較を行っているが、内容とその特色とに関してはまったく論述していない。また、菅基久子「蘭渓道隆の『坐禅論』」は、仏教の因果と功徳の視点から分析をしている。さらに、吉原健雄「円爾における修行不要論」は、両者を多少は比較しているが、本格的な分析を全面的展開しているわけではない。本論では両者の差異を明確にするために「蘭渓道隆と円爾の『坐禅論』の比較対称表」を作成し、両者の『坐禅論』の内容を比較した。また、両論の成立年代についても論考し明らかにした。

円爾のものは蘭渓のものを殆んどそのままに書き下したものに過ぎない。蘭渓の『坐禅論』は禅僧たちにとって重要な持戒・禅定・解脱・成仏などについて論述しているが、しかし、それらは円爾のものではほとんど言及されていない。なお、蘭渓の唱える坐禅の「やり方」は円爾の『坐禅論』の中では一切触れられていない。両者の『坐禅論』はほぼその旨趣を同じくするが、純粋禅の蘭渓は主に出家の弟子達に対してのものであり、教禅兼修の円爾はもっぱら九条道家という在俗者に開示したものであった。加えて、前者は臨済楊岐派松源派・無明慧性の法を継承し、後者は臨済楊岐派破庵派・無準師範の嗣法を受けている。要するに、二人の参学の経歴や性格、あるいは教示する対象などに異なる点があるので、その論点には異なる部分が生じているのである。そこに両者の禅風の特色が表われているといえよう。

鎌倉禅林の展開という観点から、はじめて栄西の禅には濃厚な密教的色彩をそなえている。また、つぎの円爾に至ってその教禅兼修を主張することは北条氏の現実主義的な信仰を契機した。時頼は禅の奥義を極めて悟道した最初の武士であったといっても過言ではない。したがって、武士の修養を参禅とは不可分の関係が出来上っていくことになる。以降、禅宗は武士の積極的保護をうけ、その発展の基礎を築くに至ったのである。時頼は禅寺の創建・所領寄進・禅僧の招聘などに力を尽くし、禅宗の発展に大きく貢献したのである。

1　玉村竹二『日本禅宗史論集』（上）（思文閣、一九七六年）九一七頁。
2　広渡正利『聖一国師伝補遺』（文献出版、一九九九年）四三頁。
3　古田紹欽「円爾――栄西と道元を踏まえて――」（『日本禅宗史の諸問題』、大東出版社、一九八八年）七三頁。
4　菅基久子「蘭渓道隆の『坐禅論』」（『武蔵大学人文学雑誌』第三七巻・第二号、二〇〇五年）二〇三頁。
5　吉原健雄「円爾における修行不要論」（『日本思想史』、六八号、二〇〇六年）三三頁。
6　慧可の断臂求法について従来二つの説がある。一には、『続高僧伝』「初達摩禪師以四卷楞伽授可曰。我觀漢地惟有此經。仁者依行自得度世。可專附玄理如前所陳。遭賊斫臂。以法御心不覺痛苦。火燒斫處血斷帛裹乞食如故。曾不告人。後林又被賊斫其臂。叫號通夕。可為治裹乞食供林。林怪可手不便怒之。可曰。餅食在前何不自裹。林曰。我無臂也。可不知耶。可曰。我亦無臂。復何可怒。因相委問方知有功。故世云無臂林矣。」（大正五十冊・五五一頁下）とある。二には、『景徳伝燈録』であり前者には異なる。その巻三に「遂能遠渉山海遊化漢魏。忘心之士莫不歸信。存見之流乃生譏謗。于時唯有道育慧可。此二沙門年雖後生俊志高遠。幸逢法師事之數載。虔恭諮啟善蒙師意。法師感其精誠。誨以真道。」（大正五十一冊・四五八頁中）とある。慧可ははじめて達磨に入門を請う際に、求道の心を問われて自ら一臂を断って深く求道を決心したと言われる。いま、『景徳伝燈録』の慧可の断臂求法の説ことは禅の歴史を主張となった。

7 柳田聖山「中国禅宗史」（『講座禅第三巻　禅の歴史』、中国筑摩書店、一九七四年）四九頁。

8 『馬祖道一語録』（『大日本続蔵経』第二十四套・第五冊）四〇六頁。

9 『維摩経』（大正蔵五十一冊・四四〇頁上。）

10 柳田聖山「中国禅宗史」（『講座禅第三巻　禅の歴史』、中国筑摩書店、一九七四年）五三頁。

11 蘭渓『坐禅論』第二十六問答に、もし一切の善悪を思量なくすれば、すなわち行、住、坐、臥みな同じ禅であり、必ず坐禅を執著できません。

12 『大覚拾遺録』（『大日本仏教全書』第四八巻・禅宗部全）四九頁。

13 玉村竹二『日本禅宗史論集』（上）（思文閣、一九七六年）九二〇頁。

14 『東福寺誌』住持世代表。

15 佐藤秀孝「禅者の日中交流――宋代禅宗と日本禅林」（『宋代禅宗の社会的影響』山喜房仏書林、二〇〇二年）四九四頁。

16 船岡誠「日本禅宗の成立」（吉川弘文館、一九八七年）二〇四頁。玉村竹二「臨済宗」（『日本禅宗史論集』（上）思文閣、一九七六年）九二〇頁。

17　『東福寺誌』弘安三年六月十五日条。

18　今枝愛真『禅宗の歴史』（至文堂、一九八六年）二十三頁。

19　和島芳男「聖一国師とその時代」（『中世文化史研究』、星野書店、一九四四年）二八九頁。辻善之助『日本仏教史』第三巻　中世篇之二（岩波書店、一九七〇年）一一六頁。今枝愛真『禅宗の歴史』（至文堂、一九八六年）二十頁。荻須純道『日本中世禅宗史』（木耳社、一九六五年）四九頁。玉村竹二「臨済宗」（『日本禅宗史論集』（上）思文閣、一九七六年）九一七頁。広渡正利「聖一国師の禅風」（『博多承天寺史』、文献出版、一九七七年）四二五頁。

20　『蘭渓坐禅儀』の全文には(一)参禅用心。(二)睡魔雑念を起こっていかに対治する。(三)一切の声色として所移して如何に併除承問との三相目から構成し、末尾国寛元四年十一月二十九日　大宋国蘭渓道隆和尚作。

21　広渡正利『聖一国師伝補遺』（文献出版、一九九九年）四四頁。

22　佐藤秀孝「禅者の日中交流――宋代禅宗と日本禅林」（『宋代禅宗の社会的影響』山喜房仏書林、二〇〇二年）四九六頁。「蘭渓道隆は来日早々に『坐禅論』を撰している。」

23　古田紹欽「円爾――栄西と道元を踏まえて――」（『日本禅宗史の諸問題』、大東出版社、一九八八年）一三〇頁。

（表1）蘭渓道隆と円爾の『坐禅論』の比較対称表

	大覺禪師坐禪論	聖一國師密開示九条大臣坐禪論
1	夫坐禪大解脱法門也。諸法從是流出、萬行自是通達、神通智慧德從此内起、人天性命道自此内開。諸佛已從此門出入、菩薩行即入此門、二乘猶在半途、外道雖行、不入正路。凡顯密諸宗不行此法、不有成佛道者也。	夫坐禪の宗門と云ふは、大解脱の道なり、諸法は皆此門より流出し、万行もみな此道より通達し、智慧神通の妙用も此の中より生じ、人天の性命も此中より開けたり。故に諸佛すでに此門に安住す、菩薩も亦行じて此道に入る、乃至小乗及び外道も行ずといへども、未だ正路にかなはず、凡そ顯密の諸宗も此道を得て自証とす。故に祖師の曰く、十方の智者みな此宗に入ると宣へり。
1	問曰、坐禪為諸法根源意旨如何。 答曰、禪佛内心也。律佛外相也、佛言語也、念佛佛名號也、是皆從佛心出、是故為根本也。	問曰。此禪門を諸法の根本といへること如何。 答曰。禪とは佛心なり。律とは外想なり、教は言説なり、稱名は方便なり、これらの三昧みな佛心より出たり。故に此宗を根本と

2

問曰、禪法無相無念、靈德不露、見性也無證據、以何可信之。

答曰、自心與佛心一味、豈非靈德、我心我不知、喚誰為證據。即心即佛、外求何證據。

3

問曰、能修一心法、也修萬行萬善功德爭可比之。

答曰、頓覺了如來禪、六度萬行體中圓。然則禪一法備一切諸法、豈不見道、三界唯一心、心外無別法、縱修萬行、不知心法不可得悟。若道不得悟而成佛、豈有其理乎。

4

問曰、此法何可修行、縱為修行、不得開悟、成佛不定。若不定、

するなり。

2

問曰、禪法は無相を體とす。然らば如何ぞ靈德もあらはれ、見性も何を以ってか證據とせん。

答曰。自心是佛なり、此外なにをか靈德とせん、自心を覺了せんより外、何の證據か求めんや。

3

問曰。此一心を修行せば、是れ一法なるべし、万行万善を修せば、功德いかんが一法に劣るべきや。

答曰。古人の曰く、頓に如來禪を覺了すれば、六度万行、體中に圓なりと、然れば禪の一法は一切諸法を備へたり、されば世間の儀にも、万能一心に如かじと云へり、故に万行を修すとも、一心の迷を止めずば、悟を得ること有るべからず、若し悟らずんば、何をか成佛とせん。

4

問曰。此佛心宗をいかが、修行すべきや、たとひ修すとも、禪を得ること不定なるべし、

雖作修行何有益。

答曰、此宗甚深微妙法門也。若有一經其耳、長成菩提勝因。古人云、此聞不信者、福超人天、學不得者終到佛果云云。此法佛心宗也、佛心自本無迷悟、正如來妙術也。縱雖不得悟、一座坐禪一座佛也一日坐禪一日佛也、一生坐禪一生佛也、未來亦如是、只如是信者是大機根人也。

5

問曰、若如是我也可修行。云何安心、云何用心哉。

答曰、佛心一切無著相、以離相為實相、行住坐臥四威儀中、以坐為安穩義、以端坐思實相云也。

6

問曰、端坐思實相義、微細説之。

答曰、端坐如來結跏趺坐、思實相

若し不定ならば、修しても何の益かあるべき。

答曰。此宗門は不思議解脱の道なるが故に、若し一度耳に觸る。者には、菩提の勝因となる、若し此宗門を修せば、佛心の至極とす、故に佛心もとより迷悟なし、正是雪山六年端坐妙行此宗門に分明なり、未だ道を得ざるも、一時坐禪すれば、一時の佛なり、一日坐禪すれば、一日の佛なり、一生坐禪すれば、一生の佛なり。かくの如く信用するは、大機根大法器の人なり。

5

問曰。若し此道を行ぜんに、いかが用心すべきや。

答曰。佛心は無相無著なり、金剛經に曰く、一切の相を離れたるを諸佛となす、故に行住坐臥の四威儀の中に、無心無念なる處、これ實の用心なり工夫なり。

所謂坐禪也、結法界定印、身心不動、眼開半目、守鼻端。當見一切有為法如夢幻泡影、莫繫念頭。

7

問曰、結足結印、如來威儀、開半目守鼻端何事。

答曰、開眼遠見、被侵紛飛境、心散亂。塞目又落昏沈境、心中不明也。眼開半目、則念不忩忩、身心一如、明察時、生死煩惱不可近傍、是名　立地成佛大機大用云也。

8

問曰、雖聞如是事、尚以信心難及、讀誦經咒積其功、持齋持戒唱名號。累其德、專有憑、只不為何事安禪、可有何奇特乎。

答曰、如是疑云生死業、如是疑云煩惱也。行一切法無所得心、名為甚深般若。般若智慧也。此智

6

問曰。かくの如くの修行、信じがたく、為じがたし、ただ經を誦し、陀羅尼を遍て、又は戒を持ち、或は念佛稱名して、其功德をたのまんと思ふ。是いかん。

答曰。經陀羅尼とふは文字にあらず、一切衆生の本心なり、本心を失へる人のために、様々の譬をとりて教へて本心を悟らしめ、

慧能切生死根源利劔也。修善根願其果報、凡夫迷也、菩薩修善根不求其果報、向大慈大悲修善根故、成菩提資也、願果報修善根、成人天小果人、定生死業也。

9

問曰、不聚善根功徳、爭可成萬徳圓滿佛耶？

7

迷の生死を止めんが為の言なり、本心を悟り根源にかへる人、真實の經をよむなり、文字をまことの經とは云ふべからず、若し文字を口々に唱へて至極といはば、寒ずるとき、火と云ふて煖に、熱するとき風と云ふて涼しかるべきや、又飢えて食の名を唱へ、ほしき物の沙汰をして即ち飽満すべしや、故に終日に火々と唱へても熱かるべからず、通夜水々と云ふとも　口は沾ふべからず、文字言句は是繪にかける餅の如し、一生口に唱ふるとも飢はやむべからず、哀哉、凡夫生死の妄相ふかくして、諸法に於て、しきりに有所得の思をなす、是れ大愚痴なり、一切の法を行ずれども、有所得の心なきをば、大乗般若と名つく、是れ諸佛の無相清淨の智慧なり、此智慧は生死　の根源をきる故に般若の利劍と云ふなり。

問曰。善根功徳をつまずんば、爭でか万徳圓滿の仏となるべきや。

答曰、聚善根功德、歴三大阿僧祇劫當成佛也。行因果不二法、一生成佛也。明自心悟自性人、見自己本來佛也、非今始成佛。

10 問曰、見性成佛人、不憑因果、不可修善根乎？

答曰、見性成佛人、雖修善根為利益、不為果報、教化衆生故、教因果也、為我身無所得故、不憑功德、一切無心也。

11 問曰、無心者如何。若一向無心、誰見性、誰悟道、誰又可為説法教化乎。

答曰、無心者、言無一切愚痴心也、非言無辨邪正底心也。我不思衆生、亦不望佛。又不思迷不求悟、不從人尊敬、不望名利養聞、不厭毒害怨讎。付一切善惡不起差別念、言無心道人也。故云道無

答曰。善根功德を集めて佛を願ふ人は、三大阿僧祇劫を經ても成佛すべし、ただ直指人心見性成佛を修する人は、自己本來なり、初めて佛果を証するにはあらず。

8 問曰。禪を修する人は、善根功德の力をば嫌ふべきや。

答曰。他を利益せんが為に善根を修すれども、望みなきが故に功德をたのまず、一切時中無心なるが故なり。

9 問曰。無心を至極とせば、誰をか見性悟道の證とすべきや。

答曰。一切の惡知惡見思量分別を止むるを無心の至極と云ふなり、修行の見を起さざれば、成佛をも望まず、迷の見を起さざれば、悟をも求めず、交衆の見を起さざれば、尊敬名聞をも喜ばず　憎愛の見を起さざれば、自他の親疎差別もなし、一切善惡都莫思量

心合人、人無心合道云云。

12

問曰、持齋、持戒、讀誦經咒、唱名號功德、有勝劣無。

答曰、持齋離食貪欲、來生當得大福德。持戒又為休惡心生善心也、有善心者、生人天中、位尤高也。讀經咒者、護持佛法故、此人來世當得大智慧也。唱名號歸佛故、當來必生佛土也。又此無心佛心也、佛心功德、言語不能及、思量不可到、實不可思議也。

13

問曰、如此善根、面面其功德無疑、無心功德尚以不審。

答曰、學佛威儀、傳佛言語、唱佛名號有功德。又是無心道人可有功德。若道無心無功德、餘行也不可有功德也。一切善根功德、天上人間因縁也、無心即是頓證

なり、是を無心の道人と名くるなり、此道は凡夫・二乗の知べきにあらず。

10

問曰。諸教の中には、多く万善万行の功德をとく、何ぞ無心の功德を直にとかざるや。

答曰。本覺菩薩はすでに珍解す。故にこれを解かず。此故に法華經に無智人中莫説此經と説くは此意なり、諸教に八万四千の法門ありといへども、其源をたづぬるに、色空の二法を出でず、色とは四大五蘊の體なり、

14

菩提道也。功德不足言之、實一大事因緣、生死煩惱自消滅、身心一如也、即心成佛、有何疑乎。古人云、供養三世諸佛、不如供養一無心道人云云。實是唯佛與佛境界也、凡夫二乘非可測處者也。

問曰、諸教不說無心、亦不讚嘆、由何宗門貴之乎。

答曰、諸教不無其說、或說言語道斷、或曰不可說、或畢竟空、或一大事因緣、或又說諸法寂滅。釋迦掩室、淨名閉口、是豈非示無心乎、影響菩薩已證知故、佛不說之、二乘難及故、佛又不說之。故法華經云、無智人中、莫說此經此意也。諸教雖有八萬四千法門、不出色空二法也。一切有形相者皆色也身也、不顯形相

空とは煩惱菩提の性あり、此身體に形あるゆゑに色と云ひ、心は形なきゆるに空と云ふなり、一切の境界は、此身心より外に說くべきことなし。

者皆空也。身有形故云色、心無形故云空也。一切經皆不離此色空二法、是不可説、無心境界、所以不讃嘆斯事、言語不及故、云教外別傳也。

15

問曰、然則此身可為迷乎、又可為悟乎、又心是何物、迷悟根本不可不知之、又心在身内耶、在身外耶、從何處起。

答曰、四大五蘊色身、遍滿十方、一切衆生為根本。因縁和合、則建立身體是名生。果報遷謝、則四大分散是名死。色相有凡聖、心體無迷悟。雖然假迷名衆生。悟名諸佛、迷悟只因妄心、真心無迷悟。生佛本因一心迷悟、了本性則畢竟無有凡聖差別。故首楞嚴經曰、妙性圓明、離諸名相、無有本來世界衆生云云。

11

問曰。此四大の形體はもとより、迷へるものか、又悟れるものか。

答曰。色心ともに本末迷悟差別なし、一切假に化現す、唯夢幻の如し、万事すべて思量することなかれ。

16

問曰、心性本無迷、若然迷情從何處起？

答曰、妄念若起迷隨來、迷來故煩惱又生。妄念若滅、迷則去、迷去故煩惱又滅。煩惱生法也、為生死種。菩提滅法也、為寂滅樂。迷則諸法皆煩惱、悟則諸法皆菩提也。世人不知此迷悟根本、歷生死念不起、而思一念不生、又是為無心。猶是生死念也、非無心、非寂滅、以念息念、生死相續也。

17

問曰、小乘墮空理、不知無心、大乘菩薩可得此無心否。

答曰、菩薩至十地、猶有惑智二障、故不得無心。一惑障至第七地、有求法心故為障。至第十地、有覺照心故為障、至成等正覺時、合此無心云云。

12

問曰。二乘にも此無心あり、菩提あり、涅槃あり、大乘にいかほどの差別かあるや。

答曰。聲聞縁覺の羅漢は、初めより身心を煩惱と思ひて、こ是をいとひて、身心を滅しつくして枯木瓦石の如くなり、かくの如く行じても、無色界の天人となるなり、是れ皆正法にあらず、小乘の果なり、大乘の無

18

問曰、菩薩尚至十地不知之、初心學人爭可合無心。

答曰、大乘不思議也。直截一念根源頓悟者有之也、教家立三賢十聖位、為鈍根機也、利根人、初發心時便成正覺、直成佛者有之、至十地等覺合無心、與即今見性成佛、無心之理、無有差別。

心には同じからず。

13

問曰。大乘の菩薩は、此れ無心の道ありや否や。

答曰。菩薩は十地に至るまで惑智の障ある故に未だかなはず、其惑障とは、十地まで求法の望ある故に本分にかなはず、等覚を得る時、始めて此無心の道に至るなり。

14

問曰。此菩薩だにもかなひがたきに、爭でか初心の人、たやすく此道にかなはんや。

答曰。夫れ真正の法は不可思議なり。三賢十聖の位を立ることは、鈍根の機のためなり、利根の人は、初發心の時、無心の正覺を悟るなり。

15

問曰。見性悟道の人は、直に佛なりといへども、如何が神通光明はなきやらん。又常の人にかはりて、妙用と見えたる事もなし、是れ如何。

19	問曰、見性成佛者如何道、性者何物、見者何見、以智可知歟、以目可見歟如何。 答曰、學經論得智、見聞覺知分別智也。此修行不用之、回光返照、知見本有自性、名慧眼也。見性之後、見聞覺知也、可受用。
16	答曰。此身は過去の妄想より造立するによりて、見性すと雖も神通光明あらはれず、然れども六塵妄想を達通するは神通にあらずや、難行苦行をもからず、三大阿僧祇劫を經ずして生死を截斷し、直に見性成佛す、是れ妙用なり、清淨法身の智光を以て一切衆生の愚暗を度す、此外の光明何の益かあらん。大智通達の外に神通を願はば、天魔外道なるべし、狐狸も神通變化あり、これらは貴ぶべしや、ただ無心を修行して、三大阿僧祇劫を一時に滅し、忽ちに見性成佛すべし。 問曰。見性成佛の意をば、いかなる智慧を用ひてか是れを悟るべき。 答曰。經論を學びて得たる智をば、見聞覺智と名く、是れは愚痴の凡夫に對する智なり、真の智にあらず、回光返照して本有の佛性を知見す、是れを慧眼と名く、此慧眼を以

20

問曰、知見本有自性者、知見可知、本有自性者如何。

答曰、一切衆生本來有性故、扶起自體、此性從無始以來、不生不滅、無色無形、常住不變、是名本有自性。此自性與一切諸佛一味平等故、名佛性。一切三寶、六道衆生、以此性為根本、成就一切法。

21

問曰、回光返照者如何。

答曰、照外諸法自己光明、回返照内自己云也。心明如日月光、無量無邊、照内外一切國土、光不及處闇、是名黑山鬼窟。一切鬼

17

て見性成佛するなり。

問曰。本有の佛性とはいかなるものぞ、又回光返照とは何ぞや。

答曰。一切衆生に自性あり、此性は素より不生不滅まろ、常住不變なり、故に本有の自性と名く、三世の諸佛も一切衆生も此性を本地法身とす、此法身の光、周遍法界に充満して、一切衆生の愚暗無明を回光返照す、此回光の至らざる處は無明魔界と名く、此魔界に煩悩の鬼神住して法性を喰はんとす、此煩悩の鬼に害せらるる人は、妄念を本心と思ひ、貪欲の種子を歡樂と思うて、三惡四生に迴るなり、何れの時か生死を截斷せんや。

神住其内、鬼神能害人、心法亦復如是。心性智光、無量無邊、照一切境界、光不及處闇、是名無明陰界。一切煩惱住其内、煩惱能害人、智心光也。妄念影也、光耀物照云、心念不遷境界、向本性、言回光返照、又言遍照也。遍照當體、迷悟未露處也。今時人以妄念思本心、以煩惱為樂、何時離生死耶。

22

問曰、坐禪以一念不生為省要、以念止念、即是似以血洗血、如何。

答曰、一念不生、所謂心法本體也。非止念、又非不止念。但是一念不生也、若合此本體、是名法性如來。然則坐禪亦無用也、無迷無悟、豈有念乎。若不知此本體、不可得不生。縱雖押念不起、皆是無明也。譬如石壓草不久又生、綿密可工夫、不可容易。

23

問曰、或人云、當向一念不生處如何。

答曰、一念不生者、全無生滅去來相指示語也。生死從念起、若不知念起處、不可知生死根本。衆生十二時中、被使煩惱念、背本有性、若復妄念雲晴、心性月影、已前所憎念、還皆成智慧、乃以此念説法、可教化衆生。古人云、諸人被使十二時、我使得十二時云云。

24

問、坐禪時念起過、止又過云如何。

答、未見性時、起止皆過也。佛經或説不起妄念、或説亦不息滅、皆是為令知本性語也。知本性則修行無用也、迷妄病除則療治無益也。雖然迷情病起、則用修行療治、念起病、不續藥也。

18

問曰。生死は妄念より起る、若し妄念の起る源を悟らば、生死自ら止むべしや。

答曰。衆生は晝夜十二時、妄念に顛倒せられえ、本分の佛性自ら煩惱の塵に埋む。明月を雲の隠すが如し、此念の源を悟りぬれば、明月の雲を出るが如し、鏡きよければ、万影明かに照すが如し、諸法の上に於て通達し、万境に對すれども、髪筋ほどの汚れなし、是れ本分の佛性、神通自在なるが故なり。

25

問曰、縦雖念起、念無自性、有何過乎。

答曰、雖無自性、起便有過。猶如夢中事、覺後知其虚妄。豈云無過乎、起過成夢、衆生妄見也。一旦聞佛法起信心、殊勝事也。雖然無真實道心人、由工夫疎、不知心過、偶押小小念、不知大大念、若不截根源、縦有結縁分、難出離生死。

26

問曰、一切善惡都莫思量云云。付善惡無思量、尤為坐禪用心、小小大大念者云何。

答曰、一切善惡都莫思量云、直截語也。坐禪時計、非可用之。若到此田地、行住坐臥皆禪也、必不執坐相。祖師云、行亦禪坐亦禪、語默動靜體安然。佛經云、常在於其中、經行若坐臥云云、

19

問曰。坐禪の用心に、一切善惡都莫思量と云ふは何ぞや。

答曰。此句は直に生死の根源を截斷する處なり、坐禪の時ばかりと思ふべからず、若し此句に到る人は、無始無終の佛なり。行住坐臥の禪なり。

20

問曰。大々の念、小々の念と云ふは何ぞや。

答曰。小々の念とは、一切の縁よりおこる念

27

小小念者、付目前境界俄起念也、大大念者、貪慾瞋恚、愚痴邪見、憍慢嫉妬、名聞利養等念也。坐禪時志薄人、雖收小小念、如此惡念、不覺在心中、是名大大念。棄捨此惡念、直名截根源。直截根源則煩惱成菩提、愚痴成智慧、三毒成三聚淨戒、無明成大智法性。何況小小念乎、佛語若能轉物、即同如來者、此意也、但能可轉物、莫被轉於物。

問曰、若能轉物、即同如來者。物者何物、轉者何事。

答曰、物者萬物也。轉者體脱也。轉物者、就一切境界不遷心、返向本性、境不礙心、天魔鬼神、煩惱生死、不可得便是云轉物。於物不遷心用心也、佛見法見尚以可截、何況妄念、截心雖似念

なり、大々の念とは、無始生死貪瞋痴なり、此大小三毒の念を坐禪の時ばかり止むる人も、真實道心なき人は、無始生死の根源を明らめ、三毒の識情を盡くすことなし、若し人此根源を明らめぬれば、煩惱は菩提となり、三毒は三聚淨戒となり、生死は無始の涅槃となり、六塵は六神通となるなり。

心是正念也。正念名慧念、是入正見智慧也。

28

問曰、煩惱菩提從一心起分明也、自何處起始耶。

答曰、見色聞聲、鼻香嘗味、覺觸知法、六根德用也。付此境界分善惡辨邪正底智慧也。於此立人我起愛憎、皆妄見也。依此妄見成著相名迷、從此迷起色受想行識五蘊、是名煩惱、以煩惱建立衆生身體故。好殺生偷盜邪婬妄語等惡行、終墮三惡道、皆是從妄念起。此妄念纔起時、直轉妄念向本性、即成無心、已得安住無心、五蘊身即成五分法身如來、是謂應無所住而生其心、如是用心修行大用也。

22

問曰。煩惱即菩提、生死即涅槃と云ふ意いかん。

答曰。煩惱とは、愚痴と無明となり、菩提とは、一切衆生の佛性なり、己れが佛性を知らずして、外に佛性をたづね、外に善惡を見、一切諸相に著す、是れ大愚痴なり、又諸相をすて、自己の佛性をたづぬる人も、ややもすれば、明悟の見を起し、小分世の常の人にかはる處あれば、慢心を起し魔道に墜ること多し、是無明なり、一心本より無心なることを知らずして、心をおこし心をたづね、いつとなく去來顛倒をなす、是れ生死の種なり、一心の本より不生不滅なる處を悟りむれば、自他の差別もなく、善惡憎愛もなし、全く無念なり、無心なり是れを生死即涅槃と云へり。一心の根源を悟らずして、常住己れを失ひ佛性を味ます、

29

問曰、久積坐禪功、工夫純熟人、不可有煩惱邪迷之心、始為修行人、爭可盡煩惱乎？

答曰、不厭煩惱、只可淨心。古人云、學道須是鐵漢、著手心頭便判、直趣無上菩提、一切是非莫

是れ煩惱の源をたづぬるに夢幻泡影の如し、一心の本より清淨の處に至りぬるは、煩惱即菩提なり、又一心の源にいたり得る時、本分の大智光明顯露す、此時万法おさまり、諸佛の畢竟空の宗を得るなり。譬へば、日月の光いたらぬ岩窟は暗けれども、燈を以て入る時は、年月久しき闇おのづから明かなり、又闇の夜も月の光に逢ふときは、虚空體を變ぜずして自ら明かなり、心法も亦かくの如し、無明煩惱の闇に逆へる佛性も、智慧の光に逢ふときは、身心變ぜづして自ら清淨な自ら清淨なり、是れ煩惱即菩提、生死即涅槃と云ふなり。

21

問曰。久しく坐禪修行の人は、身心明か清淨なるべし、初めて修行せん人、妄想顛倒いかんが止むべきや。

答曰。妄想顛倒を憎むべからず、唯心性を明らむべし、一心に迷へるゆる本來に清淨の處に於て、強ひて妄想顛倒の有るぞと思へ

管。著手心頭者、批判心邪正、可知心誤名智者。若有智慧無迷。譬如自昔不入日月光闇穴入燈、而昔闇不去外邊、俄成明也。無明煩惱闇、得智慧光不待去而去也。又夜虛空闇、雖然日光現則其虛空成晝明也、心法亦復如是、迷闇也、悟明也、智慧光照、則煩惱暗忽成明、菩提別無有二法。

30 問曰、照煩惱闇、依智慧力、無智慧不可有菩提、然則爭可得此智慧。

答、自己智光自明明、雖然被覆妄想失之、是故起迷。譬如人見夢時、何事為真實相、覺後無一事、如夢妄想覺後見之、從本無之、衆生迷故、以妄為實。

31 問、悟者日比不知事俄知之、可知過去未來事否？

り、譬へば眠の中に種々の事を夢に見れども、夢さめぬれば万事皆妄想となり、一心を悟る時は、万事皆空にして一物なし。

答、妄見皆盡、大夢俄覺、知見佛性、是名大悟大徹、是等思量分別不測處也。識過去未來事、神通力。其因修行動力、非可謂大悟也。天魔鬼神、外道仙人等、皆是有神通、昔曾修難行苦行德也、雖有此德不離邪見不入佛道。

32

問、悟道得法人、不具神通、則有何德用乎？

答、此身以過去愚迷建立故。縱雖見性成佛人、神通不露、雖然悟則透脱六塵、截斷生死故。自是具足神通妙用、是非外道天魔有漏通力者也。豁然大悟人、不歷三大阿僧祇劫、頓成佛道、何別論神通妙用乎。

33

問、見性成佛與即心即佛有差別也否。

答、即心即佛者、直示心外無佛語

34

也。若直承當此旨、伶俐人也。或亦非心非佛示之、見性成佛者。知見自性、截斷衆生命根、了知妙性圓明、然則無生死、無煩惱、以故假名為成佛、佛覺也。覺了從來不迷、雖無同異、似入門有差也。是故成兩般之語也。

問、性常住不變、諸佛與衆生一味平等也。雖然迷衆生有生死苦、然則不可言一味平等者乎。

答、一味平等者。智慧所照也。非愚痴所見祖師言句、扣門瓦子也。未入門時、見性成佛語、至極也。入得此門離一切相故、成佛又無得也。

23

問曰。心性は常住不變にして、諸佛衆生一味平等なりと云へども、未達未悟の衆生は苦をまぬがれず、此ために修行して道を悟るべし、然らば見性の後も　猶ほ用心すべきや。

答曰。一味平等とは、智慧の照す處なり、修多羅の教は、月をさす指の如し、いまだ月を見ずんば、指によるべし、月を見て後は、指も無益なり。いまだ佛心を悟らざるときは、教によるべし、若し佛心を知見するときは、八万の法　門皆一心に歷々たり、一心を悟了して後は、一教をも用ひず、祖師

35

問、顯密諸宗、皆有教理智斷行位因果八法、二乘聲聞、修四禪八定、離火水風三災難、空色受想行識、入無餘涅槃。菩薩持三聚淨戒、修慈悲萬行、經三賢十聖位、斷内外煩惱。若無煩惱處佛界、依何有三世諸佛、出真如法界、來生死欲界乎。

答、諸佛菩薩以利益衆生為能作、若不利益衆生、非佛菩薩、二乘不利益衆故、大乘是謂入解脱深

24

の言句も門をたたく瓦のごとし、未だ門に入らざるときは、瓦を提ぐ、すでに門に入りぬれば、瓦を提げて何かせん、故に佛祖の本位を悟らざるほどは、見性成佛の句も提が見るべし、すでに大解脱の門を開き、佛祖の本意を徹悟しぬれば、見性も奇特なし、成佛も不可得なり、仏もなく、衆生もなく、本來一物なし、三世不可得なり。

問曰。若し見性成佛の旨を明らめずして、臨終におもむかん時、末後の用心いかんがすべきや。

答曰。一心おこりて生死あり、無心のとき、生ずる身もなく、無念のとき、滅する心もなし、無念無心のとき、全く生滅なし、此

坑、三賢十聖菩薩、修行增進、入重玄門、為度衆生、出寂光樂土、來五濁惡世、成菩提樹。譬如高原陸地不生蓮華、卑濕淤泥生蓮華。又如農人事稼恪、淨潔乾爆地不能植苗稼、卑濕淤泥置不淨糞、植米穀種子、因緣時到、陽氣動、甘雨潤、萌芽長、根枝葉繁榮茂盛、稻粱穀米等成熟、農業事終、唱昇平歌。諸佛出世、亦復如是。碧落青霄、不能建立佛法、五濁惡世穢土、著麁弊垢膩衣、誘引惡業煩惱衆生、應機説法、下正因種子。因緣時到、慧日照慈風扇、法雨瀉、甘露降、道芽萌、枝葉根莖欝茂盛長、生菩提樹、開等覺華、結妙覺果、化導成滿、唱涅槃常樂妙法。道人亦如一株木、血身土置六塵糞、

身体はただ草葉に結ぶ露の如し、露に本より主なし、我身ありと思ふ心を止めて、本來一物なき世に打向ひ、生ずるとも思はず、死ずるとも思はず、無心無念なれば、三世諸佛の大涅槃にひとし、善惡の相、種々に現じて見ゆるとも、目にかくべからず、髮筋程も心をおこさば、是れ輪廻の種なるべし、只須らく無心を修行して、行住坐臥忘れずんば、最後の用心別にあるべからず、真に無心の道に安住するときは、飛花落葉の風に隨ひ、霜雪の朝日にとくるが如し、かくの如く事に何の用心するものかあらん、真に無心を得るときは、三界六道。淨土穢土も更になく、佛衆生一物もなし、此無心の道に安住して生死の止む心を、佛最後にのたまはく、諸行無常、是生滅法、生滅滅已、寂滅為樂と説きたまへり、諸行無常とは、一切衆生の為す所の有為の法なり、皆是れ夢幻鏡像の如く、又水月の如。是生滅

下生靈種子、植色身苗、萌性智芽、生心念根、長意想莖、抽識神枝、茂情欲葉、成樂根株、開知見花、結覺悟果。道業事終、唱無心樂、凡夫亦有一株木愚迷薄地、置貪愛糞、下無明種子、植五蘊苗、萌業識芽、生執著根、長人我莖、抽諂曲枝、茂嫉妬葉、成煩惱樹、笑妖艶花、結三毒果、名利事終、唱五欲樂、且道斯三株木、還有勝劣也。無若有人、隻手把此三株木、和根一時拔出、栽培無陰陽地、直作無影樹、當是大力量人、天地與我同根、萬物與我一體也、且道我是何物、若喚成佛、天地遙隔矣。

大覺禪師坐禪論終

法とは、一切衆生をはじめて草木に至るまで、生ずるものは必ず死す、乃至此世界山河大地も終に破滅して亡ずべし、一切の諸法も、建立の及ぶ處は皆これ生滅の法なり、是唯一念の去來轉變する處より生死して、みな真實なし。生滅滅已とは、一切衆生の本分、無相清淨なるによって、本分無相の源に至るとき、無始無終の生滅去來、一時に滅し已りて、心の洞かなること虚空の如し。寂滅為樂とは、佛も無心なり、衆生も無心なり、山河大地、森羅万象皆無心なり、一切衆生皆無心なるときは、地獄も無心なり、極樂も無心なり、喜もなく亦憂もなし、かくの如く道を信じて、一切の法を見るに心には見ず、一切の事を聞くに心に聞かず、又口に嘗め鼻に嗅く、心も亦かくの如し、萬事の上に於て只無心なるべし、無心の心、是れ三世諸佛の本師なり、是第一の佛なり、此無心の本佛を成するを、諸佛の成等正覺とは云ふなり、此旨を悟るを、寂滅為楽と云ふなり、かくの如く法を信じて此身をすつるに、一念も法を思ふべからず、穴賢々々。

第二章　無学祖元の宗風と北条時宗の禅宗外護

はじめに

北条時宗の時代に初めて中国の禅僧を招聘している。この招請状は日本の文化史から見れば重大な意義を持っている。加えて、弘安二年（一二七九）は南宋が滅亡した年であり、社会的不安を招き、禅僧が活動するにおいても行き先不透明な時期であったので、蘭渓道隆・大休正念・無学祖元などは渡来して純粋禅を挙揚することになる。このことは鎌倉禅に大きな影響を与え、独自の禅風を形成させる要因となった。

本論では、中世禅林形成時において時宗はどのような役割を担ったかを検討することにしたい。また、無学祖元の渡来は中世の禅林に如何なる影響を与えたのか。これを中日の交流という観点からすれば、単なる外交史や貿易史ではなく、禅宗文化の交流に重点を置いて検討を試みるものである。

時頼は建長寺を建て、時宗は円覚寺を建立したがその主旨は「鎮護国家、紹隆仏法」であった。鎌倉禅林の発展と北条氏は深く関わっている。如何に当該期の王法と仏法が緊密な関係にあったかの問題についても論究したい。

第一節　無学祖元の事跡

無学祖元（一二二六～一二八六）臨済宗仏光派、字は子元、号は無学。元朝の人、俗姓は許。父は伯済、官僚貴族の家柄であり、母は陳氏。宋宝慶丙戌年（一二二六）明州慶元府鄞県に生まれた。母が僧人から襁褓嬰児をもらった夢をみており、そのあと妊娠があったという。

七歳から家塾に学び、誦習したものはよく記憶し、頭角を表わし、りはつであり群児とは異なるところがあり、また、性格は沈重雄偉であった。十二歳の時に父と山寺に遊んでいた時、一僧が「竹影階を掃けども塵動ず、月潭底を穿つも水痕なし」[1]という句を吟じているのを聞いて、ことに、省察するところがあった。無学は偈頌によって宗教的開眼を成し遂げる。無学が仏教と因縁を結ぶに至った始めの時になる。

十三歳の時に、父はなくなり、脱俗を思いたった。それから俗兄の仲挙懐徳の指示で杭州（浙江省）浄慈寺に北礀居簡を尋ね出家した。翌年十四歳で、径山の無準師範に投じ、無準師範は一見してその器であることを知り、参堂を許したと言われる。十七歳のころに「狗子無仏性」の公案に参じ、自ら誓って禅堂を出ず、坐禅修道すること五年、一夜徹宵して坐禅三昧のとき四更（午前二時）に首座寮で打つ閑静の板聲を聞き、忽爾として深く省みるところがあり、偈を作り無準に呈した。[2]

一槌打破精霊窟、突出那托鉄面皮、両耳如聾口如唖、等閑触著火星飛。

しかし、無準はさらに「香厳撃竹」[3]の頌を挙げてこれを表したという。のち無学は無準の印可を受けて法を嗣ぐのである。まもなく師無準の示寂の後、霊隠寺の石渓心月、育王山の偃渓広聞、霊鷲庵の虚堂智愚等に歴参している。のち郷里に帰り大慈寺の物初大観の会下で二年間、坐禅をした。間もなく邑主羅季荘に招かれ東湖の白雲庵に住む。時に三十七歳、ここに住む老母と同居すること七年、枯淡清楚の生活の中に日夜孝養を尽した。母の没後に、霊隠寺へ赴き、法兄に当たる退耕寧の下にあって第二座となる。[4]ついで咸淳五年（一二六九）四十四歳の時に再び霊隠寺に至り、その後に台州の真如寺の住持となった。徳祐元年（一二七五年）蒙古が宋を侵し、台州の地も元兵に蹂躙されて騒然たる状態となった。

徳祐二年（一二七六）の五十一歳の春、元兵が浙江省の温州に近い雁蕩山の能仁寺に侵入し、寺衆は恐れ匿れたが、無学祖元は、ただ独り僧堂にいて、一心に兀坐していた。そして元兵の白刃が迫ると、無学は顔色一つ変えず、悠然として、[5]

乾坤無地卓孤笻、喜得人空法亦空、珍重大元三尺剣、電光影裏斬春風。

と唱えたという。元兵は却って畏怖して退散したので難を免れた。「珍重す大元三尺の剣、斬らば斬れ、老僧の首は、決して惜しむ」べきものではないというものであった。生死を参透した禅傑であった。[6]これが無学の宗乗である。元兵に囲まれた有名な事件であり、人口に膾炙するところである。

景炎二年（一二七七）五十二歳、天童山に登り、住持環渓唯一の会下の第一座となった。弘安元年（一二七八）五十三歳、当時、建長寺は住持を欠いていたので、石帆惟衍は法嗣の西礀子曇に法語を託して日本に遣わした。子曇は弘安元年に帰国した。無学は天童山の環渓唯一のもとで蔵主などを勤めていた。北条時宗は宋の高僧を招請しようとしのである。翌年に無学が応じて来朝して建長寺に住持し、円覚寺開山の祖となった。「日本国副元帥平時宗請帖」『仏光語録』巻三は、つぎのようである。[7]

時宗留意宗乗、積有年序、建営梵苑、安止緇流、但時宗毎憶、樹有其根、水有其源。是以欲請宋朝名勝助行此道、煩詮英二兄、莫憚鯨波険阻、誘引俊傑、帰来本国為望而已。不宣

弘安元年戊寅十二月二十三日

時宗和南

詮蔵主禅師
英典座禅師

この招請状は時宗が宋朝の名僧俊傑を招聘しようとしているもので、特定の人物の招請を意味するものではなく、あくまでも適当な人物を招請するものであった。その「招請状」[8]一通は日本の文化史の上から見て重大な意義あるものであった。無学が来朝したこの年はちょうど南宋が滅亡した年であり、日本の弘安二年（一二七九）にあたる。この年の八月二十一日、無学祖元は時宗の招請を受けて建長寺の住持となった。『円覚寺文書』第五号・「関東御教書」に、つぎのように述べている。[9]

建長寺為住持、可被興行大法之状、依仰執達如件、

（時宗）

弘安二年八月二十日　相摸守（花押）

（祖元）

無学和尚

これが住持任命の辞令である。時宗は弟子の礼をとり、建長寺の住持に迎え入られた。無学祖元は北条氏の公的招請に答えて渡来した最初の中国僧人であった。加えて、『念大休禅師語録』に、[10]

大覚禅師・兀菴・義翁・無学・大休五頂相。

と記載されている。これらの禅僧はいずれも宋土の英傑であり、法門の棟梁であった。同時期、時宗は中国の高僧を招聘して、禅の移入に努力した人物であったといえよう。この『円覚寺文書』をみると、これは鎌倉幕府が

無学祖元を建長寺住持に任命したときの御教書で、のちに五山・十刹・諸山の禅僧に与えられた住持の辞令「公帖」の源流をなす最古のものとして、注目すべき文書である。

この年の二月、中国南宋の王朝は滅亡した、元朝の執政が始まり、国際状勢が緊迫していた時期であった。中国禅林は、社会的な環境の変化によって、不透明感がただよい、朋党的な対立は政治家と禅僧を疎隔した。中国禅林には住みにくい状態が醸成された。南宋の禅僧は外国へ逃亡した。渡来僧は一種の亡命であった。[11]

無学が日本へ渡来した因縁は「寄香焼献熊野大権現」という偈頌に[12]

先生採薬未曾回、故国関河幾度埃、今日一香聊遠寄、老僧亦為避秦来。

と詠じていることからわかる。やはり亡命であった。来朝の目的は宋・元の戦乱を避けるためであったと述べている。また、無学は徒弟につぎのように言っている。[13]

吾本不欲至此國、而有些子因縁、所以至於此也何也。吾在大宋、日於禪定中、嘗見神人、峨冠袴褶、手執圭簡、奇偉非常、至於老僧前告言、願和尚愍衆生、降臨我邦、如是數回、然吾不以為事、毎此神人至時、先有金龍一頭、来入袖中、亦有鴿子一群。或有青者、或有白者、或飛或啄、或上膝上、猶是不測其由。然後未幾有此國人、來言、日本平將軍請吾、吾以此故而来此国。(中略)當境有神、名曰八幡大菩薩。尚既至此間、可詣燒香一遭。所以因而參詣於宮前、徘徊處仰觀棟梁上、有木造鴿子兩三對、因而問、其鴿子是何侍人、答云、此乃是此神之使者也、於是始悟、此神預來宋朝相邀老僧。

無学が中国で坐禅をしている時に神人がしばしば現れて来日するように告げた。毎回神人が現れる前には、金竜が出て来て無学の袖の中に入り、鳩が飛んで来て膝の上に止まった。無学が日本に来て鶴岡八幡宮に参詣した時に、棟梁の上に禅定の中で見たのと同じ鳩の姿を見た。この時、始めて無学は今度の日本への渡来が八幡大菩薩の勧めによるものであったことを理解したというのである。この神人に導かれての来日であるということを、無学が語ったことは当時から話題となり、後世にもエピソードとして伝えられてきた。これは、エピソードは必ずしも後世に作られるということではないことを示しており興味深いことである。

そのことは後の『蔭涼軒日録』の文明十七年九月二日の条にも同様のことが記されている。[14] 無学祖元の来日は八幡神の要請による、といった具合に、すべて神の意思のあらわれとされてしまう。いわば歴史の神話化がおこなわれるわけである。[15] また、太守元帥（時宗）最明寺殿（時頼）忌辰のために請う「普説」という法語の中で無学はつぎのように述べている。[16]

吾在大宋時、得一夢、夢在先師無準和尚座下聽法、忽然座前西北隅、蝋燭火、爆在拜席東南隅、欻然光燄照於四維、乃就夢中偶成一頌云、百丈當年捲起時、今朝欻地自騰輝、火星迸出新羅外、不在東風著意吹。

無学は中国に住んでいる時に、ある日、先師無準師範から仏法を聴いていたところ、蝋燭の炎が明るく輝いて四維を照らす夢を見た。夢の中で偈頌が偶成された。後に、無学は来日したある日時宗にもらった絵に対する偈頌に「不在東風著意吹」と記している。無学が日本へ来ることになった経緯を説明するものである。無学祖元が来日の因縁とした霊夢の話であり、また、蘭渓道隆にも同じような感夢がある。[17] それに対して、円爾にはそのようなエピソードがない。軟弱な神秘性に迎合しない円爾の性格の強さであろう。[18]『仏光語録』巻六に、次のようにある。[19]

老僧雖在大唐、與日本兄弟同住者多、亦不曾相交。但知有大國佛法之盛、亦不問子細。十五六年前、泉古澗歸自本國、開壽相會、他方從此回、言:「備言最明寺殿、棄捨世榮、身披法服、後臨入寂之時、儼然坐脱、且言大將軍待我再回」。某稱彼處王臣崇重佛法如此、何不再去、那時憂足翁住開壽、深夜大雪、吾因戲語曰、儞若去、我同行。

無学は中国にいた時、古澗世泉[20]から日本の北条時頼が修行の工夫に深くて、入寂の時に儼然な坐を脱すと聞いた。この時に戯れで「貴方が若し再渡する時は、自分もついて行こう」と言ったという。以上のことが、無学が日本へ来ることの因縁になった。西尾賢隆氏は、渡来僧を類型して、大きく三つに分類している。[21]彼らの心情は元朝の治下にあって、心安く活動できない、経済的にも困窮し寺院の運営も困難になる、身心ともに苦しい情況となるということで日本の招聘を幸いとして、日本に渡ったとも理解してよかろう。また、『仏光語録』巻四「接荘田文字普説」に、[22]

老僧臨趣日本之招、多有衲子、牽衣垂泣、我向諸人道、我三両年便回、不用煩惱。

とあり、無学は北条時宗招聘に応じ住持の任期が終われば約二・三年の[23]のちに帰ってくるから心配しないようにと答えており、帰国するつもりであった。南宋が滅亡した後に、江南から亡命してきた禅僧が急増したようである。嘉暦三・元徳元年（一三二八〜一三二九）の両年に来朝した禅僧の中には、清拙正澄・明極楚俊・竺仙梵僊の三人の名僧がいる。玉村竹二氏は「当時一流の人物であり、日本禅林としては、些か分に過ぎた感がないでもなかった」と評しており、それは一種の亡命であると見ているのである。[24]弘安四年（一二八一）閏七月、元軍が敗潰すると、無学は建長寺の住持を辞して再帰を請おうとした。幕府への恩を返してすでに心残りはなく、中国に帰国して余生を終えるつもりであった。時宗はこれを聞いて引き留めたのである。そのためには特別な待遇をせねばならないと考えた。

文永・弘安の二度にわたる蒙古軍の襲来という空前の国難を迎え、それを乗り越えた直後、時宗は鎌倉に一大禅林を造営しようと、山のなかに建長寺に匹敵する大寺の建立を思い立った。ついに建長寺の西北の地に大工事を起こし、弘安五年（一二八二）に至って落成した。諸堂宇の結構と風格などは、全く宋朝の大禅林の様式に倣った。すなわち、瑞鹿山円覚興聖禅寺と称号され、上皇によって特別に宸筆額草された。[25]時宗は特に無学を礼請して開山第一世の住持とした。大檀那時宗は円覚道場を建立して広大な仏事が行われるようにした。落慶の日に白鹿が群をなして随喜し説法を聞いたということから山号を瑞鹿山にしたと伝えられている。

同年十二月八日、恰も仏成道日にあたり、無学は大衆を率いて大光明殿で慶懺開堂の陞座を擧行している。拈香して曰く。次のように述べている。[26]

拈香云、此一瓣香、根萌於忠孝之地、枝生於般若之林、爇向爐中。恭為祝延今上皇帝聖壽無疆、洎文武宲寮咸臻祿位。

次拈香云、此一瓣香、脱落根塵、更無枝葉、清淨彌滿不墮一切。爇向爐中、供養見坐道場、毘盧遮那佛、十方諸佛、洎圓覺會上十二菩薩、觀世音菩薩、一切菩薩、護法天龍、一切聖衆。（中略）無上法王有大陀羅尼門、名為圓覺。流出一切清淨真如菩提涅槃。過去諸如來、斯門已成就、現在諸菩薩。今各入圓明、未來修學人、當依如是住、恁麼見得便見。（中略）復云太守入於真空三昧中、遊性空真海、而不住於空寂之中。

開堂祝聖の時に、無学は宗風の宣揚のみではなく、今上皇帝の聖寿無彊を祝延し、一切聖衆、毘盧遮那佛、十方諸佛、十二菩薩、觀世音菩薩、一切菩薩を供養し、さらに、時宗は「真空三昧」に入って「性空真海」の境地に遊んでいるのである。時宗はとくに円覚寺伽藍を建立し、佛法が日本に広く流布することを望んだのである。建長寺と円覚寺の二大伽藍が建立され、当時、無学は両寺の住持を兼ねることになった。

いうまでもなく、時宗は無学を厚遇したので両者は甚だ緊密になった。しかし、弘安七年（一二八四）四月、時宗は安然として卒去した。無学はこれを機会に円覚寺を退山することにし、住持の席を大休正念に譲って、建長寺に移った。同年十二月八日、成道の日に上堂説法を行わず、後日、上堂して「前年臈月此の山に住し、今年臈月此の山を離れる。一去一来定度無く、碧天雲外相い関せず」という偈を述べて円覚寺の兼任住持を辞し、建長寺専任に戻った。このようにみると、無学は自らの帰寂の日は遠くないことを知り、そして、「自己を悼む」ために偈頌を作っている。[27]

頽然齒豁又頭童、一息青山萬劫空、後二千年雲水客、是誰來此弔孤踪。
為法求人日本來、珠回玉轉委荒苔、大唐沈却孤笻影、添得扶桑一掬灰。
的的由來没可名、水中漚沫鏡中形、劫初田地誰為主、滄海波濤夜不停。
七尺稜層疥狗身、一堆紅焰作飛塵、白雲流水寒溪曲、青草年年補燒痕。
本無生滅是真常、暫出閻浮借路行、更聽老夫真實說、一函白骨亂縱橫。
灼然悲願示無窮、是處青山有古松、有舌不談無舌句、朝朝呵雨又呵風。
學翁睡熟正悠哉、花木堂前萬象開、畢竟分身誰是伴、牛頭去了馬頭回。

無学は日本に来てから、のちは中国人たる意なく、日本人たる意を以って化導している。専ら日本の国家人民の幸福安寧を願求した。[28]この自悼の偈頌をみれば、無学が来日し、禅宗を宣揚し、日本人を化導する。そのことを自らの一生の事業としていたのである。さらに、「是誰來此弔孤踪」、無学は日本に来て日本に終らんとの意味を示唆している。第二首はとくに注目すべきで、因縁あって日本に来て、「添得扶桑一掬灰」この地の土と化することの感慨を詠じたものであり、無学は帰郷の望みを断って久しく、人生も日没に近づいているとする。無学は十分に日本の恩に報いたつもりであった。[29]また、最末の偈に至って「學翁睡熟して正に悠なる哉」と述べその境地に到り、示寂の時期が遠くないことを予期した。それは、末期の説法とも見ることができる。

弘安九年（一二八六）九月三日の夜、建長寺の方丈において、諸方面に辞別の手書を書いている。「一切行無常、生者皆有苦、五陰空無相、無有我我所」が遺偈である。また、禅院の僧衆を全部集めて「法道のために自己の責任を持つべし」と訓化された。晩に至り、沐浴して浄服を着て、常の如く端坐して、筆を索めされて最後の遺偈を書いた。[30]

来亦不前、去亦不後、百億毛頭獅子現、百億毛頭獅子吼。

と安然として示寂している。後に、伏見天皇から仏光禅師と勅謚され、[31]さらに、後光厳天皇からも円満常照国師と加謚された。所謂「仏光」は、すなわち仏の光明。仏の身心に備わる光で、智慧を象徴的に示したものである。いわゆる仏祖の光明は盡十方界なり、盡仏盡祖なり、唯仏与仏なり、仏光なり、光仏なる。世寿は六十一歳、僧臘は四十八歳、弟子を得度させ、「心を以って心を印し、器をもって器を伝える」と得度された人々が三百余人である。

1　『仏光語録』巻九（『大正新脩大蔵経』八十冊・二二三八頁中）。（以下『大正蔵』八十・二二三八頁中と略称）。
2　『仏光語録』、巻九、二二二七頁下。
3　『景徳伝燈録』巻十一、（『大正蔵』五一・二八三頁下）。いわゆる「香厳撃竹」、「鄧州香嚴智閑禪師青州人也。厭

俗辭親觀方慕道。依溈山禪會。祐和尚知其法器。欲激發智光。一日因山中芟除草木。以瓦擊竹作聲。俄失笑間廓然惺悟。遽歸沐浴焚香遙禮溈山。贊云。和尚大悲恩逾父母。當時若為我說却。何有今日事也。仍述一偈云「擊忘所知、更不假修治、動容揚古路、不墮悄然機。」

4 『仏光語録』巻九、（以下『大正蔵』八十・二三八頁中～二四三頁上）。『元亨釈書』巻八（『大日本仏教全書』巻六二・史伝部）。『延宝伝燈録』巻二。『本朝高僧伝』巻二十など参照。

5 『仏光語録』、巻十、二四七頁中。

6 荻須純道『日本中世禅宗史』（木耳社、一九六五年）一一九頁。

7 『仏光語録』巻三、一四七頁中。

8 この招請状の原本が円覚寺に伝存し、国宝に指定されている。『円覚寺文書』弘安元年十二月二十三日条。（『鎌倉市史』史料編・第二）。

9 『円覚寺文書』第五号文書、第弘安二年八月二十日条。（『鎌倉市史』史料編・第二）。

10 『念大休禅師語録』（『大日本仏教全書』第四八巻・禅宗部全）二三三二頁。

11 村井章介『東アジア往還』（朝日新聞社、一九九五年）。六六頁。

12 『仏光語録』巻八（『大正蔵』八十・二二三頁上）。

13 『仏光語録』、巻九、二三五頁下。

14 『蔭涼軒日録』文明十七年九月三日条曰とに、
相公問曰、「佛光影左袖上、有青白兩鴿、右袖上有金龍所以奈何」答「佛光唐人也、自二歳有出家之兆長而成僧、禪定中嘗見神人、峨冠偉服、手執圭貌挺、特告曰、願和尚降我國。如是者數矣。我不省何事、毎神人至先一金龍來入袖中、亦有群鴿子或青白之者、或飛啄之態、或上膝上、亦不測由、及入此國一時有人語曰、當境有明神曰八幡大菩薩威靈甚新、師已棲斯境盍詣祠燒香一遭、予因此至八幡宮視殿梁上有數箇木鴿子。問之對者曰、此神之使鳥耳、故偶焉、予即知、定中之峨冠此袖也。老僧到此、不偶然耳、汝等造老僧陋質膝上安鴿子及金龍以應往年之讖、故衣上有鴿也。今日二百年忌、時有風雨、僉曰、金龍所致云々」以此者白。

15　村井章介『アジアのなかの中世日本』（倉書房、一九九七年）五二頁。

16　『仏光語録』巻九（『大正蔵』八十・二三五頁下）。

17　辻善之助『日本仏教史』第二巻・中世篇之一（岩波書店、一九六九年）一二五頁。

18　菅原昭英「鎌倉時代の遺偈について——円爾にいたる臨終作法の系譜」（『鎌倉時代文化伝播の研究』吉川弘文館、一九九三年）一〇二頁。

19　『仏光語録』巻六（『大正蔵』八十・一八七頁中）。

20　玉村竹二「宋僧泉古澗について」（『日本歴史』一六三号）。

21　西尾賢隆『中世の日中交流と禅宗』（吉川弘文館、一九九九年）五頁。

22　『仏光語録』巻四（『大正蔵』八十・一七三頁中）。

23　『空華日用工夫』巻三、永徳元年十月七日の条に、「五山・十刹・甲刹住持以三年二夏而為限」とある。

24　玉村竹二『日本禅宗史論集』（下之二）（思文閣、一九八一年）一七三頁。

25　『円覚寺文書』第四七号文書条「円覚興隆禅寺」。

26　『仏光語録』巻四（『大正蔵』八十・一六七頁下）。

27　『仏光語録』、巻八、二二五頁中。

28　鷲尾順敬『日本禅宗史の研究』（東京経典出版社、一九四五年）一六四頁。

29 村井章介「渡来僧の世紀」(『東アジア往還』、朝日新聞社、一九九五年)七八頁。
30 『仏光語録』、巻九、二三八頁下。
31 『円覚寺文書』第四八号文書。

第二節　無学の宗風・性格

鎌倉中期以降、禅宗文化が次々と中国の宋・元から移入した。禅宗の展開をひとくちで言えば、京都禅・鎌倉禅に分けることがある。前者の特色は公家を背景とする兼修禅であり、後者は武士を背景とする祖師禅であるとされる。[1]鎌倉禅は武家政権の拠点である鎌倉において宋・元の禅が育成され、禅林文化が展開した。

無学祖元の宗風・性格については、伝記を述べた箇所ですこしずつ触れた。いま、専ら無学の修行性格から宗風の特色を解明することにしたい。さらに、その宗風は日本禅宗の発展に寄与したことを考察する必要がある。

一　祖師禅

北条時頼や時宗は宋朝の禅僧を招聘し、鎌倉幕府が創建した巨福山建長興国禅寺・瑞鹿山円覚興聖禅寺などの住持に迎えている。まず、十三世紀前半ごろに建立された建長寺は中国の径山に倣ったもので左右対称の宋風の建築物であった。伽藍配置は禅宗様式であり、一応すべての面において完成されたものを見ることができる。[2]もちろん、建長寺は鎌倉五山の第一位とされている。

無学は径山の無準師範の門弟で、門下四哲[3]の随一に数えられ、宋代有数の名僧であった。無準師範（一一七七～一二四九）は臨済宗楊岐派・破菴派である。剣州（四川省）梓潼県の出身、九歳で陰平山の道欽に就き出家した。紹熙五年（一一九四）冬に具足戒を受けている。翌年から仏照徳光・破菴祖先に参じて、径山に進み理宗に召されて奏対し、慈明殿で陞座説法師となり、仏鑑禅師号を賜られている。弘安九年（一二八六）三月十八日示寂される。その法嗣は密庵観咸傑――破庵祖先――無準師範――無学祖元と伝えられ、純粋の臨済禅を宣布されている。

無学は頭脳が甚だ明晰であり、事理の分別を徹底的に窮めなければすまない性格であったようである。その性格は非常に厳しく、いわば典型的な教育家と言われている。無学は一生を仏法の宣揚のために送ったといえる。その会下から一翁院豪・高鋒顕日・規庵祖円らの優れた法嗣が出ている。そのなかでも高鋒顕日はとくに優れている弟子であった。仏光語録の「拾遺雑録・示顕日長老」の冒頭に、「顕日長老工夫穏密、見地超抜、吾家真種草也、吾以先師一衣付之。」という一節がある。[4]弘安四年九月三日、無準師範の法嗣を継続させた。『仏光語録』巻九につぎのようにある。[5]

今、無準先師法衣一頂、授邁常顕日長老、流通法道、接続正宗。

弘安四年九月三日、　福山老僧。

日本の禅宗は栄西にはじまり兼修禅として出発した。つぎに、北条時頼が蘭渓道隆を開山に招き、建長寺の住持としてからは、宋朝風の純粋禅へと変化していく。無学も純粋禅を挙揚し、円覚寺は「鎮護国家、紹隆仏法」のために建立された寺院であった。これから見ると、言うまでもなく、円覚寺は武家政権と緊密な関係を持つことになる。

つぎに、無学の教学的基礎がどこにあったを見ると、それは円覚・華厳・楞厳・法華などの経典にあったといえる。語録にみえる仏事など引用されている経典についてみるとつぎのようになる。基本的なテキストがある。

	巻	『仏光語録』『大正蔵』80冊・頁	事由	経典を誦える
1	三	一五一下	太守血書諸経	
2	三	一五七中	太守書金光明経陞座	金光明経
3	三	一五八上	武守太守忌	法華経・楞厳経
4	三	一五八上	太守請為最明寺殿陞座	法華経・金剛経・円覚経
5	三	一六三上	越州太守夫人請慶讃釈迦像陞座	楞厳経
6	三	一六三下	無学称讃経典	楞厳経・円覚経
7	三	一六四下	時宗死して二年後年忌、覚山大師書経	華厳経
8	四	一六八上	円覚寺大光明殿慶懺陞座	五大部経・円覚経
9	六	一八九中	時頼忌辰、太守元帥請為最明寺殿普説	法華経・楞厳経・修多羅経
10	六	一九二中	大覚禅師忌辰太守請普説	雕刊円覚了義経
11	六	一九五上	太守請讃仏讃五大部経普説	華厳経・法華経

これからみると、その教学的基盤は明らかである。これら経典の性格から見れば、円覚寺無学の禅風には強い

華厳的性格があったと思われる。なお、その禅風としては宋朝の純粋禅を標榜し、いわゆる「祖師禅」であり、これは無学の宗風の特色であった。祖師禅としての特色は、「建長普説」につぎのように表わされている。[6]

祖元大唐無似衲子、初無寸長、但只四十余年、與蒲団作対頭。亦不曽看経教文章。所参所到、只是了得自己、何暇有余力為人耶。在衆中初不曽要出人前。処処被人推出板首。叨添台州真如、亦是被朝廷逼迫出去、将謂帰天童待死。又被推出板首、不知何因縁。故蒙太守総管元帥招住建長。自慚無道無徳、有辜日本一国期望之意。自愧無可応酬、四来学子。只単単、将仏祖遺下金剛圏栗棘蓬、布施学者。是則言是、非則言非、不敢看人情、假借於人。

無学の四十年余にわたる参禅の経験によると、終日ただ蒲団と対頭をし、また、経典と文章を読まない。ところに参じ、ところに到るも、ただ、自己の生死のために、無学の禅風は一心一意を参禅するので悟道のためである。常に生死の関頭に立ち、其の禅の精神は武家社会の生活に契合するものであろう。

また、無学は自ら参禅の経験を述べている。すなわち「老僧十四にして徑山に上がり、十七歳にして發心して狗子無仏性の話に参じ、第五・六年になれども到るところ「無」である。この一箇の「無」字を何度見てもやはり「無」であり、夢の中でもまた「無」を看る。遍天遍地、ただこれ一箇の無字なり」[7]、これは堂々四千字の長大な法語で恰も一篇の自伝である。参禅者は公案に拘泥してその弊害を説明されている。

その禅が日本の風土に根付いたのは、とくに、在家菩薩に多く信仰されたためであり、彌陀信仰・観音信仰も包含されている。加えて、儒・釈・禅の三教思想[8]についても包容を持ってそのことが理解されている。とくに、無学は教化の中に儒家の思想をもって臨んでいる。その例が『仏光語録』の中にしばしば見える。

1　鳳凰生鸑鷟、獅子咬麒麟、千聞不如一見、路富不若家貧。学翁恁麼報告。是汝諸人還甘也無。卓柱杖云、

己所不欲勿施於人。（巻四・一七二頁上）　（顔淵・衛霊公篇）（傍点作者）

2　坐禅之時、一切放下此身心。要與太虚平等円満而不見太虚之量、作用之時、而此法性與世相不相違。全機独脱、常露金剛王剣、一切魔事、悉皆退散。（巻四・一九八頁下）

とあり、坐禅の時、心を太虚に比擬するように、即ち、心即太虚であると主張する。この学説は宋儒張横渠の太虚説によるものである。

3　学道先正心、心正可学道。此道更無他心、正即是道、此心若不正、道亦非正道。正得此心時、法々皆是道。此心無定形。太虚同一体、証得虚空体。（巻七、二〇六頁上）

「正心」はすなわち『大学』の主要な主張である。いわゆる「正心・誠意・治国・平天下」である。

4　大開談空口、一音演説法、震動大千界無情顕有情之体。空覚極妙覚之元。熾然説而寂然不動、不思議而運化無窮。諸佛於証阿耨多羅、諸佛於此転妙法輪。（巻四、一六九頁下）

5　「我不敢軽於汝等、汝等皆当作佛。」（巻四、一七〇頁中）は、すなわち大乗仏教の『法華経』「常不軽菩薩品」の思想であった。（大蔵経九・一八四頁下）

このように見ると、無学は仏鑑禅師の法嗣であるということ。また、無学の禅風は禅僧と武士と在家菩薩に親しみをもって受容されただろう。道俗の人が多く帰依し、このような在家禅の成立を促したのであり、この伝統は近代に鎌倉禅の特質として現在にまで根強いものとなっている。無学はすぐれた学識ばかりでなく、教育者としての天分をもち、自ら「老婆禅」といっている。[9]

鎌倉時代に禅宗の渡来によって伝えられた中国宋朝の禅風であり、建築形式が同じような宋朝寺院の様式で採用されている。円覚寺の仏殿における荘厳な丈六金色の毘盧舎那仏坐像をはじめ諸像の安置などは完全に華厳法界を実現したものである。勿論、仏教教理のみではなく禅の哲理に裏付けられており、禅寺の建物は建長寺とその風格が多少異なるである。[10]

二　不思議の功徳

無学の第二の特色は写経の功徳を提唱したことである。『仏光語録』のなかでよく言われている。太守が諸経典に血書して国土の安全を祈祷したことに関して、つぎのように記載されている。[11]

書寫仏功徳、抜濟苦衆生、皆獲勝妙樂。我此日本國主師平朝臣、深心學般若、為保億兆民。外魔四來侵、擧國生怖畏、朝臣發勇猛、出血書大經、金剛與圓覺、及於諸般若精誠所感處、滴血化滄海、滄海渺無際、皆是佛功德。(中略)如是經、一句與一偈、一字與一畫、悉化為神兵、猶如天帝釋與彼脩羅戰。念此般若力、皆獲於勝捷、今此日本国亦願仏加被、諸聖神武威、彼魔悉降伏、生靈皆得安、皆佛神力故。

無学は太守が金剛経と円覚経を書写する事について、一切の悪毒が悉く遠のくと述べている。無学は仏法として濃厚な大乗仏教的な精神を持っていると考えられる。

また、弘安九年(一二八六)、時宗は第三年忌で法光寺殿に忌典を擧行し、覚山大師は『華厳経』妙典八十一巻を書いて法光寺殿に亡夫の冥福を超薦し、無学祖元を請じて供養した。[12]

法光寺殿第三年忌、覺山大師、自書華嚴大經、請陞座。毘盧藏海性覺寶王、無起無滅、無終無始、不立一塵、周遍法界、不倚一物、含攝十方、(中略)迎之不見其形、背之不迷其跡。千日不可比其明、衆寶不可奪其色。(中略)此是衆生覺地、亦名如來法。天地依此而建立、日月依此而照臨。全超象外、独抜無双、此是毘盧遮那之體、普遍十方國土、調伏一切衆生、入諸塵勞、方便善巧、而法性本来空寂。

覚山大師は一年にも満たない期間で『華厳経』八十一巻を書写し、法光寺殿に報薦する。禅を媒介とする時宗夫婦の同信、それにもとづく夫婦としてのありようが記録されていて、覚山大師に関する女性史の史料として貴重なものである。[13]

さらに、円覚寺が開山第一世の住持陞座を大典し、その際に、太守は円覚寺伽藍を興建し、一日で五大部経典[14]及び円覚修多羅経を書いたという不思議な功徳を褒めている。[15]

蔵書寫五大部經及圓覺修多羅經。今日開堂、延請諸佛菩薩天龍八部、入此道場、廣開禪席、廣納禪侶。仍請山僧、擧揚正法眼藏、涅槃妙心、仰讃慈尊及諸菩薩。種種功德、種種佛事、真實不虛、功德難量。雖虛空、包裹不及、千佛讚之不盡。

無学の「無縁大慈し、同体大悲し」とする宗教の情操が日本の禅宗へ大きな影響を与える事に関与したのは明らかである。時宗の「怨親平等」の思想は無学から感化されたものと思われる。時宗が日本の主帥として外敵を防ぐべく、国家の安泰と人間の幸福のために、諸経を血書する。この經典の如くに、一句・一偈と、一字・一畫が悉く化して神兵となり、国土の保扶につとめたのに対して、その願心は必ず外敵を降伏させ仏の威猛力を得るものであるとして策励して止まなかった。悉く、この深心に将として塵刹を捧げ、護法し護民するためである。[16]つねに無学は日本の国家と人民の幸福・安寧を願求されており深切と見るべきである。

三　修行法要

般若智慧は無学の宗学の第三の特色である。無学は弟子と信者に修行の法要を開示しているが、それは『仏光語録』のなかの至るところに見られる。無学は般若の智慧が主要な修行の法門になると考えていた。以下、『仏光語録』中で、無学の般若智慧について考察するつもりである。『仏光語録』巻四には、つぎのように収載されている。[17]

参禅人要明此理、不住空寂之門、不住有為之相。幻出如幻三昧、顕出無功用行、頭頭妙體、刹刹全彰。禅定三昧のなかに彼と私はなく、一切の諸怨親はなく、大虚の中で覚空し・空覚なく、所有が覚空・空覚に悉くなく、名を離れ相を離れて、対待を断りすべて空であるが、ただ、諸仏が教化の方便のために使った。さらに、無学は般若の実体がなんであるかに対して、特別に進めて解明している。[18]

如是等物要須浄施、淨施者無私之謂也。所以道公生明、明之一字、通天通地、通佛通祖、正是般若正體。明の字は、仏になる要因であり、無私こそ自然な仏道になる。道が公正であれば、明が生まれる。無学の「一すなわち一切、一切すなわち一」[19]という修行の方法のなかに深く大乗華厳の思想が具えられている。

時宗は雑念が起これば、何を持って截断し、何を持って対治すればよいかとの問題を尋ねた。無学が太守に教えた優婆塞の修行的法要は、『仏光語録』巻七の「答太守問道法語」に解明されている。[20]

一生衆中、兄弟多有此病。萬事紛然之時、雖將公案換得念頭、爭奈妙明圓滿、清淨靈覺之體。如千日竝照、竟被此様話頭障却、不能得見、只管別求悟入。譬如欺楚投呉也、野僧奉勸太守、既於公案、不能一笑氷釋、咬嚼既久、未得下落。所以教一切颺下、且聽心水、定狂火息。要眠便眠、要坐便坐、於三更半夜風前月下、或睡將熟時、或睡將覺時、或在夢中、東去西去時、或夢與賓朋往來交接時、或夢見勝妙境界時、試請自看、是甚麼物恁麼變現。又開却眼、便見山河大地草木叢林、一一分曉、展轉又入夢中、再見覺時事體、又向覺中、再看夢中影像。

此覺此夢、皆非他物、只是一箇猢孫子。或出或入、或來或去、百千萬樣、直是無影無迹。雖然無影無跡、影跡遍滿大千世界。在凡夫、隨一切聲色名利死生恐怖、便隨六道輪回。在佛祖、不隨聲色名利死生恐怖、處處作用、處處出沒、處處游戲、入火不燒、入水不溺、在方同方、在圓同圓、與太虛同一相貌、謂之圓覺妙場、號為真如涅槃。

これは北条時宗が一つの公案に拘泥して悟入し得ない苦しみを、無及徳詮を経て無学祖元に訴えられ、それに教誨した語である。無学は時宗に禅を教導して「公案を捨てよ」と教えた。禅を繰り返して萬事が紛然としているときに公案を念頭に押し込んだとしても、どうして妙明円満・清浄霊覚の体を得られようか、千日観照しても、遂にかような話頭に遮られて、見を得ることはできない。参禅の人は公案を経て悟入に至るが、公案は却って悟入の妨げとなることがある。これに対して、大休正念は修行の方法に公案を主張する。

公案を捨てれば、心水も定まるし、狂火も鎮まるのを聴くことになる。眠りたいときに眠り、坐りたいときに坐り、夢に勝妙なる境界を見るとき、また眼を開き、山河大地・草木叢林を通じ見る。しかしながら、覚も夢もほかでもない、ただこれ一匹の猿にすぎぬ。この心猿は影もなく、迹もなく、あるいは影や迹が大千世界に遍満している。

要するに、初参の禅人は公案を捨てるべきであり、三五年間に既に悟入なければ、まさに放下すべし。然るに、放下すれば、これが縄索・枷鎖でなく悟りになる。[21] このように法語は、鎌倉時代の諸語録に多くその例を見るところである。

在家菩薩は無学が教導するので法門である。『仏光語録』巻四に、つぎのように記載されている。[22]

學道猶如守禁城、晝防六賊、夜防兵。（中略）雖生於王臣之家、而不被聲勢所使。雖操生殺之權、視生民皆如赤子。雖居富貴之地、而無驕奢淫佚之病。雖居簪纓之中、常與蒲團禪板為伍、此乃末劫世中在家菩薩。

無学一生のに、出家の弟子が三百余人いる。言うまでもなく、在家菩薩の無学に帰依する者はさらに多くなる。無学は在家菩薩の身分に対する時、学道を求める心境は出家者と同じと考えて厳しい要求をした。王臣の家の者も名声と勢力を使わず、生殺の権も操らず生民を皆赤子の如く見る。富貴の地に居ると、驕奢と淫佚の病がなく、求道の第一の要件としての謙遜と仁慈と不放逸とがある。つねに、蒲団と禅板と共に努力するのである。さらに、自己の例を挙げて説明している。[23]

『仏光語録』巻七の「示太守少弐」という法語のなかで、無学が坐禅するときにどのように心構えをするかについて問題に答えている。[24]

坐禅如何用心要之、坐禪無用心處、衆人日用具足、圓滿與如來一般。只為衆生自信不及、只得教他疊足跏趺、端然而坐。復將自心、求覓自心、求之轉遠、便有多等差別異見。（中略）自己不在內、不在外、不在中間。眠也看、坐也看、行也看、應酬也看。看不得處、展轉反覆看、看來看去、自有悟底時節。

坐禅の前に、まず、欲漏を断ち、私心を去り、正念して坐り、自己は父母未生の前の面目について考える。般若智慧を以って一切の雑念を断つことが基本的要素になる。わたしの宗門のなかでは、ただ自らの本心を悟り、自らの本性の中に契合を探り本性がすべて仏性に達すると沙門ということになる。

四　教育家

無学は優秀な教育家としての才能を具えており、それが第四の特色である。北条氏と御家人らを懇切に教導し、鎌倉の武士的精神を形成する上で大きな影響を与えている。日本に禅が伝わった当初、理解の程度が低かったのは周知の通りである。しかし、中国の禅僧は続々と日本に来朝し、日本禅僧も同じく中国へ宋朝の禅法を求めて数多く渡った。このような交流を通して、ようやく禅宗は日本に基盤が建立されていった。

五山文学の前に、時頼が建長寺を建て、開山住持に請ぜられ、積極的に宋の名僧の招請に乗り出した。かくして、蘭渓道隆・兀庵普寧が続々来日した。その中の兀庵普寧は日本僧の修行が同一ではないのを憤り、加えて言葉が通じないので不便もあるし、時頼の死後は日本に篤信者の少なくなったのに失望して、帰国したいと思うようになった。「今見此国機縁、只在両三輩、彼已得度、余無因縁、是故帰朝。」[25]兀庵普寧は日本を離れるとき、自己の語録を焼いてしまったという。

これに対して、円覚寺の開山祖師無学祖元は信者を教化する方法が非常に熟練しており、禅に対して、鈍根な鎌倉武士及び門弟に懇切丁寧に接した。いわゆる「天生の教育家」[26]と称えられている。『仏光語録』の法語にしばしば請益問答の例が見られる。[27]

大力人建立伽藍、廣置莊產。千年萬古長養佛種、成就佛慧、肉身菩薩傳佛心宗、流通法眼、其利廣博其可算數耶、其可測量耶。所以道大力量人、成就大力量事。老僧大唐來此、仰蒙大檀那眷愛、深知老僧是佛法本色人、特為建立此方伽藍。亦欲佛法流行本國、大宋二十年間、前輩去後、老僧頗為衲子所歸、教人做工夫、不將別公案、即心即佛四字。

時宗が円覚寺大伽藍を創建したのは主要な二つの理由による。弘安四年（一二八一）のことであり、その時期に蒙古合戦で死んだ多数の両軍の将兵の菩提を弔うため、無学が帰国を希望したので引き留めるために建立されたと伝えられる。また、無量無数の衆生が解脱の門を渡れて千年萬古に自己の仏種を成長させ、仏の智慧に成るだけではなく、さらに、日本に仏法を広く流布するのが主な建立の目的である。無学は門下弟子に自己修行の工夫を教えて公案を捨てさせ、ただ「即ち心即ち仏」が仏道の唯一の道であると教えた。無学の禅風は悉く純粋禅と挙揚されている。

日本の出家雲水僧は毎日悠々自適として歳月を渡り、坐禅をせず、経典を誦せず、赴堂せず、ただ粥飯を食べて、寮舎に横眠倒臥している。『仏光語録』巻四に、次のように述べられている。[28]

若一向如前、不肯坐禅、不肯誦経、不肯赴堂。喫粥飯寮舎権眠倒臥、赤身露体、不搭袈裟、不展鉢盂、懶惰狼籍。年頭到年尾、有何補報檀施。

無学は日本の禅僧が懶惰狼籍の様子と見えたら帰国するつもりだと考えた。しかしながら、日本に仏道を宣伝するために無学はいつも日本禅僧に勉励し、修行の士気を鼓励して道業のために人々の精進を求めた。諸兄は考えを変えるべきで、老僧の心意も理解すれば、わたしの思郷の念は消え、私は仏法のために諸兄と共に仏道へ赴きたいと述べている。このように見ると、無学は日本禅宗の興隆のために中国叢林の規範をもって一生懸命教化しているのである。無学は稀有な教化の才能をそなえる。[29] また、人材問題のかかわりについて、「円覚興聖禅寺開山語録」に、つぎのように述べられている。[30]

任賢使能住山之職也、裁長補短梓匠之職也。今則檀那新建圓覺伽藍、非一本可支、圓者作柱、方者作梁、大者為桷、小者為柆。一長一短、有方有圓。各任其責、各呈其能。便見樓觀翔空、叢林雍肅、一新壯麗。和気靄然。

叢林は諸禅僧らによって組織されており、大・小・方・円・長・短等は皆役立つことができる。大力者が大きいことを担い、小力者が小さいことをする。教団のなかの皆が才能を發揮することができる。人材の育成が禅宗教団には一番で大切なことであった。無学は教育家としていつも人材を非常に重要視している。いわゆる教育家の精神を具えている。

円覚寺は開創以来、特に北条氏の手厚い庇護を受けた。無学は自己の宗門中に、ただ自心を悟り、自らの本性を契りし、心を契りして、仏性を達することができると述べている。「即心即仏」として修行の法要で強調し明らかにした。[31]

不要急急道行、日久月深、人天自然歸敬。亦不可以人天歸敬、心志放逸、生大我慢、生大闡提、生大狂妄、說大妄語、未得為得、不證為證、此不可也。汝工夫綿密、却無此等病痛。雖無此等病痛、不可不時時覺察也。

修行者は性急に道行せず、長く時間をかければ自然に人天に歸敬される。また、心志を放逸・我慢・妄語することなどはやめるべきものである。無学はただ、仏法の宣揚と禅宗の擧揚のために熱心な禅僧の教化を行っている。

住時、寺は各派の法系のものが住持になり、広く中国・日本の名僧が悉く一度は住む十方刹として名高い。しかし、室町中期以後は自然にその風習も廃れて、無学祖元の門派仏光派とその支派である夢窓派が主になり、大覚派（蘭渓道隆の派）・仏源派（大休正念の派）がこれらに次いで勢力をもっていた。無学祖元の法嗣は高峯顕日から夢窓疎石へと受け継がれていった。言うまでもなく、法孫の夢窓国師は室町時代最大の門派を形成した。また、その法嗣から義堂や絶海などの文学僧の人材を輩出して、五山文学の隆盛をもたらした貢献は看過できない。

1 荻須純道『日本中世禅宗史』（木耳社、一九六五年）一〇四頁。
2 太田博太郎『中世の建築』（彰国社、一九五七年）九六頁。
3 所謂「四哲」即ち無学祖元・円爾・蘭渓道隆・兀庵普寧などになる。
4 『仏光語録』巻九、（『大正新脩大蔵経』八十・二三三頁下）。
5 『仏光語録』、二三五頁。
6 『仏光語録』巻四、（『大正新脩大蔵経』八十・一七七頁下）。
7 『仏光語録』、巻九、（『大正新脩大蔵経』八十・二二七頁下）。
8 足利衍述『鎌倉室町時代之儒教』（日本古典全集刊行会、一九三二年）六二頁。
9 今枝愛真『禅宗の歴史』（至文堂、一九八六年）五三頁。
10 三山進『鎌倉』（学生社、一九七一年）一四八〜一五〇頁。
11 『仏光語録』巻三（『大正新脩大蔵経』八十・一五二頁上）。
12 『仏光語録』、一六四頁下。
13 川添昭二『北条時宗』（吉川弘文館、二〇〇一年）二五六頁。
14 五大部大乗経のうち、華厳経は六0巻、大集経は五〇巻、般若経は三〇巻、法華経は一〇巻、涅槃経は四巻で、都合一九〇巻という、これら五つの経典は「究竟大乗」である由を『天台四教義』の説として紹介している。
15 『仏光語録』巻四、（『大正新脩大蔵経』八十・一六八頁上）。
16 『仏光語録』、一六八頁中。

17　『仏光語録』、一六八頁上
18　『仏光語録』、一七四頁上。
19　『仏光語録』、一七四頁下。
20　『仏光語録』巻七、(『大正新脩大蔵経』八十・一九五頁中)。
21　『仏光語録』、一九五頁下。
22　『仏光語録』巻四、(『大正新脩大蔵経』八十・一七五頁上)。
23　『仏光語録』、巻五、一八一頁下。
24　『仏光語録』巻七、(『大正新脩大蔵経』八十・一九六頁中)。
25　『東巖安禅師行実』(『続群書類従』第九輯　上)三一三頁。
26　玉村竹二『五山文学』(至文堂、一九五五年)四五頁。鷲尾順敬『鎌倉武士と禅』(大東出版社、一九二二年)一五九頁。
27　『仏光語録』巻四、(『大正新脩大蔵経』八十・一七三頁下)。
28　『仏光語録』、一七四頁上。
29　玉村竹二『日本禅宗史論集』(上)(思文閣、一九七六年)八八九頁。
30　『仏光語録』巻四、(『大正新脩大蔵経』八十・一六八頁中)。
31　『仏光語録』巻七、(『大正新脩大蔵経』八十・二〇二頁中)。

第三節　無学門派の発展

無学祖元は仏光派の開山祖師であり、その禅風は祖師禅を挙揚しており、いわゆる鎌倉禅を代表するものである。これと同門の円爾の京都禅とは多少異なるだろう。また、弟子が多いことは無学の宗風の特色と関連がある。特に夢窓派は室町時代の五山禅僧の過半を占めている。仏光の門派が発展する問題について考察を加えることにしたい。

『延宝伝燈録』によると、無学祖元の嗣法として十三人があげられている。[1]嗣法の中に特に、一翁院豪・高峰顕日・規庵祖円などが優れている。

1　一翁院豪

一翁院豪（一二一〇～一二八〇）は臨済宗。上野（群馬県）世良田の長楽寺の徒で、同寺開山栄朝に参じて台密華院の伝法灌頂を受けた。壮年にして多くの善知識に参じ、寛元（一二四三～一二四七）年間、はじめ発心し、入宋して径山の無準師範に参じた。しかし、言語不通を苦にして間もなく帰国し、長楽寺に戻り、のち長楽寺の三世の住持になる。文応元年（一二六〇）に兀菴普寧が建長寺に住した時、しばしば禅を参じに行った。また、弘安二年（一二七九）無学祖元は時宗の招聘によって渡来して建長寺に住した時、これに投じてその弟子になり、嘗て無準師範の会下に参禅した自ら悟のことを述べた。無学は一翁院豪の謙遜の態度を敬愛し、したがって、無学は心をこめて誘導して「香厳撃竹」のテーマによって一翁の心境を験し、合格と認めて一偈を呈して印可した。

無学は特別に上堂して一翁の悟りを普く大衆に告げた。[2]

證據長樂一翁上堂。如來正法眼。非今亦無古。父子親不傳。千歳密相付。香嚴擊竹偈。幾人錯指注。昨朝問長樂。直答無牓語。如人白晝行。不用將火炬。又如香象王。擺壞鐵鎖去。摩醯正眼開。大撾塗毒語鼓、普告大象知。説偈作證據。公驗甚分明。鵝王自擇乳。

さらに、弘安二年（一二七九）十一月一日に、無学は自筆で一翁に書簡を書き与えた。その内容は『仏光語録』巻九に、つぎのように収載されている。[3]

長樂一翁和尚、在老師會中同住、彼彼不知、山野到日本主巨福、特特垂訪、備道前後工夫辛苦之情。且云、我不習語言、拙於提唱、乞野人證其是非、野人因擧香嚴悟道偈探之、翁乃大獅子吼、野人升堂説偈、普示大衆。

時弘安二年十一月一日　　　　巨福住山無學祖元書

無学と一翁は無準師範の会下に同住して禅を参じた際、互いに全く知らなかった。今回、無学が来朝して巨福山建長寺に住したので、一翁は無学に参禅の印可を求めた。無学は「香厳悟道」偈を挙げてこれを探究し、一翁が悟を開いた。

[4] 弘安三年（一二八〇）五月に、無学は一翁に付衣することになった。「付衣一翁長老」の中に掲載されている。

佛佛授手、祖祖相傳、堂堂密密、此土西天、一翁長老、一肩擔荷求人去、更看花發菩提樹。大法翁既荷負、千萬流通、佛祖授受、間不容髮、出紙索書、因書此、以示將來云、

時弘安三年中夏　　　　無學翁祖元書

こうして一翁は無学の印可を受けてその弟子になった。以上三つの書簡は全く無学の自筆であり、前の二つは現在相国寺に珍蔵されてあり、最後の一つは根津美術館に蔵められている。これらの史料は国宝に指定されており、このことは禅宗の発展史から言えばきわめて歴史的意義を具えている。

長楽寺の慶讃供養に一翁は導師として無学に招請されて陞座して説法を行う、[5] 一翁は長楽寺の住持一期を終わって退院した。弘安四年（一二八一）八月二十一日示寂した。世寿七十二歳、「電光影裏扣玄津、会得分明不会親、一歩翻然超百億、河沙諸仏脚跟塵」の偈を遺した。[6] 一翁の示寂のことが無学に哀惜され、特に、建長寺に於いて上堂して弔文を読んだ。[7] このようにみると、無学は後輩を訓育し、異民族に対しても同じように見て、完全な一視同仁であり、このような教育家の精神は門派が壮大になった要因として考えられている。

2　高峰顕日

高峰顕日（一二四一〜一三一六）は、臨済宗仏光派、法号は顕日、道号は高峰、別に字を密道という。京都の人であり、世に後嵯峨天皇の皇子となる。康元元年（一二五〇）、十六歳のとき東福寺に円爾に従って出家した。当時、東福寺は円密禅三宗の兼学道場であった。高峰はただ只管打坐の修行方式を行った。このことを特に円爾が許したので「坐禅小僧」と称せられたという。

文応元年（一二六〇）二十歳のとき、兀菴普寧が来朝した。北条時頼は兀菴を鎌倉建長寺に請じたため、円爾は侍僧十人を遣わして兀菴に随わせて、高峰は薬湯侍者の職に任じられた。[8] 高峰はますます純粋な宋朝の禅風に参じる機会を得た。そして兀菴の会下について短期間に契悟し、文応二年（一二六一）那須山中に隠遁した。のち長楽寺の慶讃供養を行うに際し、一翁院豪の紹介によって無学祖元に参見しており、[9]「機縁問答」の中に、つぎのように述べられている。
高峰の曰く「従来仏祖寃家の如し、今朝覿面は回避し難しい、放身捨命を顧みざる処、師を請けて断命の刀で手を下せよ」と問いかけ、[10]
弘安三年（一二八〇）、無学は建長寺より書簡を通じて、高峰に山の中で平生の述作に偈頌を作ることを求めた。そして、高峰は「一見明師意転閑、痴憨終坐煙巒、飽柴飽水無余事、禅道文章何処安」[11]という一偈を呈し、同四年（一二八一）九月三日に、無学は師無準師範より相伝の法衣を高峰に授けた。『仏光語録』巻九の中に「示顕日長老」に、つぎのように収載されている。[12]

提王庫刀振塗毒鼓、正恁麼時不可以語言造、不可以寂默通、不可以無心得、不可以有心求、所以道、若有一法過於涅槃、吾説、即如夢幻、軒知、箇事非小根小智可得而髣髴、若英靈上士、向空劫以前、不動一塵、不撥一境、直下横身荷擔、一程走三萬里、更不回頭、方可作吾家種子、若向言中取旨、句裏呈機、此是倚草附精魅、不足道也、邁常日師真吾家好種草、初未識面、老漢因到長樂、炷香請益、將夾山見船子機縁驗之、機先頗能騰蹋、也有吾三十年前在先師會中見解、雖未精詳入妙、要且氣宇步驟、有衲子調度、吾囑之云、若要扶豎宗門、當堅宇戒行、明如水雪、與解相應、無愧佛祖、是真扶豎宗乘也、勉之勉之、上古流傳方冊者、不在衆之衆寡、亦不在寺院之大小、道之靈驗、自然照曜天地、吾落筆處、汝既知之、若是東山在邊底、吾當別日分付。

若し、宗門を扶助する要があれば、必ず戒行を守るべし、行為が水の如く明らかであれば、仏教教理も相応しているので佛祖に愧じることはない。これは真に宗門を助けることである。この史料をみると、無学は高峰に戒行を守るべきと誡め、他日の印可を約束されたのである。つぎのように述べている。[13]

祖宗授受之際、不在棒喝上、不在言語中、亦不離此二端、臨機展演、亦無定蹤、看事宜如何耳。若洞下尊宿、一語不契、須要相類、方乃分付鉢袋。吾臨濟下則不然、有時前遮後擁、有時亦膊輥毬、有馬騎馬、無馬步行、初不造作也。顯日長老、工夫穩密、見地超拔、是吾家真種艸也、吾以先師一衣付之、冀其將來續續不已之傳。他日求人之時、一棒一喝、不可不舉、藏身處沒蹤跡、沒蹤跡處勿藏身、宜審細付授。

さらに、高峰を賞讃し、間もなく、高峰は雲巌寺に帰り、さらに建長寺へ行って師無学祖元を礼拝した。同時に、無学は自分で円照師翁の伽梨を授けた。弘安四年（一二八一）九月二十六日、直ちに、雲巌寺の太鼓を鳴らし、上堂して祝聖及び法嗣の儀式を行う。[14]

師於弘安四年九月二十六日（一作初六日）到巨福山建長禪寺禮拜　無學和尚、無學親授圓照師翁伽梨（伽梨上一有麻衲二字）頂戴歸寺鳴鼓為衆舉揚。

陞座祝　聖畢次拈香云、此一瓣香靈根先於二儀、而生枝葉、覆於萬邦而茂。鐵棒打不碎、刀斧斫不斷。雲巖今日和根拔來、爇向爐中供養、現住巨福名山建長興國禪寺・無學大和尚用酬法乳之恩。

とあり、無学大和尚の法乳の恩に謝し、無学と師弟の法嗣の相伝が完了した。

弘安六年（一二八三）、高峰は再び鎌倉の円覚寺に無学を訪ね、無学は殊に「東山長老相訪」上堂したことを謝している。[15] 当時、渡来僧は言語が通じないこともあり、中日の禅僧の問答と相談の形式は筆談であった。以下『仏国禅師語録』に、記載されている。[16]

1

（無學筆）但來相叫老漢足矣、何必有重費使我不安、

（高峰筆）顯日、特來禮拜和尚、更不採一莖菜、不費一粒米、供養和尚去、

(無學筆) 老漢老饕、承供養、鼻下一坑深萬丈、横呑羅漢　竪呑仏、却道今日欠鹽醬、

2

(無學筆) 且來、
(高峰筆) 適来方丈裏喫茶了、
(無學筆) 汝只可借路去、不可借路來、
(高峰筆) 歩歩無縦跡、
(無學筆) 老僧要汝出草、
(高峰筆) 山頂澗底、一見便見、
(無學筆) 一生如此、他日有悔在、
(高峰筆) 慶快平生是今日、誰云千里賺吾來、

3

(無學筆) 我要汝在此伴我三兩月、老懐方快活、
(高峰筆) 敬隨、和尚貴命、雖然爭如策杖歸山去、長嘯一聲煙霧深、
(無學筆) 非此謂也、我年老心孤、要真正知心暖、

さらに、弘安八年(一二八五)、無学は坐禅の中に、東山の下に瓜果(大瓜と小瓜)が連綿として枝葉を繁茂しているのを見た。[17] すなわち仏光派の法道は自己から会下に綿々と続き、多くの高僧を輩出して繁栄するとの意味を示唆している。こちらの東山はすなわち雲巌寺の山号であり、その寺から人材が出て法道が盛んになると示すのである。したがって、無学は自筆で書簡を書いてその仏道の興隆を期待した。

弘安九年(一二八六)、無学は自ら示寂の時期が遠くないと思う。そして、最後の遺書を高峰顕日に贈り、老僧はもう一度を会って別れを告げたいが、山川の阻隔からその願いはかなわなかった。その内容は、つぎのように述べられている。[18]

今將無準先師法衣一頂、授邁常顯日長老、流通法道、接續正宗。

弘安四年九月三日　　福山老僧

又云、老僧欲見汝一面面別、山川阻隔、不日如願。吾先師法眼法衣、已分付汝、汝廣求本色、為吾流通報佛祖恩、是吾末後之囑。珍重。

又云、報東山顯日長老、今有骨髮少許、留與汝慰汝、汝自起塔安奉、表吾不忘長老也。囑々々。

弘安四年(一二八一)一翁は示寂した。加えて、最も敬愛する北条時宗も卒去した。したがって、無学はただ高峰顕日一人を頼むのみになってしまった。先師無準師範の法衣を授けたのは広く仏法の本色で弟子を求めたのであり、この法道を流伝して仏祖の恩に報ずるように願求した。また、みずからの骨髪を与えるから雲巌寺に塔を建てて安置するように遺言した。無学が日本の禅宗興隆のために見せたその懇々の老婆心を察することができる。

無学は弘安九年(一二八六)に建長寺に示寂した。高峰は恩師と死別した後も同じように自分で参究するのを怠たらず、名師の参学を心掛けた。後、正安元年(一二九九)宋僧一山一寧は来日して建長寺に住しているので、高峰は鎌倉にも赴き、一山の参禅に交じる。

当時、日本の禅僧は隠逸を好み、高峰顕日も例外ではなく、下野那須の雲巌寺に隠棲していた。求法の参禅者に対して筑前横獄の南浦紹明と那須の高峰顕日とは天下の「二甘露門」と称せられたのは周知のことである。高峰の性格について、この人の行録にある「戒律精厳」からすると、柔和というよりは厳烈な面をもった人であっただろう。中央の政治的な権勢・官人を回避して、のちに鎌倉の万寿寺・浄智寺・建長寺に歴住した。正和四年(一三一五)正月、高峰は建長寺を退院して雲巌寺へ帰った。老衰の兆したように見られる、正和五年(一三一六)十月二十日に、

坐脱立亡、平地骨堆、虚空翻筋斗、刹海動風雷。

という遺偈を残し、雲巌寺に示寂した。世寿七六歳。示寂後二・三年にして仏国禅師の勅諡号をうけ、さらに、貞治元年（一三六二）夢窓の高弟春屋妙葩は後光厳天皇から生前の禅師号を授けられたものを辞退し、却って無学祖元と高峰とに国師号を追諡を申請し、遂に、無学に円満常照国師、高峰に応供広済国師が勅諡された。雲巌寺の開山堂を三仏堂と称し、仏光・仏国・仏応の三代を三仏と呼び、この三人の祖師像を合わせてこの堂に安置している、

高峰顕日の門下には俊材が輩出し、『延宝伝燈録』巻十九によると、高峰顕日の法嗣として十六人が挙げられている。夢窓疎石を初めとして店岸慧広・太平妙準・元翁本元・此山妙在など、そのほか数人の嗣法の弟子があった。その中で夢窓疎石が特に優れており、夢窓派の人数は室町時代の五山僧の過半を占めている。換言すればこの時期は完全な夢窓派の天下と言っても過言ではなく、高峰が如何に大きな影響力を与えたか知るべきであろう。

3　規庵祖円

規庵祖円（一二六一〜一三一三）は、信濃水内郡長池の人、母が沙門と般若心経を夢みたのち妊娠し、弘安元年（一二六一）正月七日生まれた。初め、蘭渓道隆の弟子龍江応宣に出家した。弘安三年（一二八〇）、無学が来

日する規庵は建長寺・円覚寺両寺に参禅してその敏捷の智慧が無学に珍愛されて特に規庵という道号が与えられた。弘安五年(一二八二)十二月、無学は円覚寺の開山住持になり、規庵は円覚寺に於ける書状侍者に任ぜられ、いよいよ参禅に励み、無学はこれを印可した。無学の示寂後、規庵は再び東福寺の無関玄悟に参じて同時に教・禅両家を学び、東福寺の期間に順次侍香・掌職・職記の職を歴任し、さらに、天台の教学を研究してその教理に通達された。

正応四年(一二九一)亀山上皇が禅林寺（のち南禅寺）を創建されて無関に開山を招請された。間もなく、同年十二月十二日、無関は示寂した。規庵は亀山法皇の詔をうけて南禅寺に入り、第二世の住持になる。七堂伽藍を創建して以来仏光派の勢力は開山の聖一派を遥かに凌ぐものがあった。南禅寺の住持についてその大半は夢窓派で占められた。

翌年五月入院の儀式で敢えて嗣香を爇かなかったが、規庵のこころで無学祖元の法嗣を決していた。正安三年(一三〇一)正月、規庵は建長寺の正続庵に赴き、無学祖元の塔を拝することからこれがはっきり見える。規庵の意志はやはり仏光派の法を嗣している。もちろん、そのまま南禅寺の住持を続けることに対して、反対者が多く規庵の排斥運動が起るのは避けられなかった。

規庵が南禅寺の住持になった二三年後、正和二年（一三一三）四月二日の夜には遺偈に、

一躍々翻黄鶴樓、一挙々倒鸚鵡州

臨行一着元無別、黄鶴樓前鸚鵡州

世寿五十三歳を一期として示寂され、同年十二月南院国師の号を勅謚された。規庵祖円は無学の末期の弟子であったが、無学祖元は積極的に教団を結成する意図はなく[19]、その率直純真の性格であり、加えて、深い慈悲心

で後輩の訓育に当たり、会下の門弟が非常に別れを惜しみ、その教化の精神は仏光の門派を大きく発展させたことが明らかである。

1　『延宝伝燈録』（『大日本仏教全書』第一〇八巻）二五五～二六一頁。
2　『仏光語録』巻三、（『大正蔵』八十・一四九頁上）。
3　『仏光語録』巻九、（『大正蔵』八十・二三二頁上）。
4　『仏光語録』巻九、（『大正蔵』八十・二三三頁中）。
5　『仏光語録』巻八、（『大正蔵』八十・二一九頁中）。
6　『扶桑禅林僧宝伝』巻三。（『大日本仏教全書』第七十巻・史伝部九）一三九頁。
7　『仏光語録』巻三、（『大正蔵』八十・一五二頁中）。
8　玉村竹二『日本禅宗史論集』（下之二）（思文閣、一九八一年）五三七頁。
9　『仏国禅師語録』巻下（『大正蔵』八十・二八〇頁中）。
10　玉村竹二『五山禅僧伝記集成』（講談社、一九八三年）二三〇頁参照。『仏国禅師語録』巻下（『大正蔵』八十・二七九頁中）。
11　『仏国禅師語録』巻下（『大正蔵』八十・二七九頁中）。

12　『仏光語録』巻九、（『大正蔵』八十・二三四頁下）。『仏国禅師語録』巻下（『大正蔵』八十・二八一頁下）。
13　『仏光語録』巻九、（『大正蔵』八十・二三三頁中）。
14　『仏国禅師語録』巻上（『大正蔵』八十・二五八頁中）。
15　『仏光語録』巻四、（『大正蔵』八十・一七〇頁中）。
16　『仏国禅師語録』巻下（『大正蔵』八十・二七九頁中）。
17　『仏国禅師語録』巻下（『大正蔵』八十・二八二頁下）。
18　『仏光語録』巻九、（『大正蔵』八十・二三五頁上）。『仏国禅師語録』巻下（『大正蔵』八十・二八二頁下）。
19　玉村竹二『日本禅宗史論集』（下之二）（思文閣、一九八一年）五三七頁。

第四節　北条時宗と中世禅林の展開

鎌倉時代、南宋は元の進攻により社会的不安を招き、禅僧にとって居住しにくい状態が醸成されていた。そのような中で蘭渓道隆・兀菴普寧・無学祖元・大休正念などが渡来し、純粋禅を挙揚することになる。彼等は鎌倉禅の禅風形成に大きな影響を与えたのである。これらの点について考察を加えていくことにする。

北条時宗は中世禅林に対して如何なる外護を与えたかについて究明したい。また、時宗と渡来僧がどのような関係であったのか、日本の禅宗に対して政治的・文化的・教団的に如何に寄与したか考察してみたい。

一　時宗と渡来僧について

1　時宗と蘭渓道隆について

北条時宗は建長三年（一二五一）五月十五日に生まれた。父は北条時頼、母は北条重時の長女。妊娠中の建長二年（一二五〇）十二月五日、時頼・重時は分国・荘園に対して、御産平安を祈祷するために、明年五月まで殺生禁断を命じている。八日、時頼みずから大倉の薬師堂に参じて妊婦の平安を祈り、熱烈な祈願を重ねた。建長五年（一二五三）正月八日、時頼は専ら金銅の薬師如来像を鋳造させた。安産を祈祷として加えてこの日から薬師供とともに二十一日間の『大般若経』が誦経された。以上、誕生の前後経緯に関与することである。[1]

時宗が六歳ごろ、康元元年（一二五六）十一月二二日、時頼は執権を重時の子長時に譲り、武蔵の国務・侍所別当並びに鎌倉の第「内」を長時に預けた。『吾妻鏡』は「ただし家督幼稚の程の眼代なり」と明記されている。[2]翌日、時頼は道隆を戒師として、以前鎌倉の山内に建てていた最明寺で出家した。

十三世紀の初め、蒙古（モンゴル）のフビライ（忽必烈）が欧・亜の諸国を併合した。一二七一年中国の北京に移って国号を元と定めて高麗を征服した。その後、日本にもたびたび朝貢を迫った。また、高麗の臣潘阜等がもたらした牒状を見た鎌倉幕府は大変危惧し、それから延暦寺・東寺などの大寺に命じて国家大難の祈祷を行わしめ、天下騒動として人心は不安と混乱に陥る状態になったのである。このような状況下時宗は特に建長寺の住持として蘭渓道隆を請じて、専ら国家安穏を祈り、人民の福祉に願文を捧げている。「蘭渓道隆諷誦文」につぎのように記載されている。[3]

（一）

日本國内諸大明神、諸廟諸宮、當境顯化、上窮銀漢、下盡金輪。一切聖神、普伸回向。先願、時和歳稔、物阜民安、寰中絶兵革之憂、天下獲羲皇之慶。信心弟子時宗、身無它、道自心明、壽山如泰華之高、福海等滄溟之廣、子孫榮顯、門葉昌隆。長為佛法之棟梁、永作皇家之砥柱。左右侍從、姦狡消除。如葵藿之向陽、若川流之會海、混為一味、頓絶三心、同佐皇圖、共遵。

（二）

十方大調御、一切得道諸聖賢・等覺・妙覺、仰乞證明、四果四向、同垂昭格。次伸祝献大梵尊天・帝釋尊天・守護正法十八諸天・忉利夜摩・四禪八定・總三十三天諸天仙衆・盡天界列位聖賢。専祈、弟子時宗、永扶帝祚、久護宗乗。不施一箭而四海安和、不露一鋒而群魔頓息。德仁普利、壽福彌堅、秉慧炬而燭昏衢、剖慈心而賑危乏。諸天匡護、衆聖密扶、二六時中、吉祥駢集。次冀、山門肅靜、中外安寧、檀信皈崇。

（三）

奪、是以、天心舒怒禍溢、過懷山襄陵之憂、薪火交煎殺氣、有愁雲塞海之患。欲殲除於此咎、當誠仗於良因、以散災殃、乞回天怒。看法華無二無三之法、即三世諸佛出世之本源。誦圓覺了心了性之書、乃十二部經返源之眼目。六喩正宗、有八金剛四菩薩、之護國金光明語。憑諸賢・聖衆・鬼神以安民。仁王經能殄於灾殃。楞嚴呪頓除於横難。大悲尊勝信授之者、各獲吉祥消灾、阿閦。

この願文を見ると、時宗は平素自ら仁徳と慈悲を具えていたらしく、一箭を施さずして四海安和として、一鋒を發せ出さずして群魔の頓息を得たのである。したがって日本の安全は諸天に庇護され、衆聖は秘密裏に助力したのである。内外に平安を求める、幕府執権の時宗が強い政治力を持ち国家の安寧と民生を安定させ、仏法の棟梁になるとともに永く帝祚を扶けて皇室の中心になるべきことが蘭渓によって祈祷されているのである。[4]

文永十一年（一二七四）十月五日、元軍・高麗軍あわせて三萬数千人、軍船九百余艘、合浦を發して壱岐・対馬を侵す。両軍は筑前に上陸して、日軍は苦戦して大宰府へ退却を余儀なくされた。然るに、二十日夜半に暴風雨が起こり、蒙古の船艦に漂没するもの二百余艘、溺死するもの一萬三千五百人、免れたものも皆逃げ去った。これはすなわち蒙古襲来の一つ「文永之役」[5]である。

蒙古襲来の前後の対外政策のなかで朝廷の役割は、ほぼ一貫して異国降伏の祈祷のみであって外交政策の決定については、形式上の権限は朝廷にあっても、実質、幕府の意思が貫徹した。「關東御教書」一〇八七三条に、[6]

蒙古人可襲來之由、有其聞之間、所差遣御家人等於鎮西也。早速自身下向肥後國所領、相伴守護人、且令致

異國之防禦、且可鎮領内之惡黨者。依仰執達如件、

文永八年九月十三日

（北條時宗）相模守（花押）

（北條政村）左京權大夫（花押）

（重慶）小代右衛門尉子息等

文書の内容は、九州に所領をもつ御家人自身または代官に九州下向を命じて、守護の指揮下で異国防御にあたらせたものである。

蘭渓は時宗に対して「以心伝心」など禅の基本的な問題から教導した。いわゆる、松源派の禅を挙揚し、参禅学道が文字禅に堕ちることを排したである。仏祖の意に添うのが最良である。この時頼や禅僧らに対する蘭渓の教導は時宗に対しても基本的には同じようなものであっただろう。

道固非遠、窮之在人。惟患人之不能一往直前、所以對面有千里之遙、舉止被萬縁所隔、苟或信而不疑、行之不倦、時來縁熟、道無有不通之理、心無有不明之時。道既通達、心亦明白了。居聲色之場、不被聲色所轉。入是非之域、不逐是非所迷。到此境界、謂之大自在人。謂之出塵羅漢。然後隨世流布亦得、不隨世流布亦得。應物副機、更無別法、如上密用、本自信心中流出。若談此事、擬思量則差、纔分別則遠、不思量不分別。且此道如何得入頭、如何得明白。須是自肯承當、直下體取始得。從上諸聖皆自返求諸己、而至於不疑之地、且返己者何、於一切處十二時、一一從自己上返覆推窮。如大覺世尊楞嚴會上、為阿難七處徵心相似、徵之至無可奈何處、待伊思量盡分別亡、識得真心所在了。世尊更興一喝、及至阿難瞿然避座處、方可與他腦後一錐、教他盡底掃除蕩然無礙、個是阿難見處、作麼生是公參學當下分明之理。

今既信心極深、此便是了斯大事底根本、又況叩宗師。窮楞嚴奥旨、毎日誦大乘金剛般若經、此二經其中已是為人親切分明説破處亦多。但能披剝萬象、析出精明、晝窮夕思、動想靜究。忽然動靜二相了然不生、空無所空、寂無所寂處、亦未為究竟。金剛經云、若見諸相非相、即見如來。目前青山流水、萬象森羅、箇是諸相、如何是非相、若識非相、如來現前。要得此一大事朗然去、伏望於世事上、放令輕減、道念上著意、返觀觀清淨、本然云何忽生山河大地、此山河大地本從何來、劫火洞然、又從何去。但如是體究、如是而行、行之既久、體之亦深。山河大地不自外來、日月星辰、弗從他出、到此田地、一人發真歸源、灼然十方虚空、悉皆消殞。恁麼則過去心不可得、現在心不可得、未來心不可得、於不可得中、事事著得、便如禪宗道。若人識得心、大地無寸土是也。古德云、會得是障礙、不會不自在、於此會得、千差萬別總歸一源。楞嚴金剛與禪無異、苟疑心不破、體察未明、便見禪教有別、吾宗據實而論、但得其本、莫愁其。但知作佛、莫愁佛不解語、明得自心、無所不達、且自心如何明得。

昔日僧問雲門、不起一念還有過也無、門云須彌山、只這須彌山三字、看時雖無味、看久自分明。但以此力行力究、當於接談交笑之處、動靜語默之中、或是非未決、或方寸擾攘。但舉此話頭、勿令忘卻、仍舊一一收歸、在自身中看、起念者是誰、無念者又是誰。如是返觀久久、般若圓成、有洞明時節、洞明後如何、塵塵華藏海、處處普賢門。[7]

この「示左馬禅」は文永の初め頃、蘭渓が時宗に示した法語である。当時、時宗はまだ十六・七歳、弘安元年十二月二十二日に「左馬頭」を任官する。左馬禅門はすなわち左馬頭で時宗を指すものであった。時宗は文永五年(一二六八)一月二十九日に左馬頭を辞任した。[8]このようにみると、時宗は早くから蘭渓道隆に参じていた。「道は固より遠くない、これを窮めるは人にあり」の儒教的表現で始まる長文の法語である。[9]これを観するに、蘭渓は一面において儒教を崇拝した故に彼は為政者に対しては儒教の言をもって、これと仏教を融合させ説法する方法を取り入れた。蘭渓は諸方に遊説行脚を志した。時宗の懇請によって鎌倉の武士を接化したが、やがて高齢を理由にそれを辞した。蘭渓道隆の後に、大休正念が到着した。

2　時宗と大休正念について

大休正念（一二一五～一二八九）は温州永嘉郡に生まれた。幼少で出家し、はじめ霊隠で東谷明光に参じたが、のちに径山に住んでいた松源派の石渓心月に参じ、その法を石渓心月から嗣いだ。文永六年（一二六九）四月、商船に乗って来日し、鎌倉に着いた。[10] 大休と蘭渓道隆らの渡来僧は自ら日本で禅を弘めようと渡来した。大休の渡来を時宗は大いに喜んで受け入れた。また、無象の『興禅記』に、つぎのように記される。[11]

近有禅師、其号日大覚、兀庵、無学、大休、皆是宋土之英傑、法門之棟梁也。

加えて蘭渓と同じ松源派のよしみで、時宗は当時有名な禅僧に手厚い庇護を授けている。同年十月に時宗が命じて禅興寺の住持となる。つづいて、文永九年（一二七四）に円覚寺第二世建長寺の第三世住持に迎えられる。さらに、寿副寺の第六世の住持に転じた。弘安七年（一二八四）に円覚寺第二世住持になる。時宗の弟宗政の篤い帰依をうけていたところから浄智寺の開山に勧請されている。正応二年（一二八九）病となり正観寺に移って間もなく同年十一月二十九日示寂した。世寿七五歳、勅して仏源禅師と諡せられた。

大休正念が来日した時、時宗は十九歳である。時宗は人を遣して示教を請けさせる。大休は時宗の為に「即心即仏、非心非仏」の公案を授けた。『念大休禅師語録』によると、つぎのようである。[12]

夫參學乃大丈夫事。固非小小因緣、貴在當人具決定信。若半信半疑、則愈勤愈遠矣。然所信者何信知、有祖師教外別行、謂之正法眼藏涅槃妙心、此心貫通十方、包含萬有、清淨本然、了無迷悟、由妄想執著、似有悟迷、迷時迷於悟、悟時悟於迷、迷如力士失額上之珠、此珠本不曾失。悟如貧子獲衣中之寶、此寶不從外得。珠即心珠也、寶即心寶也、物非心外物也。故江西馬祖大師、見學者妄執覺迷妄有取捨、直示以即心即佛非心非佛之旨。兩手分付、只是少人擔荷得去、又不見、彌勒應身雙林傅大士偈曰、夜夜抱佛眠、朝朝還共起、坐坐鎮相隨、語默同居止、分毫不相離、如形影相似。欲識佛去處、秖這語聲是、纔聞此語直下便會、更莫起心動念卻較些子。苟或佇思停機、東卜西卜、則千里萬里也。所以道一念不生全體現、六根纔動被雲遮。公既學此道、當志願堅確、不隨物遷回、虚浮心向於正念。凡苦樂違順、行住坐臥、提撕非心非佛。勿起分別念、勿生是非想、驀然築著磕著、更無回避處。方信此心、遍在一切處、乃至世出世間、法法塵塵、乃以自己日用。折旋俯仰無不是、此心光明如是、則處塵勞不為塵勞所染。臨機境不為機境所干、把得定作得主、無施不可、豈非了事英靈底漢也。予初抵日本、客簷中遇守殿、令泰定居士袖紙求語、不覺忉怛、異時己眼豁開、知予本無說、公亦無聞、不免大發一笑耳。

參學は実に大丈夫の事にして、今、禅を学んでいるが、さらに、信心を堅固にして参禅につとめるように勉励した。人々の仏性は摩尼宝珠の如く五色の映じ方に随いて各々その光を照らす。而も、珠体円明にして、衆色を同じうせず、法界に周遍して一切のところに於いて縁に随いて変せず。

常に、時宗はこの公案を参究されている。真心は本寂なり、妄念を起こせば以って凡となる。想念は悉く虚になり、凡心を了せれば、すなわち仏になる。このような公案は、時宗の武士精神養成と政治性啓発に大な影響を与えたものであっただろう。大休正念は公案を参究してその工夫が時宗に褒められたのみではなく、同時に時宗の政治的・宗教的人格の形成に大きな影響を与えた禅僧である。換言すれば、鎌倉武家には相当に影響力がある。

13

また、「相模太守殿」のなかに「趙州無字」の公案を収録されている。生死の牢関を透過して、仏生の霊験を妙悟すれば、忽ち見性成仏の実例を挙げて、生死を透脱し、不動の大安心を確立することが出来る。大休正念は時宗の参禅のために、いちいち例を挙げて語録に述べている。

此一段事、從空劫已來、湛然不動、妙用恆沙、亙古亙今、不妄不變、超凡越聖、不染不礙、靈燭妙明、非假煆煉、是箇微妙大解脱門也。自古聖賢、植大根器、乘大願力。故一聞千悟、直造諸佛至淵至奥之域、永劫無有退轉、然後推其所證向佗方此土隨類示現、超後得大悲、運無縁等慈。莫不直指、一切衆生、本有佛性、超情離見、與佛無殊、良由情生智隔、想變體殊、日用之中、為心境識所敝、而不能明了。唯有智慧過量人、超然迥脱、明悟自性、圓同太虚、無缺無餘、空雖不礙諸塵、而亦不受諸塵。所以忠國師示衆云、青蘿夤縁直上寒松之頂、白雲澹泞出沒太虚之中、萬法本閑而人自鬧。若會此意、自然一切處、不為聲色所奪、不為事物所轉。淨倮倮赤洒洒、不住無為、不住有為、有亦不營、無亦不拘。如明鏡當臺沖虚寂照、物來斯應、而姸醜自分矣。苟未造此箇田地、要須兢兢業業如救頭燃看取。

人方便所示公案、如僧問趙州、狗子還有佛性也無、趙州云無。僧云、一切衆生皆有佛性、為甚狗子卻無。州云、為它有業識在、趙老可謂、秉金剛王寶劍、直下截斷一切衆生命根、令其立地成佛云、自是這僧當面磋過。是以五祖演和尚、慈悲頌出、趙州露刃劍、寒露光焔焔、更擬問如何、分身作兩段、此頌、如青天白日、而昧者尤多。如今要得直截省徑處、當臨涖公事之時、紛紛紜紜、閑暇安居之際靜靜悄悄、於中切勿分喧分寂自作障礙。試提起狗子還有佛性也無、無、秖這箇無字。似渾崙無縫罅底生鐵鎚、不許作有無無、無情解、穿鑿論量、亦不可以先德慣舉此話、取捨優劣視之尋常。但其間要妙處、非意識可測、唯證方可自知、只貴直下提掇、不起第二念、忽爾地一下撃碎生死牢關、便見過去心不可得、現在心不可得、未來心不可得。所謂一念不生、前後際斷、方可出生入死如同遊戲之場、縱奪卷舒、常自泰然安靜。胸中不掛寸絲、然立處既真、用處得力、凡物領百萬貔貅之士、如驅一夫、攘巨敵安社稷、立萬世不拔之基、是皆妙悟佛性之靈驗也。既能如是、勿以有所得心便以為足、更須密密履踐、向高高峰頂立、向深深海底行、直使佛眼覷不見、千聖莫知蹤、方是箇大自在安樂人也。[14]

すべての人に仏性があるという「一切衆生悉有仏性」を主張することであり、早くても西元三世紀以降と思われる。『大乗涅槃経』になって始めて創作された標語である。後に、道元はこれによって『正法眼蔵』九十五巻のうちに最も大作である「仏性」の巻を綴っている。仏教は釈尊によって証悟され開示された教えという意味で仏陀の教えであるが、同時に私の成仏する教えである。人間は人間の中で人間に育つと同じように、仏になるためには仏によって育てられねばならない。このような仏道を明らかにするのが「一切衆生悉有仏性」。[15]大休正念は参禅の論理の中で仏教の仏性論を運用した。また、『金剛経』の三心を得ず有名な偈頌を教化した。このように大休正念の語録にしばしば出るものであり、深く大乗仏教の思想が含まれている。すなわち、一念は生まれず、前後の際に断る。これらは大きな自在の安楽の人が持っている。

いうまでもなく、時宗と大休との道交は甚だ篤く、時宗の卒後その百日忌に大休は深くその威徳を慕われたと述べている。[16]

為故檀那法光寺殿百日陞座、（中略）惟我檀那法光寺殿杲公禪門、乘悲智力現宰官身、密行普賢行願、成就如來種智。興隆三寶起護法心、精修六度、不住於相。恢拓封疆、上扶皇祚、建立法幢、高懸慧日、叢林草木盡知名、海隅蒼生咸感德、成就世間功業之餘、以大圓覺為大伽藍、毗盧遮那入三昧正受。十二大士各瞻仰尊顏、宜得梵王左輔帝釋右弼、婆伽梵不說而說、諸菩薩不聞而聞。緬想靈山一會、目前儼然未散。曉開金殿鎖、梵音鏗鏘、夜動玉樓鐘、昏衢警悟人間、真覩史天上梵王宮、而況法光寺殿、幼慕西來直指之宗、早悟即心即佛之旨。由是仰讚上乘、不拘小節、游泳大圓覺海、深樂了義法門。

一言之下心地開通、一軸之中義天朗耀、洞明心本是佛。由起念以漂沈、空本無花、因病目而妄見。一切衆生、於無生中、妄見生滅、故有無明。知是空花、即無流轉。遠離妄念、不受生死。以淨覺心圓修三種、清淨自性。雖處塵勞、心常寂靜。一切處對境遇緣而不搖。雖知如幻、一切處以變化力而起梵行。雖住寂滅、一切處煩惱涅槃不相礙留。時常飯僧之次、舉經中道。居一切時、不起妄念、於諸妄心、亦不息滅、住妄想境、不加了知、於無了知不辨真實。復云、我今此身四大和合、四大分離、今者妄身當 在何處對衆徵詰。豈知、此是法光寺殿發明性地處、日用履踐處、以此布施愛語利行同事、攝化一切、同入如來大寂滅海、休沐之暇會諸山知識茶話、命僧入室下語、激揚宗旨、要使未信宗乘者、知有自己一段大事因緣、觀其扶宗堅教之心、自非親承佛囑、安能如是哉。

七巻の『念大休禅師語録』によって高度の学識をそなえた禅僧であったことを知る。さらに、大休の文学は具体的に感覚的描写が大きな特色である。すなわち、大休正念は日本の五山文学史上に一つの転機をもたらした人である。[17] 来日以来二十年に及ぶ禅宗宣揚活動は北条時宗や貞時、時宗の弟宗政などをはじめとする鎌倉武士に対して大きな感化を与えたものとみられる。

3　時宗と無学祖元について

蘭渓が示寂した翌年である弘安二年（一二七九）、この年は南宋が滅亡した年であり、無学祖元は北条時宗に招請されて日本に来朝した。「時宗留意宗乗、積有年序、建営梵苑、安止緇流、但時宗毎憶、樹有其根、水有其源。是以欲請宋朝名勝助行此道」と述べられている。[18]この招請書状の意義を考察すると、一方では元軍を掃蕩し、他方では宋高僧を招請しようとしているものである。時宗は人材を十方に求めたことが明らかで、これは鎌倉の禅苑に住せしめんとの意図であり、換言すれば、完全な十方住持制度が採用される。これをみると時宗は、宗教信仰に極めて熱中し敬虔だったのみではなく、すぐれた見識を具えていると言えよう。この年の六月、無学は太宰府に着き、同年八月鎌倉に到着した。時宗は弟子の礼をとって建長寺に迎えて、その帰依はいよいよ厚きものになった。

弘安四年（一二八一）五月、蒙古・高麗の軍兵が再び日本を襲来する。蒙古の将軍忻都・洪茶丘らの軍、四萬人、船艦九百艘で襲来した。高麗の軍十萬人、戦艦三千五百艘もまたこれに合し、その艦隊の規模は空前絶後とのことである。こうして筑前・肥前の海に兵船が充満した。これは、すなわち「弘安の役」と称される。朝廷では建治元年（一二七五）一月から神宮以下石清水幡宮寺など諸社寺に外寇を掃蕩すべく祈祷を行っているが、また、弘安四年四月幕府も鶴岡八幡宮寺などに異国降伏の祈祷をさせている。特に、時宗の計らいで幕府の小御所において仏檀を設けて四月二十日から七日間に如法尊勝法を修させたのであった。[19]

当時、異国降伏の祈祷は朝廷や幕府ばかりではなく諸所で行われた。したがって、諸社寺は奇談に関する記事もまた多いことが予想されるだろう。蒙古の再襲来の前に、二十九歳の時宗は国家の安危を双肩に担い、こころは非常に不安で動揺した。その時、無学が時宗の不安の念を克服するために鎌倉に到来した。その内容は『仏光禅師』七巻の冒頭に「答太守問道法語」に解明されている。[20]

兄弟多有此病、萬事紛然之時、雖將公案換得念頭、爭奈妙明圓滿、清淨靈覺之體、如千日竝照、竟被此様話頭障却、不能得見、只管別求悟入。譬如欺楚投呉也、野僧奉勸太守、既於公案、不能一笑氷釋、咬嚼既久、未得下落。所以教一颺下、且聽心水定狂火息、要眠便眠、要坐便坐。(中略)在凡夫、隨一切聲色名利死生恐怖、便隨六道輪回。在佛祖、不隨聲色名利死生恐怖、處處作用、處處出沒、處處游戲。入火不燒、入水不溺。在方同方、在圓同圓、與太虛同一相貌、謂之圓覺妙場、號為真如涅槃。

時宗は無学に参禅することを絶やさなかった。また、巻九「拾遺雑録」にみえる、「香厳撃竹」のテーマ、「即心即仏」は参禅の要因にかかわる。[21]無学は公案を捨てさせた。弘安三年（一二八〇）時宗は無学に法語を乞うた。無学は雁蕩山能仁寺において元軍に襲われた体験にもとづき「鎖口訣」[22]を書いて時宗に授けてその決意を固める。

弘安四年（一二八一）の春に無学は蒙古の脅威に晒されて、時宗の政策や姿勢に影響を及ぼした可能性がある。時宗が来た時、無学は「莫煩悩」の三字を書いて与えた。時宗曰く、「煩悩することなかれとは何事か」、無学曰く「春夏の間に博多に擾騒すれども、一風僅かに起こり、萬艦掃蕩せん、願わくば公は慮を為すことが莫れと」[23]と答えられて激励したのである。このように元軍の襲来とその勝利を予言されたことになり、このことは仏光の語録・行状には見えない。これは虎関師錬『元亨釈書』巻八の中につぎのように記している。[24]

鎖口訣

諸仏妙門、列祖的旨。繼繼繩繩、貴在密契、尺圍鑰合。綱紐沈細、綿密無縫、隱括幽秘、遠兮非遙、近兮非邇、措無所遺、舉無不備、横亙十方、竪窮三際。理外無事、事外無理、具一切相、含一切義。啓無所開、闔無所閉。出無所從、入無所詣。二兮非一、一兮非二。用則雙用、置則雙置。隨處即宗、如身影爾。世尊拈花、達磨分髓、曹溪・南嶽・百丈・臨濟・楊岐・白雲・圜悟・妙喜・洎至應菴五十一世。或開或遮、或權或體、或逆或順、或浄或穢、或明或暗、或行異類。激揚鏗鏘、波流嶽逝。如師子筋、如象王鼻、如天鼓聲、如鵴鳥尾、百千機縁、河沙妙偈、出沒巻舒、三昧游戯、深慈痛悲、布無縁施、絶見絶聞、絶情絶謂。

同年六月、果して第二回の蒙古襲来となった。蒙古軍は東路軍と江南軍合わせて船艦四千四百艘、兵数十三万余人、日本は空前の国難となった。引き続き元軍が来襲したので、国民の畏怖は極に達した。その時に時宗は『金剛経』と『元覚経』とを血書し、此れを無学に供養させたのであった。異賊降伏を祈り無学は陞座法語のなかで書いた。『仏光語録』三巻に、つぎのように述べている。[25]

太守血書諸経、保扶国土。若論此事、只貴当頭。若論戦也、妙在転処、如金剛宝剣、擬文則横屍万里。（中略）書寫佛功德、拔濟苦衆生、皆獲勝妙樂。我此日本國主帥平朝臣、深心學般若、為保億兆民、外魔四來侵、擧國生怖畏、朝臣發重猛、出血書大經。金剛與圓覺、及於諸般若精誠所感處、滴血化滄海、滄海渺無際、皆是佛功德。如是經、一句與一偈、一字與一畫、悉化為神兵。猶如天帝釋與彼脩羅戰、念此般若力、皆獲於勝捷。生靈皆得安、皆佛神力故。

時宗は深心に般若を学び、億兆に民を保することをなす。外魔を侵し、擧国怖畏を生ず。この際に、時宗は国土の安穏を祈祷して自らを刺した血で、経典を書くと一句と一偈と、一字と一畫は、悉く化して神兵となる。それは恰も天帝釋と脩羅とを戰うが如し。日本軍の勝利を時宗の禅修行と関連させる話は少ないので、前に二つの例を示し証明した。今は日本にも亦、仏の加護を願い、諸聖神が武威すれば、魔は降伏して、生霊は皆安穏を得られる。これは皆仏神の力故である。

三十日に至り風が強くなり、翌閏七月一日大船団を木の葉のように翻弄し、船は破れ兵は溺れた。この日、京都では夜に入って大暴風雨となり終夜続いた。季節柄台風に違いない。元軍の死者十万、高麗軍死者七千人、したがって日本軍の勝利に帰した。[26]

今回の「国難」で時宗を始め、鎌倉武士の心胆錬成にかなり大きな影響を与えたのは無学祖元であった。無学は宋にいた時、元兵が雁蕩の能仁寺に侵入し、その白刃を頸にすると、「乾坤無地卓筇、喜得人空法亦空、珍重大元三尺劍、電光影裏斬春風。」と悠然と唱えたという。無学のナショナリズム的な思想は、「事ここに至っては妄想することなく、ひたすら前進せよ」というものであり、[27]彼は生死を透過した禅傑という存在であったといえよう。このように時宗は蒙古襲来の際には毅然とした態度がとれる精神状況にあったといえよう。無学祖元の教導と激励の力によって一層堅固になった。無学は自己の体験に依って得た精神を以ってこれを時宗に授与したのである。無学が時宗の悟性を助けて、決心を固めさせることに大きな影響を与えたことに疑いを容れる余地はない。[28]

時宗は蘭渓・無学・大休・兀庵など渡来僧に参禅してその工夫によって「大信念」を得、これによって「大敵」を退け得たのである。時宗は危ない時に強い胆力の持ったための鍛錬として、平日に参禅して深く「般若」を学んでいたのでその不動の態度を保つことができた。これによって億兆の人民を保護することができ、勝利を得たることができたということであろう。。その後、無学は其の供養の導師となり、願主時宗は熱烈誠実なる信念を発揚したのであった。

さらに、弘安四年(一二八六)大戦乱の中に、時宗は虜兵百萬人が博多にあれども意に介せず、幕府にあって策略を練ったのである。然るに、時宗は忙しい中に毎月無学や諸禅僧と「相談」しているのである。『仏光語録』巻三に、つぎのように述べている。[29]

虜兵百萬、在博多略不經意。但毎月請老僧、與諸僧下語、以法喜禪悅自樂、後果佛天響應、家國貼然。奇哉有此力量、此亦佛法中再來人也、菩薩人進修梵行。

毎月、無学を請じて諸僧とともに教えをうけ、「法喜禅脱」をもって自ら楽しんだというのである。それは無学の厳格でありながら懇切な教導と、豪気でありながら慈愛、溢れる人柄によるものであろう。同時に、無学は高い文学的資質を備えており、その点が時宗が心を惹かれた面であったと見受けられる。時宗は一日たりとも自己の修養を怠けず、無学に「佛法の中、再来の人」と褒められている。時宗の無学に対する尊敬の深さには疑いを容れる余地がない。

このように見ると、時宗の渡来僧との関わりは参禅のみではなく、政治的なことを相談するような密接な関係であったことをもみることができるのである。無学・蘭渓・大休は執権時宗を助けてその人物の鍛錬に当たり、「弘安之役」という未曽有の国難の突破に大きく貢献するものであった。[30]

二　時宗の外護と禅林の展開

中国の菩提達磨以来、禅宗は本来的には政治権力とは無縁なところで活動しており、それを身上としてきたが、宋代になると禅宗はすでに国家体制の側に取り込まれており、例えば国家レベルの五山などでは天子のために祈祷を行うことなどは常態化していたという。[31]柳田聖山氏「中国禅宗史」は中国の禅宗の伝統意識は、すべて興禅護国を標榜し、何らかの意味で国家主義的性質をもっていることを指摘する。[32]このような例として無学が建長寺に入院陞座するとき、つぎのように述べている。[33]

祝

聖拈香云。此一瓣香恭為祝延今上皇帝聖躬萬歳萬歳萬萬歳。陛下恭願、如日之明、如天之普、九州共貫、并包有截之区。三景同光、申錫無疆之祚。
次拈香云。此一瓣香仰祝大将軍都元帥国安、伏願、福如大地之春、寿同劫石之固資倍禄算、永祚邦家。
次拈香云。此一瓣香仰祝相模太守都総管。伏願、福同滄海寿等須彌、長為仏法金湯永作皇家柱石。
次拈香云。此一瓣香懐来三十余年、未嘗容易拈出、爇向爐中。供養前住大宋国系徑山仏鑑禅師無準大和尚、用酬法乳之恩。

弘安二年八月二十一日、無学は建長寺入寺のとき、まず、今上皇帝・大将軍・太守時宗の寿を祝しているが、その方式は悉く中国の宋朝禅が国家の保護を受けてその恩に報いることを旨としている。無学にとって時宗は手厚い外護者だから、その意義は同じく強い国家主義的傾向をもっており、明らかに、日本の禅宗は濃い興禅護国の色彩を持つのは疑いないと考えられる。これは蘭渓の場合[34]と同様である。

時宗は観音信仰が深くて、観音聖像を再び安置するに当たり無学に普説を請うた。『仏光語録』巻六をみると、つぎのように述べている。[35]

今日太守再荘菩薩、令山僧普説。妙相與虚空、同一体貌、而不堕於虚空之中。色像互相発輝、而不在色像之裏。喚作法身、亦是坐、荘厳者亦是塵。（中略）今日太守借山僧手臂拈香、山僧借菩薩鼻孔出氣、一道清淨無斷無續。（中略）將此莊嚴妙相功德今日山僧説法功德、回向真如實際無上佛果菩提、専乞保祐國界安寧、干戈偃息、時宗悟性圓明、頓超十地、不歴僧祇、獲大乘果。

今日、「太守」は再び菩薩を祀り、山僧に普説を令じた。「太守」は山僧の手を借り香を焚き、山僧が菩薩の鼻孔を借りて氣を出す。これから莊嚴妙相の功德は國界安寧と干戈偃息を祈り、時宗が悟性の圓明に廻向するものである。

また、時頼忌日の、時宗の無学への請願は、「太守元帥請為最明寺殿忌辰普説」につぎのように記載している。[36]

師祝香、此香奉為日本國相模州孝男平時宗、爇向爐中、供養本師釋迦牟尼佛、西方無量壽佛、過去七佛、賢劫千佛、當來下生彌勒尊佛、諸大菩薩一切果海聖賢。所集功徳、回向先孝最明寺殿一位神儀、超升佛界、伏願出生死海、猶如朗月行空、入毘盧門、不歴僧紙、作佛福祐子孫、持國家而永久、慶流徳澤、與天地以無窮。

時宗が先考時頼の忌辰に無学に請う、荘厳の法令を厳修していることである。これは一家の小事であるが、しかし、時宗の平素の行状が考察されるのは明らかであろう。同時に無学は時頼の修行を褒めて賛嘆を加えている。[37]

老僧雖在大唐與日本兄弟同住者多、亦不曾相交、但知有大國佛法之盛、亦不問子細。十五六年前、泉古澗歸自本國、開壽相會、他方從此回、備言最明寺殿、棄捨世榮、身披法服、後臨入寂之時、儼然坐脱、且言大將軍待我再回。

無学は日本に来る前、宋の泉古澗[38]から時頼大将軍は修行の工夫に深くて入寂の時に儼然たる禅坐で解脱したことを聞いている。とくに、時宗は亡父時頼の忌辰に追慕して冥福を薦修したのである。また、時宗が釈迦牟尼仏の画像を絵して「法華経」・「金剛経」・「円覚経」を書写して、最明寺殿に陞座して無学を請う供養したのである。[39]また、大覚和尚の忌辰のために、時宗は特に釈迦如来の聖像を鋳造される。さらに、『円覚了義経』が雕刻される。大檀越時宗は先師蘭渓道隆について恩師の追悼の心意に感銘をうけた。つぎのように述べている。[40]

太守今晨為開山大覺和尚遠忌之辰、雕造如來聖像、雕刊圓覺了義經。命山野普説、一則光顯大覺、二則慶讖聖像、尤見太守為法存舊之念切切、大體佛祖出興自説法不得、須是人天與國王大臣主張及外護、方可以建立法幢。若無人天國王大臣主張、佛祖説法不成。

今日、時宗は日本の国民を保護し、仏道に精進を続けているのでたとえ国家の将相でなくとも、あるいは如来の将相になることができる。いま、日本には法幢が建立されており、悉く時宗の一心の外護がなければならないと思われる。時宗は蘭渓道隆の追善供養に釈迦像を作らせ『円覚経』を刊行しているが、このようなことは文化史的にも見逃せない。また、「北条時宗申文」の内容を見ると、[41]

請被以圓覺寺為御願、寄附尾張國富田庄并富吉加納。上総國畔蒜南庄内龜山郷、供給寺用狀。

右、茲寺者、為鎮護國家、紹隆佛法、究萃麗所草創也。地是神仙勝域、水石饒奇、隣亦建長仁祠、鐘梵和韻、飛閣逶迤、擘山嚴以碁布矣。層軒延袤、出雲霓以綺錯焉。丈六盧舍那、金容赫奕乎中央、十二菩薩衆、白毫照耀乎左右。孰與西天之莊嚴、宛然震旦之儀度、爰龍象鱗集、香花羅列。宣揚南宗之玄機、恢弘東漸之法水、晝夜四時之坐禪、朝暮兩般之諷經。送寒送暑、不愆不忌、凡厥日月所照、車書所通、丹祈周遍、鉅益鄭重。而雲嶺春薇、霜林秋菓、縦支山資、豈全石鉢。不若迴長久之測量、遙斷當無數之塵劫。虔訪先例、分捨私物、宛給功德。古今之間、蹤跡居多、就中、近存建長之前修。盍達欸誠於上聞、請施恩恤、必垂允容、以件精舍、為御願寺、攸寄田園、永備寺領、輸如雲之租、助飡霞之供。然則善苗不粃、普灑法雨於九州、禪枝成木、鎮傳梵風於億載、寰宇艾安、幕府蕃昌、時宗誠恐頓首謹言、

弘安六年七月　日

相摸守平朝臣時宗狀

とあり、弘安六年（一二八三）七月、北条時宗は円覚寺を以って将軍の祈祷所となし、主な目的を「鎮護国家、紹隆仏法」として建立され、加えて、弘安四年(一二八一)蒙古襲来のとき、大戦に死傷した彼我の将士などの冥

福を祈祷するということになった。その論拠として、円覚寺中に千体の地蔵菩薩像を安置し、円覚寺落慶の時、とくに、時宗は戦死者の亡霊を弔うために『金光明経』などを書写し、十六羅漢などを造立して供養した。[42]

檀那書経報亡者、一念普通諸仏刹、香煙処処作仏事、幽冥之路盡豁開。老僧説此空空法、為薦亡霊空覚体、一霊不昧湛然存、即証無生空法忍。

毎回、無学は時宗が専ら菩提を弔って誠心誠意を発揚するように努めた。[43] さらに、円覚寺の経済的基盤をなす寺領について、北条時宗は教団が手厚く外護されることを見落すことがないように努めた。無学が入院の後三ヶ月、『円覚寺文書』によると、弘安六年(一二八三)三月二十五日、「北條氏時宗執事奉書」で尾張国冨田庄を円覚寺に寄進するについて、つぎのように述べている。[44]

（時宗）（花押）

尾張國富田庄、可被寄進圓覺寺候。差遣實檢使、公私得分委細可令注進之由、所候也。仍執達如件、

弘安六年三月廿五日

（佐藤）

業連　奉

圓覺寺奉行人中

当時の荘園は一地域の所有者が一人であるというのではなく、最高の所有者である本家その下の領家、任命される預所とか、地頭などという庄官がいる。同寺奉行人に公私の取り分を調査するように命じた。したがって、同年七月十六日、幕府は時宗の申請を受けている。これに関する史料がつぎの「関東下知状」である。[45]

圓覺寺事、為

将軍家（惟康親王）御祈祷所、任相摸國司（時宗）申請、所被寄進尾張國富田庄并富吉加納、上総國畔蒜南庄内龜山郷也、者依仰
下知如件、

弘安六年七月十六日

駿河守平（北条）朝臣業時（花押）

時宗は将軍惟康王に請うてこの寺を将軍家の祈祷の場所となし、尾張国富田荘及び富吉加納と上総国田半蒜南荘の内の亀山郷を寄進した。『円覚寺文書』「北條時宗書状」によると、[46]

北條時宗書状

以圓覺禪寺、申成
将軍家（惟康親王）御祷所候、仍御教書進之。食輪已轉、法輪常轉、必及龍葩之期、感悦之至、不知所謝。委細期　面拝、
恐惶謹言、

（弘安六年）七月十八日　時宗

圓覺禪寺方丈（無學祖元）　侍者

円覚寺をもって、「将軍家御安泰・繁栄」の祈祷所とした。食輪すでに転じ、法輪つねに転じて、寺領寄進を幕

府は認証し、これが円覚寺の経済的基盤を固めるものとなった。その書状で時宗は、無学に寺領寄進の旨を伝える。同年七月十八日の北条時宗書状に対して、その日、無学は時宗に自筆の礼状を出して感謝の意を表した。[47]

一〇　無學祖元書状

（無學）
祖元端肅、皇悚申復、茲承
鈞汗緘至、圓覺供僧田產、
（惟康親王）
將軍公文及鈞座備申文狀共三帋、一炷香覽訖、山懷甚為法門為賀、誠是
（後宇多天皇）
國家及
（惟康親王）
大將軍、
（時宗）
太守、千年植福之基、萬劫作佛之本、老懷預此鉢飯、霑惠多矣。佛天昭臨、誠非小事。謹此申謝、來日參詣。
府墀、
面既、不宣、祖元端肅皇皇申覆、
（弘安六年）七月十八日

一一　無學祖元書状

（無學）
祖元今秋蒙鈞旨。面喩老僧、就圓覺方丈池西起塔。又承明因方丈詮首座傳（無及徳詮）　鈞命、起塔、祖元思、圓覺公界、
衆屋未全、老僧豈敢重添檀那心力耶。
所以不敢應、非有他也。今久久不答　鈞旨、又恐太守（時宗）疑著有老僧歸郷之念。謹領。[48]

寺領寄進は国家（天皇）・大将軍（惟康）・太守（時宗）であり、千年福の基が植えられたのであり、万劫に成仏の因縁になるであろう。[49] さらに、円覚寺の一年間の米の使用に関する及び米銭についてもこれが予算を立てるという有様であった。つぎのように記している。[50]

十三　円覚寺年中寺用米注進状文書

（自署）
祖元（花押3）
（無學）

注進　圓覺寺一年中寺用米事

合

一　佛供廿一分　七十五石六斗　仏殿三分・土地十分・觀音・衆寮・韋駄・祖堂　大黑　行堂
客殿　延壽堂各

一　僧百人　三百六十石　人別毎日一升定

一　行者　人工百人　三百六十石　人別同先、

一　所　承仕役人等廿人　七十二石　毎月人別三斗定
一　洗衣四人　十四石四斗　毎月各三斗
一　方丈行者六人分　廿一石六斗　毎月人別三斗
一　所所職下部廿八人　百三十六石八斗　毎月各三斗
一　庫裏酢・酒・塩　三十六石　月別三石
一　味噌　四十八石　毎月四石
一　毎月兩度五味粥　十四石四斗
一　洗衣漿　八石七斗
一　□月元三檀米　十石□度
一　同修正米　十石
一　歳末靈供　三石六斗
一　七月盆供　三石六斗
一　人工非時以下雜雜　二百石
以上米千三百七十四石七斗
寺領分年貢米千五百六十九石八斗
千四百廿八石八斗　富田庄
百四十一石　龜山郷
余分百九十五石一斗

右、注進如件、

弘安六年九月廿七日
（異筆）（時宗）
「相摸守」（花押）
副寺　宗鑑（花押4）
監寺　宗英（花押5）
都寺　徳正（花押6）

円覚寺は一年間の米と銭との収支予算を記載している。この内容は『円覚寺文書』弘安六年九月二十七日条、第一四文書の中に詳細に述べられている。[51] この二つ文書の内容は円覚寺が一年間に米の使用に関する予算案と決算報告である。当時、その僧衆百人ぐらいの一年の米の使用量は一三七四石七斗と明載されている。両文書ともに「相模守（花押）」であり、この史料は当時の円覚寺の創建の規模、また、その経済の内容を示す史料である。無学は時宗の外護を受け、これが弘教の基礎となり、日本の禅宗は興隆した。これらから時宗の禅宗に対する手厚い外護の関係を否定できない。

弘安七年（一二八四）三月二十八日に、時宗は病気に罹られた。後に、無学を仰いで落髪受衣して出家入道して法体となり、法光寺道杲と称されている。同時に堀内殿で時宗の妻も出家した。法号覚山志道を授けられた。『仏光語録』巻四に、つぎのように述べている。

檀那法光寺殿落髮

了了知、了了見、生滅根源、一刀截斷、斬新風月付兒孫、枝枝葉葉無邊春。

付衣

佛祖祕要、似空藏空、包裏不及、絶羅絶籠。山重重水重重、迦葉不住鶏足峯。[52]

覚山志道落髪

無量劫來都是夢、夢中那覺路頭長、一刀斬却閑恩愛、日照菩提萬樹香。

付衣

前三三與後三三、只要機先便荷擔、脱體不留絲線影、始成百福相莊嚴。[53]

同年四月四日に、執権邸から山の内の最明寺の別邸に移った。その日に一期三十四歳に安然として卒去した。時宗は本格的に深い影響をうけたので大休正念が棺を起こす起龕の仏事を行う。『念大休禅師語録』の大小仏事のなかに記載されている。[54]

浮世三十四事、好似南柯一夢、識得本来無一物。内空外空内外空、秉弐師権功業就。夢残撒手没行蹤、万古長空絶雲点。明然明月拂清風、大衆這個是檀那杲公。末後一段大光明蔵、諸人還相委悉、苟或未然更聴。寿山別開一路。信脚踏幡十華蔵。金烏夜出海門東。

つぎに、法光寺殿下火には、無学祖元は遺骸に火を点ずる下火の仏事を擧行されると、時宗一代絶大の英雄は卒去した。無学が龕前に火炬を差し出し、悲痛哀惜を極め、「臨終の時、死を忍んで老僧（無学）の衣法をうけて、了々として偈を書して長行した。」[55]と述べられている。さらに、時宗の十種の不思議の徳行を挙げられてこのような人は人間のなかに少ないが、「世相は期し難く、空華は落ちやすし」。公は忽ち一著を先じて去り、また兜率天に入って会う。大檀那道杲は大願力に乗り、もう一度人間としてこうして戻って来た。つぎのように述べている。[56]

梅子青青著子時、花殘鶯老燕初歸。天開地闢山河靜、解脱門開知不知。故我大檀那杲公禪門、乘大願力而來、依刹利種而住。視其所以、觀其所由、有十種不可思議、何謂十種、事母盡孝、事君盡忠、事民牧惠、參禪悟宗、二十年握定乾坤、不見有喜慍之色、一風掃蕩蠻煙、略不有衿誇之狀、造圓覺以濟幽魂、禮祖師以求明悟。此乃人天轉振、為法而來、乃至臨終之時、忍死以受老僧衣法、了了書偈而長行。此是世間了事凡夫、亦名菩薩應世。老僧托公以了殘生、不料先我一著而去。世相難期、空華易落、一笑翻身兜率相見。老僧末後句子、此時更要提撕、以火打圓相、烈焔光中如薦得、優曇華放百千年。

このように無学は時宗を追慕して弔偈を賦される。[57]

遠佩迦文肘後方、重尋鶴肋貴傳芳、感公西望焚香立、故我迢迢出大唐。
自説工夫未徹頭、一拳之下辨金鍮、從茲放却閑驢馬、海晏河清七十州。
喫了拳頭拔本難、請師塔樣太無端、灼然一點難名邈、直入無生國裡看。
賞公百計解咨參、得路行時越放憨、自笑戶門無鎖鑰、不知偷入老僧龕。
黃金城郭吾為主、不奈被君先手何、留得老夫看破屋、風前不覺笑呵呵。
故園田地已荒蕪、濁世非吾可久居、賸欲追君便行上、念君孤寡沒人扶。

時宗の第三年忌に当たり、覚山尼は専ら時宗の冥福を祈り、自ら大いに発願して『大方広仏華厳経』を書写し[58]供養した。無学に請じて陞座して時宗の功蹟と人格を褒めた。『仏光語録』巻三に、つぎのように記されている。

人生百歳七十者稀、法山寺殿、齒不滿四十、成就功業、却在七十歳人之上。看他治國平定天下、不見有喜怒之色、不見有矜誇衒耀氣象、此天下之人傑也。(中略)、後果佛天響應、家國貼然、奇哉有此力量、此亦佛法中再來人也、菩薩人進修梵行。
復有菩薩、或為妻子眷屬、種種成就菩薩修諸梵行、令其圓滿。今日覺山上人、與法光寺殿、曠劫以前、毘盧遮那會中、誓願深重示生人間、示作主臣。伏願、法光寺殿一靈不昧、十地頓超、庇祐子孫、永隆吉慶。

また、無学は時宗夫人の大きな發願を賛嘆される。時宗が宋より参禅の師として招請した無学祖元を時宗夫婦は深く帰依し禅の道に励む同志として、そして妻として夫を助け励ましていたのではないかと思われる。無学は覚山大師の参禅の熱心をほめている。[59]

法光寺殿第三年忌、覺山大師、自書華嚴大經、請陞座。毘盧藏海性覺寶王、無起無滅、無終無始。不立一塵、周遍法界。不倚一物、含攝十方。迎之不見其形、背之不迷其跡。千日不可比其明、衆寶不可奪其色。此是衆生覺地、亦名如來法身。天地依此而建立、日月依此而照臨。

この他には、時宗が虚堂智愚[60]（一一八五～一二六九）の夢を見て翌日無学に拈香を請い、[61]賛を求めた。このように時宗は無学とその日常の往来が極めて緊密なことがうかがえる。なお、無学との関係については『仏光語録』なかに多く見られるが、ここで詳しく論述できないので、簡略したものを紹介しようと思う。

巻	『仏光語録』『大正蔵』八十冊・頁	事由

1	三	一五一中	太守血書諸經保扶國土請陞
2	三	一五二下	太守請掛興國山額
3	三	一五二下	太守夢見虚堂和尚、翌日請師拈香
4	三	一五五下	開爐太守至上堂
5	三	一五七中	太守書金光明經請陞座
6	三	一五九上	太守送十六応真拈香
7	三	一五九上	檀那法光寺殿周忌
8	三	一六一中	円覚寺興聖禅寺額
9	三	一六二中	太守請讚龍祈雨
10	三	一六三上	趙州太守夫人請慶讚釈迦像楞伽経陞座
11	三	一六四下	法光寺殿第三年忌、覺山大師自書華嚴大經請陞座
12	四	一七三上	入方丈普説
13	四	一七三中	接莊田文字普説
14	四	一七四下	小仏事
15	四	一七四下	檀那法光寺殿落髮・付衣
16	四	一七四下	志道大師落髮・付衣
17	四	一七五上	法光寺殿下火
18	四	一七五中	為最明寺殿法光寺殿入祠堂
19	四	一七五中	太守請為最明寺殿掛真

20	六	一八六中	太守元帥請為最明寺殿忌辰普説
21	六	一八八中	本府請普説
22	六	一八九中	太守請就本府慶懺觀音普説
23	六	一九一下	大覺禪師忌辰太守請普説
24	六	一九三上	太守請賛五大部經普説
25	七	一九五中	答太守問道法語
26	七	二〇七中	太守令朗元房漢章二医官為師灼艾
27	八	二一九中	太守請讃
28	八	二二一上	法光寺殿
29	八	二二二中	八幡宮祈風・賀茂廟祈風
30	八	二二二中	太守送菖蒲石
31	八	二二二下	題謝太守送水昌硯匣
32	八	二二二下	謝太守惠直綴
33	八	二二三上	太守以開山和尚書背寫蓮經求跋而成一偈
34	八	二二四中	辞檀那求帰唐
35	八	二二五中	悼法光寺殿
36	九	二三〇中	謝太守書
37	九	二三〇下	答太守書
38	十	二四八中	太守貞時請師祈雨

時宗と無学との関係について『仏光語録』により考察してみると、この前後六年間に、時宗と無学は三十八回も往来を繰り返しているのである。それらは「祈風」・「祈雨」・「陞座」・「普説」などであった。時宗と無学とは日常の往来が極めて緊密であったことがうかがわれる。また、時宗と渡来僧との関わりは参禅のみではなく、政治的なことを相談するような密接な関係であったことをも見ることができるのである。

時宗の時代には、渡来僧の往来が多くなった。日本禅僧らが中国の江南にも参学している。本当に、中国禅に心酔してその中国禅を日本に伝えられることに熱心であったことに疑いを容れる余地はない。[62] 時頼と時宗が中国一流の禅僧を目の当たりにしたことは、この後の禅宗発展にとって極めて意義があったといえよう。[63] このように、時宗の仏教に対する熱心な態度と、加えて中国禅僧との交流が今日の日本の禅宗の興隆に決定的な影響を与えたといえる。日本禅宗の発展の促進に直接的に大きな影響があった。渡来僧は日本の武士精神と日本禅宗に対して強い教化を与えたといえる。

1 『吾妻鏡』、建長二年十二月五日条、建長三年五月十五日条、建長五年正月八日条。
2 『吾妻鏡』康元元年十一月二二日条。
3 『建長寺文書』（『鎌倉市史』史料編（三）一九八条）。
4 『元亨釈書』巻十七（『大日本仏教全書』第六二巻・史伝部）によると、時頼の伝記が同様の趣旨で語られていることとである。

5 村井章介『アジアのなかの中世日本』（倉書房、一九九七年）。村井章介『北条時頼と蒙古襲来』（日本放送出版協会、二〇〇一年）。大隅和雄「蒙古襲来」（『日本歴史大系』普及版4――武家政権の形成、山川出版社、一九九六年）。川添昭二「鎌倉時代の対外関係と博多」（『鎌倉時代文化伝播の研究』吉川弘文館、一九九三年）。

6 『鎌倉遺文』文永八年九月十三日条。

7 『大覚語録』巻下、（『大正蔵』八十・八五頁中）。

8 『続史料大成』第五十一巻・「鎌倉年代記」（臨川書店、一九七九年）。

9 足利衍述『鎌倉室町時代之儒教』（日本古典全集刊行会、一九三二年）五二頁。

10 西尾賢隆『中世の日中交流と禅宗』（吉川弘文館、一九九九年）五頁。

11 玉村竹二『五山文学新集』（六）（東京大学出版会、一九九一年）六三四頁。

12 『念大休禅師語録』（『大日本仏教全書』第四八巻・禅宗部全）二五二頁上。

13 玉村竹二『日本禅宗史論集』（上）（思文閣、一九七六年）一一三二頁。

14 『念大休禅師語録』（『大日本仏教全書』第四八巻・禅宗部全）、二五〇頁中。

15 宮本正尊「草木国土悉皆成仏」（『仏教学の根本問題』、春秋社、一九八五年）四六九～五〇五頁。坂本幸男「非情における仏性の有無について、特に湛然澄観を中心として」（『印度仏教学研究第七巻・第一号、一九五九年、四一六～四二五頁。

16 『念大休禅師語録』（『大日本仏教全書』第四八巻・禅宗部全）一九六頁中。

17 蔭木英雄『中世禅林詩史』（笠間書院、一九九四年）二七頁。

18 『円覚寺文書』弘安元年十二月二十三日条。第四号文書。

19 『鎌倉市史』史料編（一）六二六「異国降伏御祈祷記」条。
20 『仏光語録』巻七、（『大正蔵』八十・一九五頁中）。
21 『仏光語録』巻九、（『大正蔵』八十・二二七上～二三〇頁）。
22 鎖口決、すなわち、言語道断の意、是非を離れ有無を絶し、言語をもって説明しがたき仏法深甚の妙理をいう。
23 田中健夫編『善隣国宝記』（集英社、一九九五年）八六頁。
24 『元亨釈書』巻八（『大日本仏教全書』第六二巻・史伝部）。
25 『仏光語録』巻九、（『大正蔵』八十・一五一頁下）。
26 『鎌倉市史』総説編、一三四頁。
27 芳賀幸四郎「渡来僧とその業績」（『中世日本の禅とその文化』財団法人鹿野山禅青少年研修所、一九八七年）三九頁。
28 辻善之助『日本仏教史』第三巻・中世篇之二（岩波書店、一九七〇年）一七二頁。
29 『仏光語録』、巻三、一六五頁。
30 芳賀幸四郎「渡来僧とその業績」（『中世日本の禅とその文化』財団法人鹿野山禅青少年研修所、一九八七年）四〇頁。
31 柳田聖山「禅の歴史と語録」（『世界の名著　禅語録』、中央公論社、一九七四年）五五頁。
32 柳田聖山「中国禅宗史」（『講座禅』第三巻、筑摩書房、一九七四年）九六頁。
33 『仏光語録』巻三、（『大正蔵』八十・一四七頁中）。
34 『大覚禅師語録』巻上（『大正蔵』八十・四六頁中）常楽寺入院の曰く
「法座、盡大地作一法王座、未稱全提。拈須彌山、為一片舌頭、豈充宏辯。雖然仁義道中略通一線、驟歩登座。

祝聖拈香、此一瓣香恭為兩國至尊、用祝三祇劫壽、恭願懋昭大德、宏濟群生、垂拱而四海清平、無為而萬邦入貢。次拈香、此香得處親切、久矣珍藏、快便難逢、不妨拈出奉為前往、大宋國平江府陽山尊相禪寺、臨濟正派松源嫡嗣無明大和尚、爇向鑪中酬恩報德」。

建寧禅寺入寺（『大正蔵』八十・六三頁下）曰く「師陞座祝香、此一瓣香、高敷有頂、宏結無垠、透過須彌盧、充徹金剛界、爇向爐中。恭為祝延　今上皇有道明君、恭願金輪永固、玉葉長芳、綿萬載而擁休、合四時而蒙福。次拈香、此一瓣香、奉為輔國大丞相并合朝文武官僚、伏願壽等松椿傲雪沒彫零之色、心同葵藿向陽無移易之誠。此一瓣香、奉為東州信心檀越最明寺禪門、伏願為國輸忠、賛明君之盛德、了心達道、豎末世之寶幢、永為皇祚之股肱、長作法門之梁棟。

此香昔在陽山那畔收拾得來、覷著則有恨情生、點著則無明火發、爇向爐中、奉為前住平江府尊相禪寺無明大和尚、用酬法乳之恩」。

35　『仏光語録』巻六（『大正蔵』八十・一九一頁中）。
36　『仏光語録』（『大正蔵』八十・一八六頁中）。
37　『仏光語録』（『大正蔵』八十・一八七頁中）。
38　『日本歴史』第一六三号。玉村竹二『日本禅宗史論集』（上）（思文閣、一九七六年）四一五頁。
39　『仏光語録』巻三、一五八頁上。
40　『仏光語録』巻六、一九二頁中。
41　『円覚寺文書』弘安六年七月　日条。
42　『仏光語録』巻三、（『大正蔵』八十・一五七頁下）。
43　鷲尾順敬『鎌倉武士と禅』（大東出版社、一九三二年）一三三頁。

44 『円覚寺文書』弘安六年三月二十五日条。
45 『円覚寺文書』弘安六年七月十六日条。
46 『円覚寺文書』弘安六年七月十八日条。
47 『円覚寺文書』弘安六年七月十八日条。第一〇号文書。
48 『円覚寺文書』弘安六年七月十八日条。
49 玉村竹二『日本禅宗史論集』(上)(思文閣、一九七六年)一二〇八頁。
50 『円覚寺文書』弘安六年九月二十七日条。第一三号文書。
51 『円覚寺文書』弘安六年九月二十七日条。第一四号文書。
52 『仏光語録』巻四、(『大正蔵』八十・一七四頁下)。
53 『仏光語録』巻四、(『大正蔵』八十・一七四頁下)。
54 『念大休禅師語録』(『大日本仏教全書』第四八巻・禅宗部全)一二二〇頁。
55 『仏光語録』巻四、(『大正蔵』八十・一七五頁上)。
56 『仏光語録』巻四、(『大正蔵』八十・一七五頁上)。
57 『仏光語録』巻八、(『大正蔵』八十・二二五頁中)。
58 『仏光語録』巻三、(『大正蔵』八十・一六五頁上)。
59 『仏光語録』(『大正蔵』八十・一六四頁下)。
60 新版『禅学大辞典』(大修館書店、一九九六年)参照。「虚堂智愚は臨済宗楊岐派松源派。号虚堂、息耕叟とも四明象山の人。一六歳、普明寺師蘊について出家になる。遊学し雪竇寺・浄慈寺を経て、金山に至る、運菴普厳に見えて所得あり、遂に、其の法嗣となる。さらに、諸方の知識に歴参し、紹定二年(一二二九)初めて興聖寺に晋住した。その後、報恩・顕孝・瑞巌・延福・宝林・育王・浄慈・径山の緒刹に歴任して、宋朝の理度・度宗両朝の帰依を受けて、その教化は盛んなるものがあった。咸淳五年示寂。世寿八五。

61 『仏光語録』巻三、(『大正蔵』八十・一五二頁下)。

62 佐藤秀孝「禅者の日中交流――宋代禅宗と日本禅林」(『宋代禅宗の社会的影響』山喜房仏書林、二〇〇二年)五〇七頁。

63 今枝愛真『禅宗の歴史』(至文堂、一九八六年)四八頁。

第五節　怨親平等観

頼源朝は幕府を打ち立て武士による統治を成し遂げた。鎌倉時代は諸国の地方勢力が勃興し、平安時代が京都の公卿の繁栄だったこととくらべて、いわゆる国民的活動が起こる時代である。

鎌倉時代の武士はその任務として諸国の領域を保護して外敵盗賊を防御している。その必要上から兵隊を擁して戦争が起きる。次第に土地・兵馬の実権を掌握することになり、漸次、政治的・社会的・経済的に勢力を強めることになった。然るに、毎回、戦争に勝つために生霊を殺戮するのであったが、このような怨霊に対して如何なる認識をもっていたのだろうか。特に、時宗時代に戦役は多く、死者数も多くなる。この問題について時宗は国家の宗教事業として発展させたいと考えた。鎮魂が日本の政治権力ないし国家と宗教との歴史において如何なる位置を占めてきたのかという問題について考察する。

まず、円覚寺は創立の因縁に見れば、無学を引き留めるだけではなく、また、一つ重要な要因は、即ち戦没者の菩提を弔うことであった。当時、鎌倉幕府は北条時頼のあとに長時・政村が相次いで執権となり、政村の後に時宗が文永元年（一二六四）八月十一日、十四歳で執権となった。この時期に二つの大役が起こり、時宗は国家の一大事変に遭い、自ら奮うて要衝に当たり、国家のために一生を捧げて国威の宣揚を努めることになる。然るに、戦争中に傷亡の人が出るのは免れない。このようなことが円覚寺の創建の目的であった。

この「怨」を「親」に転じさせる、即ち「怨親平等」の思想になる。この思想のように『保暦間記』の内容を記録によると、十四世紀中ごろ成立している。[1]「怨霊」の言葉は頼朝の死亡原因を怨霊とする最も早い記録である。[2]『吾妻鏡』によると、建久七年（一一九六）正月から建久十年（一一九九）正月の史料が欠けており、頼朝の死について具体的に知ることはできない。建暦二年（一二一二）二月二十八日条は頼朝の死亡に関与するもので「故　将軍家渡御、及還路有御落馬、不経幾程薨給畢」[3]と具体的に記録されている。頼朝の悪行が自らを死に導いて、頼朝の子孫が途絶えてしまった。これは因果応報の観念に基づいており、それを怨霊として表現しており共通した見方といえよう。頼朝は全国に八萬四千基の宝塔を建立して、主に戦乱に亡くなった怨霊を供養している。「源親長敬白文」の内容つぎのように述べている。[4]

敬白　五輪寶塔三百基造立供養事

鎌倉殿八万四千基御塔、内源親長奉仰勸進五百基。但馬國分三百基、於御祈祷所進美、奉開眼供養。但六十三基者、當寺住僧等造立、自余者國中大名等所造。

右、寶塔勸進造立塔意趣者、去保元元年鳥羽一院早隱耶山之雲、當帝新院自諍一天已來、源氏平氏亂頻蜂起、王法仏法倶不靜、就中前太政大臣入道靜海忽誇朝恩、廻趙高之計、恣傾王法、繼守屋之跡、頻滅仏法、所謂、聖武天皇之御願、□□盧舎那仏灰燼、後白河院之玉體幽閑之間、九重之歎七道之愁、何事過之哉、爰我君前右大將源朝臣代天討王敵、通神伏逆臣、早拂一天之陣雲、速靜四海之逆浪、都鄙貴賤、無不開歡喜咲、但行追罰加刑害間、夭亡之輩數千万矣、被駈平家趣北陸輩者、消露命於篠原之草下、被語逆臣渡南海族者、失浮生於八島之浪上、如此類、遺恨於生前之衢、含悲於冥途之旅歟、須混勝利於怨親、頒抜濟於平等焉、伝聞、以怨報怨者、怨世世無斷、以德報怨者、転怨為親、因茲尋阿育之舊跡、造立八万四千之寶塔、仰豊財団之利益、書寫寶篋印陀羅尼、即於諸國靈驗之地、敬遂供養演說之誠、（中略）伏乞、五輪寶塔寶篋神呪、救討罰之率、導法界之群類、敬白、

建久八年丁巳十月四日午時

勸進奉行司源親長敬白

上記の文書のように、頼朝が宝塔を造立するのは全く怨霊の鎮魂のためであり、「怨」を「親」に転じさせることであった。怨を以って怨に報することは怨が断ずることがないということになる。これに対して徳を以って怨に報ずることは怨を親に転ずることになった。

時宗の時代に至り戦死の亡霊を弔うために専ら『金光明経』が書写されていた。『仏光語録』巻三に、つぎのように記されている。[5]

檀那書経報亡者、一念普通諸仏刹、香煙処処作仏事、幽冥之路盡豁開。老僧説此空空法、為薦亡霊空覚体、一霊不昧湛然存、即証無生空法忍。

また、円覚寺を建立し、落成するに至って、無学祖元を導師に迎えて盛大な供養が行われた。さらに、地蔵菩薩、一千尊が造立供養されたが、その目的は同じく亡霊の菩提を弔うのためのものであった。『仏光語録』巻四に、つぎのように記されている。[6]

人有苦難一称其名、速得救護、速得成就、(中略) 地蔵尊、歴劫悲願広、深入仏性海、神通不可量。我仏金口宣、讃嘆不可極、普救諸衆生、如空無有盡。我此日本國菩薩縁最熟、貴賤與老少無不仰恩德、故我大檀那蒙恩尤不淺、持此一國事、實頼菩薩力、毎於危難中、救護如響答、念此菩薩恩、建此入圓覺。

無学は千尊の地蔵菩薩像を奉ずると同時に説法し、大いに菩薩の威霊を顕揚し、戦場における死傷の人、彼我の将士などの冥福を祈祷している。怨を親に転じさせる点で仏教の「怨親平等」の観念と同じ意義を持ったと思われる。二つの戦役の後、時宗は自らの心事を表白し、無学はもう一度、福を祈祷して国家安泰、人民安楽を祈り、冥霊を祈祷したのである。怨親平等を祈った。つぎのように述べている。[7]

唯願大宝王、祐助我日本国、令我地堅固、猶如妙高山。令我軍勇健猶如那羅延、令我歳豊稔、民無飢餧者。令我民安楽、疫疾皆消滅。令我国長久百劫無傾動、願我奉菩薩、福寿二倶勝。願悟最上乗、速証菩提果。前歳及往古、此軍及他軍戦死與溺水、萬衆無帰魂。唯願速救抜、皆将超苦海。法界了無差、怨親平等。

また、肥後大慈寺でも北条時宗の菩提が弔われている。『大慈寺文書』、弘安九年六月十四日条によると、[8]

大渡大慈寺伽藍敷地之間、事就于橋邊可有興行之由、依被所望、雖最少分候、寺地一ヵ所令寄進之候。将又為彼仏性燈油修理、用荒野少々可有開發候。北条且為故相模守殿御菩提、且被申関東御祈祷候、事尤可然相存候、恐々謹言。

弘安九年六月十四日　源泰明在判

怨親平等の博愛の観念とともに「護国思想」に溢れている。北条時頼と時宗の滅罪・追善の供養が浄土信仰のもとで行われ、地方の禅院は檀越の追善行為に従事し、在地領主の寺は彼らの祈祷を行った。いわゆる「禅浄一致」の思想も根強くあり、その禅風も顕密仏教[9]的色彩を濃くするものでもあった。

このような思想は北条時頼の時代にもあった。当時、鎌倉の永福寺が建立されて以降、幾度かの火災に遭って各所に死傷の人々が生じた。彼らは北条時頼の霊夢に現れたので、時頼は永福寺の修造を急ぐよう命じている。『吾妻鏡』寶治二年二月五日条によると、つぎのように記載されている。[10]

永福寺之堂修理事、去寛元二年四月、雖及其沙汰、日來頗懈緩也、而左親衛、明年廿七歳御慎也、可被興行當寺之由、依有靈夢之告、殊思召立云云。當寺者、右大將軍、文治五年討取伊予守義顯、又入奥州征伐藤原泰衡、令帰鎌倉給之後、陸奥出羽兩國可令知行之由被蒙裁、是依為泰衡管領跡也、而今廻關長東久遠慮給之余、欲宥怨靈、云義顕云泰衡、非指朝敵只以私宿意誅亡之故也、仍其年内被始營作、随而壇場荘嚴、偏被模清衡、基衡、秀衡以上泰衡父祖、等建立平泉精舎訖、其後六十年之雨露侵月殿云云。明年者、所相當于義顕并泰衡一族滅亡年之支干也。

これに続いて、室町幕府の初期政権（尊氏・直義）の重要政策の一つとして打ち出されたのが、即ち、安国寺・利生塔の新設である。建武五年（一三三八）五月に、尊氏は征夷大将軍となり、武家の勢力はまさに全盛の観を呈した。その際、幕府は一国一寺一塔の計画を成立させた。「和泉久米田寺文書」建武五年五月十七日条に、つぎのように記されている。

和泉国久米田寺塔婆事、為六十六基之随一、早寄料足可造畢也、可被存知其旨之状、如件

建武五年五月十七日　　左馬頭　花押

（直義）

長老

鎌倉の為政者にとってはその供養を行うとともに怨霊の祈祷が重視された。北条時頼と時宗などの祈念されており、[11]これらも、いうまでもなく祈祷とは個人ではなく、利害を共にする集団・共同体による宗教的行為であった。

一国一基塔婆を建立する文書は、これが最初のものである。康永元年（一三四二）八坂法観寺塔の落慶で夢窓の讃仏法語のなかに、塔婆の設立の趣旨が説明されている。『夢窓語録』巻下之一に、つぎのように述べられている。[12]

元弘以來國家大亂、想料賢懷奚有介惡、祇是天災起於不虞傷害人民不尠、焚燒舎宅幾何、因此惡縁翻發善願、

其善願者所謂欲於六十餘州内、毎州建于一基塔者也、其旨趣不敢為私家、欲祈佛法王法同時盛興、其回向亦非為自利、欲濟此方他方一切含識、具陳精悃上達、聖聞其志協、叡襟亦同發大願、乃命主幹於武將、以成締構於諸州、或新樹營功或重補廢址、今此當山靈塔是其一也。

「州」（国）でとに一寺一塔を建立した趣旨は仏法と王法とを同時に興隆させることである。王法は正しい仏法を広め、仏法は王法に加護を与えることになる。強烈な仏法中心の思想ではあるが、王法との結合を積極的に主張するものである。鎌倉時代の仏教革新運動に見られる王法仏法相依論への姿勢は、微妙でもあり複雑でもあった。[13]また、康永四年（一三四五）八月晦日、天竜寺の覚皇宝殿に慶讃陞座の拈香法語には、次のように記載されている。[14]

拈香云、（中略）聖旨於榑桑國中毎州、建立一寺一塔、普為元弘以來、戰死傷亡、一切魂儀資薦覺路。又曆應年中、特立　叡願、革此皇宮以作梵苑奉為、　先皇嚴飾寂場。又命武家、董其營造、經年未幾、不日成功、寔是君臣道合、天龍保持之所致耳。惡事轉成善事、法無定相、逆縁却為順縁。此所以其禍福、同源冤親一體者也、兵革之亂、於世非適今也。

夢窓は聖旨を奉じて、「州」（国）でとに一寺一塔を建立したものであり、普く元弘以來の戰死・傷亡のものに覺路を資薦した。以上見てきたように怨親平等の観念は室町幕府の時期に至って安国寺・利生塔を建立させ、そのもともとの怨を親に転ずる宗教的意義の外に、さらに各国守護を掌握し、治安維持を計るなどの政治的・軍事的意義をがあった。王法と仏法の相依とは国家・社会と仏教との関係を言い、相互に支えあう体制をいうものである、この寺社勢力は中世を通じて公家・武家に対する相対的独立性を保持していた。王法仏法相依論は中世の国家と宗教の体制における本流の位置を占めるものである。

しかしながら、実際にその問題について見れ、「怨親平等」の思想はさらに早い時期の中国の隋文帝の時代（五八一〜六〇四）からのものである。文帝は全国で百十余ヶ所の仏舎利塔を建立している。インドの阿育王が八萬四千の舎利塔を建立したという説がある。北宋末期四年（一一二四）頃に徽宗が民心慰撫のために各州に天寧禅寺を建てている。南宋の高宗が父徽宗の追善のために、紹興九年（一一三九）に各州に報恩光孝寺を設立した。一方、直義は中国禅林の新風潮に傾倒し、仏教について深い理解をもっていた。加えて、弟の直義は自ら慙愧を懐い、戦争における過を謝せんしたものであった。したがって、直義にとっては中国の先例にならうものであった。[15]なお、安国寺・利生塔の創立は、各地が室町幕府政権の統治下にあることを示すものであり、同時に、軍事の拠点となり、さらに、寺院の創立はその地域の支配を標章するものであった。[16]

夢窓は特に「塔婆興隆倶是仏法流通」、即ち利生塔の興隆と廃滅を観察すれば、正法の存在と消滅の関連が分かるとする。[17]

昔本朝伽藍興建此地、是為權輿。今諸國塔婆供養此地、亦作先鋒。由其感應冥符、知此縁遇際會、佛法流布、既始從此精舍。佛法再興、亦資于此精舍者歟。阿育王曾造八萬四千塔廟、皆擇八祥之靈地、以為址基槫桑國、新立六十六箇之浮圖、先於八坂之精藍、而修供養、乃知此地元蘊八祥之德、故自得八坂之名者也。教中云、正法住、正法滅、須以塔婆興廢觀焉。既是塔婆興隆得時、應知如來正法住世。彼法勝寺寶塔去春、罹火災而壞滅、貴賤皆同悲歎。此法觀寺寶塔、今日遂供養而再興、緇素靡不隨喜、兩塔壞滅、與再興示相雖異、諸人悲歎、與隨喜得益是同、以此思之可謂塔婆興廢倶是佛法流通。

伽藍の興建はこの地から始まり、今、諸国利生塔の供養を行った。仏法の流布も、すでにこの精舎より始まり、仏法の再興事業に連っている。利生塔の存在と仏教の興隆と衰滅が緊密な関係にあると述べているのである。

要するに、鎌倉幕府の時頼・時宗は寺院と塔を建立し、その目的は完全に滅罪・追善の怨を親に転じさせる行為が趣旨と考えられる。それに対して、室町時代の足利尊氏による利生塔創立の趣旨は、元弘戦乱の事件を顧みて、深くその罪を謝し、亡霊を弔おうとするところにある。また、この利生塔の設置のような幕府の重要政策は主として直義によって推進されていた。とくに、清掘正澄と夢窓疎石らの五山禅僧は尊氏・直義による初期室町政権の正当性を支える論理を生成する役割を担っていたのであった。[18]

鎌倉幕府は怨親平等を思想とし、室町時代に至って国家宗教の様式を発展させた。両者の成立の目的と性格が異なっていたことは明らかである。後期利生塔は宗教上の目的と、国家守護を掌握し地方の安全を維持する、政治的・軍事的の重要に意義を担っているのである。

結びにかえて

無学祖元の宗風と北条時宗の禅宗外護について論述してきた。時宗の外護は中世禅林形成時においてどのような役割を担ったか、また、渡来僧は純粋禅を挙揚する鎌倉の禅風の形成についてどうのような役割をになったかを具体的に解明した。北条時宗の中世禅林への外護については、『円覚寺文書』の「北条時宗申文」・「北條時宗執事奉書」・「関東下知状」・「北條時宗書状」などの史料により知ることができた。それらによると寺領寄進は幕府が承認する形となり円覚寺の経済的基盤は固められた。また、「円覚寺年中寺用米注進状文書」は円覚寺の一年間の米の使用に関する予算案と決算報告である。円覚寺の創建当時の規模とその経済的な内容を示す史料である。無学はこれに対して時宗にとくに自筆の礼状を出して感謝の意を表している。時宗の禅宗に対する手厚い外護を看過することはできない。時宗は日本禅林を興隆するために中国の禅僧を招聘し、人材を十方に求めている。これが中世禅林の発展に大きく貢献することになったのである。

また、弘安四年、蒙古襲来で多忙を極めた時期に、時宗は「毎月」、無学や諸禅僧と「相談」しているのである。これを見ると、時宗と渡来僧との関わりは参禅のみではなく、政治的なことも「相談」するような密接な関係であった。さらに、『仏光語録』によれば、この前後六年間に、時宗と無学は三八回も往来を繰り返しているのである。「祈風」・「祈雨」・「陞座」・「普説」などであった。時宗の外護は中世禅林の発展に直接大きな影響を与えたことを明らかにしえたと思う。無学は四十余年にわたる参禅の経験を述べており、参禅者は公案に拘泥してその弊害を説明されている。無学は祖師禅を挙揚して、修行僧に老婆心をもって教化している弟子の育成に成功している。このような教化の態度が仏光派の門派を大きく発展させた要因と考えられる。また、無学の宗風が後の中世禅林に対して極めて大きな影響を及ぼしたことは看過できない事実である。

「怨親平等」については、頼朝は全国に八萬四千基の宝塔を建立して、主に戦乱で亡くなった怨霊を供養している。鎌倉幕府の時頼・時宗は寺院と塔を建立している。その目的は滅罪・追善の怨を親に転じさせるという趣旨であったと考えられる。それに対して、室町時代の足利尊氏の利生塔創立の趣旨は、宗教上の目的と、国家の安全を掌握し、地方の静ひつを維持するという、政治的・軍事的に重要な意義を担っていたのである。怨親平等の思想は鎌倉時代に宗教と関わり、室町時代に至っては国家宗教的側面を発展させるという関わりであった。両者の目的と性格が異なっていたことを明らかにした。いずれにしても中世の禅林における王法と仏法の緊密な関係を伺うことができるのである。

1　山田雄司「源頼朝の怨霊観」（『中世仏教の展開とその基盤』大蔵出版社、二〇〇二年、）二八三頁。
2　佐伯真一・高木浩明編『校本保暦間記』（和泉書院、一九九九年）一一頁。
3　『吾妻鏡』建暦二年二月二十八日条。
4　『鎌倉遺文』九三七条。
5　『仏光語録』巻三（『大正蔵』八十・一五七頁下）。
6　同右、巻四、一七四頁中。
7　同右、巻四、一七四頁下。
8　『大慈寺文書』、弘安九年六月十四日条。
9　黒田俊雄『日本中世の社会と宗教』（岩波書店、一九九〇年）、一九一〜二〇七頁。斎藤夏来『禅宗官寺制度の研究』（吉川弘文館、二〇〇三年）、一一頁。
10　『吾妻鏡』宝治二年二月五日条。
11　『高城市文書』弘安十一年二月五日、国分季高書状、第二章・第四節。
12　『夢窓語録』巻下之一（『大正蔵』八十・四六六頁下）。

13 黒田俊雄『王法と仏法』（法蔵館、二〇〇一年）三三頁。
14 『夢窓語録』巻下之一（『大正蔵』八十・四六八頁中）。
15 今枝愛真『中世禅宗史の研究』（東京大学出版社、一九七〇年）、一三三頁。
16 辻善之助『日本仏教史』中世篇之三（岩波書店、一九七〇年）、一〇七頁。
17 『夢窓語録』巻下之一（『大正蔵』八十・四六七頁中）。
18 西山美香『武家政権と禅宗』（笠間書院、二〇〇四年）、二八頁。

第三章　南浦紹明の禅風の特色とその展開

はじめに

鎌倉時代は日本の禅林が大きく変化した時代である。中国大陸では南宋が滅亡し、その混乱を避けて渡来した禅僧が増加したこともあって、日中の交流が盛んになった。日本は宗教のみならず、文化の面でも大きな影響を受けることになる。このような時代の中で、南浦紹明は建長寺蘭渓道隆に参じた日本人の門弟であった。彼はのちに中国に渡り、径山の虚堂智愚に参禅し、その法を受けて臨済宗松源派の禅法を日本に伝えている。南浦紹明の純粋禅の宗風が中世禅林に極めて大きい影響を与えたことは明らかといえよう。当時、鎌倉の禅界における高峰顕日と南浦紹明とは天下の二甘露と称された。

南浦紹明は径山の虚堂智愚の法を嗣ぎ、日本に帰国、そののち、さらに四大名刹に住して禅宗を挙揚している。中国から日本に移植された禅宗のうちで林下の門派が今日まで相続されているのは、道元の曹洞宗と南浦の臨済宗妙心寺派・大徳寺派の禅だけである。

南浦紹明に関わる論述をしたものに、葉貫磨哉「北条時宗と西澗子曇の役割」(『中世禅林成立史の研究』吉川弘文館、一九九三年)があり、南浦紹明と西澗子曇との関連について論述している。西尾賢隆「モンゴル襲来前夜の日元交渉の一面――趙良弼と大応――」(『中世の日中交流と禅宗』吉川弘文館、一九九九年)は、趙良弱の紹介と南浦の和韻の内容及び型式を分析している。

これらの研究情況を踏まえて本論では、まず、中日交流の点に着目した。南浦が純粋禅を挙揚したことは明らかであるが、中世禅林に対して如何なる影響を与えているのかを考察することにしたい。

入宋の南浦紹明が渡来の禅僧とどのような交流を持ったかについて考察を加え、さらに、南浦の門派大応派が日本禅林において如何なる役割を果したか、各々の問題点について考究することにしたい。なお、その弟子宗峰の宗風の特質を論究することにしたい。

第一節　南浦紹明の禅風について

一　入宋時の南浦紹明

南浦紹明は、嘉禎元年（一二三五）、駿州安部県（郡）に生まれた人物である。十五歳になり、本州建穂寺の浄辯について剃髪授戒し、のち鎌倉建長寺の蘭渓道隆に参ずる。正元年間に至り、日中両国の僧侶の往来が激しくなっていった、当時の禅宗界の状況を掌握しようと、南浦紹明は参学のために中国に渡り、径山の虚堂智愚[2]（一一八五〜一二六九）に参禅して松源派と呼ばれる臨済宗の一派を日本に伝えた。

南浦紹明は正元元年（一二五九）、二十五歳にして入宋し、[3]まず、臨安府浄慈寺の虚堂に参ずる。これは永祚禅寺住持の延俊が述した『円通大応国師塔銘』の中に掲載されている。[4]

正元間航海至宋。遍參知識。虚堂愚公主淨慈。門庭高峻學者望崖而却。
堂曰。古帆未掛時如何
師云。蝛螟眼裏五須彌。
堂云。掛後如何。
師云。黄河向北流。
堂云。未在更道。
師云。某甲恁麼和尚又作麼生。黄河向北流。
師云。和尚莫謾人好。
堂云。參堂去。久而令典賓客。

このように、『円通大応国師塔銘』には、ただ「正元年間航海至宋」と記載されているだけであり、はっきりとした期日が記されてない。南浦紹明は正元年間、すなわち正元元年（一二五九）三月二十六日から、翌年四月十二日に至る間に渡海し、浄慈寺に入ったことになる。一方、『虚堂和尚語録』によると、虚堂は宝祐四年（一二五六）四月七日、霊隠の鷲峯菴において請を受け、阿育王山広利禅寺に同月十九日に入寺している。しかし、同六年（一二五八）六月十四日には、「罹難」したと記されている。その理由は不明であるが、阿育王寺を退いたという。つづいて、景定元年（一二五九）八月二十五日には、虚堂は柏厳の慧照禅寺に入寺しており、これから推察すると、南浦紹明が入宋し、浄慈寺の虚堂に会うのは、虚堂が広利禅寺を退き、のちに慧照禅寺に入寺するまでの間であるということになる。

それから約六年後の咸淳元年（一二六五、文永二年）六月、南浦紹明は再び浄慈寺に住していた虚堂智愚の頂相を画工に描かせ、さらに、虚堂に賛辞を請うている。つぎのようである。[5]

日本紹明知客請

紹既明白、語不失宗、手頭簸弄、金圏栗蓬、大唐國裡無人會、又却乗流過海東。

この頂相は虚堂が浄慈寺に住しており、南浦紹明が同寺の知客の職を担っていた時のものである。にわかに帰国の念が起きて描かせた恩師の記念の頂相であった。なお、これは現在、大徳寺に所蔵されている。また、虚堂はさらにその頂相の因縁を説明するために自筆で次の語を書き加えている。[6]

紹明知客相従滋久、忽起還郷之興、絵老僧陋質請賛、

咸淳改元夏六月　奉勅住持大宋浄慈虚堂叟智愚書

同年八月、虚堂は詔を奉じて径山の興盛万寿禅寺の住持になっている。同月二十五日に陞座を行い入院した。南浦紹明は虚堂に従い浄慈寺より径山万寿寺に赴き、仏道に策励させられる。ある日、南浦紹明は定中において大悟して偈頌を作って虚堂に呈し、師の印可をうけた。[7]

忽然心境共忘時、大地山河透脱機、法王法身全体現、時人相見不相知。

虚堂は禅堂を巡る時、特別に大衆に「這漢参禅大徹」と知らせたと南浦の語録にはみえる。これ以降、大衆の南浦紹明に対する態度には自然に尊敬の念が生ずるようになったという。咸淳三年（一二六七、文永四年）秋、南浦紹明は虚堂に許されて日本へ帰国した。その際、虚堂並びにその会下の弟子等が南浦紹明の帰朝のために餞別の偈頌を賦して贈った。つぎのようである。[8]

一帆風

日本明禪師、留大唐十年、山川勝處、遊覽殆遍、泊見知識、典賓干輩寺。原其所由、如善竊者、間不容髮、

無端於凌霄峰頂、披認來州踪、諸公雖巧為遮藏、畢竟片帆已在滄波之外。

咸淳三年冬、苕谿慧明題

また、つぎのようにもある。

徑山虚堂愚和尚、送南浦明公還本國併序

明知客自發明後、欲告帰日本、尋照知客、通首座、源長老、聚頭説龍峰會裏家私、袖紙求法語。老僧今年八十三、無力思索、作一偈以盡行色、萬里水程、以道珍衛。

四十三人の禅僧の送別の詩文を寄せたものが『一帆風』と題されて一冊にまとめられたようである。現在、この詩文は玉村竹二『五山文学新集』別巻（二）に収載されている。さらに、虚堂は南浦紹明の送別を祝して一偈を与えている。[9]

敲磕門庭細揣磨。路頭盡處再經過。明明説與虚尚叟。東海兒孫日轉多。

「東海の児孫が日々多くなる」と記している。虚堂は八三歳の老境にあったが、自らの松源派の法脈が南浦によって東海（日本）国に興隆されることを大いに期待していたことが理解できるのである。

南浦紹明は帰国するとき、『一帆風』の巻末には「無象靜照、源長老、虚堂智愚」という名がみられる。径山万寿禅寺の知客を勤めているのは無象靜照であった。『無象和尚行状記』によると、[10]建長四年(一二五二)、無象は宋へ渡り、杭州徑山の石渓心月に参究し、すぐに省悟した。宝祐四年（一二五六）三月、無象は石渓心月に許されて別れを告げる。つづいて、景定元年（一二六〇）、阿育王山の広利禅寺に掛錫して虚堂智愚に参じて知客の職を担った。これから推算すると、無象は南浦紹明より八年早く入宋したが、両者はほぼ同時期に共に虚堂の会下において参禅していたことになる。

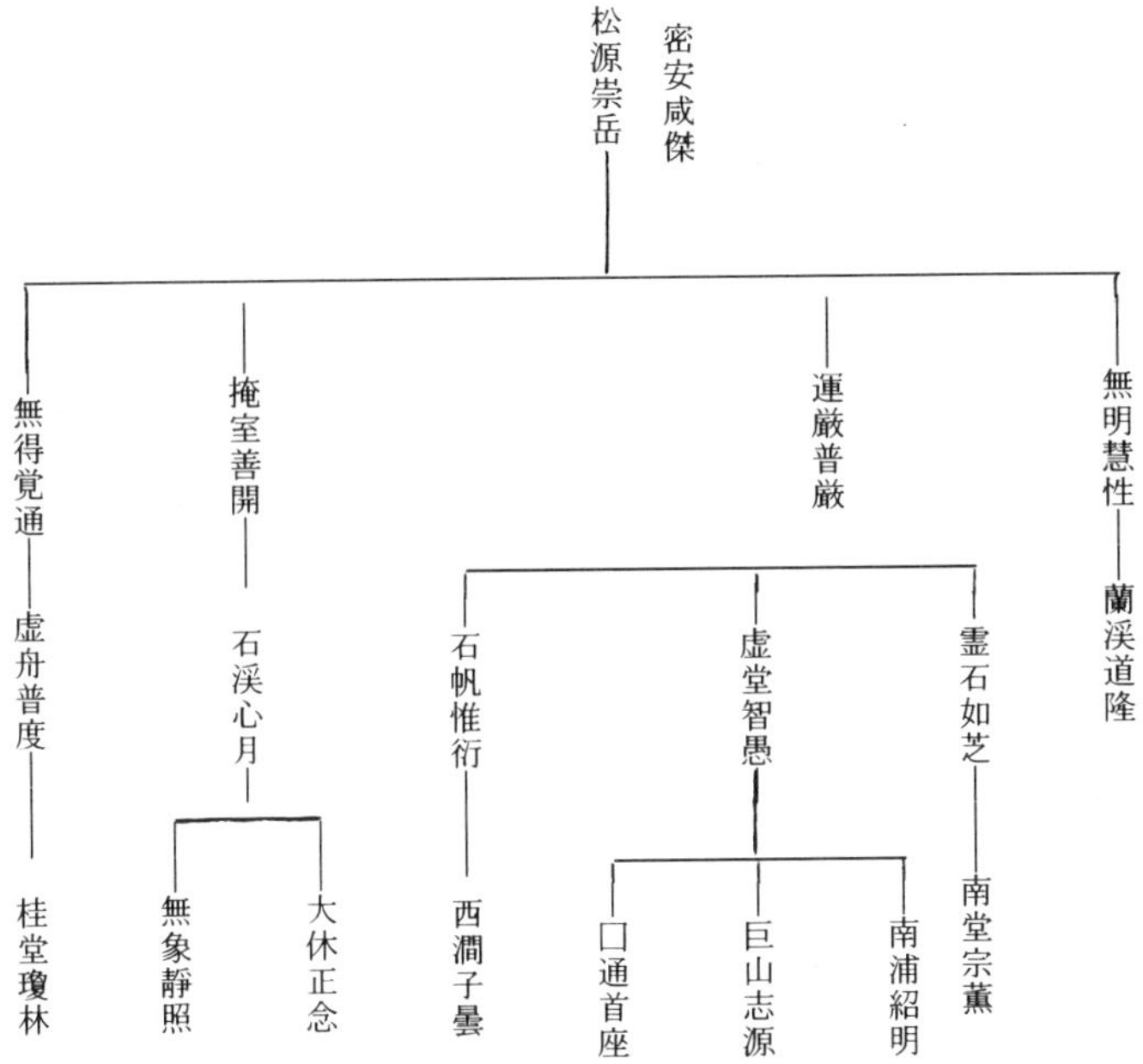

密安咸傑
松源崇岳
無明慧性
蘭渓道隆
運巌普巌
霊石如芝
南堂宗薫
虚堂智愚
南浦紹明
巨山志源
囗通首座
石帆惟衍
西澗子曇
掩室善開
石渓心月
大休正念
無象静照
無得覚通
虚舟普度
桂堂瓊林

また、源長老とは、すなわち、巨山志源である。巨山は入宋し、虚堂智愚が浄慈・径山に住する時に随侍した。また、虚堂の『興聖禅寺語録』を編纂した人物でもある。それはほぼ景定五年（一二六四）より咸淳五年（一二六九）に至る間であり、南浦紹明・無象静照と巨山志源は共に虚堂の会下で参禅した時期があることが理解できる。

入宋してほぼ九年を経過した文永四年（一二六七）、南浦紹明は帰国して、鎌倉建長寺に上り蘭渓道隆に報告して建長寺の蔵主を担った。建長寺の任職期間の中に蘭渓道隆の韻に和している。[11]

上元後雪二首和蘭溪和尚韻

三夜明燈照佛庭。天龍呈瑞卒無停。鹽花滿地千重玉。銀屑飜空萬點星。皓色逼人難著眼。寒聲起粟不堪聽。須知此是豐年事。定應寰中分外寧。

萬點金燈照殿庭。臨晨瑞應不曾停。飄零玉碎冷修月。暗剪水花飛似星。少室家風今尚在。鼇山公案又重聽。老師高德感如是天下蒼生賀太寧。

これをみると、何れの年の元宵（正月十五日）[12]かははっきり記載されていないが、語録の他の記載からすれば、南浦紹明は文永四年（一二六七）七月に帰国して建長寺の蔵主となり、同七年（一二七〇）十月二十八日に至って筑前興徳寺に入院していることになる。したがって、ほぼ文永五年〜七年の間のある年の元宵を祝うために詩文を賦したものと考えられる。また、内容からすると、「須知此是豊年事、定応寰中分外寧」とあり、この期間の日本の国内外には、蒙古の襲来危機が迫りつつあったが、さしたる争乱はなかったようである。文永五年（一二六八）一月には、高麗の使者潘阜は蒙古皇帝フビライの書をもって大宰府に至った。同年三月から、朝廷は諸寺社に異国降伏の祈祷を命じている。そして、同六年三月に蒙古・高麗の使者が対馬に来て返書を求めている。

蒙古襲来の際にも仏の加護を得られるよう祈祷することを命じている。これらのことを考えると、南浦紹明と蘭渓道隆との詩文はほぼ文永六年の正月十五日に作られたものと言えよう。

このような詩文のやり取りを介した交流は大休正念の語録にもみえており、大休と蘭渓との間でも元宵放燈に関してと、雪に当たりての詩文のやりとりが記載されている。[13]

又和建長開山和尚元宵放燈、値雪韵和

聯芳続焔古禅庭、暗室群迷機事停、斉放金蓮万斛子、移来銀漢一天星。

仏心洞徹唯心鑑、天耳聞幽非耳通、六出花飛呈瑞応、太平人物楽熙寧。

蘭渓道隆の原頌は現行の『大覚禅師語録』には掲載されていないが、このような史料から中日の禅僧が交流する姿をうかがうことができる。また、南浦紹明は関東に在ること三年にして興徳禅寺に住する。つぎのように述べている。[14]

師陞座拈香云。此一瓣香。爇向爐中。恭為祝延　今上皇帝聖躬萬歳萬歳萬萬歳　陛下恭願。堯天等覆舜日普臨。四海歸仁萬邦拜手。

此香曾在淩霄峰頂。無心之中忽然拾得。今日人天普會不敢嚢藏。爇向爐中。供養前往大宋徑山興聖萬壽禪寺虚堂和尚大禪師。用酬法乳。

文永七年（一二七〇）十月二十八日、南浦紹明が筑前興徳寺に陞座入寺する際、まず、亀山天皇は「万歳万歳万万歳」と慶賀の意を表している。このように禅林の開堂の場で聖躬万歳の語を唱えることは、中国の禅林で行われてきたことであり、中国の世俗的礼儀の方式を用いたものである。また、恩師虚堂和尚を供養し、その法恩に感謝もしている。そして、嗣法香を焼いて虚堂の弟子であることを表明している。のちにこのことを証する書、ならびに入寺法語を西澗子曇に託して径山の虚堂智愚に呈したとされている。「塔銘」にはつぎのようにある。[15]

文永七年秋徙西都。出世築州之興徳禪寺。遂以嗣法書并入院語。因曇侍者呈徑山。堂得之大喜請衆曰。吾道東矣。其為堂器重如此。

このように虚堂はこれを受け取ったときに、大いに喜び、そして、大衆に「吾道が東せり」と言ったという。これからすると、南浦紹明は非常に虚堂から重要視されていたことになる。しかし、この史料には疑点がある。次節「『円通大応国師語録』における上堂年代考」の中で詳しい論考しているものである。

文永九年（一二七二）三月、西澗子曇は南浦紹明の『大応国師語録』に跋文を付けている。つぎのようである。[16]

提殺人刀。秉活人劍。須還作家手段方堪任用苟失其正。非唯血指刃身。益且魂驚膽落。莫知柄欛何似。今覽興海堂頭南浦法兄禪師舉揚綱要。有如長劍快馬。運轉如風。略無縫罅。可容窺測。若其貶眼之流。豈止横屍萬里。余意。虚堂老伯未必有此作也。所謂智過於師方堪傳受者。於斯盡矣。因為書于卷末。

時文永壬申季春　　大宋國屬末比丘西澗子曇

この跋文は南浦紹明の興徳寺入院の法語について編纂したものである。西澗子曇の師、石帆惟衍は虚堂と同門であって、同じく運庵普巌の法を継承している。すなわち西澗子曇にとって南浦紹明はその法兄に当たる。両者はこのようなことから親密な関係であったのであろう。

南浦紹明の『大応国師語録』には、明極楚俊がすぐれた跋文を作っている。つぎのように記している。[17]

楊岐之道四葉而得円悟。大其門起其宗。六葉而得応庵。法益光道益盛。密庵之道末四葉而得虚堂。堂之道言若大霆浮世。如碧潭之瑩秋月。堂之下葉葉有光如宝葉源公竹窓喜公閑極雲公葛盧曇公霊石芝公。皆有語行於世者。日本南浦明公禅師。遊歴巨宋大叢林。参虚堂得正伝。帰本国行道。今観其四会語上堂小参拈古頌古法語及貽贈之作。如折栴檀片片皆香。伏読不忍去手。信知得的旨者迥然殊別也。余於日本宿有縁起。故来獲観此録。亦不枉東海之一行也。

時元徳庚午孟夏結制前五日　建長住山法姪比丘楚俊敬跋

元徳元年(一三二九)五月、明極楚俊と竺仙梵僊はともに博多に到着した。同年二月、北条高時の招請を受けて、明極楚俊は鎌倉に着き、同年三月、建長寺の住持になる。元徳二年(一三三〇)四月一〇日、明極楚俊は南浦紹明の『語録』に跋文を書いている。また、その時期に鎌倉浄智寺に住する清拙は「明極和尚住建長寺諸山疏」の祝賀の疏文を書いており、明極楚俊は清拙にその才能を褒められている。[18]

文永九年（一二七二）十二月二十五日、南浦紹明は大宰府崇福寺に入寺しており、これより三十三年間に渡り同寺において禅宗の宣揚に尽力している。円爾と随乗房湛慧はともに径山の無準師範に学んだことから大宰府横越に伽藍を建立している。これが崇福寺である。同寺を建立することは在宋の折の約束であり、仁治二年（一二四一）、湛慧に招かれて崇福禅寺の開山となっている。のち、円爾が京都東福寺に移るとき、つづいて南浦紹明が崇福寺に住する。そして弘安三年（一二八〇）十月十七日、東福寺開山の円爾は示寂した。南浦紹明は特別に大宰府崇福寺において円爾の七日忌のために陞座して法語を宣揚している。つぎのように述べている。[19]

東福開山聖一和尚忌日陞座。掩關於摩竭。藏身露影。杜口於毘耶。掩耳偸鈴。自爾西天四七東土二三。承虚接響。一人傳一人。濫觴不止至於滔天。因茲我日本國洛陽東山東福開山聖一和尚。事不獲已。出來播揚宗乘。四十余年。正按傍提横該竪抹。千變萬化七縱八横。頭頭合轍應用無虧。度盡一切有情無情。驀忽時節到來翻身而去。電影難追仏祖不知。雖然如是。未是東福老漢真實行履處。且道如何是真實行履處良久云。日面仏月面仏。

仁治二年（一二四一）七月に、随乗房堪慧が崇福寺を創建して円爾を開山に招いてから四十余年の間、円爾は禅宗を宣揚するために一生を捧げたことはいうまでもない。自由自在に衆生を教化し、すべての有情・無情を済度し尽くし、忽ち示寂したと讃嘆している。

南浦紹明が九州に赴き筑前早良の興徳寺に住持したのは一種の使命である。日本における遣唐使は廃絶されており普通宇多天皇の寛平六年（八九四）のこととされているが、事実は仁明天皇の承和五年（八三八）に派遣されたのを最後とし、その後は全く廃絶された。[20]それから国家間の正式な交渉はなく、民間の交流に限られていた。宋代以後、中日の民間交流は盛んになり緊密な関係が保たれていた。この状況は『大応国師語録』にある二つの偈頌からを見てとれる。つぎのように記している。[21]

和蒙古國信使逍宣撫韻有東林遠之語二首

遠公不出虎溪意。非是淵明誰賞音。欲話箇中消息子。浦輪何日到雲林。

外國高人來日本。相逢談笑露真機。殊方異域無羌路。目撃道存更有誰。

蒙古は、第五代世祖のフビライに至り、金宋両国を併合し、俄かに国家勢力を拡大して近隣の国に侵略を開始した。至元八年（一二七一）遂に国号を改めて元と称する。この間に、しばしば国信使を派遣して平和のために他国の朝貢を求めた。文永六年（一二六九）二月、モンゴル使と高麗使らが対馬に至ったが、一行の中に不慮のいさかいが起き、中断した。さらに、同年九月、高麗使金有成らが大宰府に至り、新たにモンゴル・高麗の牒状をもたらした。それに対して日本の朝廷は返答書をしたためたが、それを幕府が押さえたので送られなかった。[22]また、文永八年（一二七一）九月十五日、モンゴルの使者、趙良弼（一二一七〜一二八六）は大宰府に至った。

同年九月二十五日、趙良弼が日本に和を請う書状を呈した。「皇帝聖旨、奉使日本國請和」と述べている。これからみると、趙良弼と円爾との間にも何らかの交渉があったことがわかる。当時における入宋僧たちの国際性を物語るものである。[23]

この文書が、現在、東福寺に保存されている。東福寺末寺の大宰府崇福寺は当時の外交政治に大きく貢献していたことが明らかになった。換言すれば、大宰府守護所は日本側を代表する鎌倉幕府の出先機関として機能していた。[24]

また、『鎌倉遺文』一〇八八四条、[25]「大蒙古國皇帝、差來國信使趙良弼」によると、趙良弼は文永八年(一二七一)九月十九日に大宰府にいたるが、今度は守護所の手を経ず、直接京都もしくは鎌倉に国書を持参して奉呈しようと企てた。守護所においてはこれを聴かず、数日に及んだが、結局国書そのままにして、副文を作ってこれを守護所に渡し、その進達を請うに至った。これからみると、南浦紹明は筑前興徳寺で松源派の禅法を擧揚するばかりではなかった。彼は九年間にわたる在宋の経験による国際知識を生かして外交技術などに能力を発揮した。鎌倉幕府は外交経験の不足を補強する人物として期待した。[26]この延長線上に室町時代があり、外交上の対応の役はようやく五山の禅僧が担うようになっていくのである。

趙良弼は今度も返牒を受けることができなかったので、文永九年正月に空しく高麗に帰る。文永十年(一二七三)三月、趙良弼はふたたび日本に渡り折衝を繰り返したが、目的を達せずに引き挙げた。南浦紹明と趙良弼とのあ間に二つの偈頌のやりとりがあり、その内容からみると、趙良弼が和親を求めたがならず落胆して帰っている。この時期は一時的に小康を得て、太平を謳歌する内容である。これにより、第二首の作られた時期は文永十年であると推測できる。[27]

二　純粋禅の宗風

虚堂は深奥な禅風をそなえて赴く者はこの法に入らず、落胆するのを恐る。ゆえに求法者は崖に臨んで退く。しかし、南浦紹明はわが思いのままに虚堂に礼参したことから超然の智慧がうかがえよう。まず、虚堂は師運庵和尚が常に「古帆未掛時如何」の機関を挙げて接していたのにならい南浦紹明に同じように試問をしており、南浦紹明の返答に対して虚堂は十分に満足してその会下での参禅を許した。このような禅風は従来松源派の特色の一つであった。

1　古仏の風格――時節因縁観

文永十一年（一二七四）七月十五日、解夏小参をみると、南浦紹明の禅風の特徴がはっきりわかる。つぎのように記している。[28]

解夏小參。暑退涼生樹彫葉落。全彰古佛家風。成現衲僧巴鼻。蹉過者千千萬萬。錯會者萬萬千千。若是面目未言先領未舉先知。方始有少分相應。猶未是全機作略。有般漢以十二時作一日。以九十日作一期。坐守安居。大似縁木求魚刻舟尋劍。崇福今夜忍俊不禁。別通一條活路子住住若教頻下淚。滄海也須乾。

暑さが退いて涼しくなると、樹々は葉を凋落させる、これは自然の法則である。南浦紹明がこのようなことを強調することは、彼の禅風が釈迦の「因縁」法則を尊重していたことを物語っている。世間のもろもろの現象は生起と壊滅とに関わり縁起を離れない。『阿含経』に縁起を見る者は法を見る、法を見る者は縁起を見るとか、縁起を見る者は仏を見ると説かれている。[29]「縁起」は仏教の中心思想として原始仏教から大小乗の仏教まで種々の説がたてられている。修行者は仏道に専念する過程で同様な縁起の法則に従わなければならない。このようなことが南浦紹明の語録には随所に見出せる。南浦紹明は仏教教理に遵う古仏の風格をそなえ、面目を発露して余すところがない。[30]さらに、『碧巌録』第六十二則「雲門」の例を挙げ、仏性が人々に具足して、箇々に成就していることを明らかにしている。

また、文永八年（一二七一）十月七日には、虚堂和尚の年忌に当り、南浦紹明の上堂法語には、つぎのように見える。[31]

虚堂和尚忌日拈香只這箇是什麼。沒巴鼻有來由。楊岐頂上拳。鎮州蘿蔔頭上堂。南來者三十棒。北來者三十棒。梁山徹骨貧窮亦能濟人。興德雖然有棒不曾動著。何故。黄金自有黄金價。終不和沙賣與人。

禅宗は宗師家が修行僧を導く手段として、「棒」で打ったり、「喝」たりする。例えば、黄檗希運・徳山宣鑑の「棒」、臨済義玄の「喝」等の如くである。このようなやり方はすべての進退動作、事々物々の上に心を留めて弁道精進することである。しかし、こうした教化の方法を南浦紹明は認めない。興徳禅寺にとって「棒喝」のやり方はすでにあったが、取り上げない。これを見ると、南浦紹明は臨済宗の僧として衆生を教化する際、特別な方法を取ったと考えられる。

黄金にはおのずから黄金の価値が存在すると言うが、明らかに黄金はすなわち仏性を示している。仏性は人々に具足し、箇々に成就している。したがって、衆生を接化するやり方はただ因縁時節が備わるのを待つ方法であった。また、南浦紹明が崇福寺に住した際の衆生救済のための教化の方法も、同様の方法であり、その禅風に変わりはない。[32]

また、京都の万寿禅寺に入院したときにも、つぎのように述べている。[33]

凡衲僧家。知時知節。名為靈利之漢。所以道。欲識佛性義。當觀時節因緣。一年三百六十日。一日十二時辰。無虚棄底時節。釋迦老子達磨大師。皆是應此時節出來轉大法輪顯大妙用。乃至自餘諸大老。情與無情。盡是隨時受用。故曰時節既至其理自彰。若論佛性義。人人雖具天眼也難看。箇箇雖備天耳也難聽。雖然如此。時節既至其理自彰。以眼可見以耳可聽。見聞所及一一皆是本來消息本地風光。今日人天普會。若知此時節因緣。轉凡成聖。同在大光明藏三昧之中遊戲。

嘉元三年（一三〇五）七月二十日、万寿禅寺の入寺陞座を行い、南浦紹明はことに禅僧の修行法門について述べている。いわゆる道は仏性の意義を識らんとすれば、必ず時節因縁を観ずべしというのである。仏性思想は情と無情とに関わらず、すべての人が成仏できるという考え方であるが、中唐以降、一層流行していった。成仏の可能性は一切の衆生に具足されており、いったん時節がおとずれると、その道理がひとりでにあらわれるというものである。南浦紹明は特に釈迦・達磨の例を挙げて誰でもこの時節に応じて出現し、すばらしい法を説き、そのすばらしいはたらきを示すことができるとした。誰でも時節因縁の法則から離れられない。時節がやって来るとその道理がひとりでにあらわれるとし、同様に禅僧らに時節因縁がわかるなら、凡夫から一転して聖人になれると勉励している。

要するに、南浦紹明の禅風は基本的な「時節因縁」の法則を強調するところにあるのである。以上のように見て来ると、南浦紹明の宗風の特色をうかがうことができるのである。また、南浦紹明の歴史を重視する態度について明らかといえよう。世界の一切の現象界は歴史を離れて宇宙の一角に固定的に存在するのではない。修行の立場からいえば、禅僧が同様に歴史の実態を掌握して現実の状況に対応しながら進んでいる。時節がやって来ると、自然に道理があらわれる。このような思想が南浦紹明の語録に随所に散見しているのである。

2 如来禅と祖師禅

つぎに、文永十年（一二七三）八月一日、如何に参究するかという質問に対して南浦紹明は答えて、つぎのように述べている。[34]

八月旦上堂。僧問。參須實參悟須實悟。如何是實參。
師云。參可始得。
僧云。如何是實悟。
師云。悟可始得。
僧云。轉凡夫作賢聖。抑賢聖作凡夫。則不無和尚。
師云。更有一著在。
僧云。記得。仰山謂香嚴云。如來禪許師兄會。祖師禪未夢見在。此意如何。
師云。言中有響。
僧云。如何是如來禪。
師云。鷄足山前風悄然。
僧云。如何是祖師禪。
師云。少室峰下雪猶寒。

僧云。如何是和尚禪。
師云。還覺腦門重壓。

如来禅と祖師禅は、従来の禅宗の修行の法門を称するものである。如来禅とは、すなわち禅法は如来より直伝されたのが禅であるという立場である。これに対して、達磨祖師から中国に伝えられた禅は祖師禅と呼ばれるものであるとする立場である。禅の本質から言えば両者には相異がない。南浦紹明はとくに如来禅と祖師禅の例を取り上げて「真実の参究」とは何かを説明している。明らかに南浦紹明の禅風はひとごとではなく個人の禅風をあらわすと思う。

加えて、従来、禅宗の禅を祖師禅とし、天台の禅を如来禅とするも、如来禅は祖師禅より劣ったものであるとしている。両者は名称が異なるだけで、本質は同様なものである。如来禅または祖師禅といわれている。この問題点を証するために、とくに南浦紹明がよく唱えた「真実の参究」（参禅の方法）を取り上げて考察することにする。こういう問題は早くから存在しており、例えば、『景徳伝燈録』[35]巻十一「仰山慧寂章」における仰山の問答の細注には、「玄覚云、且道、如来禅與祖師禅分不分、長慶稜云、一時坐却。」とあり、さらに『従容録』巻三六には、「和尚近日尊位如何、是他不説如来禅祖師禅、只道箇日面佛月面佛。」とあり、はっきりわかるのは、如来禅と祖師禅の異同を論ずることがただ無益な議論に過ぎないことであるとするのである。

3　馬祖の仏性

中国仏教では仏性と般若思想とが重視され、中唐以後は草木等すべてのものに仏性があると説く。仏性は一切の存在の衆生がすべて仏としての本性を具えているという。このような思想は南浦紹明によって強調されている

つぎのように述べている。[36]

古徳云、欲識仏性義、当観時節因縁。

明らかに、この古徳は百丈懐海を指す。『景徳伝燈録』巻九に、[37]

欲見仏性、当観時節因縁。時節既至如迷忽悟。

と記載されている。また、馬祖の「即心即仏」の思想を取り上げて崇福寺の門弟は修行に励んでいる。[38]

解夏小參。即心即佛山青水緑。非心非佛樹凋葉落。不是心不是佛風颯颯水冷冷。等是恁麼時節其奈土曠人稀。

今則法歳周圓三期告滿。崇福未免言薦賞勞去也。

即心即仏、すなわち心は凡夫ともなれば仏ともなるが、心の体は仏と異なるものではない。この心がそのまま仏である。禅宗の歴史をみると、はじめてこの語を用いたのは馬祖道一である。また、百丈和尚の「不作不食」の名句は南浦紹明の叢林規式に用いられている。つぎのようである。[39]

結夏上堂、一日不作、一日不食。

中国禅林の清規の創始者である百丈懐海は作務をする時、いつでも衆に先んじていた。ついに作務の道具が隠されてしまった。百丈は道具を捜しても見つからないので、引き籠ってしかも食事を取ろうとはしなかったという。これが一日作さざれば、一日食わず[40]という名句が出現した因縁である。結夏安居の時期は修行者がもっぱら坐禅修学し、仏道を精進弁道し、悟りを開いて成仏した。このような禅風で南浦紹明は百丈の結夏安居に習い、期日を限って弁道修行をなし、佛果を得ようとした。また、修行者は必ず一日作さざれば、一日食わぬことを守らなければならないとした。これからも、南浦紹明の厳しい禅風がうかがえる。中世の叢林において不作不食を提示して、主張するものは極めて少ない存在であった。百丈が定めた「百丈清規」は、すでに散逸して今日に伝わっていない。[41] しかし、一日作さざれば、一日食わずという百丈の名句は厳しい持戒精神を千古に伝えているのである。

明らかに、南浦紹明の理想叢林は、世俗的な誘惑を断ち、修行者として自給自足の生活を目指すものであった。清規は禅林修行における生活の規範であり、従来教団の発展上における重要な課題の一つであると言えよう。清規は単に禅院の規則を説くのみではなく、同時に修行に意義を与えるものであった。このようなことから南浦紹明は中国初期の禅宗教団の精神を宣揚していたといえよう。

4　四料揀

周知のように四料揀は、臨済義玄（?～八六七）が施設し、創設したものである。臨済の禅は唐代祖師禅の最も自由で溌溂とした禅風として知られる。とくに棒喝をもって機鋒のするどい禅風を挙揚している。『大応国師語録』の中の二つの箇所に四料揀について意見を述べている。南浦と臨済の四料揀との関係はどうであろうか、まず、弘安五年(一二八二)三月五日、ある僧が臨済の四料揀に関わる質問をして、つぎのように述べている。[42]

臨濟一日示衆云。有時奪人不奪境。有時奪境不奪人。有時人境兩倶奪。有時人境倶不奪。是何章句。

師云。離卻四句會取。

僧云。如何是奪人不奪境。

師云。目前無闍梨。

僧云。如何是奪境不奪人。

師云。仰面不見天低頭不見地。

僧云。如何是人境兩俱奪。
師云。花散鳥不來。
僧云。如何是人境俱不奪。
師云。天是天人是人。
僧云。畢竟如何。
師云。天高蓋不盡。
僧云。猿抱子歸青嶂後。鳥銜花落碧巖前。者箇是夾山境。
師云。雲山蒼蒼澗水潺潺。
僧云。如何是境中人。
師云。出頭天外看。

四料揀は、修行者を接化するとき、衆生の根器によって四つに（奪人不奪境・奪境不奪人・人境兩俱奪・人境俱不奪）分別してそれぞれの立場をえらんで行われてきた。四料揀の一、二が下根、三が中根、四が上根と、三種の根器に対する接化の手段を示したものとされる。

この史料からみると、ある禅僧が疑問をいだき問うと、南浦はただ質問に応じ、四料揀の四つの形式を述べるのみであった。このことから、南浦の立場は四料揀の修行方法については、自らは論じないというものであった。加えて、内容によっては末尾に「天高蓋不盡」がつく場合がある。明らかに、南浦の悟りを開くやり方は四料揀の方法ではない。天がどんなに高くても、悟りの境地をおおい尽くすことはできない。また、「如何是崇福境」といい、崇福寺の修行方法はいかなるものかと聞かれると、南浦は同様に縁起観を持って「雲山蒼蒼澗水潺潺」と返答した。

もう一つの史料『建長禅寺語録』[43]の中での四料揀も、ほぼ上述のようなものであった。四料揀は従来臨済宗の教化の法門において重要視されてきたものであったが、この方法について、南浦は特別に強調することはなかった。

5　政治との関係

南浦紹明は崇福寺に住する期間に二回の蒙古襲来の事件に遭う。このような困難な時局下に日本と蒙古とのかけ橋たらんとした、南浦紹明の姿勢は如何なるものであったかを考察したい。

まず、文永十一年（一二七四）十月三日、蒙古・高麗の軍隊は合浦を出発して同五日、対馬に上陸した。同二十日、博多湾西部の今津に上陸し、鹿原・鳥飼・別府・赤坂と激戦を展開した。日本軍は苦戦を強いられ、大宰府へ退却を余儀なくされた。この夜、蒙軍は博多湾上の船に引き上げ、夜半に大風雨にあった。蒙古の軍艦は姿を消してしまう。[44]しかし、『円通大応国師語録』によると、崇福寺は年中行事を同様に行っている。例えば、中秋上堂・十月五日の達磨忌・十月七日の虚堂和尚の忌・冬至小参等行事[45]がよどみなく行われたようである。

つぎに、弘安四年（一二八一）、第二次蒙古襲来は第一次よりはるかに規模が大きい。同年五月三日、蒙古と高麗との大きな船艦が合浦を出発した。七月二十七日平戸から東進して伊万里湾口の鷹島を占領した。三十日夜からもすごい暴風が吹きあれ、翌閏七月一日、元軍はほぼ潰滅した。日本は大規模な外敵が侵略するとき、全国に蒙古をふせぐために準備して緊強の状況にあった。しかし、崇福寺の中では同じように三月旦上堂・結夏安居・初秋夏末の公案・釈迦仏像の安座など禅寺における平日の行事[46]を行っている。蒙古襲来の影響を受けたようにみえない。
文永之役、弘安之役二つの戦役は南浦紹明の立場から言えば、ただ幕府からの求めに応じるのみである。また、『円通大応国師語録』上下二巻の語録に政治に関わるテーマは僅かに一箇所亀山法皇について記載されている。[47]

龜山法皇大祥。奉勅就嵯峨殿陞座。師拈香云。此香天地覆載日月臨照。為瑞為祥為雲為蓋。爇向爐中。奉為禪定法皇。恭願。心華長開於禪林無盡之晨。玉葉鎮芳於御園萬古之春。

徳治二年（一三〇七）九月十五日、亀山法皇[48]の三年忌の際、南浦紹明は勅を奉じて嵯峨殿において冥福を祈祷している。この史料は僅かに政治にかかわるものである。語録のなかに政治的色彩を帯びた言葉は見当たらない。南浦紹明のこのような禅風は無学祖元や夢窓疎石とは異なるものである。例えば、弘安之役の際に、無学はモンゴル軍の襲来ばかりでなく、船艦が大風雨で一時に潰散しまうと予言している。また、『元亨釈書』巻八によると、無学は蒙古襲来についてとくに「莫煩悩」を書いて時宗に与え、元軍の襲来とその勝利を予言したことが述べられている。[49]

さらに、弘安四年(一二八一)、大戦乱の中に、時宗は虜兵百萬人が博多にあれども意に介せず、幕府にあって画策したのである。然も、時宗は忙しい中で毎月変わらずに無学や諸禅僧と「相談」していたのである。[50]加えて時宗は外敵を降伏させるために経典を血書し、これを無学がとくに陞座して国家の平和を祈祷しているのである。[51]

一方、室町時代の夢窓疎石にもこのようなことが多く存在している。康永元年（一三四二）八月五日、聖旨を奉じて東山八坂宝塔を建てている。[52]康永四年（一三四五）八月二十九日、光厳院天皇が天竜寺に幸臨されたために夢窓はとくに陞座上堂している。[53] これを較べると、南浦紹明の本格的な禅風は虚堂から純禅を継承しており、あくまでも非政治性の宗風をそなえるものであった。また、南浦紹明の恩師虚堂に対する忠実な態度も注目されるべきものがある。[54] 虚堂の厳しい禅風は以下の跋文からもうかがえよう。[55]

日本建長寺隆禪師語錄跋

宋有名衲。自號蘭溪。一笻高出於岷峨。萬里南詢於呉越。陽山領旨。到頭不識無明。擡脚千鈞。肯踐松源家法。乘桴于海大。行日本國中。淵默雷聲。三董半千雄席。積之歲月。遂成簡編。忍禪久侍雪庭。遠訪四明。鋟梓言不及處。務要正脈流通。用無盡時。切忌。望林止渴。

この史料は虚堂が蘭溪道隆の語録に跋文を付ける時のものである。松源の宗派は必ずや正法が流通するであろうことを強調している。虚堂が弟子に厳格さを要求することがよく見られた。このようなことは南浦が松源派の宗風を厳しく守ることと無縁ではない。

南浦紹明は入宋して虚堂智愚の法を継承し、帰国した。そして、純粋禅を宣揚した。また、臨済宗松源派の禅風をそのまま日本に移植した。中日の禅宗の交流史から言えば、重要な意義を有している。日本の禅林に大きな影響を与えるものである。

1　初住筑前早良の興徳禅寺(文永七年、一二七〇〜一二七二)、大宰府万年崇福禅寺（文永九年、一二七二〜一三〇五）、　洛陽万寿寺（嘉元三年、一三〇五～一三〇七）、巨福山建長禅寺（徳治二年、一三〇七～一三〇八）。

2　虚堂智愚は、臨済楊岐派松源派下第十世。俗姓は陳氏、四明の象山（浙江省会稽）人物である。天寧の運庵普巌にその法嗣となる。さらに諸方の知識に歴参し、紹定二年（一二二九）初め興聖寺に普住した。その後、報恩・顕孝・瑞巖・延福・宝林・育王・浄慈・径山の諸刹に歴住した。宋の理宗・度宗両朝の帰依を受け、その教化は盛んなるものがあった。（新版『禅学大辞典』を参照する。大修館書店、一九九六年）。

3　『扶桑禅林僧宝伝』二巻。

4　『円通大応国師塔銘』（『大正新脩大蔵経』八十冊・一二七頁上）。

5　『虚堂和尚語録』（『大正新脩大蔵経』四十七冊・一〇六一頁下）。

6　『大徳寺の歴史』史料、一八頁。

7　『円通大応国師塔銘』（『大正新脩大蔵経』八十冊・一二七頁上）。

8　玉村竹二『五山文学新集』別巻（二）（東京大学出版会、一九七七年）。

9　『円通大応国師塔銘』（『大正新脩大蔵経』八十冊・一二七頁上）。

10　『仏海禅師行状記』（『続群書類従』第九輯（下）、続群書類従完成会、一九八一年）三六七頁。

11　『円通大応国師語録』（『大正新脩大蔵経』八十冊・一二五頁中）。

12　中国の三元は、すなわち、正月十五日を上元、七月十五日を中元、十月十五日を下元といい、これを三元と称する。

13　『念大休禅師語録』（『大日本仏教全書』第四八巻・禅宗部全）二三七頁。

14　『円通大応国師語録』（『大正新脩大蔵経』八十冊・九四頁中）。

15　『円通大応国師塔銘』（『大正新脩大蔵経』八十冊・一二七頁中）。

16　『円通大応国師塔銘』（『大正新脩大蔵経』八十冊・一二八頁上）。

17 『円通大応国師塔銘』（『大正新脩大蔵経』八十冊・一二八頁上）。
18 『禅居集』（上村観光『五山文学全集』第一輯、思文閣、一九七三年）五〇七頁。
19 『円通大応国師語録』（『大正新脩大蔵経』八十冊・一〇一頁下）。
20 木宮泰彦「遣唐使廃絶後の日唐交通」（『日華文化交流史』、冨山房、一九五五年）一一三頁。
21 『円通大応国師語録』（『大正新脩大蔵経』八十冊・一二五頁下）。
22 村井章介『アジアのなかの中世日本』（倉書房、一九九七年）一四三頁。池内宏『元寇の新研究』（一）（東洋文庫刊、一九三一年）一〇一頁。
23 横井聖山『大応国師語録』（其中堂、一九五七年）三三二頁。
24 瀬野精一郎「大宰府守護考」（『鎮西御家人の研究』、吉川弘文館、一九八五年）一〇八頁。
25 『鎌倉遺文』第一四巻・一〇八八四条。『東福寺誌』文永八年九月二十五日条。

大蒙古國皇帝、差來國信使趙良弼、欽奉

皇帝聖旨、奉使

日本國請和、於九月十九日、致大宰府、有守護所小貳殿、阻隔不令到京、又十餘遍、堅執索要國書、欲差欲差特上

國王幷、

大將軍處者、良弼本欲付與、緣、

皇帝聖訓、直至見

國王幷

大將軍時、親手分付、若與于別人授受、即當斬汝、所以不分付守護所。小貳殿先以將者國書副本、並無一字差別、如有一字冒書、本身万断、死於此地、不帰郷国、良弼所賚御宝書、直候見。

國王并
大將軍、親自分付、若使人強取、即當自刎於此、伏乞照鑒、
至元八年九月廿五日（文永八年）
使西四州宣撫使小中大夫秘書監國信使張良弼

26 西尾賢隆『中世の日中交流と禅宗』（吉川弘文館、一九九九年）三七頁。村井章介『アジアのなかの中世日本』（倉書房、一九九七年）一七五頁。

27 第一首の偈は、柳田聖山によると、雲林は興徳寺を指される。横井聖山『円通大応国師語録』（其中堂、一九五七年）三三三頁。また、西尾賢隆によると、雲林を盧山のように俗気を絶ったところと解して、太宰府市の山中にあった崇福寺を指摘された。『中世の日中交流と禅宗』（吉川弘文館、一九九九年）三六頁。

28 『円通大応国師語録』（『大正新脩大蔵経』八十冊・一〇〇頁下）。

29 『阿含経』（『大正新脩大蔵経』　二冊・六六頁下・一〇一頁中）。

30 荒木見悟『日本の禅語録』（三）大応（講談社出版研究所、一九七八年）一五八頁。

31 『円通大応国師語録』（『大正新脩大蔵経』八十冊・九六頁中）。

32 『円通大応国師語録』（『大正新脩大蔵経』八十冊・九九頁中）。

33 『円通大応国師語録』（『大正新脩大蔵経』八十冊・一一七頁中）。

34 『円通大応国師語録』（『大正新脩大蔵経』八十冊・九九頁下）。

35 『景徳伝燈録』（『大正新脩大蔵経』五十一冊・二八三頁中）。

36 『円通大応国師語録』（『大正新脩大蔵経』八十冊・一一七頁中）。

37 『景徳伝燈録』（『大正新脩大蔵経』五十一冊・二二六四頁中）。

38 『円通大応国師語録』（『大正新脩大蔵経』八十冊・一一〇頁中）。

39 『円通大応国師語録』（『大正新脩大蔵経』八十冊・一一一頁下）。

40 柳田聖山「中国禅宗史」（『講座禅第三巻　禅の歴史』、中国筑摩書店、一九七四年）五八頁。

41 鏡島元隆『訳註　禅苑清規』（曹洞宗宗務庁、一九九三年）一頁。

42 『円通大応国師語録』（『大正新脩大蔵経』八十冊・一〇三頁上）。

43 『円通大応国師語録』（『大正新脩大蔵経』八十冊・一二〇頁上）。

44 川添昭二『蒙古襲来研究史論』（雄山閣出版、一九七七年）一八頁。

45 『円通大応国師語録』（『大正新脩大蔵経』八十冊・一〇一頁上）。

46 『円通大応国師語録』（『大正新脩大蔵経』八十冊・一〇二頁上）。

47 『円通大応国師語録』（『大正新脩大蔵経』八十冊・一一七頁下）。

48 亀山法皇は、文永元年（一二六四）東山に禅林寺離宮を営まれたが、文永十一年（一二七四）一月二十六日、皇位を御子後宇多天皇に譲られからは、専念を禅門に寄せられ、当時、東福寺に無関普明に帰依し、正応二年（一三〇五）九月十五日、離宮亀山殿に崩御五七歳。（『国史大辞典』を参照した）

49 『元亨釈書』巻八（『大日本仏教全書』第六二巻・史伝部）一〇八頁中。

50 『仏光禅師語録』（『大正新脩大蔵経』八十冊・一六五頁。）巻三に、「虜兵百萬、在博多略不經意。但每月請老僧、與諸僧下語、以法喜禪悅自樂、後果佛天響應、家國貼然。奇哉有此力量、此亦佛法中再來人也、菩薩　人進修梵行。」

51 『仏光禅師語録』（『大正新脩大蔵経』八十冊・一五一頁下）。

52 『夢窓禅師語録』(『大正新脩大蔵経』八十冊・四六六頁上)。
53 『夢窓禅師語録』(『大正新脩大蔵経』八十冊・四六七頁下)。
54 荒木見悟『日本の禅語録』(三) 大応 (講談社出版研究所、一九七八年) 六二頁。
55 『虚堂和尚語録』(『大正新脩大蔵経』四十七冊・一〇六一頁中)。

第二節　『円通大応国師語録』における上堂年代考

南浦紹明は文永七年から興徳寺・崇福寺・万寿寺・建長寺など四大名刹を輪住した。ほぼ三九年を送ったのである。その中で一番長い住山は崇福寺と言えよう。四大名刹の入院期日が『語録』にははっきり掲載されているが、長期の年代に渡るのと、加えて、二八四の上堂の法語の中には時間・場所・人物などに関する情報が少ないものもあるで、年代について判断しにくいものもある。また、実際に上堂の年代から推算すれば、ただ二十三年間の上堂法語のみである。それは、前期間の六割足らずに過ぎない。

なお、崇福寺の入院の期日について、南浦紹明の基本史料によれば二つ説がある。この問題点が存在しているので、本論では『円通大応国師語録』における上堂の年代について考察することにしたい。

『円通大応国師語録』(大正新脩大蔵経・第八〇冊に所収されている。以下、引用箇所は『大応語録』を略称する)の全体は、上巻と下巻の語録から構成されている。その内容を示せば、つぎのようである。

巻上

初住筑州早良県興徳禅寺語録

太宰府万年崇福寺語録

巻下

洛陽万寿禅寺語録

巨福山建長寺語録

法語
仏祖賛
小仏事
偈頌

とあり、以下、南浦紹明が興徳寺・崇福寺・万寿寺・建長寺において上堂の配列番号を付けると、二八四の上堂が収められていることが明らかになった。

上堂の説示年表について

『大応語録』の中に所収されている上堂は年代を確定することができる。すべての法語は年代順に排列されている。つぎのようである。

なお、［ ］内の月日は筆者の推定であり、
（ ）内の数字は上堂の排列番号である。
〈 〉内には上堂が行われた月日・季節を決める手掛りとなった語句を示した。
推定しえなかった上堂は、原則として省略した。

一　初住筑州早良県興徳禅寺語録

文永七年（一二七〇）

一〇月・二十八日　（1）早良県興徳禅寺入寺
一〇月・二十九日　（2）謝両班上堂〈次日上堂〉

一一月　(3)冬至上堂
一二月・二十五日　(9)上堂
一二月・三〇日　(10)歳夜上堂
文永八年（一二七一）
一月一日　(11)歳旦上堂
一月十五日　(12)元宵上堂
二月十五日　(13)仏涅槃上堂
三月一日　(15)上堂
四月八日　(18)浴仏上堂
四月十五日　(19)結夏上堂
四月十六日　(20)次日上堂
(21)上堂
五月五日　(22)端午上堂
五月十五日　(23)上堂〔結夏已経一月〕
六月一日　(24)中夏上堂〔九旬已過半〕
七月一日　(25)七月旦上堂
七月十五日　(26)解夏上堂
七月十六日　(27)上堂

八月十五日　(28) 中秋上堂
一〇月一日　(29) 開炉上堂
一〇月七日　(30) 虚堂和尚忌日上堂
一一月一日　(32) 一一月旦上堂
一一月　(33) 冬至上堂
一二月・三〇日　(35) 除夜上堂

文永九年（一二七二）

二月十五日　(39) 仏涅槃上堂
三月十五日　(40) 上堂
四月八日　(41) 浴仏上堂
四月十五日　(42) 結夏上堂
四月　日　(43) 結夏上堂
四月二十五日　(44) 上堂〔結夏已十日〕
五月五日　(45) 端午上堂
六月一日　(47) 上堂

(1) 早良県興徳禅寺入寺によると、正元元年(一二五九)、南浦紹明が入宋して浄慈寺の虚堂に参じてほぼ九年間が経過した。文永四年(一二六七)、南浦紹明は帰朝して鎌倉の建長寺の蔵主を担った。つづいて、同七年(一二七〇)十月二十八日、筑州早良県興徳禅寺に住して陞座の儀式が行われている。『興徳禅寺』によれば、当寺は文応元年(一二六〇)肥前国守護北条時定の娘妙恵が隈山の側に草庵を結んだ。文永四年（一二六七)南浦紹明が宋より帰国すると、時定は南浦を開山に迎え当寺を建立したという。[2]また、『円通大応国師塔銘』は、つぎのように記している。[3]なお、同史料は再度の掲載となる。

文永七年秋徙西都。出世築州之興徳禪寺。遂以嗣法書并入院語。因曇侍者呈徑山。堂得之大喜請衆曰。吾道東矣。其為堂器重如此。

入院の後、嗣法の書と入寺法語を西澗子曇に託して径山の虚堂智愚に呈している。虚堂はこれを受けたとき、極めて喜び、また、大衆に向かって「吾道東矣」と言ったという。しかし、この史料には問題点が存在しているので、さらに検討することが必要だと考えられる。

まず、曇侍者というのは、すなわち、西澗子曇(一二四九〜一三〇六)である。『大通禅師行実』によると、つぎのように述べている。[4]

度宗咸淳改元乙丑也。是年秋八月。石帆衍和尚赴詔。自呉之承天移浄慈。(中略）六年庚午春二月、石帆有旨領天竜師随侍行也。七年辛未、有本朝副元帥平公時宗鈞命、石帆和尚以法語一段勉其行、航海而来、即文永八年。

西澗子曇は、臨済宗楊岐派松源派であり、咸淳元年(一二六五)広度寺に出家した。同年八月、浄慈の石帆惟衍に参じ、その法を継承している。咸淳六年(一二七〇)二月、石帆惟衍が天童に住するとき、西澗子曇も随侍した。翌年、すなわち、文永八年（一二七一）西澗子曇は北条時宗の招聘によって来朝した。西澗子曇の来朝の年代は、明らかに、南浦紹明の興徳禅寺に入院してから一年後のことである。また、西澗子曇の帰国から考察すれば、「弘安元年戊寅、再回元朝」と記載されている。西澗子曇は文永八年から弘安元年（一二七一〜一二七八）まで八年間日本で送っているのである。時間から言えば、南浦の入院は文永七年（一二七〇）であり、西澗子曇の帰国は弘安元年（一二七八）である。二つの年代が九年間隔たって存在している。そして、入寺法語を西澗子曇に頼んだことは考えられない。

さらに、虚堂の示寂年代から考察すると、同様な疑点が生じる。咸淳六年(一二六九、文永六年)十月七日、虚堂が径山興寿万寿寺で示寂した。世寿八五歳であった。[5] 換言すれば、虚堂は南浦紹明の興徳禅寺入院より一年前に示寂している。加えて、虚堂が示寂したとき西澗子曇はなお中国に滞在しており、このようなことをまったく知らないのは不可能である。上述を列擧の諸点は前後のつじつまが合わない点が存在している。そして、『大応塔銘』で入院法語を西澗子曇に託したことは疑点である。

（30）虚堂和尚忌日上堂によると、咸淳六年(一二六九、文永六年)十月七日、虚堂が示寂したから文永八年の忌日は、いわゆる三回忌である。

（2）謝両班上堂では、すなわち、入院の翌日、文永七年（一二七〇）一〇月・二十九日、南浦紹明は特別に謝両班の儀式を行っている。日本中世禅林における東西両班の制度では、東班には寺院の経営方面を司る都寺・監院・副寺・維那・典座・直歳という六知事があり、西班には修行方面を司る首座・書記・蔵主・知客・浴主・庫頭などという六頭首がある。換言すれば、東班は経済力を持って寺院の実権を握り、西班は住持に出世することを管理している。両班は異なる役割を担っており、禅林にとって極めて重要な職事になった。『大応語録』には特別に両班に対して感謝するために上堂を行われることが少なくない。例えば、

文永七年一〇月・二十九日　（2）謝両班上堂〈次日上堂〉

弘安三年・冬　（93）謝維那知客典座上堂

弘安六年・夏　（113）謝書記秉拂上堂
弘安九年　（161）謝蔵主秉拂并斎上堂
弘安十年　（178）謝衆客上堂
正応元年　（185）謝書紀秉拂上堂
正応二年　（204）結夏謝衲班上堂
　　　　　（205）謝蔵主秉拂上堂
九月九日　（210）重陽謝直歳知客侍者上堂
　　　　　（215）謝都寺典座浴主上堂
正応三年　（220）謝進退両班上堂
延慶元年一月一日　（260）正旦謝両班上堂
　　　　　（265）謝両班上堂
　　　　　（279）謝新旧両班上堂

とあり、これをみると、南浦紹明の禅林の両班制度を重視する態度がうかがわれる。これを無学祖元・蘭渓道隆の上堂[6]と比べてみると、明らかに『大応語録』では「謝両班」の上堂の割合が高くなっている。

二　太宰府万年崇福寺語録

文永九年（一二七二）

一二月二十五日　（48）太宰府万年崇福寺入寺

一二月・三〇日　(51) 除夜上堂

文永十年（一二七三）

一月一日　(52) 歳旦上堂
一月十五日　(53) 元宵因講経上堂
二月十五日　(55) 仏涅槃上堂
三月十五日　(56) 上堂
四月八日　(57) 浴仏上堂
四月十五日　(58) 結夏上堂
五月一日　(59) 五月旦上堂
五月五日　(60) 端午上堂
六月一日　(61) 半夏上堂〔九旬已過半〕
六月十五日　(62) 兵火後上堂
七月一日　(63) 七月旦上堂
七月十五日　(64) 解夏上堂
八月一日　(65) 八月旦上堂

文永一一年（一二七四）

四月八日　(66) 浴仏上堂
四月十五日　(67) 結夏上堂

四月十六日　（68）次日上堂
七月一日　（70）七月旦上堂
七月十五日　（71）解夏上堂
七月十六日　（72）次日上堂
八月十五日　（73）中秋上堂
一〇月五日　（75）達磨忌日上堂
一〇月七日　（76）虚堂和尚忌日上堂
一一月　（77）冬至上堂
一一月　（78）次日上堂

（48）太宰府万年崇福寺入寺について、南浦紹明が崇福寺に入院するその期日について史料によると、文永八年と九年二つの主張が存在している。まず、『円通大応国師塔銘』によると、[7]「文永七年秋徒西都、出世築州之興徳禅寺（中略）又明年移太宰府之崇福。」居三十三年と述べており、南浦紹明が文永七年（一二七〇）興禅寺に住し、「又明年」、すなわち文永八年（一二七一）崇福寺に住山すると記載されている。しかし、これを『太宰府万年崇福寺語録』と比べて見ると、一年の誤差が存在している。ここで、上堂の順番から推察すれば、文永七年（一二七〇）一〇月二十八日の（1）興禅寺の入院から同年十二月三十日の（10）歳夜上堂までに、一〇箇所が存在する。文永八年（一二七一）一月一日（11）歳旦上堂から同年十二月三十日（35）の除夜上堂までには、二十五箇所である。文永九年（一二七二）二月十五日（39）仏涅槃上堂から六月一日（47）上堂までに九箇所である。とすると、三年間の上堂の順序から論究してみると、南浦紹明が、文永八年（一二七一）十二月二十五日崇福寺に入院を行っていることは不可能である。明らかに、『円通大応国師塔銘』の記載は実際の状況と符合しないので間違っていると思われる。

また、南浦紹明は文永九年（一二七二）一二月二十五日、崇福寺に入院している。その入院の法語からみると、つぎのようである。[8]

拈香云、此一瓣香、根盤左空劫以前、葉生於威音那畔、曾在早良県裏興禅徳寺、拈出一番熏天炙地。今日人天普会、未免重新拈出、供養前住大宋径山虚堂和尚大禅師、用酬法乳之恩。

崇福寺の入院法語の内容によると、南浦紹明はただ大宋径山虚堂和尚の恩に対する感謝と表しているのみである。ほかには「恭為祝延今上皇帝……、大檀那……」のような儀式はしていない。さらに、南浦は公案禅を取りあげて示しており、開堂の当晩に小参するとき、特に『般若経』の「法無定相遇縁即宗」を述べている。正元元年（一二五九）から南浦紹明は入宋して浄慈寺の虚堂に参じてその法を継承している。また、咸淳三年（一二六七）南浦紹明が虚堂智愚を辞めて帰国するとき、恩師虚堂は一つの偈頌を書いて南浦昭明を褒めている。つぎのように記している。[9]

日本紹明知客請

紹既明白、語不失宗、手頭簸弄、金圏栗蓬、大唐國裡無人會、又却乘流過海東。

このようなことが『大応国師塔銘』にも記載されている。[10]

敲磕門庭細揣磨。路頭盡處再經過。明明説與虚尚叟。東海兒孫日轉多。復書其後曰、明知客自發明後、欲告帰日本、尋照知客、通首座、源長老、聚頭説龍峰會裏家私、袖紙求法語。老僧今年八十三、無力思索、作一偈以盡行色、萬里水程、以道珍衛。

（62）兵火後の上堂について、文永十年（一二七三）六月十五日の兵火とあるが何年の戦争か分からない。もし、これと文永之役が関係あるとしても、時間から論究すると符合しない。文永之役では、文永十一年（一二七四）十月五日、元軍と高麗軍、あわせて三万数千人が朝鮮半島南岸の合浦を出発し、対馬・壱岐を襲う。同月十九日に筑前国今津に迫り、翌二十日には博多に上陸した。この夜、いわゆる、「神風」が吹いて暴風雨が博多湾を襲い蒙古の軍艦は姿を消してしまう。[11] これが文永之役を指すか否かは不明である。

（75）達磨忌日上堂の、文永十一年（一二七四）一〇月五日、この日蒙軍と高麗軍とともに合浦を出発して日本へ襲来したとき、南浦紹明はいつものように日常の行事を行っている。また、同年一〇月七日（76）虚堂和尚忌日上堂の日には、蒙古襲来のため幕府と太宰府はいろいろな防御体制を整え、積極的に警備を行おうとしていた。そのような状況の中でも南浦紹明は恩師虚堂の忌日の行事を同様に行っている。

弘安三年（一二八〇）

一〇月一七日　（83）東福開山聖一和尚忌日陞座

弘安四年（一二八一）

三月一日　（85）三月旦上堂

四月十五日　（86）結夏上堂

　（88）仏殿釈迦安座上堂

一一月　（90）冬至上堂

一一月　（91）次日上堂

冬　（93）謝維那知客典座上堂

十二月八日　（94）蝋八上堂
一二月・三〇日　（95）歳節上堂
弘安五年（一二八二）
一月一日　（96）歳旦上堂
一月十五日　（97）元宵因雪上堂
三月一五日　（98）三月半上堂
四月一日　（99）四月旦上堂
五月五日　（100）端午上堂
六月一日　（101）中夏上堂〈九夏過半見成〉
七月十五日　（102）解夏上堂
七月十六日　（103）次日上堂
九月九日　（105）重陽上堂
一〇月一七日　（107）聖一和尚第三年陞座上堂

（83）聖一和尚忌日陞座は、弘安三年（一二八〇）一〇月一七日、東福寺の開山円爾が示寂した日である。南浦紹明はとくに円爾の忌日のために仏事を営んでいる。また、入宋期間中、円爾と随乗房湛慧はともに径山無準師範に学んだ。そして、湛慧は在宋の折の約束に従って帰国して伽藍を建立した。仁治二年（一二四一）湛慧は太宰府横越に崇福寺を創建し、円爾を請じて開山とした。[12]
また、円爾が南宋より帰国する際、径山の無準師範は法衣と「勅賜万年崇福禅寺」の八大字を書いて円爾に与えた。「勅賜」の二字は円爾が帰国したら必ず天皇に仏道を教える師となることを示唆している。さらに、太宰府の有智山寺の信徒が円爾の禅風を嫉妬して博多承天寺の破壊を要求し、つぎのように述べている。[13]

宰府有智山寺、即関西講肆、其徒嫉師禅化、浴聞于朝、以毀承天新寺、朝廷不許、乃勅陞承天・崇福二刹、以為官寺。

寛元元年（一二四三）、有智山寺の信徒による禅寺の破壊は朝廷に聞えた。朝廷はこれを許さなかった。そして後嵯峨天皇の勅により崇福寺と承天寺はともに昇位して官寺となった。このような関係から南浦紹明は崇福寺を開山した円爾のために七日忌日の仏事を行っている。

また、（107）聖一和尚第三年陞座上堂では、上堂の法語によると、

二千年後於日本国中全提此令、不移一絲毫許。崇福久默此要不務速説、今当東福開山聖一和尚遷化之後第三年忌辰。此臨嗣法小師龍華長老、令崇福擧揚宗乗、不敢囊蔵被蓋、直得重重説破去。

とあり、この史料をみると、円爾の三回忌は、すなわち、弘安五年（一二八二）一〇月一七日であり、南浦紹明は円爾の忌日のために法事を行っている。また、内容によると、「龍華長老」という人物がその日に崇福寺へ来て盛大な法要を営んでいる。聖一派の宗派図には「龍華長老」という人物は記載されていない。龍華長老という者は不明である。

ここで、第一段階として推測すると、南浦紹明が建治元年（一二七五）から弘安三年（一二八〇）十月十六日まで、すなわち、「文永之役」以後から円爾の示寂前まで、ほぼ六年間の上堂法語が『語録』の中では収載されていないことが理解される。

（86）結夏上堂では、弘安四年（一二八一）四月十五日、結夏上堂が行なわれるが、七月十五日の解夏上堂に

ついては資料が見られない。当時の情況から分析すると、弘安四年の「弘安之役」であるか、元は四月中に来襲し、幕府は前年より守護・御家人に鎮西役所警固を命じている。『鎌倉遺文』には、軍功があれば恩賞を出す、[14]一方で、自身の宿意によって天下の大難を顧みない者には「不忠」の重科を行うという史料が掲載されている。五月三日に高麗の九百余艘の軍艦が合浦を出帆した。六月六日、主力は博多湾に到着した。[15]六月二十九日に壱岐で合戦が行われた。閏七月一日に大風によって多くの船が漂没してしまい、蒙古襲来は二度目の日本遠征も失敗に終わった。そして、南浦紹明は国際情況の危急を知っていたので、解夏の上堂は行われていないと理解できる。

弘安六年（一二八三）

三月一五日　（108）三月旦上堂
四月十五日　（109）結夏上堂
四月十六日　（110）次日上堂
四月十五日　（111）結夏上堂
四月十六日　（112）次日上堂
　　　　　　（113）謝書記秉拂上堂
七月十五日　（114）解夏上堂
七月十六日　（115）次日上堂
九月九日　（116）重陽上堂
一〇月一日　（117）開炉上堂

弘安七年（一二八四）

四月八日　（119）浴仏上堂
四月十五日　（120）結夏上堂
四月十六日　（121）次日上堂
五月五日　（122）端午上堂
七月十五日　（124）解夏上堂
七月十六日　（125）次日上堂
一〇月一日　（127）開炉上堂
一一月　（128）冬至上堂
一一月　（129）次日上堂
一二月一日　（130）蝋月上堂
一二月・三〇日　（132）除夜上堂

弘安八年（一二八五）

一月十五日　（133）元宵上堂
二月十五日　（134）仏涅槃上堂
三月一日　（135）三月旦上堂
三月一五日　（136）三月半上堂
四月八日　（137）浴仏上堂

四月十五日　(139)結夏上堂
四月十六日　(140)次日上堂
五月一日　(141)上堂
五月五日　(142)端午上堂
五月十五日　(143)五月半上堂
六月一日　(144)中夏上堂
七月一日　(145)七月旦上堂
七月十五日　(146)解夏上堂
七月十六日　(147)次日上堂
八月一日　(148)八月旦大風後上堂
八月十五日　(149)中秋上堂
九月一日　(150)九月旦上堂
一〇月一日　(151)開炉上堂
一一月　(152)冬至上堂
一一月　(153)次日上堂
一二月・三〇日　(155)除夜上堂〈蝋月三〇日〉

弘安九年（一二八六）

一月一日　(156)歳旦上堂

三月一日　(157)三月旦上堂
三月一五日　(158)三月半上堂
四月十五日　(159)結夏上堂
四月十六日　(160)次日上堂
(161)謝蔵主秉拂并斎上堂
七月十五日　(162)解夏上堂
七月十六日　(163)次日上堂
九月九日　(164)重陽上堂
一〇月七日　(165)虚堂和尚忌日上堂
一〇月一五日　(166)一〇月半上堂
一一月　(167)冬至上堂
一一月　(168)次日上堂

弘安十年（一二八七）

一月十五日　(169)元宵上堂
二月一日　(170)二月旦上堂
五月一日　(171)上堂〈結夏後過半月〉
五月五日　(172)端午上堂
七月十五日　(173)解夏上堂

七月十六日　(174) 上堂〈九旬安居已満〉
八月十五日　(175) 中秋上堂
九月一日　(176) 九月旦上堂
(178) 謝衆客上堂
一〇月一五日　(179) 一〇月半上堂
一一月　(180) 冬至上堂
一一月　(181) 次日上堂

正応一年（一二八八）

一月十五日　(182) 燈節上堂〈元宵上堂〉
四月八日　(183) 浴仏上堂
四月十五日　(184) 結夏上堂
(185) 謝書紀秉拂上堂
五月五日　(186) 端午上堂
六月一日　(188) 中夏上堂〈九旬安居今朝已過半〉
(189) 焙経上堂
七月十五日　(190) 解夏上堂
八月十五日　(191) 中秋上堂
九月一日　(192) 九月旦上堂

一〇月一日　(194)開炉上堂
一〇月五日　(195)達磨忌上堂
一〇月七日　(196)虚堂忌拈香上堂
一二月一五日　(198)蝋月半上堂
(199)謝知客上堂

正応二年（一二八九）

一月一日　(200)元正上堂
二月十五日　(201)仏涅槃上堂
四月八日　(202)浴仏上堂
四月十五日　(203)結夏上堂
(204)結夏謝衲班上堂
(205)謝蔵主秉拂上堂
六月一五日　(206)中夏上堂〈一百二十長期、今朝恰過〉
六月一五日　(207)六月半上堂〔潤六月〕
七月十五日　(208)解夏上堂
九月九日　(210)重陽謝直歳知客侍者上堂
九月一五日　(211)九月半上堂
一〇月一日　(212)開炉上堂

一〇月七日　（213）虚堂忌拈香上堂
一〇月一五日　（214）一〇月半上堂
（215）謝都寺典座浴主上堂
一二月八日　（216）蝋八上堂
一二月・三〇日　（217）除夜上堂

正応三年（一二九〇）

一月一日　（218）元旦上堂
（219）因講経上堂
（220）謝進退両班上堂
四月十五日　（221）結夏上堂
四月十六日　（222）次日上堂
六月一日　（223）中夏上堂〈九旬過半〉
八月十五日　（225）中秋上堂
一〇月一日　（226）開炉上堂
（227）上堂
一二月八日　（228）仏成道上堂
一二月・三〇日　（229）除夜上堂

正応四年（一二九一）

四月十五日　（230）結夏上堂

（231）結夏上堂

九月九日　（232）重陽上堂

一一月　（233）冬至上堂

一一月　（234）次日上堂

（235）立庫堂上堂

一二月八日　（237）蝋八上堂

（238）因講経上堂

正応五年（一二九二）

三月一日　（239）三月旦上堂

（240）上堂〈三日一雨五日一〉

四月八日　（241）仏生日上堂

八月十五日　（242）中秋上堂

一二月八日　（243）蝋八上堂

一二月一五日　（244）蝋月半上堂

永仁一年（一二九三）

四月十五日　（245）結夏上堂

（248）因雨上堂〈三日晴一日雨〉

六月一五日　（249）中夏上堂
七月十五日　（250）解夏上堂
七月十六日　（251）上堂

正応年間上堂の中で、説示年代を確認できないが、（206）中夏上堂では、「上堂法語」に、つぎのように述べている。[16]

中夏上堂、一百二十日長期、今朝恰過半、崇福不擧旧公案。只据現定為汝諸人通箇消息。卓拄杖一下云。六月売松風人声恐無価。（傍点作者）

史料によれば、四月十五日の結夏よりこの時点までに半分が過ぎている。また、この年の夏安居は一百二十日の長期に渡ると述べており、それによって、この年の四月十五日から七月十五日までの間に閏月が存することがわかる。『日本書紀暦日原典』[17]によると、弘安六年（一二八三）から嘉元二年（一三〇四）まで、すなわち、聖一国師三回忌の翌年から南浦紹明の崇福寺の退院までの間に、閏六月の年度はただ正応五年（一二九二）のみである。この正応五年という年時は『法語』の中の「六月売松風人声恐無価」と符合すると言える。

（207）六月上堂における六月とはすなわち閏六月のことである。そして、二つの六月十五日の上堂が存在していると容易に理解できる。上述の上堂の年代についての推定が正しければ、南浦紹明の崇福寺における在任期間のうち、永仁五年（一二九七）から嘉元二年（一三〇四）までの八年間の上堂法語は『大応語録』には掲載されていない。

三　洛陽万寿禅寺

嘉元三年（一三〇五）

七月二十日　(252)洛陽万寿禅寺入院
八月一日　(253)八月旦者両班上堂
九月一日　(254)九月旦上堂
九月九日　(255)重陽上堂
一二月八日　(256)蝋月旦上堂

徳治二年（一三〇七）

二月一日　(257)二月旦上堂
九月一五日　(258)亀山法皇大祥

(252)洛陽万寿禅寺入院では、嘉元三年（一三〇五）七月二十日、南浦紹明が京都万寿寺を開堂する。[18]これは『大燈国師年譜』にも記載されている。[19]

> 師（宗峰妙超）二四歳、前年、大応国師南浦紹明詔、自横岳来京師、舘于韜光菴、師在相州、遥聞其手段辛辣、趨于京、径詣其室、始参大応。（中略）唯師見許参請、応云、你是天然衲子也。不是一両生参学士、応承詔住京城万寿、師徒之侍巾瓶、応示以翠岩眉毛在麼雲門云関之語也。

と述べている。嘉元三年（一三〇五）、南浦紹明は横岳山崇福寺より京都万寿寺に移住した。この年、宗峰妙超はとくに南浦紹明に参ずるために鎌倉から京都に赴く。また、南浦紹明は万寿寺に入院する一年前に、後宇多上皇の勅命を奉じて上京する。つぎのようである。[20]

> 嘉元甲辰、奉詔入京師、太上皇召対宮掖、問答称旨、特差住持輦下万寿禅寺、貴遊向道者、車馬日駢集、又

以東山故址興造嘉元禅刹、延師為第一祖。

と述べており、嘉元甲辰、すなわち、嘉元二年（一三〇四）後宇多上皇は南浦紹明を招いて禅法を尋ねていた。また、万寿寺の住山が南浦紹明に任せられた。以上、万寿寺の入院からみると、南浦紹明は嘉元三年（一三〇五）七月二十日に万寿寺の陸座を行ったことが明確になった。

（258）亀山法皇大祥では、嘉元三年（一三〇五）九月十五日、亀山法皇は亀山殿において世寿五十七歳で崩御された。そして、この「亀山法皇大祥」の上堂は、すなわち亀山法皇の三回忌のために仏事を営なんだということになる。

四　巨福山建長寺

徳治二年（一三〇七）

一二月二十九日　（259）巨福山建長寺入院

延慶一年（一三〇八）

一月一日　（260）正旦謝両班上堂

二月十五日　（261）仏涅槃上堂

四月一日　（262）四月旦上堂

四月十五日　（263）結夏上堂

四月十六日　（264）次日上堂

（265）謝両班上堂

七月一日　（267）七月旦上堂
七月十五日　（268）解夏上堂
七月十六日　（269）次日上堂
八月十五日　（270）中秋上堂
九月一日　（272）九月旦上堂
九月三日　（273）仏光忌拈香上堂
九月九日　（274）重陽上堂
一〇月一日　（275）開炉上堂
一〇月五日　（276）達磨忌上堂
一〇月二十八日　（277）大通忌拈香上堂
一〇月七日　（278）虚堂和尚忌日上堂
（279）謝新旧両班上堂
一一月　（280）冬至上堂
一一月一五日　（281）十一月半上堂
一二月八日　（282）蝋月上堂
（284）新開昭堂陞座

（259）巨福山建長寺入院では、『大応塔銘』には、「徳治丁未、奉旨赴関東、留正観寺、而相州太守崇演（北条貞時）、請師即署所演法、復敷奏請主巨福山建長禅寺。」と記載されている。徳治二年（一三〇七）一二月二十九

日、南浦紹明が北条貞時に招かれて鎌倉に赴き、正観寺に仮寓ののち建長寺に入院する。また、『建長寺の入院法語』によると、

（前略）此一瓣香爇向炉中、奉為本寺大檀那最勝園寺殿。伏願。寿等南山福深北溟。柱石皇家金湯仏法。

と述べており、南浦紹明が再度鎌倉へ戻り建長寺に住することから貞時との関係がうかがわれる。（273）仏光忌拈香上堂では、建長寺と円覚寺はともに五山であり、官寺であるから住持任免は十方住持制度を採用し、天下十方より人材を集めてこれに任じた。よって名僧はほとんど両寺の住持を歴任しているので、人的にも両寺の交流は盛んであった。[21] 円覚寺の開山無学祖元が示寂した弘安九年（一二八六）九月三日から数えると、延慶元年（一三〇五）は二十二年目に当たる。この日、南浦紹明は特別に建長寺に赴き無学祖元の二十三回忌の仏事を行っている。建長寺と円覚寺は鎌倉の五山禅寺として禅僧の交流が極めて頻繁に行われていることがうかがわれる。

（277）大通忌拈香上堂にある『大通大応国師語録』とは、西澗子曇（一二四九～一三〇六）という臨済宗楊岐派松源派の人物である。文永八（一二七一）七月、時宗の招聘により来朝し、その後、弘安元年（一二七八）元朝に帰国した。正応三年（一二九〇、至元二七年）、一山一寧の来朝と付随して再び本朝に来り、円覚寺と建長寺を輪住した。徳治元年（一三〇六）十月二十八日に示寂して大通禅師を諡されている。

また、西澗子曇の来朝の翌年、すなわち、文永九年（一二七二）三月の春、南浦紹明の『語録』の跋文を付している。[22] これをみると、南浦紹明は虚堂の法を継承し、西澗子曇は石帆惟衍の法を嗣いでいるので、同じように運庵普巖の法を受けていることがわかり、両者の間には親しい交流があったことが伺える。（277）大通忌拈香上堂の法語の中で「今日大通禅師三回諱辰」と述べており、南浦紹明は特に法兄の西澗子曇の三回忌のために五部大乗経典を唱え、冥福の祈祷を行っている。

延宝元年（一三〇八）は、南浦紹明の没年である。しかし、上堂の行事からみると、特に忙しい年であり、加えて示寂前に、一二月八日の（282）蝋月上堂につづいて（284）新開昭堂陞座が行われている。そののち、十二月二十九日に南浦紹明は示寂した。

1 『円通大応国師塔銘』（『大正新脩大蔵経』八十冊・一二七頁中）。
2 『筑前国続風土記拾遺』巻四三。
3 『円通大応国師塔銘』（『大正新脩大蔵経』八十冊・一二七頁中）。
4 『大通禅師行実』（『続群書類従』第九輯(上)、続群書類従完成会、一九八一年）三六六頁。
5 『虚堂和尚語録』（『大正新脩大蔵経』四七冊・一〇六四頁中）。
6 「謝両班」について、無学祖元は弘安二年から弘安九年まで九回の謝両班上堂。蘭渓道隆は宝治二年から文永元年まで謝両班上堂を行われなかった。
7 『円通大応国師塔銘』（『大正新脩大蔵経』八十冊・一二七頁中）。
8 『太宰府万年崇福寺語録』（『大正新脩大蔵経』八十冊・九七頁中）。
9 『虚堂和尚語録』（『大正新脩大蔵経』四十七冊・一〇六一頁下）。
10 『円通大応国師塔銘』（『大正新脩大蔵経』八十冊・一二七頁上）。

11 『大宰府市史』中世資料編（太宰府市、二〇〇三年）二七七頁。川添昭二『中世九州の政治と文化』（文献出版、一九八一年）一〇九頁。川添昭二『中世九州の政治と文化史』（有限会社海鳥社、二〇〇三年）五八頁。
12 『元亨釈書』巻（『大日本仏教全書』第六二巻・史伝部）巻七。『延宝伝燈録』（『大日本仏教全書』第一〇八巻）巻二十。『本朝高僧伝』巻六五。
13 『東福開山聖一国師年譜』寛元元年条。
14 『鎌倉遺文』第二二〇四〇号・二三七二一号。
15 『勘仲記』弘安四年六月条。
16 『円通大応国師語録』（『大正新脩大蔵経』八十冊・一一二頁下）。
17 『日本書紀暦日原典』（内田正雄編、雄山閣出版、一九九三年）一七三頁。
18 『円通大応国師語録』（『大正新脩大蔵経』八十冊・一一六頁中）。
19 『大燈国師年譜』嘉元三年条。
20 『円通大応国師塔銘』（『大正新脩大蔵経』八十冊・一二七頁中）。
21 玉村竹二『日本禅宗史論集』（下之二）（思文閣、一九八一年）三八九頁。
22 『円通大応国師塔銘』（『大正新脩大蔵経』八十冊・一二八頁上）。

第三節　宗峰の禅風――『祥雲夜話』を中心として

『祥雲夜話』は、宗峰妙超が南浦の弟子「光禅師」と禅宗の修行の方法について論争する形をとる。いうまでもなく、『祥雲夜話』は宗峰の禅風を示す重要な資料であることは明らかである。

『祥雲夜話』は異本が多くあり、中でも奥田正造氏の『大燈国師年譜』の中の『祥雲夜話』と、加藤正俊氏蔵『破一尊宿夜話』が有名であり、二つの版本は現存している。昭和八年(一九三三)、奥田正造氏が森江書店から出版した『大燈国師年譜』その『年譜』の末尾に『祥雲夜話』と題して付せられているものがそれである。もう一つには、古写本の中で大徳寺塔頭真珠庵蔵本が最も古く、現存するものは加藤正俊氏の蔵本である。古田紹欽氏は、昭和二十年(一九四五)にその写本によって便利堂から複製を出版した。その後、『破尊宿夜話』というものがはじめてひろく世間に流用したのである。この写本はおそらく室町時代のものに相違ないだろう。

『祥雲夜話』については、平野宗浄氏は「大燈国師破尊宿夜話の研究」でとくに内容によって異本を比較し、現代語に翻訳している。本論では、『祥雲夜話』における大燈禅の特質について検討してみたい。

一　宗峰の批判

正和二年(一三一三)十二月二十六日、宗峰は祥雲庵に至って庵主光上座と修行のやり方について論争している。まず、光上座の修行と教化のやり方について宗峰は禅宗の立場から厳しい批判を加えている。つぎのように記している。[1]

我亦不道諸教不説心説性、説則説、只是迂曲方便、而非吾宗直指也。若以三乘十二分教為極則、則用達磨西為什麼、教中諸賢聖、依地位修行者、猶被究竟地菩薩見性隔羅縠之呵責。須知依次第階級修行、為情存聖量、受此呵責矣。

吾宗唯論見性、終不論次第修行。若得見性、万行万徳、一時具矣。是故道、直指人心、見性成仏。若經次第、無有此処。豈不然、地位賢聖、猶被呵責、何況教末代根遅性鈍之輩、孟浪担枷帯鎖、有何間隙、可達見性一路乎、不論随宜救之。

「直指人心、見性成仏」という思想が従来の禅宗の中で強調されている。自分の本性を徹見して仏と成ることである。また、この句が記載されている最古の文献は臨済の黄檗禅師の『伝心法要』である。[2]はじめて、達磨祖師が西からやってきて、「直指人心、見性成仏」を教えた。その意味は決して言葉のなかにはないと述べている。宗峰はただ見性のことを論じて、段階的な修行のことはいわない。また、宗峰は仏教で心あるものに仏性があると説いているとは言えない。しかし、説くことは説いているが、それはまわりくどい方便に過ぎなくて、禅宗の「直指人心、見性成仏」の宗旨ではないという。明らかに、宗峰の禅風において「見性成仏」の思想が重要な地位を占めるようになったことがうかがわれる。

このような思想を『祥雲夜話』には随処に見出すことができる。例を挙げて言えば、[3]

老宿又毎示學者、以玄沙宗綱・智覺垂誡、教人護止持作犯。又専拳首楞嚴經心外有魔之説為宗、未曾直指見性一路。宿意謂、世尊説種種教誡、皆為賢聖衆設之、不独為凡夫。賢聖猶若之、何況凡夫。然則内指見性、外説止持作犯、豈不可乎。

とあり、老宿は老禅師で名を光といい、大応国師の弟子であるということが知られるのみで具体的には全く不明である。また、平野宗浄氏によると『祥雲夜話』の祥雲庵は何処にあったのか明確ではない。しかし、大応国師の塔所は現在でも残っている。花園の安井に、現在大徳寺の山内に移った竜翔寺が存在したのであり、その竜翔寺の塔頭に祥雲庵という寺があったとも考えられるが、あくまで推測にすぎない。[4]光上座はつねに玄沙の綱宗と智覚の垂誡[5]をもちいて修行者を指導し、戒律を厳重に守らせている。また、楞厳経の中の心外に魔があるという説を引用し、禅宗の宗旨を示していない。これをみると、当時の禅林に教禅兼修の方法が存在していることがわかる。

宗峰の法脈から考察すれば、その師南浦紹明が、最初弟子の礼をとり参禅弁道したのは蘭渓道隆であった。その後、南浦紹明が入宋して禅の奥義を究尽して法を嗣いだのは虚堂智愚である。松源派は中国臨済宗楊岐派の流をくみ、虎丘紹隆の法系に属する一派であり、密庵咸傑の法嗣の松源崇岳を派祖とする。崇岳の門下には無明慧性・運庵普巖の二傑がある。南浦は、入宋の前に無明慧性の弟子蘭渓道隆によって育成され、入宋した運庵普巖の弟子虚堂智愚によって指導された。南浦は純粋な祖師禅を挙揚しており、円爾の教乗禅と夢窓の儒仏不二の理論とは明らかにその禅風の性格が異なると考えられる。蘭渓道隆と南浦、ともに同じ松源の一流であるが、蘭渓道隆は宋から来朝した中国僧であり、南浦は日本より入宋して禅法を学んだ僧である。その宗風は性格において多少異なるものがある。また、

公示学者、以這般事為先、見性一路為後、我大不肯。

とあり、光上座の態度からみれば、修行者に説法するとき、まず、綱宗と戒律などを第一に教示し、後に見性について論述している。このような論点は、宗峰にとっては全く前後が逆である。禅宗の立場からいえば、「教外別

伝、不立文字、直指人心、見性成仏」というものが、従来禅宗の中心思想であった。

達磨仏教の標識として有名な教外別伝の四句のうち第一・二句は唐代の文献に散見するが、完全に四句が出揃うのは、やはり宋代に入ってからのようである。[6] こういう考え方は宗密(七八〇〜八四一)の『禅源諸詮集都序』に、「西域伝心多兼教論、無二途也。但以此方迷心執文、以名為体、達磨善巧、揀文伝心。」と述べている。[7] 明らかに、初期の禅宗においては多くは経論を兼ねており、禅と教が二途に分かれることはなかった。

二　祖師禅

宗峰はとくに律師・教師・禅師などが担う役割の例をあげる。教相家は仏の教えを種々に分析して文字言句によって説明し、文字言句を究めることをもって、仏道を究めようするものである。律師は形式によってもっぱら「止持作犯」をするという。つぎのようである。[8]
因茲律師・教師・禪師各自相分。律師依相、専止持作犯。教師講説十二分教、分別名相。禪師不説名相善悪、凡聖迷悟、直指本性。所以道、見性成仏矣。夫如教律則馬鳴・龍樹等、敷衍世尊之説、撰述中・十二・大智度論等、説心説性、戒律持犯亦相交而説。若約別伝宗旨、都無許多般。故吾輩置不論之、而座主・律師相伝持焉。蓋古人慈悲忒殺、為不契別伝宗旨者、不得已而有此説。座主・律師可依行之、今幸有志于斯道、而未得見性者、公不直指見性一路、却以取相持犯、楞嚴魔境等、愈益惑乱初機、桎梏後學、我豈不傷乎。
これに対して禅師は文字・善悪・凡聖・迷悟などの分別を説かず、ただ人々に本来具わっている真実の仏性を挙揚している。この性は凡夫衆生にあっても減ぜず、仏菩薩にあっても増さず、不生不滅のものであるとされる。

明らかに、禅家と律師・教師とは修行者に対する教示の方法が異なると考えている。しかし、光上座は自分で禅を修めるときも後輩に教示するときも、さきに、玄沙の綱宗と智覚の垂誡をもって修行者を指導した。これに対して、宗峰は禅風については全く純粋禅を主張している点で異なる。

正元元年(一二五九)、宗峰の師南浦紹明が入宋して虚堂(一一八五〜一二六九)に初めて相見したのはこの頃であった。虚堂は臨済宗楊岐派松源派としてその厳しい禅風が知られ、求法者は崖に臨んで退き落胆するのを恐れたという。また、古来禅門においては峻厳な宗風といえば、徳山の行棒、臨済の一喝が知られ、禅僧たちに恐れられたのである。このような禅風は虚堂の「上堂の法語」に、つぎのように記している。[9]

徳山入門便棒、臨濟入門便喝、虚堂入門便罵。徳山入門便棒、喚作棒得麼。臨濟入門便喝、喝作喝得麼。虚堂入門便罵、喚作罵得麼。既喚作棒不得、又喚作喝不得、又喚作罵不得、畢竟喚作什麼、撃拂子、平生肝膽向人傾、相識猶如不相識。

虚堂は学人の接化に臨んで、門に入り来れば痛罵したといわれる。峻厳なる家風が虚堂の特色の一つと言えよう。また、『大徳寺語録』の「上堂」に、つぎのように述べている。[10]

世尊降魔不無、只是用如来禅故。其力不全。吾衲僧家、用祖師禅降伏衆魔。

釈尊は天魔を一応降伏させた。しかし、これは如来禅によったものであり、その力は完璧ではない。わが禅宗は祖師禅によってすべての魔を降伏させるという。祖師禅は自由豁達なものとして受けとられているようである。祖師禅は中国で形成された禅といえよう。明らかに、宗峰の態度からみると、如来禅と祖師禅を区別している。そして、宗峰はとくに如来禅と祖師禅を取り上げ、自分の禅風を強調している。

如来禅と祖師禅の意義については、大燈の『大徳寺語録』に具体な説明が現われている。つぎのように述べている。[11]

有僧　如何是如来禅
師云　靜処娑婆訶
進云　如何是祖師禅
師云　鉄輪砕石
進云　如来禅與祖師禅相去多少
師云　湘之南、潭之北。

これをみれば、宗峰は如来禅と祖師禅との違いについて、『碧巌録』第十八則で有名な「湘の南、潭の北」[12]の例をとりあげて問われたことに答えたことがわかる。また、如来禅と祖師禅の役割について、宗峰の考察によると、如来禅は、ただ、靜処において修習することをいうとした。これに対して、祖師禅は鉄輪のように石を打ちこわして粉々にするという。明らかに、宗峰は両者の性質をあげて異なると主張している。いうまでもなく、祖師禅は如来禅より修行のやり方がすぐれていると述べている。

如来禅と祖師禅とについては修禅者が重視するところである。如来禅は如来から直接に伝えた正伝の禅である。[13]これに対して、如来から伝わった禅を達磨が中国に伝えたということから祖師としての達磨の伝えた禅を祖師禅という。『五燈会元』巻九「仰山章」に如来禅は釈尊の禅であり印度的なものである、祖師禅は達磨の禅であるとする。この問答以来禅宗ではこの両者に微妙な差をつけているようである。

三　経論について

宗峰は経典について如何なる態度をもっているかについて、『祥雲夜話』によると、つぎのように述べている。[14]

宗綱・垂誡等、是先聖一期方便也。以者般方便説為先、以直指見性要道為後、非唯達磨一宗掃地而、聖教亦可喪却焉。吾不道一向掃蕩経論垂誡、但用其可用者、終不依他教意。也所謂教内教外・南頓北漸・取相斥相、於此別矣、渠只因腕頭無力、錯随方便言句、是以我欲救之。

これをみると、宗峰が経典・垂誡などを全く排除する意図はない。しかし、用うべきものは用いるが、究極としてはそれらの教理に完全に頼ることをしない。もし、綱宗と垂誡などの便宜を優先し、直指人心・見性成仏の大切な点を後にすれば、おそらく、達磨の禅宗は跡形もなく滅亡しまうのみではなく、仏教に影響を及ぼして滅びてしまうという。なお、建武二年、遺戒に大徳寺は十条の寺規を定めている。しかし、『大燈国師年譜』では、ただ、弟子の修行に関する三条のみ取り上げている。つぎのようにある。[15]

一、三時勤行四時坐禪不可違時刻。

二、二時粥飯外、不可他食。

三、沙彌喝食等、未要參禪者、三時勤行之外、只須學問三藏。若一日慢、則可止一日粥飯。

三時諷経・四時坐禅などが行われる当時の禅林において修行者が必要なのは勤勉であることである。また、第三条に「未要參禪者、三時勤行以外」よると、沙彌・喝食は参禅をしないが、三時勤行の以外に時間があれば、必ず経・律・論三蔵を勉強させる。もし、一日でも学問を怠ければ、一日の粥飯をやめさせるべきであるという。これをみると、宗峰は経教文字を完全に排除してはいない。ただ、前後の順序は重要な問題である。このようなことは唐の百丈禅師の「一日作ざれば一日食はず」という言葉と、その基本的精神において相違がないといえよう。さらに、宗峰は大燈派の宗風が他の教内と教外・南頓と北漸・取相と斥相などと異なると強調している。

また、徳治二年（一三〇七）十二月二十九日、南浦紹明は建長寺に入院し、宗峰は師に随侍して鎌倉に赴き、この年建長寺において大悟した。つぎのように記している。[16]

一回透過雲關了、南北東西活路通、夕處朝遊沒賓主、脚頭脚底起清風。

透過雲關無舊路、青天白日是家山、機輪通變難人到、金色頭陀拱手還。

妙超胸懷如是、若不孤負師意、伏望賜一言、近擬歸故都、莫惜尊意以為大幸耳。

また、次の二つの投機偈は南浦紹明から印可された際のものである。

儞既明投暗合、吾不如儞、吾宗到儞大立去。只是二十年長養、使人知此證明矣、為妙超禪人書、

巨福山南浦紹明（花押）　延慶戊申臘月

現今、この文書は大徳寺に珍蔵され、国宝に指定されている。宗峰は二百則の公案を一年で透過したが、この一則の公案を真に突破するために三年を費やしたという。宗峰が悟を開いたことに対して、南浦は大いに喜び、偈頌を以って印可した。この「雲門の関」という公案は『碧巌録』第八則にみられる。この公案を雪竇が頌古百則に採用した本来の目的は、雲門の「一字関」の顕揚にあるようであり、他は附加物とみるべきである。円悟は関字の下語で「雲門うまく逃げて答えた。いやこの関字、天下の禅僧もこれをこえて透ってゆくわけにはいくまい。負けた」と強くほめている。雲門文偃が修行者を導くとき、つねに、簡潔な一字でもってしたので、雲門一字の関ともいわれ、また、その宗風をしめす要語ともなった。

また、南浦の印可の文で「吾不如」といい、南浦紹明は宗峰のすぐれた大悟をことにほめている。また、大応

派は宗峰に至って大きな別流として建立されていくべきであると述べている。明らかに、宗峰の禅風は南浦紹明から継承しているが、宗峰の禅風は南浦紹明のものと微妙な違いがある。大応には大応だけのもの、大燈には大燈だけのもので誰も模倣することができないものがある。さらに、宗峰は証悟の偈頌からみれば、「殆んど路を同じうす」と言っているのである。宗峰は自ら証悟したものが南浦のものとは同じではなくて、それこそ相似であり、似て非なるものということになるのであろう。

四　遺誡

宗峰はとくに修行者が仏道の奥義を探究するために「示衆法語」することを行った。つぎのように述べている。

汝諸人来此山中、為道聚頭、莫為衣食。有肩無不衣、有口無不喫、只須十二時中向え無理会処。窮来究去、光陰如箭、慎勿雑用心。

宗峰は「雲門の関」という話頭により大悟して、自由自在な境涯をえたのであるが、その後、南浦から二十年の聖胎長養を命じられた。延慶二年（一三〇九）宗峰は京都陳山山麓の雲居寺に入って、それを実践した。いわゆる五条橋辺の聖胎長養が宗峰の「社会的性格」を規定するのに大きな影響をもたらした。また、大徳寺の創立を考えるに際して、極めて重要な鍵となった。[17]

嘉暦元年(一三二六)十二月八日、大徳寺で住持の儀式を行い、宗峰は当山の住持になった。この間に、正慶元年(一三三二)、とくに大徳寺の修行者に法語を示している。中国の「三転語」がよく用いられた。「三転語」というのは迷を転じて悟りを得させる三つの語句から形成されている。このような方法は従来の禅宗において盛んに用いられたものであった。例をあげると巴陵の「三転語」・趙州の「三転語」などである。[18]
また、「示衆法語」をみると、宗峰は禅僧らの修行に厳しい要求をしている。禅寺は衣食のために住むべきにあらず、「道」が主であって「生死事大、無常迅速」をはかり自己の究明のために心乱すことなく、是非日々夜々仏道に精進弁道して一日中参禅すべきであることを強調している。
加えて、当時、京都と鎌倉の禅林を問わず、学才ある僧が重んじられ、学徳ある高僧として官寺に招請された。宗峰が示寂する二年前、すなわち、建武二年（一三三五）十一月、宗峰は弟子らのために遺誡を看雲亭において認めている。つぎのように述べている。[19]

老僧行脚後、或寺門繁興、佛閣經巻鏤金銀、多衆閙熱、或誦經設咒、長坐不臥、一食卯斎、六時行道、直饒雖恁麼去、不以佛祖不傳妙道掛在胸間、則撥無因果、真風墮地、併是邪魔種族也。老僧去世久矣、不許稱兒孫、或儻有一人、綿蕝野外、一把茅底、折脚鐺下、煮野菜根、喫過日、專一究明己事者、與老僧日日相見報恩底人也、誰敢輕忽哉、勉旃、勉旃。

ここで学問のみを重んずる風潮は好ましいものではなく、修行の実践こそ大切にされるべきであることを強調するのである。建武四年(一三三七)十二月、宗峰は重い病気にかかり、同月二十二日に至り、いよいよ死期を悟ったので遺誡を作っている。これが最後の垂訓になった。要するに、「示衆法語」と「遺誡」からみると、宗峰は形式的には宋朝禅を受けながら、本質的には常に唐代の禅を志向していたということがうかがわれる。
また、元弘三年（一三三三）八月二十四日、後醍醐天皇が文書に記載して、大徳寺を本朝無双の禅苑となし、宗峰妙超の門徒の一流相承を認めると定めた。宸翰を両朝より下賜されたことも深い意義をそなえている。つぎのように記している。

大徳寺者、宣為本朝無双之禅苑、安棲千衆、令祝万年、門弟相承、不許佗門住、、不是偏狭之情、為重法流、殊染宸翰、貽言於龍華耳。

門弟相承して他門の住することを許さない。これは偏狭の情からではなく、ただ法流を重んずるからであるという。後醍醐天皇が大徳寺の法流の純粋を重要視していることがうかがわれる。宗峰は弟子に対して仏道である向上の悟道に精進するのが道心であると厳しく要求している。

結びにかえて

まず、南浦紹明の禅風の特色とその展開について述べ、南浦は中世禅林において如何なる役割を果したかについて明らかにした。寛平六年（八九四）以来日本における遣唐使は廃絶されており、国家間の正式な交渉はなく、民間の交流に限られていた。宋の時代以降、中日の民間交流が盛んになり緊密な関係が保たれていた。『大応国師語録』「和蒙古國信使逍宣撫韻有東林遠之語二首」にある二つの偈頌からその様子が明らかになる。また、『鎌倉遺文』「大蒙古國皇帝、差來國信使趙良弼」によると、南浦紹明は筑前興徳寺で松源派の禅法を擧揚するばかりではなかった。彼は九年間わたる在宋の経験をそなえて国際知識を生かしと外交技術などに能力を発揮した。鎌倉幕府は外交経験の不足を補強する人物として期待した。東福寺末寺の大宰府崇福寺は当時の外交政治に大きく貢献したことを明らかにした。このように室町時代に至り、外交対応はようやく五山の禅僧が担うことになったのである。

南浦紹明は帰国して建長寺の蔵主を担った。任職期間の中に蘭渓道隆の韻に和している。ほぼ文永五年～七年の間のある年の元宵（正月十五日）を祝うために詩文を賦したものと考えられる。また、内容からすると、この期間の日本の国内外には、蒙古の襲来の危機が迫まりつつあったが、さしたる争乱はなかったようである。その詩文はほぼ文永六年の正月十五日に作られたものと言えよう。このようなことは大休正念の語録にもみえており、大休と蘭渓との間でも「元宵放燈」に関しての詩文のやりとりが記載されている。中日の禅僧が交流する姿をうかがうことができた。

文永七年（一二七〇）十月二十八日、南浦紹明は筑前興徳寺の陞座入寺しており、のちに嗣法香を焼いて虚堂の弟子であることを表明したことを証する書、ならびに入寺法語を西澗子曇に託して径山の虚堂智愚に呈したとしている。しかし、この史料には疑点が生じる。まず、虚堂は、すでに、咸淳五年(一二六九、文永六年)十月七日に径山興寿万寿寺で世寿八五歳にて示寂している。また、西澗子曇は、北条時宗の招聘をうけて来日したのは文永八年(一二七一)三月であり、弘安元年(一二七八)に中国に帰国している。さらに、正安元年(一二九九)一山一寧の来日に当たり案内者として再来し、円覚寺・建長寺などに住持している。西澗子曇の入宋の時期と虚堂の示寂の年代に二年間の隔たりがある。以上、二点からいずれも現実性のないものであることが理解されるのである。本論ではそれは事実ではないことを論証した。

南浦紹明の宗風については、如来禅と祖師禅の異同を論ずることがあるが、それは無益な議論に過ぎない。それを証するために、とくに南浦紹明がよく唱えた「真実の参究」（参禅の方法）を取り上げて考察することにした。南浦紹明によって臨済宗松源派の純粋禅はそのまま日本に移植された。また、南浦は「時節因縁」の法則を強調している。このような歴史を重視する態度は南浦紹明の語録に随所に見られる。

南浦紹明の理想叢林はまったく世俗的な誘惑を断ち、修行者として自給自足の生活を目指すものであった。このような「不作不食」を主張する禅風は中世の叢林において極めて少ないといえよう。南浦紹明は中国初期の禅宗教団の精神を宣揚していることが見て取れることを明らかにした。戦国時代になると、大徳寺と妙心寺の両派に代表される山林派が代わって隆昌してくる。これは南浦紹明の禅風が大きな影響を与えているからである。そして、南浦の門弟の宗峰は如来禅・祖師禅の両方を尊重しながらも、より祖師禅に力を入れ、より厳しい純粋禅を宣揚した。

1　奥田正造『祥雲夜話』（森江書店、一九三三年）四五九頁。

2　『伝心法要』「六祖云。不思善不思惡。正當與麼時。還我明上座父母未生時面目來。明於言下忽然默契。便禮拜云。如人飲水冷煖自知。某甲在五祖會中。枉用三十年工夫。今日方省前非。六祖云。如是。到此之時方知祖師西來直指人心見性成佛不在言說。」（『黄檗山断際禅師』、『大正新脩大蔵経』四八冊・三八四頁）。

3　『祥雲夜話』（森江書店、一九三三年）四五九頁。

4 平野宗浄「大燈国師破尊宿夜話の研究」(『禅学論考』山田無文老師喜寿記念、思文閣 出版、一九七七年) 三七九頁。

5 智覚は永明延寿(九〇四~九七六)の禅師号である。これは『永明延寿禅師垂誡』といわれるもので、悟りを得られぬ者のために持戒という方便を説いている。玄沙は雪峰の法嗣であり、玄沙師備(八三五~九〇八)は『玄沙広録』を作った。

6 柳田聖山『初期禅宗史書の研究』(法蔵館、二〇〇〇年) 四六二頁。

7 『禅源諸詮集都序』(『大正新脩大蔵経』四八冊・四〇五頁中)。

8 奥田正造『祥雲夜話』(森江書店、一九三三年) 四六一頁。

9 『虚堂和尚語録』(『大正新脩大蔵経』四七冊・一〇四三頁下)。

10 『大徳寺語録』(『大正新脩大蔵経』八一冊・二〇五頁中)。

11 『大燈禅師語録』(『大正新脩大蔵経』八一冊・一九八頁下)。

12 湘は湘水、潭は潭水のことでともに河の名である。

13 『禅源諸詮集都序』(『大正新脩大蔵経』四八冊・三九九頁中)。「禪則有淺有深。階級殊等。謂帶異計欣上壓下而修者。是外道禪。正信因果亦以欣厭而修者。是凡夫禪。悟我空偏真之理而修者。是小乘禪。悟我法二空所顯真理而修者。是大乘禪。若頓悟自心本來清淨。元無煩惱。無漏智性本自具足。此心即佛。畢竟無異。依此而修者。是最上乘禪。亦名如來清淨禪。亦名一行三昧。亦名真如三昧。」圭峰宗密は禅を五種に分け、外道禅・凡夫禅・小乗禅・大乗禅に対して、その上に位する禅を最上乗禅とした。別名を如来清浄禅・一行三昧・真如三昧ともいう。

14 奥田正造『祥雲夜話』(森江書店、一九三三年) 四六〇頁。

15 『大燈国師年譜』建武二年条。

16　『大燈国師年譜』徳治二年十二月二十九日条。
17　伊藤克己「大徳寺創立の歴史的前提——東山雲居寺と宗峰妙超の社会的性格」（『駒沢史学』第三九・四〇号、一九八八年）二二二頁。
18　『碧巌録』十三則・十九則がある。
19　『大灯国師年譜』建武二年十一月条。

第四章　清拙正澄と清規

はじめに

禅宗の歴史において寺院内の日常生活について定めた規則である清規の出現は、禅宗を教団として独立させる決定的な要因として重要な意義をもつものである。周知のごとく百丈懐海がはじめて禅宗清規を規定したが、このことは中国仏教史上、空前の偉業といえるものであった。京都・鎌倉を中心に禅寺の規範について臨済宗の清規は清拙の『大鑑清規』によるものである。また、日本における様々な宗門儀礼は臨済宗の清規によって大きな影響を受けた。清規は禅林修行における生活の規範であり、また、従来から禅宗研究における重要な課題の一つであったと言えよう。

『大鑑清規』に関しての研究では、今枝愛真「清規の伝来と流布」(『中世禅宗史の研究』東京大学出版社、一九七〇年)は、とくに『日用清規』・『校定清規』・『備用清規』・『幻住清規』などを題材に日本の禅林における清規の受容と伝播の状況が述べられている。大石守雄「大鑑清規の研究」(花園大学内禅文化研究所、一九五四年)と尾崎正善「大鑑広清規」(『宗学研究』第三七号、一九九五年)では、当時の社会への清規の受容の状態と特徴が論述されている。西尾賢隆「清拙正澄の事蹟」(『中世の日中交流と禅宗』吉川弘文館、一九九九年)は、清拙正澄の在宋期間と入日の事蹟を紹介しており、さらに、居士との関連について説明している。

これらの研究を踏まえて本論では、『大鑑清規』と諸清規の関係について考察を加えることにしたい。

第一節　『大鑑清規』について

一　『大鑑清規』の構成について

清拙正澄（一二七四～一三三九）は、北条の檀那が月山友桂を専使として招請した禅僧である。嘉暦元年（一三二六）六月、弟子の永鎮をともない、寂室元光・古先印元・明叟斉哲などと共に来朝し、同年八月、ようやく博多に到着した。嘉暦二年（一三二七）正月、上京、関東北条高時よりの使節に迎えられ、同年三月十二日、建長寺の第二十一世に住した。

この時期の幕府の禅宗政策としては五山制度を確立したことが知られる。また、はじめ北条貞時は永仁二年（一二九四）正月に十二条からなる禁制を発した。さらに、[1] 北条高時の代に出された「円覚寺制符」によれば、[2] 罰則の明確でない制符がはっきりと記載されている。このようにみると、当時の禅林における維持経営と僧侶の風紀が次第に問題になるようになった。禅林の内部は自浄能力を失って惰性に流れ、代わって幕府が統制を強化しようとしたのである。[3]

清拙はこのような日本禅林の情勢をみて、叢林の清規を流布させる必要を感じたと思われる。以下、『大鑑清規』を中心に清拙と清規の関係を考察している。『大鑑清規』の版本について、現在刊行されているものは以下である。

『大鑑清規』（一三四九）一巻、南禅寺塔頭・聴松院所蔵。

『大鑑広清規』　二巻、今津洪嶽教授所蔵。

『大鑑禅師小清規』（一六九七）、『大正新脩大蔵経』第八十一冊。

『大鑑清規』と『大鑑広清規』は、両書ともに筆写であってその内容は同文である。[4]本論は、南禅寺聴松院に伝わる『大鑑清規』を主な基準にして他の清規と比較する。

まず、『大鑑清規』の構成を見ると、だいたい前後の二つに分けられている。前段では、「新命受請」から「秉払後管待座排」まで、この部分がほぼ『大鑑清規』の三分の二の部分を占めているものである。前段の内容には、成立の期日が掲載されていない。この部分は成立の年代が判断できない。これに対して後段、すなわち「叢林細事」と前段部分とを比較して大きな異なることは、成立の年代がはっきり記載されていることである。以下の一覧表である。[5]

	品目	頁	成立年代
1	蔵主寮	57b	丁卯夏（一三二七）住山清拙花字謹白
2	梅檀林須知	58a	嘉暦四年己巳（一三二九）三月十二日、住山
3	浄智寺首座寮牓	59a	元徳二年庚午（一三三〇）三月二十九日、住山
4	浄智寺首座寮牓	60b	元徳二年庚午（一三三〇）九月二十三日
5	円覚前堂首座寮銘	60b	正慶元年歳在壬申（一三三二）良月中澣日、円覚住山比丘清拙手書。

6	入祖堂式	55a	丙子年（一三三六）十月　日 住山清拙
7	侍者寮牓	62b	丁丑（一三三七）七月二十六日、記文
8	末後事儀	67a	己卯（一三三九）正月二十六日、記文
9	無隠和尚墨蹟	70b	貞和五年歳次己丑（一三四九）正月十七日、建長　住持比丘無隠元晦謹誌

『大鑑清規』の「叢林細事」では、成立の年代を記載されているものが九箇所ある。これらの年代を清拙の来朝以後の住山の時期と較べてみたい。以下、清拙の住山の時期である。

建長寺　嘉暦二年（一三二七）三月十二日
浄智寺　元徳元年（一三二九）
円覚寺　元徳二年（一三三〇）八月二十四日
建仁寺　元弘三年（一三三三）十月二十日
南禅寺　建武三年（一三三六）春夏

これらの年代を、先に表で掲げたものを考察すると、完全に合致している。換言すれば、清拙が日本に滞在して各寺の住持を担った時期に次々と作成していったものである。つまり、明らかに、「叢林細事」以降の部分は清拙が日本に来てから書いたものであることが確認できる。これらの清規は清拙が日本禅林の情況によって僧団の規律を定めたものである。

二　『大鑑清規』と諸清規について

『大鑑清規』は成立の年代から言えば、『禅苑清規』(一一〇三)・『校定清規』(一二七四)・『備用清規』(一三一一)より後時期に成立したものである。したがって、『大鑑清規』を作るときには、必ずそれらの諸清規を参考にしたはずである。『大鑑清規』とそれ以前の諸清規を比べてその差異を明確に表わすために「『大鑑清規』と諸清規の品目比較表」(表1)を作成した。以下、『大鑑清規』と諸清規の品目との対照を掲げることにする。

表1を考察すると、『大鑑清規』は『禅苑清規』・『校定清規』・『備用清規』などを参照した。まず、『大鑑清規』の中で『備用清規』を参照した状態からみると、品目はほとんどそのまま参照するのみではない。しかし、『大鑑清規』の「初祖忌」・「方丈小座湯」・「僧堂大座湯」・「方丈特為首座茶」・「諸山尊宿相訪」・「大掛搭帰堂」・「旦望祝聖陞座」・「旦望巡堂茶」・「坐禅」・「坐参」・「晩参」・「大放参」・「坐禅儀」・「三八念誦」・「入室出寮茶」・「告香之図」、これら箇条にはほぼ『校定清規』を参照しているとみられる品目の場合、ぼぼ同文で用いられている。一方、『備用清規』の第七巻(東西班)・第九巻(僧衆示寂の葬式)・第十巻(僧衆日用清規)など箇所は『大鑑清規』にはまったく引用されていない。これら三巻の内容は、日本禅林に対して適用できないと考えられたのだろう。

なお、『大鑑清規』の中には諸清規には見られないものが存在している。まず、「大帝誕生規式」(40b)の内容によれば、祠山大帝[6]という土地神を祠るものがあり、中国元朝の禅宗を民間信仰と結び付けているのが見られる。また、中国の杭州霊隠寺の例を取り上げて土地神は常住の財物を保護するとされている。さらに、平江府承天寺の禅僧の病気に治すことと土地神も関連である。なお、「大帝誕生見経牓」(41b)のような内容は諸清規と比べると見られない。土地神の信仰は中国の民俗信仰の一つである。

つぎに、「衆寮経録借状草」(43b)にみられるのは、経典・語録の借し出しと閲覧利用のためだけに特化の書状を定められた品目である。これは「叢林細事」の「蔵主寮牓」と対照すれば、この清規を定めたときその理由が述べられている。つぎのように記している。[7]

藏主寮牓

大藏經文前後、皆因隨意取去看閲不肯送還、散失極多、不念航海梯山難艱之來處哉。自今後閲經賢德、只就藏殿內披覽、不許將歸各寮。於中或有老成耆德知因識果之士、欲借歸寮者、須白藏主書名及經卷數目、看畢依數交還、却不得用別處鎖匙櫝開取經。每年藏主切須親自照、應不宜倦怠令同住代管致有去失、如此告而不遵違者有過、當職藏主不能主之、非藏主也、

丁卯夏住山清拙花字勤白

大蔵経は蔵経殿で閲覧するのみであり、もし、長老が借りれば、必ず書名と巻数がはっきり登録されている。また、毎年蔵主は必要な書籍を自分で点検するべきであるとする。このような品目は他の清規に見出できない。「拈衣儀式」（43ｂ）新しい長老は入院するとき、法衣を通して儀式を行う。このような拈衣の儀式は諸清規の中には見られない。いわば、清拙が自ら長老の赴任のために新たに儀式を定めたと考えられている。「接諡号儀式」（44ａ）、いわゆる「諡号」は生前の行いを尊び死後に贈られる称号である。このようなことは中国の禅林において存在しているが、諸清規の中にとくに諡号を受ける儀式を定めたものは発見できない。「秉払後管侍」（42ｂ）、秉払とは住持に代わって法座をひらき衆のために説法する儀式である。臨済と曹洞両宗ともに行われている。たとえば、日本曹洞宗では、嘉禎二年（一二三六）の除夜、興聖寺において懐奘が道元に代わって秉払の儀を行なったのにはじまる。これが今日行われている結制の首座法戦式の起源であろう。また、『勅修清規』には結夏・解夏・冬至・元旦の四節の秉払が記されている。しかし、『大鑑清規』はとくに秉払後の管待が作法について詳しく述べられており、諸清規の中には見られない点である。

いままで述べてきた通り、『大鑑清規』においてしばしば他の清規が引用されている場合があり、出典の箇所と比較することが必要である。まず、『大鑑清規』の成立した頃、前後して中国および日本において成立した諸清規を列記してみれば、つぎのようである。

中国

一、『禅苑清規』崇寧二年（一一〇三）　長蘆宗賾
二、『入衆日用清規』嘉定二年（一二〇九）無量宗寿
三、『入衆須知』景定四年（一二六三）
四、『叢林校定清規総要』咸淳十年（一二七四）惟勉
五、『禅林備用清規』至大四年（一三一一）沢山弌咸
六、『幻住庵清規』延祐四年（一三一七）中峰明本
七、『勅修百丈清規』至元四年（一三三八）東陽徳輝

日本

一、『永平清規』嘉禎三年（一二三七）・宝治三年（一二四九）道元
二、『慧日山古清規』文保二年（一三一八）円爾
三、『瑩山清規』元亨四年（一三二四）瑩山紹瑾
四、『大鑑清規』嘉暦二年（一三二七）清拙正澄
五、『諸回向清規式』永禄九年（一五六六）天倫楓隠

『禅苑清規』・『校定清規』・『備用清規』・『勅修清規』の四清規は中国の清規にとって重要な清規になった。以

上諸清規の成立年代からみると、『大鑑清規』は中国清規から数えて十一番目に古い清規であり、日本の清規としては四番目に古い清規である。以下、『大鑑清規』には諸清規が引用されている状況を詳細に検討することにしたい。

（表2）『大鑑清規』における諸清規の引用一覧表

	大鑑清規（南禅寺聴松院版）1327年	校定清規（務州）（続蔵112冊）1274年	備用清規（澤山）（続蔵112冊）1311年	清規云	禅苑清規（続蔵111冊）1103年	百丈清規
1	新住持入院　3b	焼香礼拝有法語5c		隔宿掛牌、今多清曉掛牌。		
2	新住持入院　4a		如此　45c	無祖師礼拝、宜随住持意。	新命入堂焼香礼拝巡堂一匝　458	
3	新住持入院　4a	今用務州。宜在住持意。維那引巡堂一匝。		仏殿法語訖、僧堂掛塔、次土地祖師法語。		
4	新住持入院	知事退身了、耆旧進　5c				

	5a	前草賀。5d		
5	開堂祝　5a			専使
6	仏祖忌　7a	仏誕令辰某州某山某寺住持、遺教遠孫比丘某、虔爇宝香、供養本師釈迦如来大和尚上酬慈蔭、所冀法界衆生念念諸仏出現于世。24a		
7	仏祖忌　7b		營辨香饈以伸供養云々、又無下与法界等　32c	皆住持下嚫点茶
8	仏成道　9a	伏願法界衆生發明自己、智慧入微塵刹転大法輪25b		
9	初祖忌		挙大悲咒　33a	
10	四節礼儀	務州十二日　或十三日　24b	澤山十二日　39c	
11	同十四日啓建		十三日　38d	

	楞厳会　12b					
12	同十四日啓建楞厳会　13a	大衆無拝　18c	大衆同拝。今以香燭礙、不拝非法。　38d			
13	同日方丈小座湯　14b	念誦前方丈鳴鼓、小座湯分作三座名字牌　10c	前輩四節講行、近唯結夏一次、只弟侍強位争高下。　40c			
14	同日方丈小座湯　14b	月分云、十四日斎後侍者詣首座寮請小座湯。　24d				
15	土地堂念誦　15b	土地堂祖師堂大仏殿、装香点燭、知事預焼香点茶湯。　18d		参前客頭、貼堂前上間		
16	小参　17b	斎罷。　15c				
17	小参　17b	小参罷、頒都寺維那侍者賫牌拂、詣首座拝請、来晩為衆秉拂。　15d				

18	結制上堂　19a	併同侍者礼拝　11d	小師低頭立、出後門回避去紊乱。　42b
19	結制上堂　20a	小師並後門退避。　11d	
20	結制上堂　20a	小師復帰位坐、侍者中炉上下間、並外堂焼香。　12a	
21	秉拂　20b		十六日晩　38b
22	方丈特為首座大衆茶　22a	長版者、火皷後長撃三会者是也。非木魚後三下者。今叢林皆以三下板、為長版方行礼。　9d	首座住持対面設位　42c
23	方丈特為首座大衆茶　22b	都司與住持分手、監寺與首座分手、以次知事、居都寺監寺下。　9d	
24	方丈特為首座	無中問訊　9d	

	大衆茶　23a				
25		中央立　10a			
26		中央問訊大展　10a			
27	方丈特為首座／大衆茶　23b		首座於法堂、伺候住持至謝。　42d		
28	首座特為後堂／大衆茶　24a		復位先出、非法　43b		
29	両班進退、侍者進退　27a		無「白大衆」　49c		
30	諸山尊宿相訪　30a	空盞備礼。茶了本寺参頭、引衆行者、焼香礼拝。　17c	随至方丈人事、挿香住持免之。　48a		
31	諸山尊宿相訪　30b	或自門首迎入、便就寝堂行礼、礼畢知事頭首等人事。　17d			
32	四節僧堂茶礼　66b				
					軽則罰油　重則出院

明らかに、表2に見られる『大鑑清規』のなかに引用される『百丈清規』・『禅苑清規』・『校定清規』・『備用清規』等清規は、『大鑑清規』より先行成立の清規である。表2によると、諸清規が引用された箇所を統計してその結果として得られた数値は、つぎのようにある。

『百丈清規』　一箇所
『禅苑清規』　一箇所
『校定清規』　二十二箇所
『備用清規』　十五箇所
清規云　六箇所

『大鑑清規』の中に引用された諸清規を見ると、『百丈清規』・『禅苑清規』・『校定清規』・『備用清規』の四清規が挙げられる。とくに『校定清規』が一番多く引用されている。また、内容から考察すれば、清拙はとくに典礼を重要視する立場を取ったことが明らかである。たとえば、項目の第二・三・一三・一八・一九・二〇・二四・二五・二六などをみると、禅林における儀式に関わるものである。また、表2の第十二「啓建楞厳会」について、

住持同焼香諸堂、焼香了住持帰位。行者鳴跋、維那揖住持上香、両班儀同常、不借香。(12b)

清拙は、従来の中国の諸清規そのままでは日本禅林に適用しにくい点があったので、それを解消させるために『大鑑清規』を定めたのである。大鑑の門派のみならず、広く日本の禅林で一般的に行われたようである。[8]同じ行事が記された項目の中で『校定清規』には「大衆無拝」と書かれ、『備用清規』には「大衆同拝、今以香燭礙、

不拝非法」と記載されている。その場合には、『大鑑清規』は「無拝」として『校定清規』を重視する立場をとっている。日本の文化・社会・宗教などの状況を考え合わせて定めたものであることが明らかになった。清拙が『大鑑清規』を定めるときに寛容の態度でのぞんだことが知られるのである。

三　『大鑑清規』と『大鑑禅師小清規』の比較

『大鑑清規』の「叢林細事」以降の部分は「叢林細事、維那須知、両班出班拈香、坐具展開、僧堂衆僧須知、入祖堂、施食、蔵主寮牓、栴檀林須知、浄智寺首座寮牓、円覚前堂首座寮銘、侍者寮牓、四節僧堂茶礼、末後事儀、精進勧、無隠和尚墨蹟」など十六の品目で構成されたものである。また、「叢林細事」以降の部分の品目と『大鑑禅師小清規』（以下『小清規』と略す）は対照すればほぼ同じものである。これを（表1）「『大鑑清規』と諸清規の品目比較表」から見て、明らかにした。さらに、『大鑑清規』の「叢林細事」以降の部分の内容から分析すると、ほぼ清拙が来朝して建長寺（嘉暦二年）、浄智寺（元徳元年）、円覚寺（元徳二年）、建仁寺（元弘三年）、南禅寺（建武三年）などの住持を担った時期に次々と作成していったものであると言えよう。

『小清規』は明応甲寅（一四九四）春、大鑑の四世孫の月甫蔵主（月甫清光）が跋文を書写したものである。つぎのように記述されている。[9]

月甫蔵主裒所自謄小清規来、徴予分其句讀、且加和字便於讀、大鑑大智再世、而出中華来日東、日東禅林礼之所欽不可補者、裒為小清規是也。

明応三年、清拙の示寂百六十年後に法孫月甫蔵主は、清拙の定めた十二条の清規を集めて『小清規』を編纂した。また、容易に読むために文中に句読点を加え、日本禅林の礼儀と節度の欠陥について記述するのを『小清規』の役目にした。

しかし、『大鑑清規』の「叢林細事」以降の部分と『小清規』は比べてみると、両者の内容では同様・増加・欠陥・一部分同様などが存在する。以下、両清規の相違点について論究することにしたい。

まず、『大鑑清規』と『小清規』は、内容と次第はまったく同文である。「僧堂衆僧須知」（53ｂ）、「蔵主寮牓」（57ｂ）、「淨智寺首座寮牓」（59ａ）、「侍者寮牓」（62ｂ）、「相看求掛塔礼」（63ａ）、「四節僧堂茶礼」（65ａ）、「精進勧」（69ｂ）、など項目がそのまま取り上げられている。「円覚前堂首座寮銘」（60ｂ）の内容は殆んどそのままに掲載されている。しかし、『大鑑清規』に「徳山・臨済・趙州・雲門・黄龍・真浄・五祖・円悟・仏眼・大慧、此従上弄大旗皷手段、可為法達者。」という、[10]一文のうち「徳山・臨済」の部分は『小清規』の中には欠けている。また、最後の偈頌の部分も同じように欠けている。文章を容易に理解できるように、『小清規』のことばは多少美しく整え飾られているのだろう。

また、『大鑑清規』の「入祖堂」（55ａ）の一節には、つぎのように記してある。[11]

秉払在近、禅客有能者、不可請病寮暇。以上違者、皆令起単。

しかし、このような内容は『小清規』には見られない。両清規の成立の年代からみると、『小清規』（一四九四）は『大鑑清規』（一三三四）より百六十年に遅い。秉払の前に禅僧は休暇をとるべきではない、違犯者を起単させる、という内容である。[12]月甫清光の時代に至ると、この箇条は禅院の規式とは合わなくなったのであろう。この箇条は『小清規』に採用されていない。

また、『大鑑清規』の「維那須知」は、つぎのようである。

毎日三時諷経回向畢、両班但人人低頭問訊而散不必揖上下肩。（50ａ）

禮拜之法、低頭問訊。先兩手掌至地、徐五體投地、低腰伸手掌而拜。有一等執拗之人、禮拜時、先跪兩膝至地、次方兩掌至地。威儀不雅、如俗人不知次第、此大訛謬之人。不依真正法、誤後來、錯習惡相、之甚哉。（50ｂ）

この条は礼拝の作法を定めたものであるが、これらの文節は『小清規』においては「両班出班拈香之法」[13]と「坐具礼拝之法」[14]に置かれており、『大鑑清規』には置かれた位置とは異なる。さらに、『大鑑清規』「施食」の中に、

佛生成道涅槃此、日住持他緣者、兩班有出班燒香、此山門公界禮也、首座居偏跪炉、堂司行者、進手爐、聖僧侍者、進香合、方丈侍者亦得、維那立宣疏、不須跪。

三佛二祖疏内、無住持則頭首比丘某人白之、傳法故也、盂蘭盆歳末無住持則知事僧某人白之、代山門故也。（57ａ）

とあり、これは『小清規』においては「両班出班拈香之法」の中に置かれている。以上、諸箇条によると、『小清規』が成立した際、その禅林の状態などに関して考え得る理想のために調整することが必要であったと考えられている。

なお、『小清規』「月中毎日粥時念文」に、毎日早斎をするとき、必要な祈祷と回向すべきだとある。このようなことは『禅苑清規』・『校定清規』・『備用清規』・『勅修百丈清規』の中からは見出すことができない。また、内容を考察すると、毎日回向の対象が異なることになっている。これと円爾の『慧山古規』（一三一七〜一三一九）の「月中の行事」を比べると性質は異なると思う。つまり、『小清規』の祈祷を重視している態度がよくわかる。

国家仏教・祈祷仏教と云われる色彩が濃厚になって来たのである。

『大鑑禅師小清規』の跋文によると、つぎのように述べている。[15]

日東無百丈忌為歎。平日告人曰、茲日偈我寂、俾我徒弗做我忌做百丈忌。

清拙は百丈懐海に尊敬の念を抱いていたことがうかがわれる。加えて、この時日本の禅林においてまだ百丈忌は定められていない。したがって、無隠元晦に「我が滅は百丈の忌辰にあるべし、小師等同じく斎を設けよ」と述べ、[16]結果として百丈の忌辰たる正月十七日を以って示寂した。そこで清拙は百丈の再来と称讃されたという。[17]そして、日本禅林においてはじめて正月十七日に百丈懐海の忌に拈香が行われ、これが「百丈忌」という行事になった。

『小清規』の序文にはじめに著作の趣旨と成立の理由がはっきり記載されている。[18]

凡禪規以禪堂為最、百度由茲始焉。今睹日本禪林、於洞上則間講規戒、濟家但節序課誦也已。明清規典、雖微行于此、率從事華飾、只圖衣食、益學益遠矣。

当時、日本の禅林において曹洞宗は戒規を提唱し、臨済は行事・課誦を重要視しているが、清規の実践は徹底しなかった。また、清規を学んでいるにも関わらずその精神から遠く離れていった。そして、日本禅林にとって清規の成立が必要になった。

『小清規』の構成はほぼ『大鑑清規』の「叢林細事」の部分のみを使っているが、『大鑑清規』の「梅檀林須知」・「末後事儀」・「無隠和尚墨蹟」の部分は『小清規』の中に見られない。また、「月中毎日粥時念文」・「大鑑禅師小清規引」の内容は僅かに『小清規』の中にのみ存在している。これらは明らかに『小清規』において新しく加えられたものである。また、内容では同様なものであるが、項目が変わっているものがある。たとえば、「円覚禅堂首座寮銘」は「秉払提綱法」と、「浄智寺首座寮牓」は「僧堂坐禅」となり名称のみが変わっているに過ぎない。

以上のように、清拙の定めた清規は後世より日本の禅林に適した形で用いられるようになっていったことが明らかになった。これは元来清拙の定めた『大鑑清規』自体にも見られる清規の基本的な精神であったといえよう。

四　『大鑑清規』の特質

以下、『大鑑清規』の内容からその特質についての考察を進めたい。

1　坐禅儀

坐禅儀については『大鑑清規』(39 a)の中に、つぎのように記している。

坐禪儀

盡學般若菩薩、先當起大悲心、發弘誓願、精修三昧、誓度衆生、不為一身獨求解脱。爾乃放捨諸縁、休息萬事、身心一如、動靜無間、量其飲食、不多不少、調其睡眠、不節不恣。欲坐禪時、於閑靜處、厚敷坐物、寛繫衣帶、令威儀齊整、然後結跏趺坐。先以右足、安左上、左足安右上、或半跏趺坐亦可、但以左足、壓右足而已。次以右手、安左足上、左掌安右掌上、以兩手大拇指面相拄。徐徐擧身前欠、復左右搖振、乃正身端坐。不得左傾右側前躬後仰、令腰背頭項骨節相拄狀如浮屠。又不得聳身太過令人氣急不安。要令耳與肩對、鼻與臍對、舌拄上顎、唇齒相著、目須微開、免致昏睡、若得禪定、其力最勝、古有習定高僧、坐常開目、向法雲圓通禪師、亦訶人閉目坐禪、以謂黑山鬼窟、蓋有深旨、達者知焉。

身相既調、然後寛放臍腹、一切善惡、都莫思量、念起即覺、覺之即失、久久忘緣、自成一片、此坐禪之要術也。竊謂、坐禪乃安樂法門、而人多致疾者、蓋不善用心故也。若善得此意、則自然四大輕安、精神爽利、正念分明、法味資神、寂然清樂。若已有發明者、可謂、如龍得水、似虎帰山。若未有發明者、亦乃因風吹火、用力不多。但辦肯心、必不相賺、然而道高魔盛逆順萬端。但能正念現前、一切不能留礙、如楞嚴經、天台止觀、圭峰修證儀、具明魔事、預備不虞者、不可不知也。

これは『禅苑清規』巻八の「坐禅儀」と比べれば[19]、明らかに、『禅苑清規』に拠った文である。そして、両者の「坐禅儀」を比較すると、『大鑑清規』は文章を簡略化するために一部分を省略している。たとえば、『禅苑清規』の前文の「盡学般若菩薩（中略）不節不恣。」と「向法雲円通禅師（中略）達者知焉。」の一段文が『大鑑清規』には省略されている。また、後文は坐禅の利益と損害について「竊謂、坐禅乃安楽法門(中略)不可不知」の部分が同じように省略されている。

坐禅儀には従来禅を修める者は必ずやるべきだと強調されている。『永平清規』の中でも同様に坐禅儀を重視している。また、蘭渓道隆と円爾の『坐禅論』の中でも同様に坐禅儀のやり方が強調されている。これに対して、『校定清規』・『備用清規』は、坐禅儀の部分にまったく論及していない。中日の清規の中で「坐禅儀」については、ただ『禅苑清規』・『大鑑清規』・『永平大清規』だけで言及されている。清拙の宗風では、坐禅の実践が極めて重視されていることを明らかにした。

2　三時諷経

三時の諷経は、従来日本の叢林において必ず毎日行われる基本的行事であった。諷経の制度は室町時代に至り同様に存在している。毎日三時の諷経は『大鑑清規』の「叢林細事」に規定されている。[20]中国の清規で、諷経の規定がはじめてみられるのは『備用清規』においてである。それ以前の『禅苑清規』・『日用清規』・『校定清規』の諸清規には、特定の日と臨時の諷経は規定されているが、日用の諷経の規定は存在しない。[21]

また、日本の禅林においては日中諷経だけでなく、粥罷および酉時(午後五時～七時)の三時の諷経が規定されている。これは円爾の『慧山古規』(一三一七～一三一九)において四時の坐禅と並んで三時の諷経が初めて現れた。『東福寺祈祷日鑑』に[22]、

毎日中、尊勝陀羅尼七遍、関東御祈祷。毎日朝暮、楞厳咒、藤原家御一門云々。

と示されているのである。明らかに、日本の清規において三時の諷経を初めて取り入れたのは聖一国師円爾である。[23]加えて、それより前に蒙古襲来のとき、建長寺の無学祖元は大衆を率いて一日中『法華経』を唱えてもっぱら敵軍降伏を祈祷した。元来宋の禅林に日中諷経の例がない。しかるに、無学祖元はこのときに日中諷経を行ったはじめての例となったのである。[24]清拙の『大鑑清規』の完成に伴い、当時の禅林で三時の諷経という形が形成されていた頃である。『大鑑清規』には「毎日三時諷経回向畢」が掲載されていると思われる。

3　神祇信仰

『大鑑清規』の特質の第三は、その中に神祇思想が濃厚に示されていることである。「月中毎日粥時念文」によると、つぎのようである。[25]

初四・十八香粥供修利祝獻、南方火徳星君火部聖衆、仰憑大衆念、十佛、
初五・十九香粥供修利祝獻、韋駄尊天監齋使者、仰憑大衆念、十佛、
初七・二十一香粥供修利祝獻、田公田姥田庫神祇、仰憑大衆念、十佛、

初八・二十二香粥供修利祝獻、蔬園土地種植神祇、仰憑大衆念、十佛、
初九・二十三香粥供修利祝獻、中欄土地馬厩神祇、仰憑大衆念、十佛、
初十・二十四香粥供修利祝獻、山林界相守護神祇、仰憑大衆念、十佛、
十三・二十七香粥供修利祝獻、八幡諏訪新羅六所權現、仰憑大衆念、十佛、

中国の殷の時代から星の神が崇拝され、主として火星が信仰の対象であった。日本で遠い古代には星の信仰はなかった。ようやく奈良朝もしくはその少し前のころになり、中国で流行した北斗七星の信仰の影響をうけて星神の信仰が起こった。そして中世以降には、妙見信仰がかなり盛んとなり、これを祀る堂社も各地に設けられた。[26]初四・十八日の行事は諸神の祈祷のみではなく、さらに、「南方火徳星君」の一切の星宿までが祈祷の対象になった。このようなことは『瑩山清規』にも「楞厳会の回向文」と「火星神諷経」として存在している。つぎのように述べている。[27]

上来諷誦大悲円満無礙神呪、消災妙吉祥神呪功德。回向南方火徳星君火部星衆、増加威光無量徳海。所冀山門鎮静、内外咸安者。十方三世云云。

しかし、このような星宿の祈願は中国の諸清規では見出されない。さらに、「蔬園土地種植神祇」、「中欄土地馬厩神祇」、「三林界相守護神祇」等が祈祷の対象になった。清拙は禅寺の月の行事においてとくにこれら一般的な民間信仰の自然神を取り上げている。このような神祇を取り入れることは他の清規の中に見られない。いわば、『大鑑清規』の特色の一つと言えよう。周知のように、日本の古典の「古事記」や「日本書紀」などにはたくさんの「神」が出てくるが、必ずしも人々の崇拝ないし信仰の対象となっていないのである。しかし民間に多くの神々、古来日本人の崇拝ないし信仰の対象となっていることは疑いない。

また、八幡神という古来の伝統信仰に関して、清拙は月の行事で取上げており、日本の民間信仰を重視する態度がうかがわれる。『大鑑清規』は、禅林の事情に加え、日本の文化・社会・宗教など状況も考え合わせて定められた。清拙は寛容的な禅風がうかがえることを明かにした。

4　儀式

『大鑑清規』の特質の第四は、叢林における儀式が重視されることである。『大鑑清規』の内容によると、清拙はとくに法要儀式の形式を規定したのみならず、さらに、細部に至るまで詳細に述べている。図解図示の手法が多く使われている。次の項目に詳し(図1)が付けられている、「同日方丈小座湯」(14 a)、「大座湯牓式」(17 a)、「堂中三日点茶」(23 b)、「首座特為後堂大衆茶」(25 a)、「入室座牌位」(46 a)、「新旧両班管待座排」(46 b)、「告香之図」(47 a)、「僧堂念誦之図」(47 b)、「秉払後管待座排」(48 a)である。これらの項目については図1を目指している。

以上の項目において、『大鑑清規』は特別に儀式の形式を重視していることがよく分かる。史料によって図1で説明することのみでなく、さらに、現場での人物の位置・礼拝・問訊など細かい礼節が定められた。一方、『大鑑清規』の項目と諸清規は比較表からみると、明らかに、『備用清規』がよく引用されている。また、『備用清規』の特色から言えば、典礼を重要視しているものと言え、清拙がよく『備用清規』を引用したことは理解に難くない。『大鑑清規』は儀式作法を強調していることがうかがわれる。

さらに、「末後事儀」からみると、清拙は将来自分が亡くなる時の一切の儀式を詳細に定めていた。入寂前から荼毘まで一つ一つの注意事項が綿密に記載されている。また、火葬する時、大弟子が火炬を持って「諸行無常、是生滅法、生滅々已、寂滅為楽。」の無常偈を唱え、これを三回繰り返す大衆とともに合わせて唱えることが詳細に規定されている。これは諸清規と比較して『大鑑清規』の特質の一つである。個人の入寂することが特別に清規のなかに規定されたものである。このようなことは諸清規に見られない。

五　『大鑑清規』に見られる清拙における禅風

『大鑑清規』は禅院の清規ばかりではなく、また、清拙個人の禅風の特色がうかがわれる。以下、各々戒規から清拙の禅風に関して考察を試みることにしたい。

まず、『大鑑清規』の「精進勧」によると、清拙は修行者の類型について怠惰と勤勉に分けている。つぎのようにある。[28]

此古賢之格言也、懈怠乃常人之情、唯智者能以勤治之。怠者衆生之病、勤者衆生之樂。凡愚怠則不能為聖賢、修行怠則不能成道業、習讀怠則不能富才學、請益怠則不能決疑惑、禮敬諸佛怠則不能增長福慧、披閲經教怠則不能識妙理、參禪學道怠則不能立身以繼祖位、行旅怠則不能還家、農夫怠則不能有秋、衲僧怠則遭擯被罰。怠者無根、以勤治之甚易也。今夫怠者必資嚴規峻矩以懲戒之使成叢林之大器。

清拙は怠惰の弊害について一つ一つを列擧して、修行者は道業を怠ければ、仏道を成就することはできないと述べている。怠け者はひたすら勤勉に励んで仏道に精進すべきである。さらに、叢林にすぐれた人材を育成するために怠惰者に対して厳しい規則を定めた。このような文体で強く精進をすすめる文章は『大鑑清規』の中ではじめて見られる。清拙が弟子達に厳しい要求をしたことがうかがわれる。

天徳二年（一三三〇）、清拙は鎌倉浄智寺に住する際、特に会下の禅僧に対する禅堂の戒規を定めた。まず、首座の権力と義務について明確に記載している。つぎのように述べている。[29]

僧堂坐禪號令、權在首座不在住持。首座謂之禪頭、衆僧皆聽僉於首座、切須力行勉礪後學。其衆僧當遵依規矩成就自己光明盛大之業。自古佛祖皆從坐禪究明而得證悟、切望自奮發大道心、勿生懈怠、勿生我慢物生惡念、但期成佛作祖永為道伴。

首座は、いわゆる禅頭と称され、僧堂の中で第一の管理上の権力者になる。禅僧は首座の指導によって参禅弁道しなければならない。これに対して、首座は必ず禅僧達に勉励を与えて参禅のやり方を教えなければならない。また、四更三点の際に首座は必ず僧堂を巡って坐禅に来ない人を罰することになっている。さらに、巡堂は一回のみではなく、また、居眠り・鼾声の人あれば首座は警告を与えなければならない。[30]清拙が厳しい禅堂の規則を要求していることは明らかである。また、つぎの文からは、当時の禅林の参禅の情況がよく見えよう。[31]

日本樣住持若稍不出、頭首大衆同心懈怠、此事今後不可如此。又有一等無道心者、見首座勤行便生惡念。此等之人、請當山護法諸神譴逐、惡報決定、諷經僧少、維那拔籤重罰。

これによると、当時の禅僧の参禅のときに懈怠の人数が多くなったと推察できる。住職が出て来ない時は、首座も大衆とともに怠けていたことがあったと思われる。また、諷経が少なければ維那が罰することを定めている。このような状態をみると、清拙はとくに禅僧の精進のために各々清規を規定したのであろう。

元徳二年（一三三〇）八月二十四日、清拙は円覚寺に住するとき、秉払についてその真実の意義を述べている。つぎのように述べている。[32]

秉拂提綱法

衲僧以參學為主、頭首以秉拂為主。秉拂以提綱為主、提綱以宗眼為主。宗眼既正、則舉祇箇一段大事、胸襟浩浩地、蓋天蓋地、縦横得妙、左右逢原。如王秉劍殺活自由、如珠走盤不留影跡、如師子遊行不求伴侶、如香象渡河徹底截流、如壯士展臂不假他力、如長江大河之水有來源必須到海、如大海水汪洋無際波濤千萬各異、如大空雲不知起處不知滅處、能如是者、説法之大概也。

秉払は従来禅林において重視されてきたことである。清拙はとくに秉払に関する注意事項を説明している。まず、禅僧にとって参学が、首座にとって秉払が主要なことである。秉払とは首座が住持に代わり説法を行うことである。また、秉払の内容は宗旨にとって重要な点について行うべきだとしている。その重要項目さえ正しければ説法のやり方は自由自在で差し支えない。さらに、会下の僧侶が住持に感謝するのは非常に簡単で要領を得ているときであり、その言辞は「多則八字、少則四字」の制限にのっとるべきであると定めている。また、「近時有俗儒為僧、無宗眼無衲僧気息。却製作叙謝文章。此等不可為法、戒之戒之。」とある。もし禅僧がただ文章の華美を追い仏教の教理をかえりみなれば、禅僧といえないという。清拙の弟子に対する厳しい禅風が読み取れる。

要するに、清拙は様々な日本禅林の状況に対応するため『大鑑清規』を定めている。いうまでもなく、『大鑑清規』は大鑑の門派のみならず、日本の禅林で広く採用された。また、『大鑑清規』の中に引用された諸清規を見ると、『百丈清規』・『禅苑清規』・『校定清規』・『備用清規』の四清規が挙げられ、とくに『校定清規』が一番多く引用されている。また、清拙がとくに典礼を重要視する立場を取ったことを明らかにした。

---

1 『円覚寺文書』(『鎌倉市史』史料編(二)永仁二年正月条。

2 『円覚寺文書』(『鎌倉市史』史料編(二)元徳二年八月二十四日条)。

3　葉貫磨哉『中世禅林成立史の研究』（吉川弘文館、一九九三年）二一六頁。
4　大石守雄「大鑑清規の研究」（『花園大学内禅文化研究所』、第四五号・一九五四年）。
5　『大鑑清規』南禅寺聴松院版。
6　祠山大帝、神の名。もと漢人。姓は張、名は秉、一説に、名は渤。河を鑿って再楫を通ぜんとし、工役半にして横山に遁る。後人から祠を立てて祀る。『大漢和辞典』（八）を参照する。
7　『大鑑禅師小清規』（『大正新脩大蔵経』第八十一冊・六二三頁中）。
8　今枝愛真『中世禅宗史の研究』（東京大学出版社、一九七〇年）六四頁。
9　『大鑑禅師小清規』（『大正新脩大蔵経』第八十二冊・六二四頁）。
10　『大鑑清規』六一b。
11　『大鑑清規』五六a。
12　起単は、単は単位で、坐禅する床。起単はその単位を起つことである。
13　『大鑑禅師小清規』（『大正新脩大蔵経』第八十二冊・六一九頁下）。
14　『大鑑禅師小清規』（『大正新脩大蔵経』第八十二冊・六二〇頁上）。
15　『大鑑禅師小清規』（『大正新脩大蔵経』第八十二冊・六二四頁上）。
16　『大鑑禅師塔銘』（『続群書類従』第九輯(下)、続群書類従完成会、一九八一年）四二二頁上。
17　『大鑑禅師小清規』（『大正新脩大蔵経』第八十二冊・六一九頁上）。
18　『大鑑禅師小清規』（『大正新脩大蔵経』第八十二冊・六一九頁上）。
19　『禅苑清規』（『大日本続蔵経』一一一冊、四六〇頁）。
20　『大鑑清規』（『大正新脩大蔵経』八二・六一九頁下）。

21 鏡島元隆「清規史における『瑩山清規』の意義」(『瑩山禅師研究』、一九七四年、瑩山禅師奉讃刊行会。
22 『慧山古清規』(『東福寺誌』文保元年十一月条)。
23 鏡島元隆「古規復古運動とその思想的背景」(『道元禅師とその門流』、一九六一年)一九一頁。
24 鷲尾順敬『日本禅宗史の研究』(東京経典出版社、一九四五年)一五八頁。
25 『大鑑清規』(『大正新脩大蔵経』八二・六二〇頁中)。
26 菱沼勇『日本の自然神』(有峰書店新社、一九八五年)六四頁。
27 『瑩山清規』(『大正新脩大蔵経』八二・四四四頁上)。
28 『大鑑清規』(南禅寺聴松院版 六九B、『大正新脩大蔵経』八二・六二四頁上)。
29 『大鑑清規』(南禅寺聴松院版 五九A、『大正新脩大蔵経』八二・六二一頁下)。
30 『大鑑清規』(南禅寺聴松院版 五九A、『大正新脩大蔵経』八二・六二一頁下)。
31 『大鑑清規』(南禅寺聴松院版 五九A、『大正新脩大蔵経』八二・六二一頁下)。
32 『大鑑清規』(南禅寺聴松院版 六一A、『大正新脩大蔵経』八二・六二三頁中)。

(表1)『大鑑清規』と諸清規の品目比較表

大鑑清規 (南禅寺聴松院版)	校定清規 (『続蔵』112冊)	備用清規 (『続蔵』112冊)	勅修百丈清規 (『大正蔵』48	禅苑清規 (続蔵111冊)	大鑑小清規 (『大正蔵』82

	1	2	3	4	5	6	7	8	9
1327年	新命受請 2b	新住持入院 3b	開堂祝聖 5a	仏祖忌、仏誕生之辰 7a	仏成道 9a	仏涅槃 9a	二祖忌・初祖忌 9b	開山忌 10a	諸祖忌 10b
1274年		新住持入院 5c		月分須知 24a	月分須知 25a		月分須知 25a		祖師忌辰 23d
1311年	専使請住持 43d	入院新法 45c	開堂祝聖 46a	如来降誕 32b	涅槃成道 32c	涅槃成道 32c	達磨祖師忌 32d	開山祖忌 33c	諸祖忌 33d
冊）1338年	新請住持 1123c	入院 1125b	開堂 1125c	仏降誕 1115c	仏成道涅槃 1116a	仏成道涅槃 1116a	達磨忌 1117c	開山歴代祖忌 1118c	開山歴代祖忌 1118c
1103年									
冊）1494年									

10	嗣法師忌 11a		嗣法師忌 33d	嗣法師忌 1119a
11	四節礼儀 11b	月分須知 24b	衆寮結夏 39b	
12	啓建楞厳会 12b	建散楞厳会 18c	楞厳会 38c	楞厳会 1151b
13	方丈小座湯 13a	特為小座湯 10c	方丈小座湯 40c	方丈小座湯 1152b
14	土地堂念誦 15b	四節土地堂念誦	四節念誦 37c	四節土地堂念誦
		18d		1152b
15	僧堂大座湯 16a		僧堂特為湯 41b	
16	小参 17b	上堂普説小参 15c	小参 46d	小参 1119c
17	結制上堂 18b	法歳礼儀 11c	結制行礼 41d	結制行礼 1153c
18	巡寮 20b		巡寮 46b	巡寮 1121b
19	秉仏 20b		秉仏 38b	四節秉仏 1153c
20	堂中三日茶礼方丈	解結冬年特為煎点	方丈特為首座大衆	方丈四節特為首
	特為首座大衆 22a	茶湯 9d	42c	座大衆茶 1154a
21	庫司特為首座大衆	解結冬年特為煎点	庫司特為首座大衆	庫司四節特為首

	24 a	茶湯 10 a	43 a	座大衆茶 1154 b
22	首座特為後堂大衆	解結冬年特為煎点	首座特為首座大衆	新首座特為後堂
	24 a	茶湯 10 a	茶 43 a	大衆茶 1135 c
23	両班進退・侍者進	進退両班 7b	両班進退・侍者進	侍者進退 1134 c
	退 25 b		退 49 c	
24	方丈特為首座茶		方丈特為新首座茶	方丈特為新首座
	29 a		51 d	茶 1135 c
25	諸山尊宿相訪 29 b	山尊宿相見 17 c	諸山尊宿相訪 48 a	尊宿相訪 1122 b
26	大掛塔帰堂 30 b		大掛塔帰堂 59 b	大掛塔帰堂 1140 c
27	小掛塔帰堂 32 a		小掛塔帰堂 59 d	小掛塔帰堂 1141 a
28	新住持入寺大衆告	告香入室請益 15 d	告香 35 d	告香 1191 c
	香 33 b			
29	旦望祝聖陞座 35 b		旦望祝聖陞座 31 d	
30	旦望巡堂茶 36 a		旦望巡堂茶 43 b	旦望巡堂茶 1154 b

31	坐禅 36b	坐禅坐堂放参 16c	坐禅 34b	坐禅 1142c	
32	坐参 37b	坐禅坐堂放参 16d	坐参 34c	坐参 1143b	
33	晩参 38a	坐禅坐堂放参 16d	晩参 34b		
34	大放参 38b	坐禅坐堂放参 16d	大放参 34d	大坐参 1143b	
35	坐禅儀 39a			坐禅儀 1143a	坐禅儀 460c
36	三八念誦 39b	念誦巡堂 17a	念誦 36d	念誦 1121a	
37	大帝誕生規式 40b				
38	大帝誕生見経牓 41b				
39	秉払後管待 42b		秉払 38b	秉払罷 1154a	
40	入寮出寮茶 43a		入室出寮茶 52b	入室出寮茶 1136b	
41	衆寮経録借状草 43b				
42	拈衣儀式 43b				

43	接諭号儀式 44a					
44	入寺座牌位 46a					
45	新旧両班管侍座排 46b					
46	告香之図 47a	告香依戒出班焼香之図・告香普説立班之図 2a	告香之図 36c	告香之図 1119c		
47	僧堂念誦之図 47b		四節念誦之図 37c	念誦巡堂之図 1121a		
48	秉払後管侍座排 48a					
49	叢林細事　維那須知 49a					維那須知之法 620b

50	両班出班拈香　51b				両班出班拈香之法　619b	
51	坐具展開　52b				坐具礼拝之法　619c	
52	僧堂衆僧須知　53b				僧堂衆僧須知　620c	
53	入祖堂　55a				入祖堂式　621b	
54	施食　56b				施食　620c	
55	蔵主寮牓　57b				蔵主寮牓　623b	
56	栴檀林須知　58a					
57	浄智寺首座寮牓　59a				僧堂坐禅号令　621c	
58	円覚前堂首座寮銘　60b				秉払提綱法　623b	

59	侍者寮榜相看求掛塔礼	63a				侍者寮牓相看求掛塔礼 622a
60	四節巡堂礼	64b				四節日巡堂礼 622b
61	四節僧堂茶礼	65a				四節僧堂茶礼 622c
60	末後事儀	67a				
61	精進勧	69b				精進勧 623c
62	無隠和尚墨蹟	70b				
63						月中毎日粥時念文 620b
64						大鑑禅師小清規敘 619a

図1（以下、南禅寺塔頭・聴松院所蔵の『大鑑清規』により参照する）

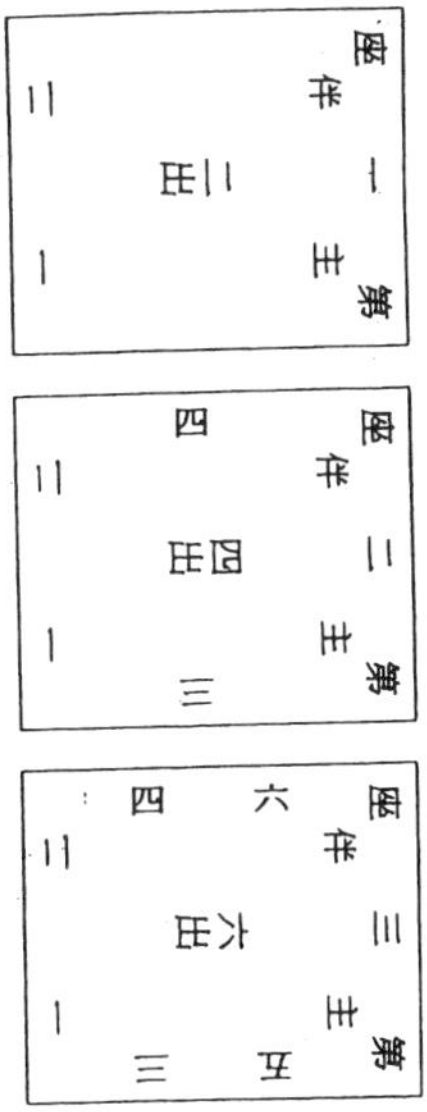

（14b）

湯時座排圖

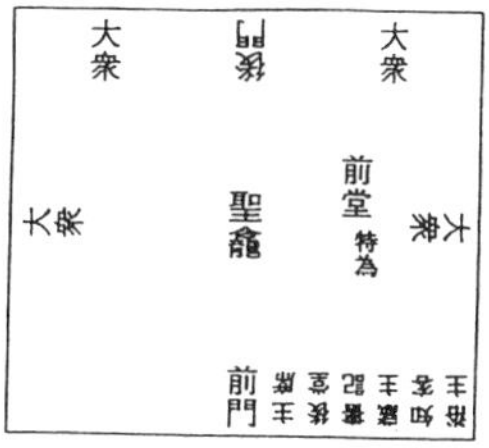

（17b）

茶牓式　作七行書

堂頭和尚今晨齋退就
雲堂點茶一中特為
首座　大衆聊旌
結制之儀仍請
諸知事同垂
光降　請客侍者名字
今月日侍司某敬白

照牌

（24a）

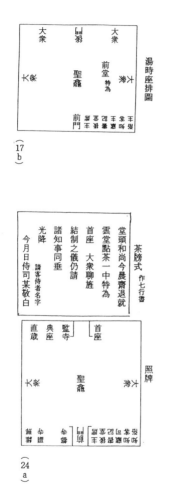

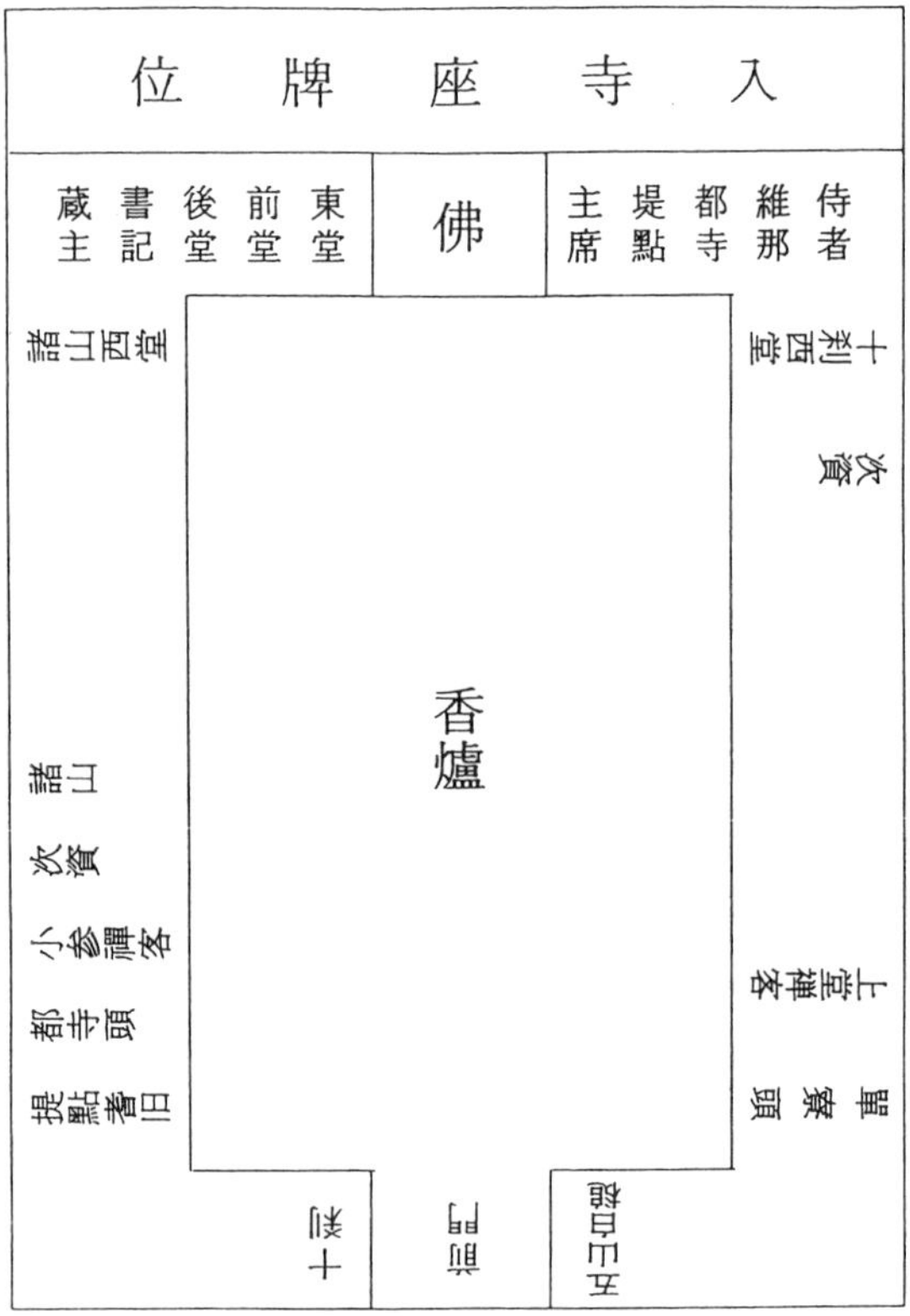
入寺座牌位
侍者
維那
都寺
提點
主席
佛
東堂
前堂
後堂
書記
藏主
十刹西堂
次資
香爐
上堂禪客
單寮頭

（46a）

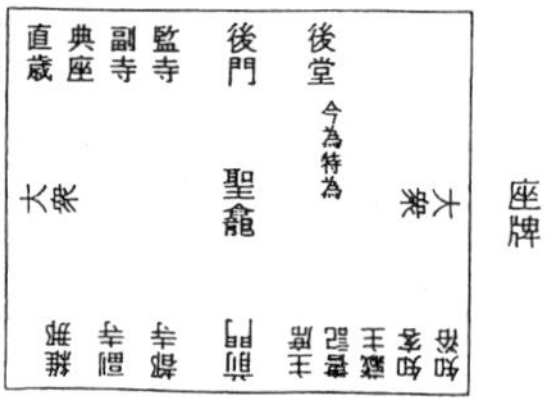
後堂
後門
監寺
副寺
典座
直歳
大衆
今為特為
聖僧
大衆

（25b）

僧堂念誦之圖

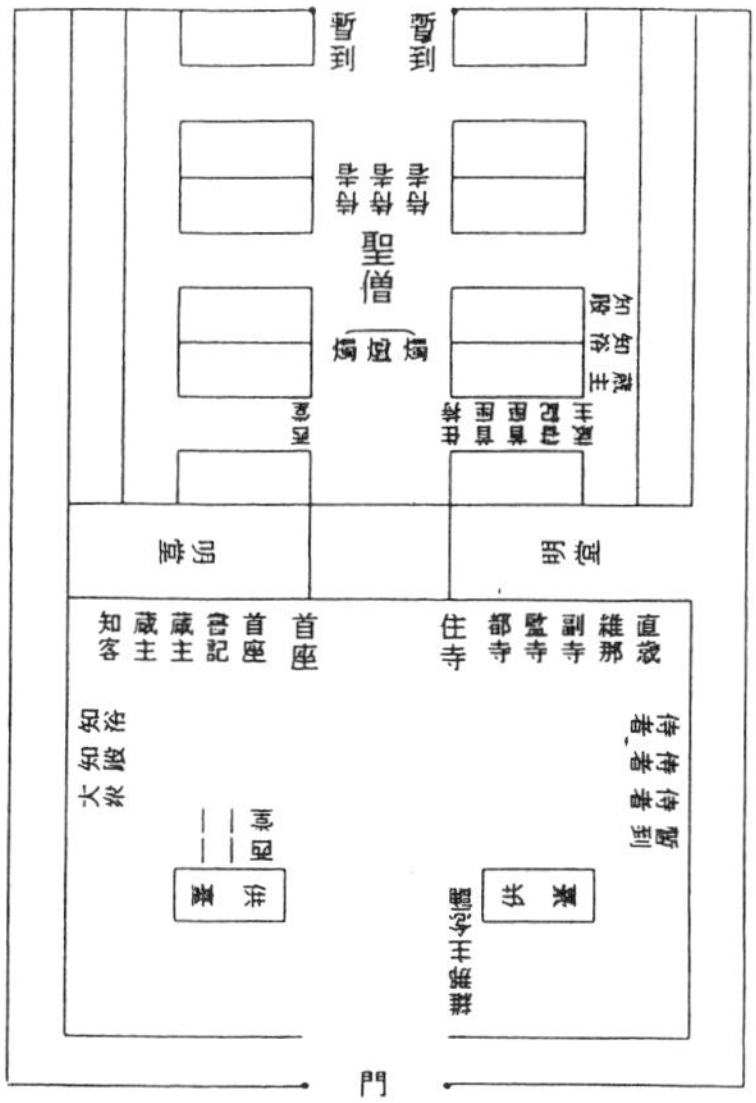

（47b）

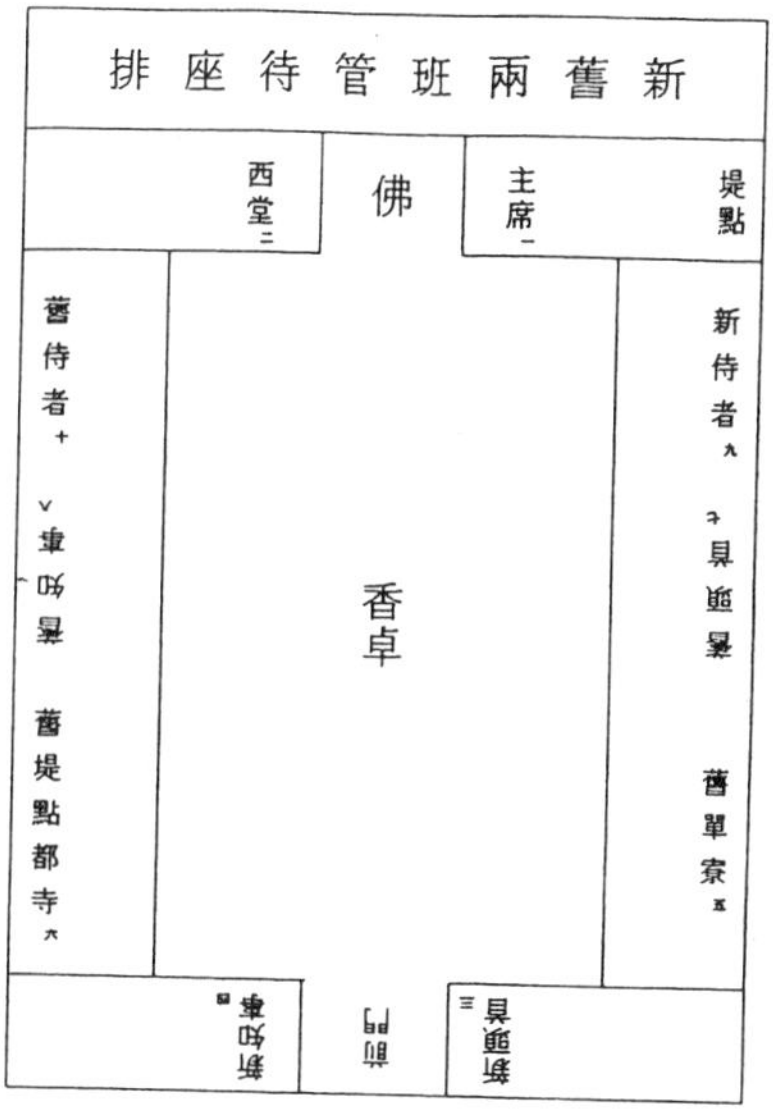

（46b）

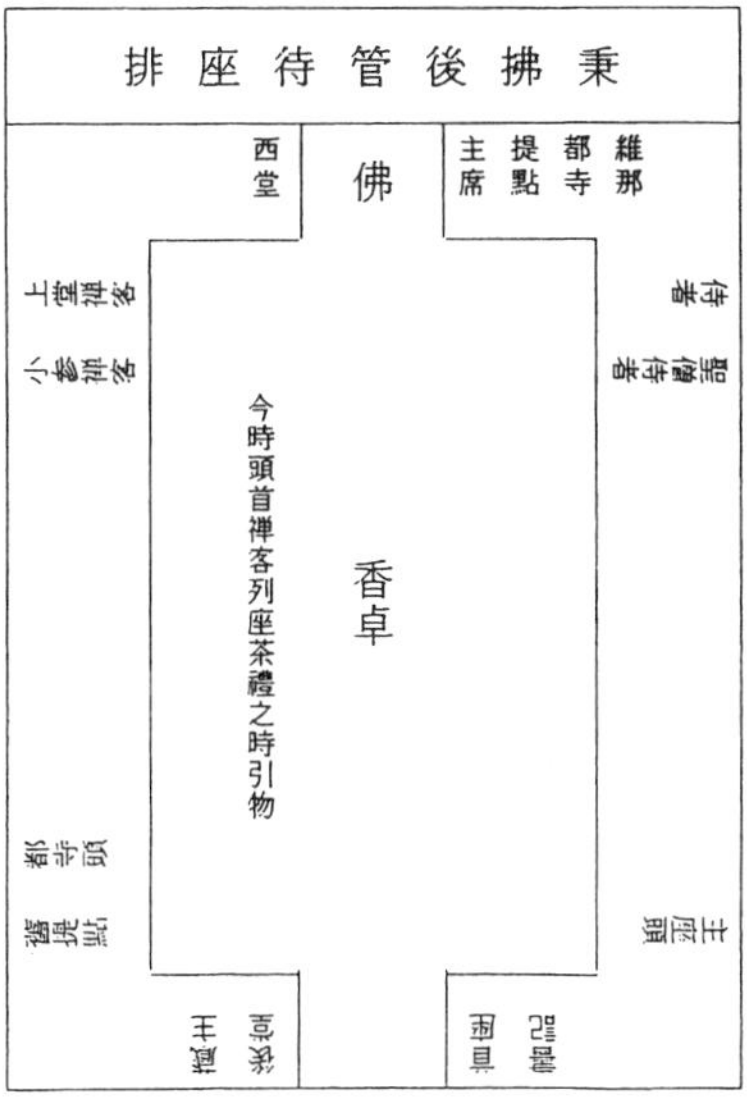

（48a）

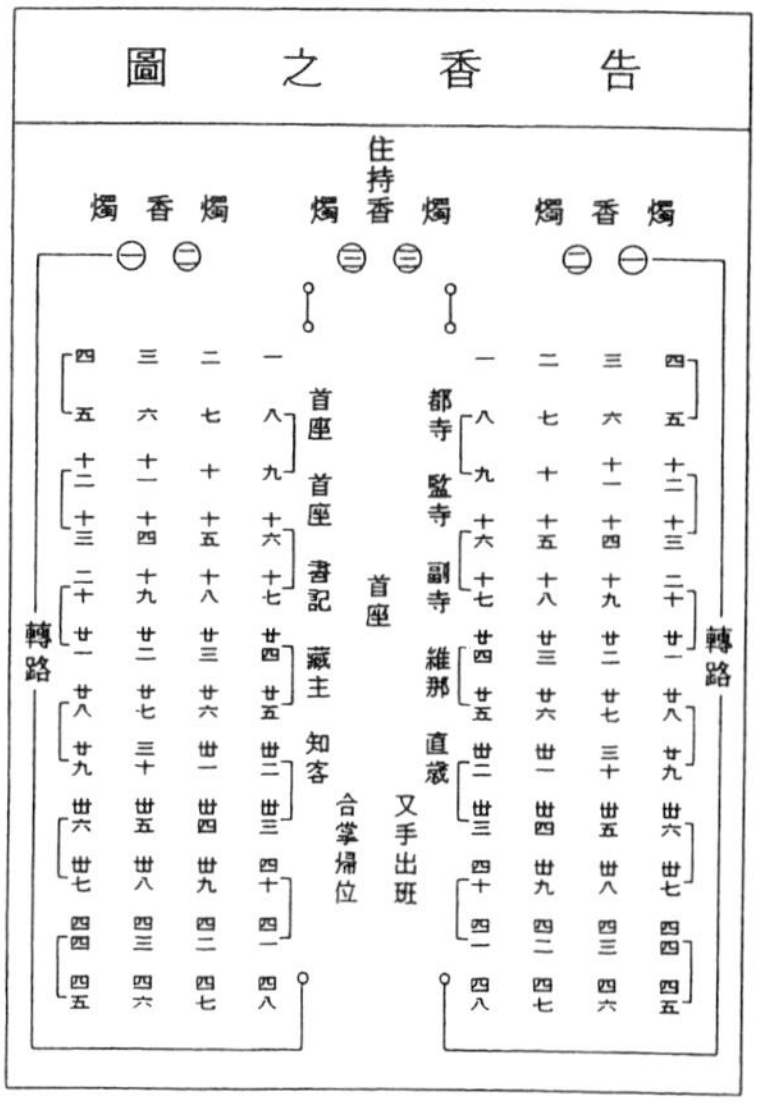

（47a）

第二節　清拙正澄と明極楚俊

嘉暦元年（一三二六）清拙が来朝し、同二年三月建長寺に入寺した。のち元徳二年（一三三〇）八月二十四日、円覚寺に住する。この時代に幕府から禅院の制符が発布され、[1]また、北条高時の代に至っても幕府からの制符は同様に存在している。つぎのようにある。[2]

崇鑑北條高時圓覺寺制符條書

圓覺寺制符

一　佛法修行事

（北条時宗）

任本願之素意、方丈可被執行之。於世事者、可有談合于寺家行事、是則先人之遺命也。後昆宜服膺焉。

一　寺官事、於兩斑頭・維那者、行事伺案内可請定。其外者、方丈・僧侶・行事相共加談議、以厥器　用、可撰補也。

一　僧侶掛搭事談合寺家行事、可入法器之仁也。

一　大小耆舊事請定之後、一回未滿者、不可載名字於床曆也。

一　僧衆事不可過貳佰伍拾人。

一　小僧・喝食事不可過伍人。

一　諸堂并職者布施事佛殿・僧堂・舍利殿・輪藏・御影、堂司・庫子、此外可停止也。

一　粥飯事大耆舊之外、止請物、可著僧堂、將又隨時打給、一向可停止也。
一　寺中點心事不可過一種。
一　寺領事給主連々遷替、庄務之煩費、濟物之闕乏、職而由斯、向後任旧例、都聞并行事、可致沙汰也。
一　住侶出寺事隨其輕重、可有沙汰。以片言、不可折獄。亦於出寺之時者、可被談合行事也。
一　行者・人工帯刀事固可禁制。且件輩動致諍論、剰及刄傷、僧中沙汰弛紊故歟。早寺家行事、可令進止也、
一　僧侶夜行他宿事若有急用者、為長老之計、可差副伴僧也。
一　比丘尼并女人入僧寺事
　　（仏涅槃忌）（仏誕生会）　（時宗忌日）　（貞時忌日）
彼岸中日・二月十五日・四月八日・盂蘭盆兩日・毎月四日・九日・廿六
（時宗室・安達氏の忌日）
日、此外可禁制也。
一　僧衆去所不分明出門事
一　延壽堂僧出門事
一　僧徒入尼寺事
一　僧衆遠行時送迎事
条々、可停止、於違犯之輩者、不論老少、可令出院也。
右、所定如件、
　　嘉暦二年十月一日　　（高時）沙彌（花押）

嘉暦二年（一三二七）十月一日、高時はさらに「圓覺寺制符條書」を定めて禅僧の人数が二百五十人を過ぎるべきではないとした。このようなことは夢窓の『年譜』の元徳元年八月条にも述べられている。[3]

秋八月圓覺專使又來請師、固辭、元帥陰使本寺耆舊及師同門法眷老成者同勸至再四、師猶不肯、諸法眷咸太息流涕曰、圓覺乃吾佛光師祖開山弘道之場、先師克承正統而不補處而止、不幸之大也、今吾法門昆季之間非師而誰復振祖風耶、且公命屢至、而堅却之、師其忍棄而不顧、吾祖道竟將如何、且語且泣、於是師遂受命入院、以歳歉無明日飯。

円覚寺の法眷と高時がともに再三再四、円覚寺の入寺を懇請するので夢窓は固辞できない。したがって、元徳元年(一三二九)八月二十九日、円覚寺に入院住山した。また、史料に「無明日飯」と述べられていることから当時の禅林にいろいろの問題が次第に起きていたことが分かる。そして、幕府は様々な管理制度を定めたのである。[4]

まず、永仁二年(一二九四)正月に、北条貞時になると、禅院における内部の自浄作用と指導力を改善するために、十二条の「禅院制符条書」を定めた。[5]また、乾元二年(一三〇三)二月十二日、禅院の経費節減と風紀の問題について貞時は「円覚寺制符条々」を発布した。[6]以上二つの制符は幕府が禅寺を統制管理するために定めたのである。ここでは、禅寺の経済と風紀が問題になっている。「飯不足」の問題は清拙が円覚寺の第十六世を住する際のことであり、このような情況は清拙の『禅居集』「飯不足歌」なる文に現われている。つぎのようである。[7]

世亂五年飯不足、宗社荒涼鬼神哭。衲僧唯有法供真、禪悅資生歌鼓腹。無米飯無麥麵、積嶽堆山勿輕賤。天倉地庫没闕鑰、車載斗量隨所便、栗棘蓬金剛圏、透者透兮吞者吞。一重過了一重在、嚼碎依舊還渾崘。批清風切明月、百味珍饈別還別。春生夏長用無竭、萬象森羅恣陳列、匪自利兼利他、減其少者增其多。施門八字巨開闢、免教餓死坐飯籮。我歌飯不足復歌有餘、何須送食來天厨、不曾咬破一粒米、飽齁齁地忘飢虚。人従饑國來、欲覓大王饍、我此法王真富羨、大地群生盡使安、干戈鑄作犂鋤片。

この「飯不足歌」をみると、成立の年代は記載されていないが、当時の禅林の状況が容易に推察できる。元徳二年(一三三〇)八月二十四日、高時からの幕府の制符が出されており、その内容に符合するものがあり、清拙の円覚寺に住する時のものと思われる、清拙は円覚寺に住する時期の「飯不足」の問題がよくわかる。また、高時は嘉暦年間の制符から元徳二年まで、ほぼ五年間、貞時と同様に禅院の管理を行っている。そして、清拙の『禅居集』の中で「世乱五年飯不足」と述べている。「飯不足歌」の成立の期日は掲載されていないが、幕府の管理制度から考えれば、成立の年代はほぼ清拙が円覚寺に住する時期のものと推察できる。

元徳元年(一三二九)、大友貞宗は明極楚俊を招請するために、とくに元に使者を派遣した。明極楚俊は臨済宗楊岐派松源派であり、俗姓は黄氏、慶元府昌国の出身である。十一歳で出家して竹窓喜を拝して落髪・受具した。のち、阿育王山の横川如珙に参じて所悟を呈してその法を継承した。その後に霊隠・天童・浄慈・径山に掛塔して第一座(首座)となる。

元徳元年(一三二九)五月、竺仙梵僊とともに博多に到着した。同二年(一三三〇)明極は京都に到着して後醍醐天皇に謁見した。その時、天皇に「棧山航海得々来、和尚何以度生」と問われ、これに対して明極は「以仏法緊要処接衆」と答えた。さらに、天皇に「正当恁麼時如何」と問われたので「天上有星皆拱北、人間無水不朝東」と返答したのである。[8]

同年二月、北条高時が招請するので明極は鎌倉に着き、同年三月、建長寺の住持になる。その時期に鎌倉浄智寺に住していた清拙はとくに「明極和尚住建長寺諸山疏」の祝賀の疏文を書いている。[9]

鎚版翹翹清晨而往、善慧應祷於梁王、鉼鉢垂白髮而來、禪月受知於蜀主。慨前古之風雲際會、歴逾年之山海高深。某人、虎穴文彪、元朝師德、四登雄席、若大國楚并呑湖江、三壓上班。類老將軍久經場陣、辭兩浙爛遊之勝、駭扶桑異俗之新觀、睠茲巨嶠名藍、實謂遐陬法窟、鏗鳴鐘考朗鼓、載揚中華禮樂之光輝、歌白雪奏陽春、盛衍天瑞世家之芳潤、交好寧論未識、遠親不如近隣。

とあり、史料によると、「垂白髪而来」といい、また、明極の塔銘によれば、[10]彼は日本に九年間滞在して七十五歳で示寂した。これから推算すると、当時、明極は六十五歳で来朝したに間違いない。さらに、明極はすぐれた才能を清拙に褒められている。加えて、明極は在宋期間に「四登雄席」、すなわち径山・霊隠・天童・浄慈等の五山の首座をつとめ、各寺の住持の教化を助け、禅僧を教え導いた良い経験を具えている。したがって、明極は建長寺に住するときにその才能について清拙に褒められている。

建武三年(一三三六)九月二十七日、明極は建仁寺において世寿で七十五歳で示寂した。清拙はとくに明極の示寂について悼文を書いた。つぎのようである。[11]

祭明極和尚文

同生于唐閩浙異方、江湖聚首、道義相忘。我來海東、公亦繼到、共揚法道、宗社增氣。相陽洛陽、兩地卜隣。不期而會、信彼天真、笑談抵掌、更唱迭和。每一過門、自旦到暮、七旬有五。乃先我行、叢林寂寞、前輩凋零。豈無他人、生死永別、寒泉苦茗、薦此芳冽。

両者は二・三年の差で来朝し、ほぼ同時期に日本禅宗を宣揚するために一生を捧げたと言えよう。明極が先に亡くなった際に、清拙は極めて悲痛哀惜の念を抱いたのであろう。また、明極と一緒に来朝した竺僊梵仙は非常に嘆き悲しみ悼偈を与えた。[12] なお、明極の示寂の前に、清拙はとくにその病気について手紙で問い慰めている。つぎのように述べている。[13]

寄明極和尚病中

起來行起來行、地神歡喜絲絢輕、灼然一歩是一歩、四方八面風雲生。未有長行而不住、沒齒大虫眠古路、三更月下忽舒嘯、千巖萬壑聲號怒。未有長住而不行、倒騎鉄馬入重城、電光石火越不及、十字街頭人盡驚。起來行起來行、千聖把手不問名、須彌踢著百雜碎、連忙嚇得虚空崩。靜兮動兮各有以、或倒或起非常情、宗師方便示逆順、芭蕉丘井喻甚明、色身病法身病、佛病祖病何所憑、如今一筆盡勾下、但願老健時清平。起來行起來行、目前大道隨縱横。

見舞状をみると、清拙は三度「起来行、起来行」(起きて歩いて下さい)と書いていた。一緒に中国から渡来した明極の病気の状況を極めて心配している。この見舞状の成立の期日は記載されていないが、見舞状の成立の期日は明極の示寂と近いと考えられている。建武三年(一三三六)春夏ごろ、清拙は南禅寺第十四世の住持を担う際に書いたものと推察できる。加えて、祭文の中に「両地卜隣」を書いたことから、ともに京都の禅寺である南禅寺と建仁寺両寺の距離は遠くない。嘉暦二年(一三二七)三月十二日、清拙は建長寺第二十一世に住するとき、新たな寮舎を建てた。つぎのようにある。[14]

梅檀林之設、吾唐寺、無鉅細、咸有焉。聚仁徳、育材器、俾見賢思斉、見不賢而内自省也。予来日東、視列刹、檀林闕典。建長草創隈陋無以容多士。鑿崖闢址、取材命工。一歳就緒、明窓浄几、豁達四向、穿堂天井、中外虚通。比霊浄体、整而稍隘、覧之者同謂、前所未覩。於是陞堂説偈、以落之。

これによると、建長寺の寮舎は建て始めてから峻工に至るまで一年をかけて、寺内に清流・指臨・茘香・宗蒲

・起汾・洌泉・景楊・思恭・畊道・用則の十の公的な寮舎を新造した。清拙は当時日本の禅刹をみて、寮舎の数が少ないので禅僧の人数は多くないと考え、中国の霊隠寺の制度に倣って寮舎を多く建て、大規模な僧団の形成を図ったものである。東明慧日は特別に賀文を書いて贈与した。[15]

参天荊棘変梅檀、作者方知作者難、但得清陰垂不朽、寧無燕語畫梁間。

清拙の在任期間に建長寺の寮舎は「荊棘」のような荒地が「梅檀」の寺院に変わったと述べ、清拙の労をねぎらっている。清拙正澄・明極楚俊・竺仙梵僊の三人の名僧について、玉村竹二氏は「当時一流の人物であり、日本禅林としては、些か分に過ぎた感がないでもなかった」と評しており、それは一種の亡命であると見ているのである。[16]その時期中国の渡来僧は禅宗を挙揚するために日本の名刹に住山し、禅僧らが頻繁な交流をしたことがうかがわれる。

結びにかえて

『大鑑清規』の時代の意義と諸清規との関係について考察を加えることにした。まず、内容から論究すれば、『大鑑清規』の中に引用された諸清規を見ると、『百丈清規』・『禅苑清規』・『校定清規』・『備用清規』の四清規が挙げられる。とくに『校定清規』が一番多く引用されている。清拙がとくに儀式を重要視する立場を取ったことを明らかにした。また、諸清規との関係については「『大鑑清規』における諸清規の引用表」を作成した。引用の部分を一覧表に表わし、詳しく分析したのが本論である。また、「『大鑑清規』と諸清規の品目比較表」によって、『大鑑清規』と『校定清規』とは十六品目において全く同文であることを明らかにした。それらは儀式の品目は『備用清規』と比較すると、全く参照ではない。清拙はとくに儀式を重要視する立場を取ったことを明らかにした。『大鑑清規』の「叢林細事」以降の部分はほぼ清拙が来朝して建長寺、浄智寺、円覚寺、建仁寺、南禅寺などの住持を担った時期に次々と作成していったものであるということを論述した。なお、後世、『大鑑清規』をもとに『小清規』が作成されている。しかし、両者の内容を比較すると、「同様」・「増加」・「欠落」・「一部分同様」の部分が存在することを明らかにした。『大鑑清規』の「梅檀林須知」・「末後事儀」・「無隠和尚墨蹟」の部分は『小清規』の中に見られない。また、「月中毎日粥時念文」・「大鑑禅師小清規引」の内容は僅かに『小清規』の中に存在している。これらは明らかに新しく編集されたものである。内容では同様なものであるが、項目名が変わっているものがある。さらに、諸清規にはみられない濃厚な神祇信仰が取り入れられているのが『大鑑清規』の特色であることも明らかにした。

なお、清拙の『大鑑清規』が制定されたころは、当時の禅林で三時の諷経という形が形成されていた頃である。『大鑑清規』には「毎日三時諷経回向畢」と掲載されている。また、諸清規にはみられない濃厚な神祇信仰が取り入れられているのが『大鑑清規』の特色であることも明らかにした。

清拙は、従来の中国諸清規そのままでは日本禅林に適用しにくい点があったので、それを解消させるために『大鑑清規』を定めたのである。大鑑の門派のみならず、広く日本の禅林で一般的行われたようである。日本の文化・社会・宗教などの状況を考え合わせて定めたものであることが明らかになった。清拙は寛容の態度でのそんだことが知られるのである。

1 『円覚寺文書』(『鎌倉市史』史料編(二) 元徳二年八月二十四日条)。
2 『円覚寺文書』(『鎌倉市史』史料編(二))。嘉暦二年十月一日条)。
3 『夢窓禅師語録』(大正新脩大蔵経　八十冊・四八八頁中)。
4 葉貫磨哉『中世禅林成立史の研究』(吉川弘文館、一九九三年)二二六頁。
5 『円覚寺文書』(『鎌倉市史』史料編(二) 永仁二年正月条)。
6 『円覚寺文書』(『鎌倉市史』史料編(二) 乾元二年二月十二日条)。
7 『禅居集』上村観光『五山文学全集』第一輯(思文閣、一九七三年)四八四頁。
8 『仏日焔恵禅師明極楚俊大和尚塔銘』(『続群書類従』第九輯(下)、続群書類従完成会、一九八一年)四一六頁。
9 『禅居集』(上村観光『五山文学全集』第一輯、思文閣、一九七三年)五〇七頁。
10 『仏日焔恵禅師明極楚俊大和尚塔銘』(『続群書類従』第九輯(下)、続群書類従完成会、一九八一年)四一八頁。
11 『禅居集』上村観光『五山文学全集』第一輯(思文閣、一九七三年)五一七頁。
12 『竺僊和尚語録』(『大正新脩大蔵経』八十冊・四三〇頁上)。「少林葉場落夜飛霜、達磨孫枝掃地亡、不識帰根何似様、海雲千里暗扶僧桑。」
13 『禅居集』上村観光『五山文学全集』第一輯(思文閣、一九七三年)四八三頁。
14 『禅居集』上村観光『五山文学全集』第一輯(思文閣、一九七三年)四九五頁。
15 『東明和尚語録』玉村竹二(『五山文学新集』別巻(一) 東京大学出版会、一九七七年)五二二頁。
16 玉村竹二『日本禅宗史論集』(下之二)(思文閣、一九八一年)一七三頁。

第五章　曹洞宗宏智派東明慧日の渡来の意義

はじめに

初期鎌倉の禅林の主流は臨済宗であった。しかし、北条貞時に至って禅林の発展のために、はじめて曹洞宗の禅僧を招聘して中国曹洞宗を日本へ移植している。延慶元年（一三〇八）、東明慧日が貞時に招請されて渡来した。本論では、曹洞宗宏智派の東明慧日が日本の禅林にどのような影響を与えたかを考察することにする。また、来日前の在宋期間における東明慧日のさまざまな事跡について論究し、渡来後は日本の名刹に「七処九会」と称されるほど晋住しているが、その住山の年代についても考察を試みることにしたい。

第一節　東明慧日の在宋時と渡来

一　宋末の東明

東明慧日は、宋末から元朝に変わる咸淳八年（一二七二）に生まれた。俗姓沈氏、明州定海県の出身である。

至元十八年（一二八一）、九歳にして奉化県の大同寺に出家した。史料には、東明の両親については全く記載がない。また、出家の動機も述べられていない。しかし、時代から推察すれば、東明の生年の年代にちょうど元朝が成立した。加えて、禅興二年（一二七九）には、南宋が滅亡し、東明が生まれてから九歳に至るまで、まさしく動乱のただ中にあった。これは東明の出家の動機の一つであり大きな影響を与えたと考えられる。十三歳に至って剃髪し、至元二十六年（一二八九）に至って具足戒を受け、明州府城内の天寧寺に直翁徳擧[1]に参じて契悟した。

直翁から「空劫已前自己」という話題をあたえられ、棒で痛打されて「悟」を開いた。東明は直翁の法を継承して曹洞宗宏智正覚の五世の法孫になった。のち、東明は焼香侍者を担って長い期間直翁に随侍する。しかし、そののちに参学のために恩師のもとを辞別して諸方をめぐった。まず、天童山に至り銭塘江を渡って杭州府（浙江省）霊隠寺に参学し、また、中国五山第一位の杭州府余杭県西北の径山万寿寺に赴いており、ここでは「長老」に器用された。さらに、東明は蘇州の承天寺で蔵主の役割を担った。

大徳六年（一三〇二）五月八日、白雲山宝慶禅寺は東明に住職を招請して来た。雲外雲軸が「諸山疏」を作っている。つぎのように述べている。[2]

前住象山縣智門禪寺雲外和尚、製諸山疏、請曰、

伏以、

佛為度生故現、祖由傳道而興、幸有前規、豈無來學、共惟、新命白雲東明和尚、操不群之氣、挺拔萃之姿、先照堂中過蒲團、親面得旨、雙峨堂上借拂子、高聲説禪、妙盡郢斤斲鼻之無犯、功過羿射中雀眼而奚偏、好雨知時、白雲當黑、諸山勇勸紹、一語決非異詞、便請著鞭、毋令緩轡。

入院拈諸山疏曰、句裏明宗則易、宗中辨的則難、見之不取、思之千里、白雲山は、すなわち無学祖元が在宋中に、七年間住したことがある。これは東陵永璵の「大日本国山城州万年山真如禅寺。開山仏光無学禅師。正脈塔院碑銘」に、「里人萍郷羅公季勉、請主白雲七年。寺近母舎、便於侍養。母亡終喪赴霊隠。」[3]とあり、景定三年（一二六二）無学は羅季勉に招請され、白雲庵に住した。無学は老母の侍養の便宜のために、近くに屋舎を建てて七年間をここで送り、母が亡くなった後、咸淳五年（一二六九）十月二日、霊隠寺に赴いた。また、天寧寺徳擧の「偈悼無学和尚老師」[4]の一文からみると、両者の緊密な関係がうかがわれる。これと東明が白雲山に住したことが関連があるか否かは推測できない。東明が白雲に入寺する四十年から三十数年前のことになるが、無学が来日し、遅れて東明が来日したことを考えると何等かの関連があると考えられる。

また、竺僊梵仙が撰した「東明和尚塔銘」には、つぎのようにある。[5]

吾家者流、皆源於西、亦猶是耳、自達磨至曹溪、派而為二、後天離為不焉、今為其一、不欲盡。其二者、一為南岳、一為青原。二世後離、一為天皇、一為藥山。三世而起洞山、出曹山、雲居其道大振、別有體裁、號曹山之下、其人鮮繼、唯雲居之裔、繩而下、不絶如縷、至第八代、曰丹霞、乃有真歇、宏智、而真歇數傳而後、亦罕聞其人、於宏智第五葉、曰直翁擧尚者、乃接東明禪師焉、自洞山立師為一十三世也。

曹洞宗の宗派図によると、菩提達磨から二祖慧可・三祖僧璨・四祖道信・五祖弘忍を経て、その下には北宗禅の神秀と南宗禅の慧能に分かれる。南宗禅は中唐以後次第に栄えた。六祖慧能の弟子ではとくに南岳懐譲と青原行思の系統が唐末以来の禅宗の主流となった。それらは五家七家と称される。東明慧日は洞山下の法脈の第十三世にあった。

二　東明の渡来

まず、東明慧日の渡来の年代であるが、『本朝高僧伝』は、つぎのように述べている。[6]

至元戊申、属日本書聘、明年東来。当本朝延慶二年、時歳三十八。

延慶二年（一三〇九）、貞時の招請により渡来した。これは『東明和尚塔銘』にも記載されている。しかし、『白雲山宝慶禅寺語録』によると、つぎのように記している。[7]

歳在戊申冬、師（東明慧日）来相州、太守（北条貞時）臘八請陞座。

二つの史料を較べると一年の差がある。『白雲山宝慶禅寺語録』によると延慶元年（一三〇八）冬、東明は鎌倉に来朝した。また、同年十二月八日に北条貞時が招請したので陞座を行ったと述べている。また、『東明和尚塔銘』によると、つぎのようである。[8]

東皈開法於明堂白雲禅寺、一香為直翁之嗣、閲六載。

大徳六年（一三〇二）五月八日から、白雲山宝慶寺の住職を六年間担い、直翁の法を嗣いだ人物であり、曹洞宗の人である。そして、東明は延慶元年の冬に日本に渡来した。加えて、十二月八日、釈迦牟尼の成道会の日に、貞時の命で鎌倉において説法を行うために陞座しているのである。つぎのように記している。[9]

此香大悲願力熏成、開示悟仏知見、釈迦老子成道之辰、奉為菩薩戒弟子崇演、焚向宝炉、普為法界衆生同伸希有之慶。

これをみると、明らかに、東明の来日の期日は十二月八日以前である。延慶二年（一三〇九）、東明は日本に来てはじめて相州禅興禅寺に住した。ついで、延慶三年（一三一〇）円覚寺に住山した。正和三年（一三一四）冬、中巖円月（一三〇〇～一三七五）は十五歳であった。円覚寺の東明慧日に礼して随侍した。[10]しかし、中巖は東明に随侍して三年目になっても、深奥の禅法を理解できなかった。『仏種慧済禅師中巖岩月和尚自歴譜』で、つぎのように述べている。[11]

象外援予於東明和尚、扣以洞下之旨、然予心粗、不能達密意。

正和五年（一三一六）、中巖は先輩の象外禅鑑に指導され、東明の曹洞の禅法に参じたが、中巖が粗略な性格だったために禅の奥義を悟れなかった。その後、東明が寿福寺に住するとき、中巖はそのまま円覚寺にとどまって随時しなかった。また、東明の渡来の意義について考えてみると、当時、鎌倉の禅林の主流は臨済宗であった。このような状況は禅林の発展から言えば不完全な形であった。鎌倉五山禅林に臨済宗のみでなく、曹洞宗をも流布させようという貞時の考えがあった。したがって、貞時は、中国曹洞宗を日本に移植するために曹洞の禅僧を招聘しょうとしたのである。正和五年（一三一六）六月二十日、『武家年代記』によると、[12]

六廿未刻、地震、同廿一辰刻、同廿七午刻、同廿八申刻、地震、七四辰一、同廿三戌一、大地震。

と述べており、正和五年六月二十日から七月二十三日かけて鎌倉に大地震があった。その被害の状況が『東明和尚語録』にも述べられている。[13]

上堂、擧大隋龍濟劫火洞然話、一人向高高峰頂立、不露頂、一人向深深海底行、不濕脚。善則善矣、盡則未盡。今日忽有人問鹿山、劫火洞然、大千俱壞、未審者壞不壞、劈脊便棒、且道、隨他去不隨他去。退院請回上堂、有路通天行不盡、轉身無地可容身、戲衫又著人前舞、元是山中舊主人。與麼委悉、玉線貫金鏃斷而復續、不見斷續之相、古錦吐梭臍去又還來、寧有去來之迹、直得機普應、賓主同光、吾道之太亨無為之化、啓且功歸舊位一句、如何品題、良久曰、有心用處還應錯、無意求而卻宛然、復擧、金峰示衆云、事存函盖合、理應箭鋒拄、若人道得、金峰分半院與伊住、時有僧、出禮拜、峰云、休休、相見易得好、共住難為人。

これによると、被害の程度がはなはだしいことがわかる。なお、地震の被害を受けたことに対して東明は住職を辞めて退院するという形で責任を取った。しかし、ただちに、再び陞座上堂を請われている。「退院請回上堂、有路通天行不盡、転身無地可容身、戯衫又著人前舞、元是山中舊主人。」という。[14]

また、新修の仏殿を仏像を安座した折りの法語をみると、災害の状況がはっきりと記載されている。つぎのようである。[15]

新修佛殿佛像安座、玉殿深沈曉色微、紫金光映碧瑠璃、堂堂妙相無回互、切忌當頭蹉過伊、恁麼委悉、便見薄伽至尊及十二大士、同入如來大光明藏、天龍翊衛、主伴交參、日日呈祥、時時現瑞、開悟群生、性相平等、可謂無前無後、無古無今、無新無舊、無欠無餘、延一劫為多劫、延多劫為無量劫、増明佛日、福利檀門、一句奉安、如何稱慶、願言磐石之安、泰山之固、此大道場、如是安。

これをみると、円覚寺は大地震でひどく災害を受け、薄伽至尊・十二大士・天竜八部衆など三つの殿堂を修復して、仏像の安座の儀式を行なっている。このように東明が円覚寺在任の期間に起こったことであった。また、正和五年（一三一六）四月四日、時宗の三十三年忌のために陞座している。つぎのように述べている。[16]

功德主忌日陞座、虚玄大道、無著真宗、真證不可以言傳妙契、豈容於意解、達磨只道得箇不識、六祖只道得箇不會、沒量漢、只者不識、和者不會、颺向浮幢王刹海之外、於無提掇處無啓口處、如水底胡蘆按著便轉、撩起便行、方知道心同虚空界、示等虚空法、證得虚空時、無是無非法、且作麼生説無是無非底道理。良久曰、三期果満菩提樹、一夜花開界番。

復説偈曰、一自仙遊去不還、人間三十又三年、恩波無盡逾滄海、月在波心耿夜闌。

北条時宗が、弘安七年（一二八四）四月四日に亡くなってからそれまでに三十二年の時がたっていた。円覚寺は時宗が禅宗を外護し、発展させるために創建されたものである。陸座説法を行った。東明が円覚寺を住した期間については、『東明和尚語録』によっては推算できないが、『中巖岩月和尚自歴譜』には、つぎのようにある。[17]

東明和尚遷寿福、南山和尚上円覚。

『中巖自歴譜』の文保元年（一三一七）条によると、東明は寿福寺の住持となり、円覚寺の住職は南山士雲に代わった。東明が円覚寺の住職であったのは八年間であったと推測される。寿福寺は鎌倉五山の第三に位する。正治二年(一二〇〇)頼朝の夫人政子の発願によって伽藍を建て、栄西を開山とした。開山以下、二世退耕行勇・無本覚心・東福円爾・蘭渓道隆・大休正念・東明慧日らが入山住持した。文保元年(一三一七)、寿福寺から建長寺へうつり、大衆に辞別するとき、つぎのように述べている。[18]

辞衆赴巨福上堂、随縁而来、応縁而去。去住既随縁、此是衲僧通変処。好諸禅徳、還委悉麼、寿福鉢盂、移向建長喫飯、脱或未然、同道高人、各希珍重。

東明は寿福寺から建長寺へ移動したが執着はなかった。「随縁」を重んずる態度がよく表れている。また、建長寺に陞座した時につぎのように述べている。[19]

陞座、拈香曰、此一瓣香、遙瞻、北闕至尊、上祝、南山萬壽、恭願、金輪統御、益昌萬年景運之長、玉葉彌芳、遐布四海蒼生之覆、次拈香曰、此香、奉為、征夷大將軍二品親王資陪祿筭、伏願、威肅三邊、永鎮山河之固、光分四海、毘賛萬乘之明、

此香、奉為、本寺大檀那相州太守、伏願、以佛祖為心、眷隆此道、以松椿為壽、益壯遐齡、家國同庥、子孫繁衍、

此香、三十年中、五回拈出得來、不忘所自、此心只可自知、奉為前住明州天寧靜慧禪師直翁大和尚、用酬法乳之恩、

陞座の儀式では、「万歳万歳万歳」の語句が臨済の禅僧によってつねに使用されている。これに対して、東明の禅風にはこのようなことは見られない。しかし、『建長寺史』の文保元年条によると、東明慧日は大衆を辞して寿福寺を退院した後建長寺に転ずることが記載されている。[20]

秋、東明慧日、寿福寺ヲ退院シテ建長寺ニ転ズ。

文保元年（一三一七）秋、東明慧日が寿福寺を退院し、つづいて、建長寺に住することから推測すれば、この間は遠くないことが明白である。なお、東明慧日の再住建長寺への入院期日について『東明和尚語録』には明記していない。しかし、建長寺が新しい華厳宝塔を創建した時の語録から推察できる。つぎのように述べている。[21]

大檀那海山師、深信佛乘、留心祖道、重新建造華嚴寶一所。像設彩飾已備、此日揮金辨供、以伸慶懺、仍命山野、舉揚宗旨、所將功德、不為別事、先祈相州太守福源深固、祿位增崇。復為勝園寺巨源演公一十三周年忌、以追冥福、惟冀、賢明早悟、不待葉落知秋、達者先知、正好乘時取證。次冀、海山大師、衆聖冥加、頓悟上乘、在在處處、遊戲第一義門、世世生生、永為般若眷屬、願言如此。

また、応長元年(一三一一)十月二十六日、北条貞時が亡くなったときに、東明は貞時の葬礼のために祭文を書いている。つぎのように記している。[22]

勝園寺秉炬

空花陽焔本非堅、妙浄明心豈變遷、大抵水流元在海、須知月落不離天。共惟、某人、佛中上善、間世英賢、忠孝治國、逆順安禪、居塵絶塵、鑛中之金、以幻修幻、出淤之蓮、了達法空三際、冥契佛祖大縁、承襲有嗣、富貴雙全、高歩毘盧頂寧、便同大覺金仙、豎火炬曰、烈焔光中全體現、位參諸佛更無偏、正當火焔説法、四句百非倶捐、作麼生與某人相見、打圓相曰、花開世界起、果滿菩提圓。

東明は秉炬仏事を行い、その際に、秋澗道泉が起龕仏事を修している。[23]また、貞時の肖像に深く感心してほめたたえている。時頼や時宗が中世禅林の隆昌のために極めて貢献したことはいうまでもない。そして、貞時以降になると、伽藍を修造し、教団を管理したが、これは先代までには見られなかったことである。さらに、この時期には、禅宗を単に宗教としてのみ受けとらず、中国貴族文化的な教養の仲介者としての価値を認めたことである。[24]禅宗側もそれに広する動向を示したことである。

建長寺の華厳宝塔の建立供養することが、単なる相州太守の福徳を祈るのみではなく、また、北条貞時の十三回忌に際しても冥福を祈っている。貞時が応長元年(一三一一)十月二十六日に死亡してから十三回忌は、すなわち元亨三年(一三二三)、北条高時と貞時の未亡人安達氏などが極めてさかんに仏事を行っている。[25]参加した諸寺二千余人の僧衆はすでに選ばれた人々であったばかりでなく、また、漢詩文については高度に切磋琢磨して学んにから、日本人にしては華語をよくし、内外典籍に通暁する博学の僧が生まれても不思議ではない状況にあった。[26]

さらに、貞時の十三回忌をみれば、その三年後の嘉暦二年(一三二七)十月、高時は「円覚寺制符」において僧員制限を二百五十人と定めた。しかし、参加の人数をはるかに超えている事からみても、上の制符の精神に反すること少なからざるものを感じている。円覚寺の僧侶だけでもこれだけの人数であるので他山からも相当の数の僧侶が参加したであろうから、貞時十三回忌の法要は大規模なものになったに相違ない。また、秋澗が大慶寺に住山の中に貞時が卒去しており、点眼に際して偈を呈している。つぎのように述べている。[27]

最勝園寺殿點眼

一路坦然無迂典、輕輕舉歩渉多岐、終朝動靜去來處、直下當更有誰、恭惟、最勝園寺殿演公禪閤、經文緯武、綽然德盖坤維、驅貔伏虎、偉哉道助華夷、靈山付囑、不事所期、少林密旨、同根繁葉、者箇是勝園寺殿平生所修持、茲者朝議大夫羽別駕藤原朝臣時顯、命工幻出真儀、面目現在、今古同規、到者裏、謂昔日生還不是、謂今日死亦轉非、必竟作麼生領略、以筆點勢云、一雙眼帶一雙眉、

又、法無去來之相、道絶動靜之蹤、三賢十聖、滯殼迷封、最勝園寺殿演公禪閤、向者裏示寂滅、廻脱羅籠、三寶弟子菩薩戒圓喜、命山僧施一點、忠義尤濃、作點勢云、直德豁開死眼、十方。通、是則是、當機覿面一句作麼生、良久云、徧界何曾隱音容、道、

また、起龕仏事の導師も勤めている。つぎのように述べている。[28]

為最勝園寺殿演公禪閤起龕

時節因縁藏不得、翻身蹈破大虛空、沒蹤跡處回頭看、脱木蕭疎夕日風、恭惟、某人、德合天地、布大化於無窮、仁施緇素、兼懇愛于至公、權柄堅持資聖政、衛護相建寶幢、左之右之、全射作用、去來動靜、不離其中、者箇猶是入死地、何不脱羅籠、擊龕云、鐵壁銀山一線通。

秋澗道泉は聖一派の出身で密教をも兼修し、正応年間(一二八八～一二九二)に鎌倉で大休正念に参じて印可を受けた。その後、三度関東に赴いて相模大慶寺に住し、大休の法を継承している。貞時の卒去、十三回忌等を通じて各派の交流というものを知ることができるのである。

三　東明と清拙

正慶元年（一三三二）、天外志高が浄智寺の住持をしていた時に高時が寄進したものに梵鐘がある。その銘は清拙正澄が撰したものである。『新編相摸風土記稿』に銘文が載せられている。この鋳鐘の銘文が雲外に仕立てられており、東明はそれを見て賀する文を作成している。[29]

賀淨智鋳鐘頌軸

危樓百尺、青鐘萬鈞、非常人所能為之、淨智老子、於一念中、成此大器、非天帝釋密運神功、何其成之之易哉。然此大器、非一淨智一叢林之所獨善之者、盡大地情與無情、悉蒙警導、圓覺大士、説偈称揚、會中多士、聞所未聞、從而和之、成一巨軸、命予著語、予乃隨後贊嘆云、善哉善哉、善説法要、不生法相、聞彼法音、停酸息苦、獲無生忍、成佛子住。

東明は、文保元年（一三一七）まで、八年間に円覚寺に住し、その後寿福寺の初住になっている。この鋳鐘は東明が寿福寺に住した期間に鋳造されたと考えられる。さらに、東明は清拙が浄智寺の鐘が鋳造されたことを賀する文を作成したのに対し、その韻に和して偈頌を作っている

和清拙和尚賀浄智鋳鐘韻

大器還輸大治功　大器はまた大なる功能をうつす
不遺純鉄與頑銅　純鉄と頑銅を遺さず
老僧定起深雲裏　老僧の禅定は深雲の裏から起こる
聴得金峰後夜鐘　金峰の後夜の鐘声を聴き得る。

元徳二年（一三三〇）八月二十四日、清拙正澄は円覚寺に住し、その後、元弘三年（一三三三）十月二十日、建仁寺の住職となった。また、東明の「再住円覚禅寺語録」によると、明らかに、彼は清拙が円覚寺の住職を終えてから再び住山したと推算することができる。そして、建武二年(一三三五)八月二十四日、東明は円覚寺の陞座を行った。また、嘉暦元年（一三二六）八月、清拙は日本に渡来してから東明と緊密な関係を持つようになった。東明はつぎのように記している。[30]

謝清拙和尚訪

束腰三篾方解、雲根片石未温、至人訪我寥寂、愧乏茗椀炉熏。

とあり、嘉暦二年（一三二七）三月二十日、清拙が建長寺第二十一世の住職を担った新たな寮舎を建てている。東明は一首の偈頌で祝っている。つぎのように記している。[31]

賀建長新衆寮

参天荊棘変梅檀、作者方知作者難、但得清陰垂不朽、寧無燕語畫梁間。

清拙の訪問について『東明和尚語録』では明確な期日を記載していない。しかし、「賀建長新衆寮」から推算すれば、来訪の期間はほぼ嘉暦二年（一三二七）正月ごろということになる。偈頌によって「至人訪我寥寂」と記載され、清拙の来訪ということを東明は「至人」と称している。「至人」とは最高に尊敬もし親しい間柄にある場合に用いる語句である。清拙を尊敬する態度がうかがわれる。両者は同様に中国から来日し、また、清拙は宋末元初の渡来僧の中では一番の実力者といえる人物である。そのことからも東明が清拙に尊敬の念を抱いていたことは明らかである。

『東明和尚語録』の中の三点は雲外雲軸（一二四二～一三二四）に関するものである。まず、「天童雲外和尚賛師頂相」では、つぎのように述べている。[32]

器量宏深、範儀出格、眉分海嶠雲、眼帯鄞江月、得古柏傳芳之意、入妙莊嚴域之室、玄機借路、洞水逆流、偏正互融、功勳不昧、有時説一句、如須彌頂上撃金鐘、有時説一句、如瑠璃殿前栽玉樹、有時如桂棹蘭舟兮自在、有時如濤山浪屋兮崩騰、浇天聲價難收、動地風雷易發、夫是之謂曹洞十五葉之正傳東明禪師叢林禪伯。

雲軸は東明の法兄であり、すでに、在宋中に東明が白雲山に住した時に「諸山疏」を作成したのが雲外であったことはすでに述べた通りである。東明の在宋中の修行を褒めている。さらに、右の頂相の賛においても賞賛しているのである。雲軸は昌国(浙江省)の人物であり、俗姓李氏である。また、居所によって智門雲軸、天童雲軸とも称されている。雲外は背が低くて極めて精悍であった。また、東明は説法のやり方をほめられている。

泰定元年(一三二四)八月二十二日、雲軸は示寂した。

悼雲外老人

水天空濶竟忘遥、太白魏魏望九霄、而目儼然雲雲外、孰云生死不同条。[33]

東明は貞時を招聘のために日本に来朝し、三十二年間に渡りほとんど鎌倉で教化した。禅林の発展という観点からいえば、大変に意義深いことであった。加えて、この会下から五山文学僧を輩出して白雲庵文壇を形成し、関東五山の文学活動の一大中心となった。

1　徳擧、元初の人。曹洞宗宏智派、一擧とも。直翁と号す。東谷明光に嗣法する。明州（浙江省）天寧寺に住する。東明慧日・雲外雲岫の弟子である。
2　『雲外和尚語録』一巻、（『五山文学新集』別巻二、東京大学出版会、一九八一年）四頁。
3　『仏光禅師語録』（『大正新脩大蔵経』　八十冊・二四二頁上）。
4　『仏光禅師語録』（『大正新脩大蔵経』　八十冊・二三七頁下）。
5　『東明和尚塔銘』（『五山文学新集』別巻二、東京大学出版会、一九八一年）六三頁。
6　『本朝高僧伝』巻二六・三六四頁。
7　『東明和尚語録』（『五山文学新集』別巻二、東京大学出版会、一九八一年）七頁。
8　『東明和尚塔銘』（『五山文学新集』別巻二、東京大学出版会、一九八一年）六三頁。
9　『東明和尚語録』（『五山文学新集』別巻二、東京大学出版会、一九八一年）七頁。
10　『仏種慧済禅師中巖岩月和尚自歴譜』（『続群書類従』第九輯(下)、六一一頁）正和三年条。
11　『仏種慧済禅師中巖岩月和尚自歴譜』（『続群書類従』第九輯(下)、六一二頁）正和五年条。
12　『武家年代記』正和五年六月二十日条。
13　『東明和尚語録』（『五山文学新集』別巻二、東京大学出版会、一九八一年）一四頁。
14　『東明和尚語録』（『五山文学新集』別巻二、東京大学出版会、一九八一年）一四頁。
15　『東明和尚語録』（『五山文学新集』別巻二、東京大学出版会、一九八一年）一六頁。

16『東明和尚語録』(『五山文学新集』別巻二、東京大学出版会、一九八一年)一五頁。
17『仏種慧済禅師中巖岩月和尚自歴譜』(『続群書類従』第九輯(下)、六一三頁)文保元年条。
18『東明和尚語録』(『五山文学新集』別巻二、東京大学出版会、一九八一年)一九頁。
19『東明和尚語録』(『五山文学新集』別巻二、東京大学出版会、一九八一年)二〇頁。
20『建長寺史』編年史料編第一巻(大本山建長寺、二〇〇三年)文保元年条。
21『東明和尚語録』(『五山文学新集』別巻二、東京大学出版会、一九八一年)二六頁。
22『東明和尚語録』(『五山文学新集』別巻二、東京大学出版会、一九八一年)五七頁。
23『秋澗道泉語録』中巻、(玉村竹二『五山文学新集』第六巻、東京大学出版会、一九九一年)六五頁。
24『円覚寺史』(春秋社、一九六四年)七七頁。
25『円覚寺文書』第六九条。(『鎌倉市史』史料篇・第二)。
26『鎌倉寺史』社寺篇(吉川弘文館、一九五九年)二八二頁。
27『五山文学新集』第六巻(玉村竹二『五山文学新集』第六巻、東京大学出版会、一九九一年)六二一頁。
28『五山文学新集』第六巻(玉村竹二『五山文学新集』第六巻、東京大学出版会、一九九一年)六五頁。
29『東明和尚語録』(『五山文学新集』別巻二、東京大学出版会、一九八一年)五〇頁。
30『東明和尚語録』(『五山文学新集』別巻二、東京大学出版会、一九八一年)五三頁。
31『東明和尚語録』(『五山文学新集』別巻二、東京大学出版会、一九八一年)五三頁。
32『東明和尚語録』(『五山文学新集』別巻二、東京大学出版会、一九八一年)四八頁。
33『東明和尚語録』(『五山文学新集』別巻二、東京大学出版会、一九八一年)五三頁。

第二節　『東明慧日語録』の上堂年代考

東明慧日（一二七二〜一三四〇）は直翁の法を継いだ曹洞宗宏智派の五世の法孫である。延慶元年（一三〇八）、東明慧日は貞時が招請したので、渡来した。はじめて曹洞宗宏智派が日本に移植されており、これは日本の禅林に対して大きな影響を与えたことは周知される通りである。

しかし、『東明和尚語録』[1]（以下、『東明語録』を略称する）においては諸山の住持の年代について明示されていない。加えて、諸説が存在している。東明慧日についての先行研究であり、玉村竹二の『五山禅僧集』の中で『東明和尚語録』は住山録の編纂が編年的には不正確なので、上堂法語の配列によって、その在任年代を推定できないと指摘している。その中で住山の年代は示すことは、検討を加える必要があると考えられる。佐藤秀孝「元代曹洞禅僧列伝（中）――東明慧日と東陵永璵の来日以前の動静――」には、東明の来日以前の伝記について論述されている。[2]これらの研究を踏まえて本稿では、東明慧日が七処九会の住山期間について、上堂の排列によって詳細に考察を試みることにつとめたい。

『東明和尚語録』（玉村竹に『五山文学新集』別巻に所収。以下引用箇所は頁数のみ記す）の全体は、渡来前と来朝後の語録から構成されている。その内容を示せば、つぎのようである。

渡来前
　白雲山宝慶禅寺語録
来朝後

相州禅興聖禅寺語録
瑞鹿山円覚興聖禅寺語録
亀谷山金剛寿福禅寺語録
巨福山建長興国禅寺語録
万寿禅寺語録
東勝禅寺語録
再住建長禅寺語録
再住寿福禅寺語録
再住円覚禅寺語録
三住建長禅寺語録
法語
仏祖賛
自賛
題跋
偈頌
小仏事

とあり、以下、東明慧日が宝慶寺、興禅寺、円覚寺、寿福寺、建長寺、万寿寺、東勝寺における上堂の排列番号を付けると[3]、一一〇の上堂が収められていることが明らかになる。

上堂説示年表について

『東明和尚語録』の中で所収の上堂は、上堂の［排列表］の各列の年を確定することができたから、すべて数えて年代の順番によって排列されている。つぎのようである。

［　］内の月日は筆者の推定であり、

（　）内の数字は上堂の排列番号である。

〈　〉内には上堂が行われた月日・季節を決める手掛りとなった語句を示した。推定しえなかった上堂は、原則として省略した。

一　白雲山宝慶禅寺語録

大徳六年（一三〇二、正安四年）

五月八日　（1）宝慶禅寺入院上堂

七月十五日　（3）解夏上堂

（5）聖節上堂

（7）同源和尚至上堂

十一月　（8）冬夜小参

十一　（9）上堂

冬　（12）上堂〈雪覆蘆花浴暮天〉

延慶元年（一三〇八）

十二月八日　（13）蝋八請陞座

（1）宝慶禅寺入院では、東明慧日の宝慶禅寺の住山期間について、玉村竹二は、一三〇二～一三〇八年までを、[4]佐藤秀孝は一三〇二～一三〇七年までを主張している。[5]『禅学大辞典』によると、東明慧日は法を明堂の白雲山宝慶禅寺に開演する。住すること六年、延慶二年（一三〇九）または元年（一三〇八）、北条貞時の招きに応じて来朝したと述べられている。[6]

宝慶禅寺の住山は、換言すれば、東明慧日の在宋期間のことになる。すなわち、景定三年（一二六二）、無学は羅季勉に招請されて白雲山、すなわち白雲庵に住した。一方、老母を養って韜晦していたので無学祖元は白雲寺で七年間を送ったのである。[7]大徳六年（一三〇二）五月八日、雲外雲岫は、とくに白雲山宝慶禅寺に東明を住職に招請して諸山の疏文を作った。つぎのように述べている。[8]

前住象山縣智門禪寺雲外和尚、製諸山疏、請日、

伏以、

佛為度生故現、祖由傳道而興、幸有前規、豈無來學、共惟、新命白雲東明和尚、操不群之氣、挺拔萃之姿、先照堂中過蒲團、親面得旨、（下略）

この疏文の中で天童山の雲外雲岫が東明慧日の優れた才能をほめていることから、両者の緊密な関係がうかがわれる。東明慧日が諸禅寺に住した中で唯一入院の期日が記載されているのは宝慶禅寺である。

（7）「同源和尚至上堂」によると、同源道本は、臨済宗大覚派、筑前の出身である。蘭渓道隆に参じて法を嗣して檀越の招請に応じて筑前保福寺開山になった。

『宝慶禅寺語録』から考察すると、東明慧日は、大徳六年（一三〇二）五月八日入院から延慶元年（一三〇八）

十二月八日まで、六年間ただ十二回の上堂のみである。

また、宝慶禅寺の退院について、『白雲山宝慶禅寺語録』によると、「歳在戊申冬、師（東明慧日）来相州、太守（北条貞時）臘八請陞座。」[9]と述べている。また、『本朝高僧伝』には、「至元戊申、属日本書聘、明年東来。当本朝延慶二年、時歳三十八。」[10]と掲載されている。二つの史料を比べると一年の差がある。筆者は、玉村氏の大徳六年から延慶元年まで、この間（一三〇二～一三〇八）宝慶禅寺に住したことに全く賛同するものである。

二　相州禅興聖禅寺語録

延慶二年（一三〇九）

十一月

（14）禅興寺入院上堂

（16）冬至上堂

（17）上堂（寒食已去尚餘寒）

（18）直翁先師忌辰上堂

東明慧日の禅興禅寺への入院の期日についても、同様に記載されていない。しかし、『白雲山宝慶禅寺語録』によると、[11]延慶元年（一三〇八）冬、東明は鎌倉に来朝した。また、同年十二月八日に北条貞時が招請して鎌倉において日本で最初に曹洞の信徒に説法をして陞座を行ったことは『語録』に掲載されている。そして、東明慧日の来朝の期日は延慶元年（一三〇八）十二月八日であることは明らかで、釈迦牟尼の成道会の日の前に来朝したに違いないと考えられる。

一方、禅興聖禅寺の入院の法語によると、「雲外青山迥秀、耳畔流水常鳴」と述べており、青山と流水とともに春・夏の景物である。加えて、(16)冬至上堂、(17)上堂(寒食已去尚餘寒)、(18)直翁先師忌辰上堂の三者は皆冬の行事である。そのことから推算すれば、東明慧日の禅興禅寺への入院の期日は恐らく来朝した翌年すなわち、延慶二年(一三〇九)の春・夏の間に陞座が行なわれたと考えられる。また、住山の期間は、ほぼ数ヶ月ぐらいと推定できる。

三　瑞鹿山円覚興聖禅寺語録

延慶三年(一三一〇)

(19)**円覚興聖禅寺入寺**

(20)功徳主上堂(入院の次日)

七月十五日　(24)解夏上堂

八月十五日　(25)中秋上堂

十一月　(26)冬至上堂

応長元年(一三一一)

八月十五日　(30)中秋上堂

十一月　(33)冬至上堂

正和元年(一三一二)

(36)慶懺蔵殿上堂

東明慧日が初住円覚寺で八年の長期に渡って住持したのは周知のことである。しかし、『瑞鹿山円覚興聖禅寺語録』によっても住山の期日に関して完全に記載されていない。ところが、『円覚寺史』の「住持世代」によると、ただ、東明慧日が円覚寺の第十世の住持になった延慶三年に入院の儀式を行われたとのみ掲載されている。[12] また、『日本洞上聯燈録』巻一によると、つぎのように述べている。[13]

東帰開法於明堂白雲寺、嗣香供直翁。継得此方書聘逾海来。時延慶己酉年也。鎌倉副元帥平貞師迎董禅興、明年移円覚。

延慶己酉年、すなわち延慶二年（一三〇九）、貞時が東明慧日を招聘して禅興寺の住職を担い、翌年（一三一〇）、円覚寺を住した。さらに、上堂の排列から考察すると、延慶二年、(16) 冬至上堂、(17) 上堂（寒食已去尚餘寒）、(18) 直翁先師忌辰上堂、これらは皆歳末の行事である。なお、延慶三年（一三一〇）の上堂の順番については、七月十五日 (24) 解夏上堂、八月十五日 (25) 中秋上堂、ともに東明慧日が円覚寺の入院のあとのことである。ここから推算すれば、東明慧日の入院の期日は必ず七月十五日の解夏上堂の前である。よってほぼ、延慶三年（一三一〇）一月から六月まで間に陞座の儀式を行われていると推測できる。

一方、文保元年（一三一七）春、東明慧日の亀谷山金剛寿福禅寺への入院から逆算すれば、円覚寺に住山して八年を送ったとあれば、延慶三年の前半年に入院したに違いないと考えられる。

(36) 慶懺蔵殿上堂には、その年代について記載されていないが、内容によると、「大円照中、浴隠彌露」と述べているので、ほぼ、八月十五日中秋の日に蔵殿の上堂が行われたと推測される。そして、年代から推測すると、応長元年（一三一一）の中秋に上堂をすることは不可能であるので、ただ、正和元年（一三一二）と同四年（一三一五）の間と推察できる。加えて、正和元年から同四年までこの四年間の上堂について資料が全く示されていないので、どの年の中秋に行われたか判断しにくい。

正和五年（一三一六）

七月二十三日　(37) 擧大隋龍済劫火洞然上堂

　(38) 退院請回上堂

四月十五日　(40) 結制上堂

夏　(41) 上堂（伏暑炎炎不可当）

八月十五日　(43) 中秋上堂

十月五日　(44) 達磨忌上堂

正和五年（一三一六）

四月四日　(45) 功徳主忌日上堂

四月十五日　(47) 結制上堂

　(48) 新修仏殿仏像安座上堂

十月二十日　(49) 高峰和尚訃至上堂

　(50) 請書記上堂

　(51) 請知事・維那謝秉拂上堂

(37) 擧大隋龍済劫火洞然の上堂には、すなわち、正和五年六月二十日から七月二十三日かけて鎌倉に大地震があった。『武家年代記』によると、[14]

六廿未刻、地震、同廿一辰刻、同廿七午刻、同廿八申刻、地震、七四辰一、同廿三戌一、大地震。

と述べている。また、『円覚興聖禅寺語録』によると、大地震の被害の状況が掲載されている。つぎのようである。

[15]

上堂、擧大隋龍濟劫火洞然話、一人向高高峰頂立、不露頂、一人向深深海底行、不濕脚。善則善矣、盡則未盡。今日忽有人問鹿山、劫火洞然、大千倶壞、未審者壞不壞、劈脊便棒、且道、隨他去不隨他去。

正和五年（一三一六）六月二十日から七月二十三日まで、円覚寺は大地震に遭い被害があったとしている。なお、（38）退院請回上堂には、円覚寺が地震の被害を受けて東明は住職を辞めて退院するという形で責任を示した。しかし、ただちに、再び陞座上堂を請う。上堂の法語において「退院請回上堂、有路通天行不盡、転身無地可容身、戯衫又著人前舞、元是山中舊主人。」と述べている。[16]「元是山中舊主人」というのは、すなわち、東明慧日が円覚寺を退院して直ぐに再度同寺の陞座の儀式が行われたが新任の住職はもともと円覚寺の前任の住持東明慧日であるということだ。しかし、つづいて四月十五日（40）結制上堂には、禅院の住持が法幢を建てる主役となるので必ず一年一回以上の結制を修行することが要請される。いうまでもなく、円覚寺も例外ではない。毎年の四月十五日から七月十五日までを夏安居としている。ところが、上堂の期日の順番からみると、違いないのではないかと考えられる。その四月十五日（40）結制と夏（41）上堂（伏暑炎炎不可当）は、七月二十三日（37）擧大隋龍済劫火洞然、（38）退院請回上堂で両者の前に置くのが当然であろう。そして、（37）と（38）二つの上堂は七月二十三日以後から八月十五日中秋の上堂以前までに行われたと推測できる。

（48）新修仏殿仏像安座上堂について、『瑞鹿山円覚興聖禅寺語録』によると[17]、円覚寺は大地震でひどく災害を受けた薄伽至尊・十二大士・天竜八部衆など三箇の殿堂を修復して仏像の安座の儀式が行われていた。これは玉村竹二が「しかも大地震の両三年のうちに、即ち東明の在任に、上記の三箇の殿堂は復興したらしい。」と指摘している。[18]しかし、正和五年（一三一六）六月二十日から七月二十三日までに大地震があり、翌年、すなわち、文保元年（一三一七）東明慧日が寿福寺を住するのである。いうまでもなく、仏殿の終復の工程は明らかに東明が円覚寺在任の期間に災害から復興するために行なわれた。玉村がなぜ地震の両三年の後に復興したと推測するのか理解できない。大地震から寿福寺の上任に至る期間はほぼ一年間だけである。そして、新修仏殿仏像安座の上堂の儀式が正和五年（一三一六）七月二十三日以後から遅くとも文保元年（一三一七）春以前であったといえよう。すなわち、東明慧日が寿福寺を住山する以前に仏像の安座が行われていると推測できる。

四月四日（45）功徳主忌日上堂における、この功徳主はすなわち北条時宗を指す。時宗が円覚寺を開創したのである。[19]東明慧日はとくに時宗の三十三回忌仏事を修して陞座説法を行っている。このようなことを玉村竹二は、時宗の十三回忌が永仁四年（一二九六）であり、[20]三十三回忌が正和三年（一三一四）であると指摘している。[21]しかし、弘安七年（一二八四）四月四日は、北条時宗の卒年でありそれから三十三回忌になったと計算すれば、正和五年（一三一六）四月四日に功徳主忌日の上堂を行っているのは間違いないと思われる。

（49）高峰和尚訃至上堂には、『東明語録』によると、つぎのように記している。[22]

高峰和尚訃至上堂、東山下、左辺底、或巻或舒、或彼或此、此是雲岩高峰和尚、三十年間、五建法幢、活叢林底生意、若謂翻虚空筋斗、動刹海風雷、畢其所以能事、盡大地人、只得助哀。

円覚寺の住持東明慧日は建長寺の前任住職として高峰顕日の訃報を聞き、これのために上堂している。高峰顕日の示寂期日について『東明語録』には見られないが、『高峰顕日骨壺銘』によると、つぎのようである。[23]

師諱顕日、字密道、号高峰、日本国山城平安城人也。未詳俗氏僧臈道大徳広行、化四衆、五十余載、初起於下、野州東山雲厳（蘭渓道隆）禅寺、五遷、几相之浄妙・万寿・浄智・建長也、告老而帰、終于。始之雲厳、世寿七十六歳、実於正和五年、丙辰月建庚午戊丑（十月二十日）卯時、写遺偈、其偈云、坐脱立亡、平地骨堆、虚空翻筋斗、刹界動風雷、喝、十月二十日高峰。

明らかに、高峰顕日は、雲厳禅寺に初住し、つづいて浄妙寺・万寿寺・浄智寺・建長寺などに住山しており、世寿七十六歳、正和五年（一三一六）十月二十日に示寂したことは疑う余地がない。しかし、以上を考察してみると、住寿勝門人・円郢（東州）は『瑞鹿山円覚興聖禅寺語録』を編纂するとき、年代の順番を間違えたということがはっきりわかる。玉村竹二は編年史は不正確なので上堂法語の配列によって在任期間を推定することは難しいと指摘している。[24]

加えて、当時の鎌倉禅林は全く臨済宗の天下になっていた。貞時が禅林の発展を図ると、鎌倉五山禅林は、ただ臨済宗のみでなく、曹洞宗をも流布させている。そして、東明慧日は貞時が招請したので渡来した。このようなことから見ると、応長元年（一三一一）十月二十六日、貞時が四十一歳で死去したことは東明慧日にとって極めて重大なことである。その時、東明慧日はまだ円覚寺の在任期間であったが、『瑞鹿山円覚興聖禅寺語録』には全く論及されていない。ただ、『東明語録』巻下、「小仏事」の中で述べられている。つぎのようである。[25]

勝園寺秉炬

空花陽焔本非堅、妙淨明心豈變遷、大抵水流元在海、須知月落不離天。共惟、某人、佛中上善、間世英賢、忠孝治國、逆順安禪、居塵絶塵、鑛中之金、以幻修幻、出淤之蓮、了達法空三際、冥契佛祖大緣、承襲有嗣、富貴雙全、高歩毘盧頂寧、便同大覺金仙、豎火炬曰、烈焔光中全體現、位參諸佛更無偏、正當火焔説法、四句百非倶捐、作麼生與某人相見、打圓相曰、花開世界起、果滿菩提圓。

慶長元年（一三一一）十月二十六日、北条貞時が亡くなるとき、東明は貞時の葬礼のために祭文を書いた。貞時は鎌倉禅林の発展のためにはじめて曹洞宗の禅僧を招聘して日本へ移植した。延慶元年（一三〇八）、東明慧日は貞時に招請され、その後、日本の曹洞宗宏智派が大きくなるに当たっては貞時が庇護したことは看過できない。したがって、東明慧日が円覚寺の在任期間の貞時の示寂に関して『瑞鹿山円覚興聖禅寺語録』には一言も論述されていないことは理解できない。

さらに、正和二年慶懺，蔵殿，上堂以降、三・四年の『語録』の記述がないので不明である。東明慧日にとって円覚寺の住山は「七処九会」の住山の中で一番長く、八年を送ったのであるが、[26]編年史から言えば、雑乱の一段といえよう。

四　亀谷山金剛寿福禅寺語録

文保元年（一三一七）

四月十五日　(52) 結制上堂

春　(53) **寿福禅寺入院上堂**　〈春〉

(54) 進退職事上堂

(55) 謝秉拂上堂

七月十五日　(56) 解夏上堂

八月十五日　(57) 中秋上堂

(59) 辞衆赴巨福上堂　秋

つぎに、東明慧日の寿福寺の住山について、『亀谷山金剛寿福禅寺語録』には住山の期日が掲載されていない。しかるに、『仏種慧済禅師中巖岩月和尚自歴譜』によると、つぎのようである。[27]

東明和尚遷寿福、南山和尚上円覚。

『中巖自歴譜』の文保元年（一三一七）条をみると、東明慧日が八年間円覚寺の住職になってその後に寿福寺の住持になり、円覚寺の住職は南山士雲に代わったと掲載されている。これは『五山記考異』にも記載されている。[28]

（53）寿福禅寺入院上堂から、寿福寺の入院は文保元年であったことがわかる。はっきりした期日は同様に不明だが、上堂の配列による、（52）結制上堂と（56）解夏上堂から考察すれば、文保元年（一三一七）四月十五日から七月十五日までこの間に入院を行っていると推測できる。換言すれば、夏安居の期間といえよう。

また、八月十五日（57）中秋上堂、つづいて、（59）辞衆赴巨福上堂の史料から推定すれば、東明慧日の初住建長寺の期日は八月十五日から遠くないと思われる。また、内容によると、[29]

辞衆赴巨福上堂、随縁而来、応縁而去。去住既随縁、此是衲僧通変処。好諸禅徳、還委悉麼、寿福鉢盂、移向建長喫飯、脱或未然、同道高人、各希珍重。

と述べており、明らかに寿福寺の住山を終わってから直ちに建長寺に住したのである。これから推算すると、東明慧日の寿福寺の住山期間は長くない。ただ数箇月を担ったのみであると考えられる。これについて、玉村竹二は、東明慧日が寿福寺に一年か長くて二年住し、建長寺の住持に転じているらしいと指摘している。[30]要するに、寿福寺の在任期間が長期ではない事実が明確である。

五　巨福山建長興国禅寺語録

（60）建長寺入院上堂　　秋

文保二年（一三一八）

四月十五日　（61）結制上堂
六月一日　（62）上堂
八月十五日　（64）中秋上堂
　　　　　（65）直翁先師忌辰上堂

元応元年（一三一九）
　　　　　（68）万寿禅寺入寺上堂

東明慧日の建長寺の初住については、『巨福山建長興国禅寺語録』には掲載されていない。玉村竹二『五山禅僧伝記集成』は、東明の建長寺初住は元亨三年（一三二三）と指摘している。[31]もう一つ、「北条貞時の禅宗帰響の一断面」には、建長寺初住の入院はほぼ元応元年（一三一九）と示している。[32]二つの主張が見られる。しかるに、『建長寺史』の文保元年条によると、東明慧日は大衆を辞して寿福寺を退院した後建長寺に転ずることが記載されている。[33]

秋、東明慧日、寿福寺ヲ退院シテ建長寺ニ転ズ。

と記している。一方、（59）辞衆赴巨福上堂、からみると、文保元年（一三一七）秋、東明慧日が寿福寺を退院し、つづいて、建長寺に住することから推測すれば、この間は遠くないことが明白である。さらに、文保二年（一三一八）四月十五日、（61）結制上堂の史料から東明慧日は建長寺の入院以後初めの上堂を行っていると言えよう。そして、建長寺の入院はほぼ文保元年（一三一七）秋から文保二年（一三一八）四月十五日の間に行われているのであろう。

また、建長寺の入院の儀式からみると、つぎのように述べている。[34]

陞座、拈香曰、此一瓣香、遙贍、北闕至尊、上祝、（中略）
次拈香曰、此香、奉為、征夷大將軍二品親王資陪筭、（中略）
此香、奉為、本寺大檀那相州太守（北条高時）、（中略）
此香、奉為前住明州天寧靜慧禪師直翁（徳擧）大和尚、用酬法乳之恩、

これをみると、北条貞時が応長六年（一三一一）亡くなって以後、相州太守北条高時もおなじように禅林を庇護したことがわかる。入院の儀式をくらべてみると、東明慧日の「七処九会」の住山の中では、建長寺の陞座が最も正式に行われているものといえよう。

東明慧日は臨済の禅僧たちにつねに使用されている「万歳万歳万万歳」の形式を用いている。このようなことは曹洞宗の道元の語録にはまったく見られないといえよう。入院祝聖は中国禅宗の長い伝統によっているだけでなく、南宋社会において国家と信仰との接点として機能することの重要性が理解できる。[35]四月十五日（61）結制上堂と六月一日（62）上堂はともに夏安居に関する史料である。内容からみると、「一夏九十日」と述べており、仏弟子はこの期間一箇所に集合して禁足し、坐禅修学する制度が設けられた。これは一夏九旬・九旬禁足・結制安居・結制などと称されている。禅宗では安居を特に重んじ、四月十五日から七月十五日までを夏安居としている。

また、（61）結制上堂を内容からみると、「建長故是糧食有限、有人寄僧過夏、只得将無作有」[36]と述べている。貞時が父時宗の如く寺領寄進・寺院の優遇に専念して恭敬の念をもっているが、禅林の内部が自浄能力を失い、維持経営の問題も出たため、代わって幕府が統制を強化しようとした。[37]そして、東明慧日が「建長故是糧食有限」と述べている理由がわかる。永仁二年（一二九四）正月、貞時は禅院の規則を定めた十二条の禁制を発布して

いる。[38]また、乾元二年（一三〇三）二月十二日、貞時はふたたび「円覚寺制符条書」を定めている。[39]その条目の中で掛塔僧の定員を削減することが第一の問題である。以上、二つの制符の主要な目的は禅院の管理と経費削減の問題に対して規則を制定しようというものだ。いうまでもなく、建長寺で夏安居が行われると掛塔の禅僧の人数が多くなる。もともと食糧の量が多くない今、さらにきびしくなった。このような状況は当時の禅林においてよく見られる。

さらに、東明慧日の建長寺の退院については『東明語録』にはみられない。しかも、『中巖月和尚自暦譜』によると、[40]

春、辞永平、帰鎌倉、参浄妙玉山和尚、不契、再覲東明和尚於建長掛塔、同十月、東明和尚退、霊山和尚住建長、朝夕入室参問。

『中巖月和尚自暦譜』の元応元年（一三一九）十月条に、東明慧日は建長寺を退院し、霊山道隠が住持を担っているということが掲載されている。また、『扶桑五山記』[41]には建長寺住持の位次について、

十八　仏慧　（祖欽）　文保二

□□、霊山禾上、諱道隠、謚□□禅師、嗣雪岩、□□□年来朝。

と記している。このようなことは、『中巖月和尚自暦譜』の中でも「文保二年戊午、是歳、霊山（道隠）和尚観国、詔石門同帰朝」と記載されている。文保二年（一三一八）、霊山道隠が来朝し、つづいて元応元年（一三一九）十月建長寺に住したことは疑う余地はない。

元応二年（一三二〇）

（71）上堂　秋

（72）東勝禅寺入寺上堂

九月九日

（75）重陽上堂

六　再住建長禅寺語録

元亨二年（一三二二）

（77）再住建長寺　秋

東明慧日の再住建長寺への入院期日について『語録』には記載されていないが、『南山和尚行状』には、「元亨二年壬戌、退建長、憩息荘厳蔵院」と記されている。[42]すなわち、元亨二年（一三二二）の秋、南山士雲は、建長寺を退して東福寺の荘厳蔵院に退居するのである。また、『再住建長寺語録』の入院の法語は、「三年前従此去去実不去、山是山水是水、今日又重来来来実不来、賓是賓主是主、只如賓主相見、合談何事、良久曰、相逢自有知音知、何必清風動天地。」と述べている。「三年前」、すなわち 元応元年（一三一九）十月、東明慧日は初住建長寺を退院するのである。事実の状況から推測すればこれは間違いないと考えられる。

元亨三年（一三二三）

八月十五日

（78）中秋、海山首座出世海会上堂

（79）上堂

十月一日

（80）開炉雲岩太平和尚至上堂

十月五日

（81）達磨忌上堂

十一月

（83）冬至上堂

十月二十一日　（85）慶懺華厳塔
（86）慶懺地蔵殿
（89）佛忌上堂

（80）開炉雲岩太平和尚至上堂には、元亨三年（一三二三）十月一日、野州雲岩寺住職、太平和尚が建長寺に東明慧日を訪ねて特別に上堂してこれに感謝した。[43]太平和尚は嘉暦二年（一三二七）九月十四日に示寂した。そして、太平和尚が建長寺を訪ねたことはほぼ示寂の四年前である。

（85）慶懺華厳塔には、元亨三年（一三二三）十月二十一日、北条貞時夫人円成尼が貞時の十三年忌の供養のために、建長寺に華厳塔を創建している。同年十月二十六日、仏日庵無畏堂において円覚住持の霊山道隠・寿福雲屋恵輪に命じて安座点眼せしめ、また、東明慧日して陞座説法させた。[44]貞時の年忌供養は『北条貞時十三年忌供養記』のなかにはっきり記載されている。[45]玉村竹二氏は北条貞時十三年忌供養記について元亨元年（一三二一）に行うと指摘している。[46]しかるに、貞時の卒年から推算すれば、応長元年（一三一一）十月二六日死去から十三回忌は、すなわち元亨三年（一三二三）であるに違いないと考えられる。『東明語録』によると、[47]建長寺の華厳宝塔の建立供養したことは、単に相州太守高時の福徳を祈ったのみではなく、また、北条貞時の十三回忌のための冥福の祈祷でもあった。いうまでもなく、東明慧日は北条高時と貞時の未亡人安達氏などが命じて極めて盛大に供養の仏事を行っている。[48]

そののち、建長寺の地蔵殿を峻工した東明慧日が慶讃佛事を行う。明らかに華厳塔と地蔵殿はともに元亨三年（一三二三）に完成したものである。上堂の語録の中では、ただ、元亨二年〜三年間の史料にのみ記載されている。そして退院の期日は確認できない。

七　再住寿福禅寺語録

嘉暦三年（一三二八）

（90）**再住寿福禅寺入院**
（91）謝両班上堂
七月十五日　（92）解夏上堂（百二十日）
十一月　（94）冬至上堂
六月十六日　（95）寂庵和尚忌陞座

『再住寿福禅寺語録』によると、ただ六つの上堂がある。その中で唯一期日を推算できるのは、（95）寂庵和尚忌陞座である。上昭寂庵（一二二九〜一三一六）は、臨済宗蔵叟朗誉の法を継承している。のち宋に渡り、南浦紹明・約翁徳倹・無象静照とともに虚堂智愚・偃渓広聞の諸老に参ずる。帰朝して大休正念の住する寿福寺の首座となり、のち蔵叟の後をうけて寿福寺に住した。正和五年（一三一六）六月十六日示寂した。[49] また、（95）寂庵和尚忌陞座の法語によると「前住当山寂庵老子一十三周遠諱」と掲載されており、そして、寂庵和尚の十三回忌、すなわち、嘉暦三年（一三二八）六月十六日に上堂が行われたと推察できる。

また、（92）解夏上堂（百二十日）には、上堂の法語によると、「解夏小参、百二十日長期、只有来日、諸人次第過関。（下略）」と述べている。基本的には四月十五日から七月十五日までの九〇日間が安居の期間ということである。しかるに、この年は閏月あるので、解夏上堂が同じように七月十五日とするならば、その間が四ヶ月、つまり一二〇日になってしまう。夏安居の期間から調べると、元亨四年（一三二四）から建武二年（一三三五）

までこの間に閏月が存在しているのは、ただ元徳二年（一三三〇）閏六月のみである。[50]上述の推定が正確であれば、(92)、(94)、(95)の上堂が前後の順序は違うと思われる。年代の排列によって、東明慧日が再び寿福寺に住するはおそらく嘉暦二年（一三二八）と遠くないと推定できる。

八　再住円覚寺入院

建武二年（一三三五）
八月二十日　(96) **再住円覚寺入院上堂**
十一月　(97) 冬至上堂
十二月三〇日　(99) 上堂
建武三年（一三三六）
一月一日　(100) 歳旦上堂
　(101) 謝都管・監寺・維那上堂
四月十五日　(102) 結夏上堂
　(103) 上堂
五月五日　(104) 上堂
六月一日　(105) 上堂
建武三年（一三三六）
　(106) **三住建長寺入院**

（96）再住円覚禅寺入院には、玉村竹二は、東明慧日は円覚寺再住が正慶二年（一三三三）入院であるが、戦乱中なので入院の式を省き、建武新政府成立後、建武二年（一三三五）八月二十日、後醍醐天皇の綸旨を承けて、改めて再住入院の式を行っていると指摘している。『延宝伝燈録』巻四によると、「建武二年、後醍醐帝下敕、為朝廷上堂」と述べている。[51]『再住円覚禅寺語録』によると、つぎのように記している。[52]

（前略）敕黄、仏祖慧命、霊山付嘱、人所共知、天之気色、此是建武二年八月二十日、（中略）拈香此一瓣香、梵向炉中、祝延、今上皇帝後醍醐天皇聖躬、万歳万歳万万歳（下略）

事実、東明慧日の再住円覚寺に関して『円覚寺史』の「住持世代」[53]によると、ただ「東明慧日は円覚寺の第十世住持になった」時期は延慶三年（一三一〇）とのみを明示されている。再住のことは全く掲載されていない。しかし、上述の『延宝伝燈録』と『再住円覚禅寺語録』の中では、明らかに、東明慧日は後醍醐天皇の綸旨をうけて再び円覚寺を住したのである。また、入院の法語については建武二年（一三三五）八月二十日であると東明が自分からはっきりを述べている。

　東明慧日の寿福寺への再住は一三二七年から一三二八年まで二年間のみであり、もし推定が正しいければ、前後の排列からみると、東明慧日の一三三〇年から一三三五年八月十九日まで五年間の史料は全く記載されていないので、再住円覚寺入院の上堂は確認できない。ところが、本人の記載により建武二年（一三三五）八月二十日、東明慧日が円覚寺の入院の上堂を行っていることは疑う余地がない。

　以上、『東明和尚語録』の上堂の年代考についてみてきたが、簡単にまとめると、まず、東明慧日の各寺における住持期間を示せば、つぎのようである。

白雲山宝慶禅寺語録――大徳六年五月八日～延慶元年十二月八日（一三〇二～一三〇八）

相州禅興聖禅寺語録――　延慶二年（一三〇九）
瑞鹿山円覚興聖禅寺語録――延慶三年・夏～文保元年・春（一三一〇～一三一七）
亀谷山金剛寿福禅寺語録――文保元年・春～同年・秋（一三一七）
巨福山建長興国禅寺語録――文保元年・秋～応元元年十月（一三一七～一三一九）
万寿禅寺語録――元応元年（一三一九）
東勝禅寺語録――元応二年（一三二〇）
再住建長禅寺語録――元亨二年秋（一三二二）
再住寿福禅寺語録――嘉暦三年（一三二八）
再住円覚禅寺語録――建武二年八月二十日（一三三五）
三住建長禅寺語録――建武三年（一三三六）

結びにかえて

東明慧日の渡来の意義について考察したが、それは、つぎのようである。当時、鎌倉の禅林の主流は臨済宗であった。このような状況は禅林の発展から言えば不完全な形であった。鎌倉五山禅林には、ただ臨済宗のみでなく、曹洞宗をも流布させようという貞時の考えがあった。さらに、曹洞宗宏智派は、十四世紀頃より貞時・高時の外護の下で中世の禅林においては大きな僧団を形成したのである。

清拙の来訪を東明は「至人」と称している。これをみると、清拙を尊敬する態度がうかがわれる。両者は同様に中国から来日し、加えて、清拙は宋末元初の渡来僧の中では優れた人物といえる。そして、東明が清拙に尊敬の念を抱いていたことが分かる。これらをみると、曹洞宗と臨済宗の両派が盛んに禅僧を交流させたことをうかがわせるのである。

『東明和尚語録』から東明慧日の各寺における住持期間も明らかにすることができた。

1　『東明和尚語録』（『五山文学新集』別巻二、東京大学出版会、一九八一年）七頁。
2　佐藤秀孝「元代曹洞禅僧列伝(中)――東明慧日と東陵永璵の来日以前の動静――」（『駒沢大学仏教学部研究紀要』第五一号、一九九三年）二二九頁。
3　入院に際しての一連の法語から当晩小参までは一つとして数える。
4　玉村竹二『五山禅僧伝記集成』（講談社、一九八三年）五〇九頁。
5　佐藤秀孝「元代曹洞禅僧列伝(中)――東明慧日と東陵永璵の来日以前の動静――」（『駒沢大学仏教学部研究紀要』第五一号、一九九三年）二二九頁。
6　新版『禅学大辞典』（大修館書店、一九九六年）一〇二頁。
7　『仏光禅師行状』（大正新脩大蔵経　八十冊、二四二頁上）。
8　『雲外和尚語録』一巻、（『五山文学新集』別巻二、東京大学出版会、一九八一年）四頁。

9 『東明和尚語録』(『五山文学新集』別巻二、東京大学出版会、一九八一年) 七頁。
10 『本朝高僧伝』二六巻、三六四頁。
11 『東明和尚語録』(『五山文学新集』別巻二、東京大学出版会、一九八一年) 七頁。
12 『円覚寺史』「住持世代」七六九頁。
13 『日本洞上聯燈録』(曹洞宗全書刊行会、一九七〇年) 三九頁。
14 『武家年代記』正和五年六月二十日条。
15 『円覚興聖禅寺語録』(『五山文学新集』別巻二、東京大学出版会、一九八一年) 一四頁。
16 『東明和尚語録』(『五山文学新集』別巻二、東京大学出版会、一九八一年) 一四頁。
17 『東明和尚語録』(『五山文学新集』別巻二、東京大学出版会、一九八一年) 一六頁。
18 『円覚寺史』(春秋社、一九六四年) 七十四頁。
19 『円覚寺史』(春秋社、一九六四年) 二十八頁。
20 『円覚寺史』(春秋社、一九六四年) 五十七頁。
21 『円覚寺史』(春秋社、一九六四年) 七十四頁。
22 『東明和尚語録』(『五山文学新集』別巻二、東京大学出版会、一九八一年) 一六頁。
23 『建長寺史』編年史料編第一巻 (大本山建長寺、二〇〇三年) 三五八頁。
24 玉村竹二『五山禅僧伝記集成』(講談社、一九八三年) 五一〇頁。
25 『東明和尚語録』(『五山文学新集』別巻二、東京大学出版会、一九八一年) 五七頁。
26 『延宝伝燈録』巻四、八二頁。
27 『仏種慧済禅師中巖岩月和尚自歴譜』(『続群書類従』第九輯(下)、六一二頁) 文保元年条。

28 『五山記考異』（『史籍集覧』第二六冊、臨川書店、一九九二年）六三七頁。
29 『東明和尚語録』（『五山文学新集』別巻二、東京大学出版会、一九八一年）一九頁。
30 「北条貞時の禅宗帰嚮の一断面」（『日本禅宗史論集』（下之二）（思文閣、一九八一年）。
31 玉村竹二『五山禅僧伝記集成』（講談社、一九八三年）五一一頁。
32 玉村竹二『日本禅宗史論集』（下之二）（思文閣、一九八一年）一二三頁。
33 『建長寺史』編年史料編第一巻（大本山建長寺、二〇〇三年）文保元年条。
34 『東明和尚語録』（『五山文学新集』別巻二、東京大学出版会、一九八一年）二〇頁。
35 菅原昭英「仏祖に対して暴言をはく上堂法語」（『竹貫元勝博士還暦記念論文集――禅とその周辺学の研究』、永田文昌堂、二〇〇五年）一七四頁。
36 『東明和尚語録』（『五山文学新集』別巻二、東京大学出版会、一九八一年）二一頁。
37 葉貫磨哉「貞時・高時・直義の制符」（『中世禅林成立史の研究』吉川弘文館、一九九三年）二一七頁。玉村竹二『日本禅宗史論集』（下之二）（思文閣、一九八一年）一一三頁。
38 『円覚寺文書』（『鎌倉市史』史料編（二）第二十四号文書。
39 『円覚寺文書』（『鎌倉市史』史料編（二）第三十七号文書。
40 『仏種慧済禅師中巖岩月和尚自歴譜』（『続群書類従』第九輯（下）、元応元年条。
41 『扶桑五山記』（玉村竹二校訂、臨川書店、一九八三年）一一六頁。『五山記考異』（『史籍集覧』第二六冊、臨川書店、一九九二年）六二三頁。
42 『南山和尚行状』元亨二年条。
43 『建長寺史』編年史料編第一巻（大本山建長寺、二〇〇三年）元亨三年条。

44 『巨福山建長興国禅寺諸回向并疏冊子・建長寺華厳塔供養疏』『鎌倉市史』史料（三）元亨三年十月二十一日条。
45 『北条貞時十三年忌供養記』（『円覚寺文書』第六九号文書）。
46 玉村竹二「北条貞時の禅宗帰嚮の一断面」（『日本禅宗史論集』（下之二）（思文閣、一九八一年）一二四頁。
47 『東明和尚語録』（『五山文学新集』別巻二、東京大学出版会、一九八一年）二六頁。
48 『円覚寺文書』第六九条。（『鎌倉市史』史料篇・第二）。
49 『延宝伝燈録』巻六、『本朝高僧伝』巻二六、『扶桑五山記』巻五。
50 『日本書記暦日原典』（内田正雄編、雄山閣出版、一九九四年）一八二頁。
51 『延宝伝燈録』巻四。
52 『東明和尚語録』（『五山文学新集』別巻二、東京大学出版会、一九八一年）三三頁。
53 『円覚寺史』七六九頁。

第六章　無象静照の宗風と中世禅林における位置

はじめに

無象静照の『興禅記』は、日本における禅宗発展の歴史の中で、興禅思想や正法主義を標榜した代表的な文献として知られているものである。また、これは栄西によって約五十年以前に著された『興禅護国論』と同様に禅宗を興隆させることこそ護国に繫がることを主張したものである。

『興禅記』を論述したものに、辻善之助「天台宗と禅宗との軋轢」(『日本仏教史之研究』、岩波書店、一九八三年)がある。『興禅記』の議論には天台宗にたいする攻撃辯駁らしき指摘は少しも認められず、ただ禅宗が最も佛の正伝であると指摘するのみであるとする。また、辻善之助「無象静照の興禅記」(『日本仏教史』第三巻　中世篇之二、岩波書店、一九七〇年)は、『興禅記』の内容を簡単な現代語で翻訳している。玉村竹二の「無象静照集解題」(『五山文学新集』第六巻、東京大学出版会、一九九一年)は、無象静照の伝記について説明しており、さらに、無学祖元との関係を分析している。葉貫磨哉「無象静照と正福寺の濫觴」(『中世禅林成立史の研究』、吉川弘文館、一九九三年)は、専ら時頼の死と無象の帰国、地蔵堂の開創、時頼の石渓心月の招聘について論述したものである。

これらの研究を踏まえて、本論では、『興禅記』を中心に無象静照の禅風の特色について考察を加えていくことにする。さらに、中世禅林と無象静照はどのように関連があるかの点についても究明してみることにしたい。

一　北条氏の無象静照

無象静照（一二三四〜一三〇六）は文暦元年に生まれた。俗姓は平氏、相州鎌倉の出身の人物である。『碧山日録』には、「吾祖生縁、相州人也。平氏時頼公近族也。」とあり、[1]明らかに、無象は北条時頼の近親である。松源派石渓心月の法を嗣いだ。幼くして出家し、東福寺に掛搭して円爾に師事し、また、諸師のもとで研鑽し、各地を歴遊して学道を完成した。

無象は十九歳のとき、入宋の志を立てている。円爾はとくに数枚の紹介状を書いて宋国の諸耆宿に無象を推薦したことが『碧山日録』に見られる。[2]それから、建長四年（一二五二）、無象は宋へ渡っている。『無象和尚行状記』には、つぎのように記されている。[3]

建長四年壬子、遥渡海到宋、逕参徑山仏海禅師。即於言下有省、因而嗣法伝衣。此年十九歳。

とあり、無象は杭州徑山の石渓心月[4]に参究し、すぐに省悟した。また、宝祐二年（一二五四）（建長六年）、その時期に大休正念とともに石渓の会下に参する際、時頼の招請状が到着した。「行状記」によれば、「此時平将軍時頼之請簡至。」とあり、[5]このことは、大休正念の語録にも記載している。[6]

径山石渓先師承故大檀那最明寺殿（時頼）遣使問道、同書中画一円相着語云、径山接得江西信、蔵在山中五百年、転送相模賢太守、不煩点破任天然。

また、石渓心月は特に語録の中に記載を加えている。[7]

寄日本国相模将軍

径山収得江西信、蔵在山中五百年、
転送相模賢太守、不煩点破任天然。

時頼は建長寺を創建して蘭渓道隆を開山として、禅法の興隆に努めた。渡来を要請したのである。そして、さらに中国禅院に五山の第一である径山興聖万寿禅寺の第三十六世の住持石渓心月に使者を遣して人材を招請している。北条時頼は大休正念を招聘すべく書簡を書いた。そのとき大休正念は直ちに答応しなかった。加えて、無象は時頼の一族であったので、大休を招請する過程で無象が大きな影響を与えたことは看過できない。文永六年（一二六九）十月九日に至り、大休正念が日本へ渡来した理由は、『元亨釈書』と『大休正念語録』にはまったく記載されていない。しかし、これには無象が関わっていることが推量できる。

さらに、時宗の時代に至り、弘安元年（一二七八）十二月二十三日、無学祖元は中国の渡来僧のなかで最初に幕府から正式な招聘書を受けている。[8]これも無象と間接的な関連があるかもしれない。初期鎌倉の禅林の発展から言えば、無象は大きく貢献していると思われる。

宝祐三年（一二五五＝建長七年）冬、石渓心月は無象の省悟について特に勉励の法語を授けて、つぎのように述べている。[9]

寶祐乙卯自恣日徑山石溪心月書示無象

靜照禪者、過海訪此、未久動容瞬目吐露不凡、因作頌見示。可敬、倘跂歩前哲、不患不與之把手同行也。僧問趙州、一物不將來時如何、州云放下著。僧云一物不將來放下箇什麼。州云散不下、擔取去。僧大悟於言下、且道那裏是這僧悟處、試著意看去、切不必理會得與不得、宜以悟為則。所謂不患不與前哲、把手同行、當立地以待構取、照宜勉之。

乙卯孟冬徑山老比丘心月。

同三年、石渓心月は松源の法衣に無象に授けている。『石渓心月禅師語録』巻下に、つぎのようにある。[10]

御書傳衣菴記

徑山與聖萬壽禪寺住持石溪師心月、松源將亦寂於靈隱。時掩室住雲居、千里而遙。群弟子紛然、拈所傳衣、莫知所付、乃問四衆曰、沒量大漢、為什抬脚不起。又曰、開口不在舌頭上、有語即授衣、南北山禪衲千數、無一契者。乃囑徒弟宗禮曰、留寘吾塔所、三十年後、當有的孫、來住此山、可以付之。迨淳祐丙午、心月自虎丘被、旨繼其席、開堂之日、宗禮慧淵、從衆中出奉衣宣言曰、師翁密有懸記、付囑如是。心月嘆曰、昔二十四祖師子尊者、四世而傳二十有二人。然必以傳衣定正嗣、餘皆傍出。（中略）寶祐三年四月壬午朝散大夫集英殿修撰提舉江州太平興國宮賜

小師　臣僧　正知　立石

「御書伝衣菴記」によると、宝祐三年（一二五五）四月、臨済宗松源派の法脈は、松源崇嶽より掩室善開・石渓心月に至るまで二十四世に渡って伝えられた。伝法は必ず松源の法衣を持っている者を正嗣と定めてきた。ほかは傍嗣という。これから見ると、無象は中国臨済宗松源派の法脈を正式に日本に移植したといえる。また、その文末に「小師・臣僧・正知・立石」と記しており、伝衣するとき、皆に「集英殿」を修撰する公開の儀式を行い、石渓の高足である正知が代表した。さらに、伝衣菴記の一文が石に刻まれている。伝衣は中日禅宗の交流史から見ると大きな意義をそなえている。

宝祐四年（一二五六）三月、無象は石渓心月に許されて辞する。「行状記」にはただ「有頌」であるだけでその内容には言及していない。しかし、「石渓心月語録」には、つぎのように述べられている。[11]

澹泊虚閑未動爻、有何単拆與重交、太平時代合如是、卦子逢人莫乱抛。

石渓はとくに送別の偈頌を書いて贈与している。また、淳祐十二年（一二五二）から、無学の先師無準師範が示寂して再び霊隠寺の石渓心月に参じた際に、無学祖元はとくに「無象」の道号を授けている。『仏光禅師語録』巻二に、[12]

太平不用斯痴頑、鶏犬声中白晝間、
四海只知天子貴、不知天子作何顔。

つづいて、景定元年（一二六〇）、無象は阿育王山の広利禅寺に掛錫して虚堂智愚に参じて知客を担う。景定壬戌（一二六二）年九月五日、無象は天台山に上り石橋に渡って五百阿羅漢に茶湯を供養され、霊洞に梵鐘の響きを感じたが、目覚めると夢の中の境地と現実の景色が同じだった。それから、羅漢の応現することによって二つ頌を作った。石渓心月が示寂した後に、無象は再び大石仏寺の首座寮で大休に会っている。その折、夢の中でみた天台で遊んだ内容を偈頌に書いて多くの尊宿に手渡している。その後両者があったのは石渓心月の会下に参禅してから二十年後のことであった。文永十一年（一二七四）、大休正念は無象の『照公夢遊天台偈』の序跋を書いた。[13]

無象照公夢遊天台偈

唐寶祐甲寅、予在径山石溪先師座下、與無象照公聚首。先師皈寂後、寓越上新昌大石佛首座寮重會。無象出示遊天台石橋、夢登聖域、自述伽陀。諸大老賡韻成什、予不揆亦嘗贅語。別後聞便舸歸國、雲際濤空、音問相絶。豈料咸淳巳巳予泛杯東海、為扶桑之遊、再瞻手度于關東巨福。握手論舊、喜不勝情。未幾無象龍天推轂、瑞世法源、日本文永甲戌夏、忽過予、袖出頌藁一編、乃曰、此昔大唐遊天台之什。予目之、相顧咨嗟曰、此軸廼公青氈舊物、一別又二十年矣。今獲再觀、亦予之復見故人也、捧讀不忍釋手。

このようにみれば、大休正念は無象の法兄であるばかりではなく、二人の仲は友情で緊密に結ばれていたことが推測できる。同四年（一二六三）虚堂は無象に法語を示している。[14]

世路多巇險、無思不研窮、平生見諸老、今日自成翁、認字眼猶疑、駐譚耳尚聾、信天行直道、休問馬牛風、日本照禪者、欲淂數字、徑以述褒贈之、虚堂叟知愚書。

また、景定五年（一二六四）正月十六日、無象は洞庭湖に遊んでいる。「行狀記」に、つぎのように記されている。[15]

雁落洞庭蘆岸秋、楚天雲淡畫圖幽、孤舟游泳波心月、七十二峰一目收。

咸淳元年（一二六五）、無象は虚堂と別れる際に告別の偈頌を作っている。[16]

十載従師幾詬擧、到頭一法不曾伝、
有無句蕩家私盡、万里空帰東海船。

無象の在宋期間は全部で十四年になった。また、帰国の際に虚堂から法語の一文「示日本國心禪人」が贈られている。[17]

佛法至要。初無殊方異域之間。只要。當人負不群氣概。猛著精彩。直下坐斷一切得失是非。信得及把得定。孤巍峭峙不立生涯。靜照無私靈然自得。切不得向無明窠子裡。妄行卜度。纔存聖量。關感不通。更須轉向那邊。如青天怒雷飄風灑雪。自然頭頭出礙。方與至要之妙。冥相脗合。不患行脚大事不辦。不愁生死漏念不脫。逗到無依無欲之地。理事混融。功勳絕待。方可運出自己家珍。賑濟孤陋不孤。遠泛鯨波。參尋知識。今則欲還故都。月朗風高。指日可到。却將從上所得。啟迪大根。使日本國內悉皆成佛無餘。誠不忝也。苟或尚存知見。墮在區宇。更須再過海來。老拳終不妄發。

虚堂は無象を勉励して、帰国した後に仏教を宣揚するようにと述べているのである。
以上、みてきたように在宋中の無象は石渓心月に参じ、大休正念と交流があり、虚堂に参するなど、多くの禅僧に参じて修行したことが知られるのである。

二　無象と禅僧の交流

無学が建長寺に住していた期間に無象は鎌倉を訪ねている。『仏光禅師語録』に、つぎのような記載がある。[18]

無象西堂至上堂。白雲庵裏、太白峰前、有一句子、落在你邊、無學老漢、也是窮曹司。撿舊案、十萬里水面、耍尋此句、上窮碧落、下入黄泉。六七年内、方得見面。見則見了、不可得而説、不可得而言、只得低頭覷地、仰面看天、冤憎會苦、黑蜜黄連。卓拄杖云、無象無象、尚餘骨面堪承掌、不用重施肋下拳。

史料によると、無学と無象との面接の期日ははっきりしない。しかし、『円覚寺文書』には、つぎのようにみえる。[19]

五　関東御教書

建長寺事、為住持、可被興行大法之状、依仰執達如件、

弘安二年八月二十日　相摸守（花押）
（時宗）

無学和尚
（祖元）

弘安二年（一二七九）八月二十日、執権時宗から無学祖元を建長寺住持に請する書状であり、翌日、無学は建長寺への入院の儀式を行っている。加えて、無学が建長寺に住した際の語録の中の上堂法語の配列によると、ほぼ弘安七年（一二八四）の初祖の忌辰（十月五日）から冬至小参（十一月中）の間のことになる。

一方、無象の側からみれば、文永二年（一二六五）、無象は宋より帰国してはじめて鎌倉建長寺に掛錫し、蘭渓道隆の会下に参じて首座になり、冬至・解夏・結夏の秉払を勤めている。後に、法源寺（一二七二）、博多聖福禅寺（一二七七）・鎌倉大慶禅寺（一二七九）に住している。この状況からみると、無象はほぼ大慶禅寺に住する期間に無学と会うことができたと推測できる。さらに『仏光語録』に「六七年内得見面」とあることから考えれば、弘安七年に無学と出会ったに違いない。

また、弘安七年(一二八四)十二月、無学は円覚寺の兼任住持を辞めて建長寺の専任住持を担う。その時期無象の書簡が到着し、無学は返書を書いている。つぎのようである。[20]

答無象和尚書

某、拜覆無象尊契西堂尊機、某、半月不問動靜、此心日切凝睇、正此坐馳、忽拜惠書、且知為況、以道自牧、超然世表、日與萬象說法、老懷不勝欣喜、甚慰所懷、某、自退圓覺、得一月之安、深為得計、吾無象、反為吾憂耶、是非知我者、流行坎止、當任前緣、不可加一毫力也、千萬勿多深慮、吾無象、且自安心、未不言動靜也、風波正作、靜心待之、世良田日有書、亦囑其相招之意矣、幸且寬處、別無他禱、不宣。

無象が半月間消息を絶ち、それを無学は心配していたが、無象から書簡が届き安心したと述べている。両者の友情は深く、さらに、『無象和尚語録』には、つぎのようにある。[21]

弘安丙戌春暮、學翁偕與禪衲、優游青巒幽邃之中、攀登華嚴塔所、賞觀積翠間、遺數點之花、余在其列、輙成樵語一絶、以感勝践之興、學翁喜、續拙韵、諸友各以其和、貽後世之奇絶矣、夫一詠一吟、高妙簡古、有出格之風者也、予誦色空三昧之句、似覩連城之璧也、嗚呼、前哲既逝、後生無聞、此語不忘、所冀為有心者。

弘安九年(一二八六)春、無象と無学と禅僧らが一緒に青山に遊び、華厳塔に登って詩歌を吟詠している。無学の晩年のことであり、この年の九月三日に無学は示寂している。『仏光禅師語録』にもこの時に詠まれた偈頌が収録されている。つぎのようにある。[22]

和無象春日遊上塔韵

年々春事去何窮、万線林中一樹紅、
示汝色空三昧了、更須踢倒面前峯。

無学和尚の法語に跋文を書いたのも無象であった。つぎのようにある。[23]

跋無學和尚法語

圓照祖師、單提向上、無一法與人湊泊、故其下而出者、皆穎脱之宗匠也、無學老、在諸英中、稱巨擘也、几片言隻字、得之者、如獲連城之璧也、道之感人、鏘然如此、義公、枯志勤労、執侍老翁、積有年矣、因省親里、告別之期、得其提抜之妙偈、以為至寶、可謂一言之誨益、千載之佳聲也、一日袖出其章、請予跋其卷末、予不得已、而指出學翁遺下酖毒之處、得而玩者、切宜隄防。

その跋文には無学の説法の優れている様子などをさかんに褒める言辞が随所に見出される。また、『無象和尚語録』には、つぎのように述べられている。[24]

讃無學和尚

道震兩朝、法超偏見、一句全提、星移電卷、劈胸拳下破重關、妙用機輪轆轆轉、無象箸首讃揚、大似虚空畫面。

無象が無学を讃した偈頌である。無学の禅道は中日「両朝」を「震」わすほど素晴しく、またその境地と説法をほめ、無象には褒めきれないほどであるという。また、無学は示寂の前年、巨福山建長寺に住している時、すなわち弘安八年(一二八五)五月十八日に、嗣法の法衣を無象に送った。つぎのようである。[25]

弘安八年乙酉五月十八日、佛光禪師在福山、以法衣送師、有頌云、南岳峰頭話別時、唯憂此道日衰微、不辭萬里風波惡、痛惜千年糞掃衣、覓繇兩將怜我光、迢迢屢劫會君稀、長老長老、祖翁一髮千鈞寄、為覓繇身上樹機。

弘安八年五月十八日、無學野人書付無象照長老、押字、

法衣を送った際に無学の頌には、仏道の衰微を憂えて、自らの法衣を優れた禅僧である無象に送ると述べている。

ちなみに、「行状記」には、つぎのようにあり、伝衣の偈は後に天竜寺三会院に収められていることがわかる。[26]

正安元年己亥五月、在大慶寺、受淨智請、師便拒辭、鈞選惟嚴、且又御書荐臻、要令興隆佛法、強煩視篆、師不獲已以往淨智、使其淨智昇五山之列者、傳衣二偈、收在于天龍三會院、後來絕海和尚書此二偈、紙末云、佛光老人托衣于無象禪師、贈之潮音院、院贈佛國老師、師授夢窓國師云云。

さて、この無学からの法衣を譲る旨の書状に対してを無象は返書を送っている。つぎのようである。[27]

師答書曰、伏辱惠手書、且諭以於和尚滅後法屬之中有上樹繇身者、為我勘驗焉、真正則可傳此衣、乃為説偈、以法衣一領寄予、予豈負重命、漫以偈抒謹諾之懷云云、學翁托寄箇牛皮、面熱汗流且受之、今古大湯消息在、浮山不負鶻來時、靜照拜覆、福山無學和尚大禪師。

無象はこのように書いて、無学が死んだ後も、無象がその禅法を引き継ぎ、また、この法衣を次の世代に伝えることを約している。以上のように、無象は無学と深く親交を結び、彼の法衣を継承されるほどであった。無象が親交をもったのは無学のみではない。

正嘉元年（一二五七）四月に、在宋期間に無象は円爾に道理の書を差し上げた。「無象が円爾にお会いして以来、月日は矢のように過ぎて四年たちました。円爾に仏法を教えいただいたことが懐かしくて、思いのままを書き記しました。どうぞお許しくださいませ」[28]という象書であった。宝祐四年（一二五六）三月、石渓心月と別れ、翌年、無象は阿育王山に住んでいるとき、円爾から仏教教理を教えられたことを思い出す。このようにみると、無象は円爾に尊敬の念を抱いていたことが明らかである。

弘長三年（一二六三）十一月の初めから時頼は大病になり、二十二日に至り、遂に、三十七歳を一期の生命として卒去した。その間に時頼は五穀を断って誠心誠意に祈祷した。[29]臨終の様子が『吾妻鏡』に記載されている。[30]袈裟を着し、端然として縄床に安座して、偈頌を唱えた。

業鏡高懸、三十七年、一槌打砕、大道坦然。

弘長三年十一月二二日　道崇珍重云々

時頼が死亡した際、無象は虚堂の会下に参禅していた。後に帰国して追悼文を作成している。[31]

悼最明寺殿頌引

法道凋凌之際、蚯蚓亂鳴之秋、獨運慈心、左扶右敵、惟崇公而已。公今一旦蟬脱蛻委、奈何此道墜地無幾。豈曰無人、稲麻竹葦、若等無恙、返令公死、嗚呼。公在世時、潁悟幻境、不樂出仕、宰官之身、願作法王之子。一似象踏江河、徹其源底而行、建大精藍、請宋尊宿、揮戈以返墜天之日、吹律以回寒谷之春、時乎。德行日域、名馳宋朝、為我瓜葛之幸、里閭之光、非公是誰耶。野衲無象、遠遊異郷、今踰一紀矣。毎思清容、何日淡對、以傾寸懷、去載舶便、忽承訃音、痛心疾首，使人如癡、凝望海東、呑聲墮涙、但遺深恨而已。今因重帰、忍弔靈跡、率攄蕪辞、聊表哀傷之私耳。

「遠遊異郷、今踰一紀矣。」と記載され、この追悼文は無象の入宋から十二年以降のものであることがわかる。北条時頼の臨終は坐脱立亡の瑞相があったとされ、恰も高僧の示寂のようであったとされている。無象は、大規模な伽藍を創建して宋朝の尊宿を招請したことが南宋に伝わって名を馳せているとし、「我瓜葛之幸」とあって、そのような時頼は北条一門として自分と同族であることを誇りに思っていることを述べている。

弘安二年(一二七八)七月、無象は博多聖福禅寺に住していた際、蘭渓道隆の訃報が至り、つぎのように述べている。[32]

蘭渓和尚訃音至上堂、松源的傳孫、無明破家兒、來占福山頂、斬新立雄基、故我建長第一世開山和尚蘭溪大禪師、窮徹萬法之根源、敲出千聖之骨髓、三十餘年弄精魂、謾把金貂續狗尾、頂門正眼自獨瞎、和麩糶麵起宗旨、時節忽來緣化窮、打翻筋斗動天地、動天地、法梁折、優曇香盡落秋風、淚雨空淋恨不竭。

無象は在宋期間に蘭渓と同じ松源派で学んだ。加えて、蘭渓は仁治四年(一二四六)六月に日本に渡来し、弘安元年(一二七八)七月二十四日に寂するまで凡そ三十三年にわたって教化活動に専念してきた。この間に初期鎌倉の禅宗の基礎を築いたことは言うまでもない。日本の禅宗で、はじめて純粋禅を主張したのは蘭渓道隆であった。無象がどれほど蘭渓道隆の死を悼んでいたかが理解できる。

『仏海禅師行状記』によると、「正安元年己亥五月、在大慶寺。受浄智請(下略)」。[33]正安元年(一二九九)五月、無象は大慶寺の住持となっており、執権北条貞時が無象に浄智寺への入寺を招請しているが、この時に同寺が五山に列せられていることが知られる。中世禅林に本格的な官寺制度が導入されたことになる。よりはやい成立の鎌倉の建長寺・円覚寺などが五山に列せられていたか否か明確な史料を欠くが、[34]五山に列せられていたとみるのが妥当な考え方であろう。

無象が相州高峯法源寺に住持していた時に比叡山の衆徒が禅宗の興隆に嫉妬し、書を捧げて国家に訴えた。蘭渓道隆は甲州に寄り、陸奥松島に居した。無象は蘭渓に随伴したばかりではなく、禅宗の危機を歎いて、様々な経・論を博引旁証して禅宗は最上乗の仏教を示すものであることを論述した。これを『興禅記』[35]と名付けて朝廷に奉った。つぎのように述べている。[36]

文永九年壬申九月三日、應衆請以住相陽之胡桃谷法源寺矣、時比叡山徒衆厭惡我宗盛、而捧書訴之闕、於是大覺禪師寄跡於甲州、或居奥之松島、師隨之作伴、偏嘆我宗欲廢、仍作書一篇以奉之朝、命曰興禪記。

文永九年(一二七二)九月三日、無象が法源寺に住持していた期間に禅宗と天台との軋轢が起こった。無象に関する根本史料は僅か「浄智第四世法海禅師無象和尚行状記」と『碧山日録』の二つである。前者は「大慶法孫西隠叟善金」が撰写したもので、『続群書類従』第九輯(下)、伝部に第二百二十八に収載されている。また、同様のことが『碧山日録』の長録三年八月三十日条に収載されている。[37]

台徒相識、欲毀吾禅道、師作興禅記以示之。

二つの史料によっても、『興禅記』の成立の年代ははっきりしない。さらに、『元亨釈書』巻六には、[38]

従属中有流諸言者、因此為甲州之行。(中略) 弘安元年孟夏、帰于福山。

と見える。蘭渓は流言によって建長寺から甲斐に流謫されている。弘安元年(一二七八)孟夏に至り、福山に戻った。このことと前掲の二点の資料を参照すると、無象は蘭渓と共に甲州へ行ったことが確認できる。[39]

『興禅記』によると、冒頭に禅の定義をしており、「悟之名慧。修之名定。定慧通名為禅。」という。禅の本源は衆生の本覚真性であり、これを証すると慧と名付け、これを修すると定というとし、「定と慧」に通達するを禅と名付ける。世間の一切徳行が皆禅定から出ているので聖道を求めるものは必ず禅を修める。さらに、禅の種類は五つに分けられているとし、つぎのように説明する。[40]

禅有多種、謂帯異計、欣上厭下而修者、是外道禅。正信因果、亦以欣厭而修者、是凡夫禅。悟我空、見処偏真而修者、是小乗禅。悟人法二空、所顕真理而修者、大乗禅。若頓悟自心本来清浄、元無煩悩、無漏智性、本自具足、此心即佛、霊明湛寂、広大融通、畢竟無異、無為無住、無修無証、無塵可染、無垢可磨、為一切法門宗源者、是最上乗禅、又名如来清浄禅。

無象は禅の種類を外道禅・凡夫禅・小乗禅・大乗禅・如来清浄禅（最上乗禅）に分けている。その中でただ最上乗禅が一切法門の宗源として強調されている。さらに、圭峰宗密（七八〇〜八四一）[41]の『禅源諸詮集都序』（上）を引用して禅の根源の道理を解明した。圭峰は禅においては荷沢宗に属し、道円に法を嗣いでいるが、同時に華厳宗では、澄観の後を承けて第五祖となっており、教禅を兼ねた人物である。当時の教家と禅家との間における対立を避けるすなわち、『興禅記』の冒頭で特別に圭峰の主張を引用しているが、その目的は明らかに天台と禅宗の調和をはかるためと考えられる。

五種に分けられた最上乗の禅は如来清浄禅と呼ばれている。『禅源諸詮集都序』（上）に、つぎのようにある。

最上乗禅、亦名如来清浄禅。亦名一行三昧、亦名真如三昧。此是一切三昧根本、若能念念修習、自然漸得百千三昧、達磨門下展転相伝者、是此禅也。

中国と日本の禅を他の禅とを区別して、如来禅または祖師禅という。如来から直接に伝わった正伝の禅の意味である。如来禅は「一行三昧」とも「真如三昧」とも称する。一切三昧が根本であり、達磨門下が伝えているのもこの如来禅である。はじめに、無象は自からの宗門は最上乗、如来禅の位置であると定めて五種の中で最上乗の禅であるとしたのである。さらに、経典を引用して説明している。

経云、道従禅智近泥洹、豈非謂禅為経律論三学者之所宗乎、八万四千法門、莫不以此密伝極為之真要、所以道、三世諸仏之所証、蓋証此也。

禅の学者は経・律・論の三つを必ず学び、さらに、八万四千の法門をもって禅法を伝えて涅槃を証するのであるとする。経教の弊害について、『興禅記』はつぎのように記している。[42]

大論曰、言似言及、而其旨幽邃、尋之雖深、而失之逾遠、其此謂也、

愣伽經序云、學佛之敝、至於溺經文惑句義、而人不體玄、則言禪以救之、其理窮則能變、變則能通、善其變通者、其始發於吾之正宗焉、

經曰、修多羅教、如摽（標）月指、若復見月、了知所摽（標）、畢竟非月、是豈使人執其教理耶、證入禪門、則知一切教門、如摽（標）月指也、

経典文字はすべて月を見せるための指であり、門を開くために敲く瓦である。同様に、もし経典に執着すれば悟りを開くことができない。文字に執着すれば禅の奥義は分からない。実際に、ダルマは中国に来て一法も人に教えなかった。本来、人々は仏性をそなえ、個々円成しているのであってすでに禅門の空の境地が表れているのであるとする。このようにみると、無象は宗風について南宋の純粋禅を挙げ、それはただ「以心伝心、最上乗禅」であり、天下の宗門はこれを超えないというものであった。無象の禅風が端的に表現されているといえる。

また、無象は仏法を尊崇する態度を、『興禅記』の中で、つぎのように述べている。[43]

一切重罪、皆可懺悔、謗佛法罪、不可懺悔。誠哉是言、謗佛法者、是自昧其心、自招其罪決矣。古聖云、聞而

不信、尚結佛種之因。學而未成、猶益人天之福、不聞乎。廢毀佛者、禍不旋踵、罪萃其身、惜乎昧而不能學、謗而招其罪、永斷佛種。

仏法を聞いて信じられなくとも、仏種と因縁を結ぶことができる。仏法を学ぶということが成就できなくとも、人天の福は存在する。しかし、仏法を誹謗すれば、自身は罪悪を招くばかりではなく、おそらく、永遠に仏種を断ずることになる。仏法を誹謗するものはその罪を懺悔できないとする。さらに、破戒比丘の例を取り上げてつぎのように述べている。[44]

破戒比丘、雖犯禁戒、其戒勢力猶能利益無量天人、譬如燒香、香体雖壞、熏佗令香、破戒比丘、亦復如是、自墮惡道、能令衆生增長善根、以是因緣、一切白衣、皆當守護尊重供養。

破戒比丘が戒を犯すといえども戒の力は衆生の善根を増長させる。線香は燃え尽きてもその香りはそのまま保たれるのである。在俗の修行者は破戒の比丘に対しても同様に尊敬と供養をするべきであることとしている。無象の仏法を尊崇する態度がよく理解できるのである。

天台宗と禅宗の間の軋轢は激しくなり、文永五年（一二六八）夏、東巖慧安と静成法印が対立し、さらに天台の徒衆が正伝寺を襲いを破毀した。[45]間もなくして、同九年（一二七二）、また、禅宗と天台宗の間に一つの事件が起きた。天台の徒衆が朝廷に禅宗を破毀するように訴えると無象は、書簡にて返答した。つぎのようにみえる。[46]

吾佛正法、源源相繼、流於此國、忝預佛之徒、今以其法欲有所云為、豈不賴王臣檀那之主張乎、然今時敗群邪輩、假如來衣、寄名禪門、披師子皮、作野干鳴、内無真證、外馳邪思、縱振姧巧、誑惑世間、舉諸醜惡、以裨販佛祖所守、如塵俗之匹夫、略無羞恥、便有瞎禿子引衆盲、執盲惑者、爭人爭我、譬如蒼蠅聞臭肉、聚頭鬬喫相似、吾宗凋喪、皆緣此得也、少林苗種、豈不嗟傷乎。

如貴書云、禪侶中、或乖戒律、好名利、不顧國家之費、課威儀法則致華美、過差之族、甚非耍樞乎、所擧過惡、皆在不律之邪輩歟、九濫如來之法服、而犯如來之重戒者、制之國家有刑憲、律之叢林有規矩、能依禪律之法式、罸一戒百、則信者遷善消罪、真者悟心証聖、釋氏之徒、豈不念佛祖之慈、亦不恥自身之惡哉、真正禪流、以定為身、以慧為心、以慈為本、忘己救佗、不營世家、不修形骸、止三衣一鉢、一粥一飯、補破遮寒之外、而所費寡矣、視聲色似浮塵、視名利如谷響、守佛祖法式、求無上道者、豈取幻世之華美為志哉、噫、一向掃邪為本、返加毀乎正耶。

まず、無象は正法と邪法を区別している。当時の邪道は如来の法を借り、禅門の名を付けて利用しているとその弊害を取り上げている。しかし、無象の『興禅記』の内容には、天台宗に対する攻撃弁駁らしい文句は少しも認められない。禅宗だけが仏陀の嫡伝である一切法門の宗源であり、真正の禅流は定を以って身とし、慧を以って心とし、慈を以って本とし、仏祖の法を守って無上道を求めるものであるとし、さらに、敵・味方の区別なく、一切衆生を救済するために「怨親平等」をもって絶対平等の慈悲心で接するものであるという基本理念があったからである。[47]

禅僧が戒律に背き、名利を好み、国家の経費を顧みず、如来の法服を濫にしているときは、これを制するに国家に刑憲あり、これを律するに叢林に規矩がある。禅律の法式によって一を罰して百を戒めるとし、さらに、無象は禅宗と国家の相互の関係について、詳しく説明する。つぎのように記している。[48]

王群臣、或建寺宇、或置田園、不忘如來付囑、使其真正釋子。安心行道、隨方設化、則諸天善神、乘誓願力、來護其國、依其冥助、王臣消災為福、士庶變凶為吉、信是除群惡之神符、聚千祥之祖宗矣。此法不興、則諸天不守其國。諸天不守其國、則諸難競起、上下不安也。誠所謂國家之盛衰、在佛法之興亡者歟。然法由人興、道待縁顯。

有法無僧寶、雖存其名、而其法莫傳。有道無檀資、雖立其志、而其道難興。聞佛經曰、昔世尊、在於靈山會上、告諸大弟子曰、我滅度後、清淨正法、悉以付囑國王大臣有力檀那、能致外護、能為興持、令正法之化、益及未來世、莫令斷絕。由此言、佛教損益弛張、在國王大臣有力檀那之慈明矣。

無象はとくに仏法と王法の両者の相互依存の関係を解明している。仏法の興隆がなければ、災難が起こりやすく、諸天子は国家を治められない。国家の盛衰と仏法とは緊密な関係にある。また、仏法は人によって宣揚するが、仏道は縁を待って顕れる。法あれども僧宝なく、禅僧なければ禅宗の名義が存るばかりで禅法は伝えられない。同様に仏道あれども庇護の檀家が得られない場合は、その志を立てても仏道の興隆は難しいとする。無象は仏法と王法が非常に密接な関係にあることを主張している。[49]中国仏教の歴史に見られるように、国家権力による廃仏の例もある。したがって、無象は王法と仏法の関係を正常化する必要性を痛感していたに相違ない。

王法と仏法の関連性が強いのが中世の特色の一つである。[50]たとえば、栄西の『興禅護国論』（一一九八）や『日本仏法中興願文』（一二〇四）の中では「王法は仏法の主なり、仏法は王法の至法である」[51]といい、これらは基本的に護国の思想がそなわる代表的な日本仏教史上画期的な著作であったが、室町時代に至り、このような「鎮護国家」の思想は無象が主張し、夢窓に受け継ぐ形に変わっていったのである。[52]

結びにかえて

無象靜照の宗風と中世禅林における位置に関しては、『伝衣菴記』の一文が石に刻まれていることから見て、無象静照は中国臨済宗・松源派石渓心月の法脈を日本に移植した人物であったという結果になる。伝衣は中日禅宗の交流史から言えば大きな意義をもつものであった。「我瓜葛之幸」とあり、無象は自身が北条氏の一員であることを非常に誇りに感じていた。時頼の時代に大休正念が渡来し、時宗の時代に至り、中国の渡来僧の中で最初に幕府から正式な招聘書を受けて無学祖元が渡来した。このことは無象とどのような関連があるのか推測できた。初期鎌倉の禅林の発展に対して、無象は大きく貢献していると思われる。

無学が建長寺に住した期間に無象は鎌倉を訪ねている。その期日について考察してみた。『仏光禅師語録』の上堂法語の配列によると、ほぼ弘安七年（一二八四）、初祖の忌辰（十月五日）から冬至小参（十一月中）の間のことになる。一方、無象の側からみれば、ほぼ大慶禅寺に住する期間に無学と会うことができたと推測できる。さらに『仏光語録』に「六七年内得見面」とあることから考えれば、弘安七年に無学と出会ったに相違いない。

無象は禅宗と国家の相互の関係について、『興禅記』を作って解明している。その冒頭で特別に圭峰の主張を引用しているが、その目的は明らかに天台と禅宗を調和はかることと考えられる。仏法の興隆がなければ、災難が起こりやすく、諸天子は国家を治められない。無象は仏法と王法の両者の相互依存の関係があると主張しているのである。国家の盛衰と仏法とは緊密な関係である。無象は王法と仏法の関係の正常化の必要性を痛感していたに相違ない。本稿では以上の点を明らかにした。

1 『碧山日録』（臨川書店、一九八二年）長禄三年八月三十条。

2 『碧山日録』（臨川書店、一九八二年）長禄三年八月三十条。

3 『仏海禅師行状記』（『続群書類従』第九輯（下）、続群書類従完成会、一九八一年）三六七頁。

4 石渓心月は臨済宗楊岐派松源派。俗姓は王氏、四川省眉山の人物である。出家して掩室善開に参じて印可をうけてその法嗣となった。のち建康府（江蘇省）虎丘山雲巌禅寺、臨安府（浙江省）霊隠寺、径山万寿寺などの中国五山禅林を歴住した。（『石渓心月語録』を参照する）。

5 『仏海禅師行状記』（『続群書類従』第九輯（下）、続群書類従完成会、一九八一年）三六七頁。

6 『念大休禅師語録』（『大日本仏教全書』第四八巻・禅宗部全）一七一頁。

7 『石渓心月語録』（『大日本続蔵経』一二三冊・一二七頁）。

8 『仏光禅師語録』（大正新脩大蔵経　八十冊）一四六頁。

9 『石渓心月語録』（『大日本続蔵経』一二三冊・一三九頁）。

10 『石渓心月語録』（『大日本続蔵経』一二三冊・一四〇頁）。

11 『石渓心月語録』（『大日本続蔵経』一二三冊・六三頁）。

12 『仏光禅師語録』（大正新脩大蔵経　八十冊）一四五頁中。

13 玉村竹二『五山文学新集』第六巻（東京大学出版会、一九九一年）六三九頁。

14 その自筆が現存残っており、国宝に指定され、東京国立博物館に保存している。

15 『仏海禅師行状記』（『続群書類従』第九輯（下）、続群書類従完成会、一九八一年）三六七頁。

16 『仏海禅師行状記』（『続群書類従』第九輯(下)、続群書類従完成会、一九八一年）三六七頁。
17 『虚堂和尚語録』（大正新脩大蔵経　四七冊・一〇一二頁下）。
18 『仏光禅師語録』（大正新脩大蔵経　八十冊）一六〇頁中。
19 『円覚寺文書』弘安二年八月二十日条。（『鎌倉市史』二七頁　）
20 『仏光禅師語録』（大正新脩大蔵経　八十冊）二三〇頁中。
21 『無象和尚語録』（『五山文学新集』第六巻、東京大学出版会、一九九一年）五八三頁。
22 『仏光禅師語録』（大正新脩大蔵経　八十冊）二二五頁上。
23 『無象和尚語録』（『五山文学新集』第六巻、東京大学出版会、一九九一年）五八三頁。
24 『無象和尚語録』（『五山文学新集』第六巻、東京大学出版会、一九九一年）五九二頁。
25 『仏海禅師行状記』（『続群書類従』第九輯(下)、続群書類従完成会、一九八一年）三六八頁。
26 『仏海禅師行状記』（『続群書類従』第九輯(下)、続群書類従完成会、一九八一年）三六八頁。
27 『仏海禅師行状記』（『続群書類従』第九輯(下)、続群書類従完成会、一九八一年）三六八頁。
28 『聖一国師年譜』（『大日本仏教全書』第九五巻）正嘉元年四月条。
29 『吾妻鏡』弘長三年十一月八日条。
30 『吾妻鏡』弘長三年十一月二二日条。
31 『無象和尚語録』（『五山文学新集』第六巻、東京大学出版会、一九九一年）五八四頁。
32 『無象和尚語録』（『五山文学新集』第六巻、東京大学出版会、一九九一年）五三三頁。
33 『仏海禅師行状記』（『続群書類従』第九輯(下)、続群書類従完成会、一九八一年）三六八頁。
34 今枝愛真『中世禅宗史の研究』（東京大学出版社、一九七〇年）一四八頁。

35 辻善之助「鎌倉時代に於ける禅宗と他宗の軋轢」(『日本仏教史研究』第一巻、岩波書店、一九八三年)二三六頁。『興禅記』は現に東京帝国大学図書館にその古版本一部を蔵している。この書は足利末季の版であって、十行十八字づめ、十七枚である。
36 『仏海禅師行状記』(『続群書類従』第九輯(下)、続群書類従完成会、一九八一年)三六八頁。
37 『碧山日録』長録三年八月三十日条。
38 『元亨釈書』巻六(『大日本仏教全書』第六二巻・史伝部)一〇〇頁中。
39 今枝愛真「『興禅護国論』『日本仏法中興願文』『興禅記』考」(『史学雑誌』九四〜八、一九八五年八月)。の三書が近世の偽書を指摘される。
40 『興禅記』(『五山文学新集』第六巻、東京大学出版会、一九九一年)六二五頁。
41 圭峰宗密は華厳宗五祖である。果州(四川省)西允の人物である。幼より儒学を修め、また、仏教を学ぶ。元和三年(八八〇)道円より具足戒を受け、その勧めにより、浄衆寺神会の弟子荊南張に謁える。のち澄観に参じて華厳教学を修める。教禅一致の思想を主張する。新版『禅学大辞典』(大修館書店、一九九六年)参照する。
42 『興禅記』(『五山文学新集』第六巻、東京大学出版会、一九九一年)六二八頁。
43 同前掲註、六三〇頁。
44 同前掲註、六三二頁。
45 『本朝高僧伝』及び『延宝伝燈録』にもしるしてある。
46 『興禅記』(『五山文学新集』第六巻、東京大学出版会、一九九一年)六三一頁。
47 辻善之助「鎌倉時代に於ける禅宗と他宗の軋轢」(『日本仏教史研究』第一巻、岩波書店、一九八三年)二三六頁。
48 『興禅記』(『五山文学新集』第六巻、東京大学出版会、一九九一年)六三一頁。

49　黒田俊雄『王法と仏法』（法蔵館、二〇〇一年）二二頁。
仏教のはじめ、釈迦の成道が一切の世俗的権利を離れたところでなされことは、いうまでもない。しかし、印度では、原始仏教から大乗仏教の開展期までの数百年間に、政治権力ないし国家についての態度というものがいつも示されていたし、むしろ理想的な国家の姿が繰り返し説かれたのであった。ところが、この仏教が中国へ伝えられると、著しく様相が変わった。南北朝からおのおの宗派が中国的特色を発揮しながら栄えた。

50　玉懸博之『日本中世思想史研究』（ぺりかん社、一九九八年）二三二頁。

51　『大日本仏教全書』一二五冊・三七二頁。

52　西山美香『武家政権と禅宗』（笠間書院、二〇〇四年）九〇頁。

第七章　無本覚心の宗風とその特質

はじめに

無本覚心（一二〇七～一二九八）は臨済宗法燈派の派祖である。俗姓恒氏、承元元年（一二〇七）に生まれた。信濃（長野県）「近部県」（一説に神林県）の出身である。彼は入宋して中国の禅法を継承して帰国した。

無本覚心についての先行の研究は、中尾良信「無本覚心行実の問題点」[1]、「無本覚心について」[2]がある。これらは、無本覚心の東大寺における登壇受戒の年齢と行勇会下での参学について検討している。原田正俊「『法燈行状』の構成と書写の過程について」は[3]禅宗の地域展開と神祇の関係について指摘している。五来重「一遍上人と法燈国師」[4]、「融通念仏・大念仏・および六斎念仏」[5]は、一遍上人と法燈国師の念仏について述べている。今井雅晴「法燈伝説考」[6]は法燈の念仏について論述した。

これらの研究を踏まえて本論では、法燈の禅風における密教的色彩、念仏の関係、神祇信仰とのかかわりについて考察する。また、『法語』の分析により無本覚心の思想の特質を明らかにする。

第一節　密教禅について

嘉禎元年（一二三五）、無本覚心は東大寺において登壇して受戒した。[7]『法燈円明国師行実年譜』には、無本覚心が具足戒を受けた年齢には二説あることが示されている。すなわち、一つには、嘉禎元年（一二三五）十月二十日、信州近部県神宮寺で童行無本覚心が二十九歳で戒壇院において登壇受戒したという説である。二つには、登壇受戒の年次を「乙酉嘉禎元秋。師歳十九剃髪」とする説である。『年譜』前者は「師平生随身之本」という書物によるとし、後者は「慈願上人所草録・師之縁起」という書物によるとするのである。[8]

その後、無本覚心は高野山金剛三昧院の退耕行勇（一一六三〜一二四一）に師事し、また、高野山において伝法院覚仏、正智院道範、和州三輪の蓮道から密教の秘奥を学んだのである。無本覚心が行勇の会下に参学したことは、つぎのように述べられている。[9]

　已亥（中略）又延応改元、行勇禅師遷住相州亀谷山寿福禅寺。参随。庚子延応二年七月十六日。仁治改元。師三十四歳承勇命。帰堂司掌綱維於寿福。

同様のことは『高野春秋編年輯録』にも記されている。[10]

　延応元年已亥年（中略）。三月　日。行勇禅師将無本覚心上座。自金剛三昧院還住鎌倉亀谷山寿福寺。是依北条氏（泰時）之悃請也。

延応元年（一二三九）北条泰時に招聘された行勇は金剛三昧院から鎌倉寿福寺に住山した。その時、無本覚心は師行勇とともに随侍して赴いた。これらの史料からみれば、延応二年（一二四〇）七月十六日、師行勇の命によって寿福寺の鋼維を担った。永徳二年（一三八二）、紀伊国由良庄の鷲峰山西方寺の住持であった聖薫の手になる『鷲峰開山法燈円明国師年譜』（以下『年譜』と略称する）によると、ただ二箇所に行勇との関係がみえる。一つは、前述のように寿福寺へ随待したことである。もう一つは、「高野山学密宗。従行勇受衣鉢」と記載されていることである。行勇より高野山において密宗を学び、行勇の衣鉢を受けたことが知られるのである。[11]すなわち、覚心の密教は、高野山の行勇からのものであったのである。しかし、このようなことは『由良開山法燈国師法語』には掲載されていない。

無本覚心は様々な行事の中でも濃厚な密教的色彩を帯びていることを見せている。「粉河誓度院条々規式」(正応五年四月五日条)の第六条に、つぎのようにみえる。[12]

朝

九条錫杖一反、光明真言十一反、佛眼愛染王・五大尊・薬師真言各三反、尊勝陀羅尼・消災呪・八句陀羅尼・大金剛輪真言・心経各一反、

日中

金剛般若経半巻、宝篋印陀羅尼・佛眼愛染王・五大尊・薬師真言・消災呪・八句陀羅尼・大金剛輪真言・心経各一反、

夕

佛眼愛染王・五大尊・薬師真言各三反、大悲呪・消災呪・八句陀羅尼・大金剛輪真言・心経各一反、

正応五年(一二九二)四月五日、無本覚心は」示寂の一年前に「粉河誓度院条々規式」を定めた。[13]その第六条にはとくに一日の「三時勤行」で修すべきことが強調されている。事実、「三時勤行」の例は早くも円爾に始まり「東福寺の条々」にもみられる。しかし、このような朝、日中、夕の三時勤行の中で、必ず仏眼愛染王、五大尊、薬師真言、消災咒、八句陀羅尼、大金剛輪真言、心経など真言宗の経典を誦えるのはただ無本覚心のみであ

る。[14]

また、第八条には、つぎのようにある。

可修真言行法事、千手不動愛染之行法常可修之云云。

明らかに、無本覚心は興国寺の禅僧に真言宗修法を教えており、さらに「千手、不動、愛染」の三種の真言の修法をもつねに修すべきであるとしている。「三時勤行」というのは、中世禅林では蒙古襲来時に、国家の平和のために祈祷するために行われることになった。叢林における東福寺、建長寺、円覚寺などに三時勤行の例が存している。しかし、このような勤行中の教典ほとんど全てに密教の咒語を唱えるべき旨を定めていることは、ほかの禅僧には見られない。

実際、無本覚心の密教的活動は、弘長四年（一二六四）からみられる。つぎのようである。[15]

從正月初一日。點定十五箇日。修愛染井五大尊法。以祈山門肅清。蓋俯順外儀。禀願性檀命也。感應時至。妖魔吐識。約作擁護。示消災法。四月八日申時。師舊識聖達禪人亡魂。託行者了智云。去正月約諾不變。蒙懇誠追薦。增進正路。今夜戌時。將託生都率宮。時來謝而已。

依神託如信州。覲省母堂。遷歸由良。旅程脫緇衣。著素直裰。扈從母堂後。蓋中心致孝。外儀避嫌也。遂相接詣熊野聖廟。歸程就由良修禪尼寺為師姑。名妙智。正月廿七日。願性方寺五箇條規式。造寺緣起等。

無本覚心は檀越願性の命をうけ、正月一日から十五日まで山門の清浄のために「愛染之行法」と「五大尊法」とともに密教の儀式を行っている。また、追善の法要を行い妖魔を鎮め救済しているのである。聖達禅人は無本覚心の旧知であり、弘長一年（一二六一）正月、無本覚心は旧知との約束によってその冥福を祈るために追善供養の法要を行った。弘長四年（一二六四）四月八日申時、兜率天宮に転生したので、聖達禅人は感謝したという。

さらに、これらの例のみではなく、無本覚心の『年譜』によると、神人化度の事跡が繰り返し現れている。以下に、その例をあげておこう。[16]

文応二年二月二日、

師未至日。鷲有妖魔。従者三百有餘。作多色伎倆。人以為懼。師至後。授三歸五戒制伏。稍而寧息。

安貞元年（一二二七）葛山五郎景倫（藤原願性）が後鳥羽院と源実朝の菩提のために西方寺を建立した。正嘉二年（一二五八）、無本覚心を請じて開山して興国寺と改めている。興国寺は山号鷲峰山といい、紀伊（和歌山県）日高郡由良町門前にある。文応二年（一二六一）二月二日、無本覚心は先ず悪魔らを仏、法、僧の三宝に帰依させ、また、不殺生戒、不偸盗戒、不邪淫戒、不妄語戒、不飲酒戒など五戒を守るべきことを説き悪魔を降伏させている。この悪魔を屈服させたのは法燈が興国寺に住山した四年後のことである。このことは『法燈の縁起』には、つぎのように記している。[17]

師未到日。鷲峰有妖鬼。従者三百有餘。作多般伎倆。令人怖。師至後。授三歸五戒。妖邪自然息彼妖鬼者、人王八十二代後鳥羽院、崩御之後、堕魔道也。後鳥羽院之皇后者、修明門院也。然由良庄領家方、之女御領也。

ここでは、妖魔は亡くなって後に悪道に堕ちた第八十二代の後鳥羽院のことであるとされる。また、無本覚心はある日禅定の中で神と感応し、つぎのように述べている。[18]

一日定中。見有異人威光。忿怒告曰。請和尚觀吾變相。言及再四。覺後稍忘。侍僧報云。進寺後。必詣護國寺燒香。為住持条例。余忻然即往殿裏。觀音大士龕前炷拜。上地堂壇上堆如盛。未分曉物色。就看愛染明王像。手臂零碎。面顔僅全。儼然如定中見。仍憶念則知神驗。舁而歸丈室。偏㡯安之。丞命上修補。午餉半時。

工來直告云。有一件。請急詳不可使兒輩知。余吐哺往看。工云。彼像右脇下壊。將漆布肚內。有物怪而觀之。小像愛染寸計。向内坐。座下有白絹包。裏骨石。表書梵漢字數十。梵者秘咒。漢者意趣。共師為母堂包骨骼。追薦親手筆也。工云。大凡胞中小像。抱大像者。密乘之秘也。便漆布修飾。如元造厨。安措奉還。護國紀。古者導師存日。塑一搩手愛染像。修軌儀。文永元正。依檀命修密乘。助定力定鎮山門。即此像也。

文永四年(一二六七)ある日、無本覚心が護国寺の仏祖に焼香したとき、愛染明王の像の顔は完全に整っているが、それ以外の肢体はこわれてしまっていた。完全に同様な状況が禅定でみられたのである。無本覚心は、ただちに修復して更に大きな愛染像の中にまた小さな愛染像を入れ、加えて、数十枚の梵文と漢文で記した表書もその中に入れた。この愛染の像は、文永元年(一二六四)正月、無本覚心が檀家願性の命によって密教の法事を行った時のものである。しかし、この史料はただ『年譜』に存在しているのみで、『法燈の縁起』には収載されていない。

さらに、文永七年(一二七〇)、つぎのように述べている。[19]

師於方丈後岩窟盤石上坐禪。或時侍僧尋師。不居丈室跡。而至窟前。觀音大士端盤石。餘無所見。侍僧佇立怪之。少時侍僧咳嗽一聲。大士變復本形。師儼然於石上。後人塑大士變相。安師塔亭。

ある日、無本覚心が方丈の後の岩窟に坐禅しているとき、侍者が師無本覚心を丈室に尋ねたが丈室には居なかった。そこで裏山の岩窟の前に行ってみると、ただ観音菩薩が岩窟に端座している以外なにも見えなかった。侍者は驚いてただ呆然と佇立し、しばらくして、一咳すると、今度は観音大士がまったく姿を変え、無本覚心が岩窟に端座していたというのである。観音大士がすなわち無本覚心に変わったのである。

さらに、建治四年(一二七八)、つぎのように記されている。[20]

州野上庄下司木工助。入道信智之息女。(小名延命)。信智之長男之婦。(小名如意)。共十七歳。正月晦日申時。二女同時受重病。自稱云。吾是當庄擁護八幡大菩薩也焉。信智遠却有緣。奴今隔生故忘吾。故來示舊因云々。汝速如由良。請心地長老來。吾欲與禪師對談云。

州野上庄下司木工助、入道信智の娘と、長男の嫁が、重病を発し、自らを八幡大菩薩であると称し、無本覚心との対談を求めた。同年二月十八日、信智が自ら西方寺に行き無本覚心を懇請した。十九日巳時に至って、無本覚心は禅僧数人を従えて居士のうちに赴き、毎日二回、二人の女とともに誦経と坐禅をし、また、問われた種種の問題に答えたという。これは神人化度といわれ、神や異人を済度する話の一つである。神人化度に属するものでは、神は戒をうけた返礼として、護法神として寺を守護する例が多い。また、悪霊鎮圧の記録も多くあり、それは地域の神や悪霊が護法神として祭られていったことを示すものもある。十六世紀前半に活動をした人物に多く見られることが注目される。[21] このような神人化度のやり方は、無本覚心の禅風の特色の一つと言えよう。

弘安六年（一二八三）、『年譜』によると、つぎのようである。[22]

西方寺剏建寶塔。四月廿三日（其日丁未）。以願性諱日。落慶答種信資冥位也。國造紀淑文受師命作文。慶賛師。自法事伶倫奏樂。熊野權現示跡護法禪談。

弘安六年(一二八三)四月二十三日、無本覚心が西方寺の落慶法要を行ったとき、熊野権現を勧請して寺を庇護させている。また、熊野山に登ってもいる。神道と相当に緊密な関係にあったことは否定できない。無本覚心の神秘的記載は『年譜』の中に相当に多数見られるのである。つぎのようである。[23]

三月十九日午刻。為衆陞座説法。白日青冥中。忽地辟歴一聲。於寺之東南嶺。雨寶珠一顆。大地震動。聲聞四十里。以珠鎮山門。淑文作雨珠記。

また、このようなことは『元亨釈書』にも記載されている。[24]

正応四年晴空大雷墜鷲峰之東嶂、声聞四十里、諸徒恠雷所、有一顆宝珠、心乃埋珠鎮山門。

正応四年（一三三五）三月十九日午刻、無本覚心が陞座して説法を行っているとき、にわかに空から一つの宝珠が降って山門を鎮護している。無本覚心の帰朝をみれば、年譜には、ただ「在宋首尾六年、從葦屋津解纜、紀伊湊上岸。徑謁高野禅定院、勇公即日擢為第一座。」[25]と記している。しかし、『法燈之縁起』は、つぎのように述べている。[26]

師從紀湊徑登高野、且為依願性助分遂渡宋本懐致其禮謝、且為重謁行勇禪師也、即勇公以師擢為禪定院之第一座、

歸朝之後、為渡宋所願成就、參詣伊勢大神宮、仍搭天台石橋上、而天童之付囑、藕絲袈裟是時、宮中有感動之聲、師竊知神明之欲得是以息三熱苦、即以袈裟要奉納神殿、於是扉不推而自開、師直入社内與神明對談、師高聲謂曰末世必肉身大士、別峯出生而可參詣、此袈裟可有付與、言舉而出矣、仍有神託令納於檜垣大長官貞尚之藏矣、師歸朝建長六年也、其年即參宮、自其百廿九年後、永德二年別峯參宮、四禰宜貞昌夢、神明告曰、汝五代已前、納于長官貞尚之庫藏、由良開山心地上人、付我之袈裟、任人舊約、欲傳付別峰、速可納社内、覺後早旦奉納之、乃別峰亦如師入神殿、拜受此袈裟、而秘在河州片野光通寺、詳見于別峰和尚袈裟相傳記、師能知未來如斯之類甚多矣。(傍点作者)

建長六年(一二五四)甲寅八月上旬、無本覚心は鎮西葦屋津から日本の船に乗って渡海し、六年間中国に滞在した。無本覚心が帰国後、伊勢大神宮に参拝したことは『年譜』には省略されている。内容から、無本覚心が神祇と対談することは、禅宗の立場からいえば、違和感が存在したので、当然記載されなかったものと思われる。

また、永徳二年（一三八二）別峰和尚が伊勢大神宮に参拝したが、これは無本覚心の入滅後百二十九年のこと

である。しかし、このことを無本覚心は宋から帰国して伊勢参詣をした時、すなわち建長六年（一二五四）に後の世に別峰が来たならば、袈裟を付与すべきことを予言していたのであるという。無本覚心の史料には様々なエピソードが散見している。さらに、文化十一年（一八一四）二月、興国寺で発掘された安骨塔の銘に、[27]

梵字陀羅尼
梵字光明真言
仏諸行無常、法是生滅法、僧生滅滅已、宝寂滅為楽。若以色見我、以音声求我、是人行邪道、不能見如来。
大宋国護国開山仏眼禅師書
心即是仏、仏即是心、心仏如々、亘古亘今。
毘婆尸仏・尸棄仏・毘舎浮仏・拘留孫仏・拘那含牟尼仏・迦葉仏・釈迦文仏。
達磨大師・月林禅師・仏眼禅師、
鷲峰開山老僧無本覚心
弘安九丙戌四月十八日入宋沙門無本覚心

とあり、弘安九年（一二八六）四月十八日、無本覚心は安骨塔の銘を書いている。この史料から無本覚心個人の特色についてうかがうことができる。まず、覚心は梵字陀羅尼、梵字光明真言を書き、濃厚な密教的色彩を示している。つぎに、『金剛経』の「若以色見我、以音声求我、是人行邪道、不能見如来」という有名な偈頌を引用している。さらに、「仏諸行無常、法是生滅法、僧生滅滅已、宝寂滅為楽。」と述べており、このような経典を引用することは覚心の特色の一つといえる。さらに、覚心の師承の関係についてであるが、無本覚心は在宋六年であり禅僧に参禅じて無門慧開仏眼禅師の法を相承しており、禅僧である。とくに仏眼禅師が「心即是仏、仏即是心、心仏如々、亘古亘今。」を書いたことも明示している。さらに、過去七仏と達磨祖師、月杯禅師、仏眼禅師などを列挙している。法燈が自分の禅法に正統の戒脈があると強調していることは、明らかである。

以上のように、無本覚心の『年譜』の分析により、彼が神祇信仰を取り入れつつも展開を遂げていったことを明らかにした。無本覚心は悪魔に三帰依文を授けることにして禅宗の布教に勤め、「愛染之行法」と「五大尊法」等密教の修法で世の利益を祈った。無本覚心は密教的色彩と神秘主義的修法をもって布教接化の手段としたのである。

1　中尾良信氏「無本覚心行実の問題点」(『宗学研究』第三〇号、一九八八年)。
2　中尾良信氏「無本覚心について」(『宗学研究』第二十三号、一九八一年)。
3　原田正俊『日本中世禅宗と社会』(吉川弘文館、一九九八年)一五七頁。
4　五重来「一遍上人と法燈国師」(『印度学仏教学研究』第九巻、第二号、一九六一年)一〇二頁。
5　五重来「融通念仏・大念仏・および六斎念仏」(『大谷大学研究年報』、一九五七年、第一〇号)。
6　今井雅晴「法燈伝説考」(今枝愛真『禅宗の諸問題』、雄山閣、一九七九年)一三四頁
7　『年譜』嘉禎元年条。
8　中尾良心「無本覚心行実の問題点」(『宗学研究』第三〇号、一九八八年)二〇三頁。

9 『法燈円明国師行実年譜』(『続群書類従』第九輯(上)、続群書類従完成会、一九八一年)三五〇頁上。
10 『高野春秋編年輯録』(岩田書院、一九九八年)一五二頁上。
11 『法燈円明国師行実年譜』(『続群書類従』第九輯(上)、続群書類従完成会、一九八一年)三四九頁下。嘉禎元年条。
12 「粉河誓度院条々規式」(『興国寺文書』、正応五年四月五日条。)
13 辻善之助『日本仏教史』第三巻 中世篇之二(岩波書店、一九七〇年)九六頁。
14 真言は、元来は真実の言語を述べた一般経典の意味であるが、密教的には真言を咒とも訳し、仏菩薩の本誓を示す密教語を指す。
15 『法燈円明国師行実年譜』(『続群書類従』第九輯(上)、続群書類従完成会、一九八一年)三五四頁上。
16 『法燈円明国師行実年譜』(『続群書類従』第九輯(上)、続群書類従完成会、一九八一年)三五四頁上。文応二年条。
17 『法燈円明国師之縁起』文応二年条。
18 『法燈円明国師行実年譜』文永四年条。(『続群書類従』第九輯(上)、続群書類従完成会、一九八一年)三五五頁上。
19 『法燈円明国師行実年譜』文永七年条。(『続群書類従』第九輯(上)、続群書類従完成会、一九八一年)三五六頁上。
20 『法燈円明国師行実年譜』建治四年条。(『続群書類従』第九輯(上)、続群書類従完成会、一九八一年)三五七頁上。
21 広瀬良弘『禅宗地方展開史の研究』(吉川弘文館、一九八八年)四一五頁。葉貫磨哉「洞門禅僧と神人化度の説話」『中世禅林成立史の研究』(吉川弘文館、一九九三年)三三五頁。
22 『法燈円明国師行実年譜』弘安六年条。(『続群書類従』第九輯(上)、続群書類従完成会、一九八一年)三五八頁下。
23 『法燈円明国師行実年譜』正応四年条。(『続群書類従』第九輯(上)、続群書類従完成会、一九八一年)三六〇頁上。
24 『元亨釈書』巻六(『大日本仏教全書』第六二巻・史伝部)九九頁下。

25　『法燈円明国師行実年譜』建長六年条。(『続群書類従』第九輯(上)、続群書類従完成会、一九八一年）三五二頁上。

26　『法燈円明国師之縁起』宝祐二年条。

27　『安骨銅筒銘』(『大日本仏教全書』第四八巻、仏書刊行会、一九三五年）二一〇頁。

第二節　念仏禅について

『鷲峰開山法燈円明国師行実年譜』(以下『年譜』と略称する)の中には無本覚心の念仏の思想は全く見られない。また、『紀州由良鷲峰開山法燈円明国師之縁起』(以下『法燈之縁起』と略称する)にも同じように記載されていない。この二つの文献は無本覚心の基本的史料といえようが、念仏の思想については記されていない。しかるに、無本覚心が高野山萱堂の始祖になり、修行者を集めて念仏を唱えていたことは明らかである。また、一遍は無本覚心から念仏禅の印可を受けたことに疑う余地はない。本論では無本覚心の念仏について考察することにしたい。

無本覚心は、「慈願上人所草録、師之縁起」によって「乙酉嘉禎元秋、師歳十九剃髪、東大寺登壇云々」[1]と述べており、無本覚心は十九歳の時、東大寺において登壇して受戒した。このような記載が「高野春秋編年抄録」にも見られる。[2]

茲史覚心学生至東大寺、投禅定院行勇、伝授禅密二教、又随逐正智院道範闍梨、兼学諸尊之儀軌。

嘉禄元年（一二二五）から無本覚心は禅定院の行勇の会下に禅・密教を受け、また正智院の道範について経軌を習った。金剛三昧院の前身は禅定院であるが、その寺地は高野山浄土教の創始者として初期高野聖の偶像とされた小田原聖教懐の旧跡であって、念仏に有縁の地であった。[3]明らかに、禅定院では念仏の方式をもって修行としたことが存している。また、無本覚心は萱堂の祖になる以前、信州善光寺の念仏と早くから関わっていた。つぎのように記している。[4]

新善光寺御影堂縁起、爰に再興大檀越王阿上人は高野山萱堂開基法燈国師の証明に依て一遍聖に帰依す。故

に聖を請じて念仏三昧の道場とす

この史料からみると、大檀越王阿上人は善光寺で念仏三昧を行いとくに法燈を請じて住した。これから、法燈と善光寺の密接な関係がみられる。さらに、法燈と一遍上人はともに念仏修行の法門であることが明らかになった。無本覚心の念仏の思想については、自分の『年譜』、『縁起』など関係ある史料には見られないが、それ以外からみると、無本覚心と念仏の関わりを示す資料を散見することができる。

まず、一遍が無本覚心に念仏の境地を印可された。「一遍上人語録」巻上「偈頌和歌」は、つぎのように述べている。[5]

宝満寺にて由良の法燈國師に參禪し給ひけるに、國師、念起即覺の話を挙せられけれ、上人かく読て呈したまひける、

となふれば仏もわれもなかりけり、

南無阿彌陀仏の声ばかりして

國師、此歌を聞て、「未徹在」とのたまひければ、上人またかくよみえ呈し給ひけるに、國師、手巾・薬籠を付属して、印可の信を表したまふとなん、

となふれば仏もわれもなかりけり

南無阿彌陀仏なむあみだ仏

また、『一遍上人行状』によると、次のように記している。[6]

建治元乙年春三月廿五日、詣熊野証誠殿、丹祈而承神詫、受念佛印板。神示曰、如誓願不可思議也。哀愍衆生故、專勧念仏一行。此者是最上善根也云々。遍甚渇仰而法樂數日、然後到紀州真光寺、時々見心地、心示

以念起覺之語。遍呈和歌曰
唱フレバ仏モ吾モナカリケリ
南無阿彌陀仏の声バカリシテ
心日、未徹在矣。建治二丙子年夏四月、再詣熊野（中略）祈証誠殿（中略）於此領解他力深義捨自力意樂矣。
再紀州由良見心地。呈和歌日、
ステハテ、身ハカキモノトヲモヒシニ
サムサキレバ風ゾ身ニシム
終蒙印可得手巾藥籠焉。

さらに、『一遍上人語録諺釈』巻二には、特に『法燈国師年譜』を引用して解明されている。[7]

法燈年譜曰、一遍初見参歌曰、唱フレハ仏モ我モナカリケリ南無阿弥陀仏ノ声ハカリシテ。師曰未徹在ト。後棄ハテ、身ハカキモノト思シニ寒サ来ヌレハ風ソ身ニシム呈シテ蒙印可。宝歴年中予洛西鳴瀧妙光寺。

これは建治元年（一二七五）三月廿五日、一遍が由良紀州の宝満寺で無本覚心に参禅し問答を行ったことを記したものである。無本覚心は一遍に「念起即覚」の文を示した。「念起即覚」の言葉は、『無門関』の四八則の公案の第二三「不思善悪」に「念起即覚弄精魂漢。禅家一切善悪都莫思量。念起即覚、覚之即失」とするのがそれで、無本覚心はとくに先師無門慧開の法を挙げて説明している。[8]

建長元年（一二四九）無本覚心は入宋して諸方歴参ののち、杭州護国寺の無門慧開（仏眼禅師）に参禅して遂に大悟して無門の法嗣を継承した。無本覚心は一遍に教化するとき無門の法則を教えている。そのとき、一遍がこの問を受けるや一曲の和歌を呈した。「称ふれば仏も吾もなかりけり南無阿弥陀仏の声ばかりして」無本覚心はこれを聞き「未徹在」と言った。いわば、まだ、悟りに徹しないものがあるとの批判である。また、建治二丙子年（一二七六）四月、一遍はまた、「称ふれば仏も吾もなかりけり南無阿弥陀仏なむあみだぶつ」と一首の歌を読んだ。無本覚心はこれを聞いてすぐに禅の印可を一遍に授けた。これは一遍の信仰体系の完成という点からみると重要な役割を果たしている。[9]

さらに、無本覚心は一遍の悟りの印可を証明するものとして手巾と薬籠を渡した。此二つの物は印可を表し、後人の標準となすべきものとした。このようなことが『播州問答領解鈔巻』巻十にも記されている。[10]

法燈年譜云。六十歳。武庫寶満寺。往昔教寺也。師主聞師德以寺付之。同郡有真光寺。念佛道者居之。四部衆唱専念一宗。一日聞禪門有教外別傳旨。時參見。師示以念起即覺一切都莫思量念起善惡即覺之即失之語。終蒙印證。師以手巾藥籠付囑曰、此二物表信可為後人標準也。

これをみると、弘安十年（一二八七）、無本覚心が六十歳のとき、一遍を印可したことが記されている。また、『播州問答領解鈔巻』の中で「法燈年譜云」として引用している。しかし、『年譜』の六十歳の条では、つぎのように述べている。[11]

師六十歳、依神託如信州。觀省母堂。遷歸由良。旅程脱緇衣。著素直裰。扈從母堂後。蓋中心致孝。外儀避嫌也。遂相接詣熊野聖廟。歸程就由良修禪尼寺為師姑。名妙智。正月廿七日。願性方寺五箇條規式。造寺縁起等。

とあり、また、『法燈之縁起』によると、つぎのようである。[12]

師六十歳、依妖魔託、行信州、觀省母堂母、亦十九之歳從別四十二年間日夜暫不忘、此心難忍出國、途中相逢、寔啐啄同時也、相伴歸由良旅程脱緇衣、著素直裰、扈從母後、蓋中心致孝、外儀避嫌也、遂推腰詣熊野

而歸、門前西谷、構一室令居、師毎日省観問安否、惟孝致誠者也、母沒後、為修善尼寺、開基稱惠日大師、（白衣名妙智）

『年譜』と『法燈之縁起』の六十歳の条には、無本覚心と一遍の関係について全く記載されていない。ただ、悪魔の言葉によって無本覚心は四十二年間自分の母と別れていたが迎え入れると記しているのみである。その二つの史料の編纂の人が無本覚心禅師の純粋禅の宗風を強調するために、この部分を省略したのであろうと考えられる。

以上の考察によると、法孫聖薫によって編まれた『年譜』の中には無本覚心と一遍の関係について発見することができない。しかし、『法燈行状』には両者の関係について事情が述べられている。[13]

六時宗上人一遍俗姓革野聞宗門有教外別伝之旨、参見師以念起即覚之語示之、終蒙印証。

『法燈行状』の正嘉二年（一二五八）条には、特に一遍は法燈国師に見参し教外別伝の主旨を聞いた。法燈は「念起即覚」の言葉を示して、一遍は終に禅の印可をうけたとしている。『法燈行状』は、五来重氏の「法燈国師覚心と萱堂聖」の中の紹介によって世に知られるようになった。五来重の考察によって、妙光寺本『法燈行状』の内容が統一されて一本のものとなった。これについて原田正俊氏の「妙光寺本『法燈行状』の構成と書写過程」には、永正十四年徳馨有隣によって、興国寺で縁起が再興され、永正十五年夏、唱導のために興国寺の僧がもつ内本が成立した（現存の興国寺本『縁起』）。これが大永五年さらに写され、おそらく金剛三昧院、萱堂との関係で高野山内に伝えられた。その後、『行実年譜』の写本とともに筆写され一冊となり『法燈行状』とされた。これが現存妙光寺本『法燈行状』であると指摘されている。[14]『播州問答領解鈔』の中の『法燈国師年譜』に引用されれる内容については、別のところで作られた伝記の数種の底本か高野山にもたらされた可能性があると考えられる。

無本覚心と一遍の関係について法燈の伝記から考察すると、元亨二年（一三二二）に成立した『元亨釈書』の内容に、[15]

念起是病不続是薬、或日一切善悪都莫思量。

とあり、ただ、無門慧開の『無門関』第二三則「不思善悪」の思想を列挙しているのみである。延宝三年（一六七五）に成立した『扶桑禅林僧宝伝』の伝記の内容は無本覚心と一遍の話には全く触れていない。[16]しかし、『延宝伝燈録』第三十四巻には、つぎのように述べられている。[17]

建治末、登熊野山糾真光寺而居。法燈國師在由良興國寺曰、師屢往窺禪要、國師示以念起即覺之語、精進參訊、粗有省所。詠和歌通所解曰、（登奈婦礼波、保登氣毛和礼毛奈加利氣里、南無阿彌陀仏乃、古恵波加利志天）不津。國師頷之、即授手巾藥籠以信印師頂受而退。國師曰、猶未徹在。師於言下得旨、復呈和歌曰、（登奈婦礼波、保登氣毛和礼毛奈加利氣里、南無阿彌陀仏乃、古恵波加利志天）国師頷之、即授手巾・藥籠以為信印、師頂受而退。

『延宝伝燈録』は延宝六年（一六七八）に成立したものである。内容によると建治末年（一二七八）、法燈が由良興国寺を住するとき、一遍が参禅を求めしばしば法燈に禅を教えられた。これによって一遍が参禅したことがかなり有力な説になったと考えられる。また、この「念起是病不続是薬トハ」ということが『一遍上人語録諺釈』巻三には、つぎのようにである。[18]

法燈年譜ニハ天台山応真壁間ノ銘トス。今謂ク年譜ノ説恐クハ後人ノ誤ナランカ。上人ノ所談ハ全是法燈ノ直説ナリ。何ソ其直説ヲ捨テ、彼伝説ヲ取。念起是病不続是薬トハ。

『一遍語録』の中でとくに一遍が説いたことは全く法燈から教えられたことであった。換言すれば、この史料は一遍の念仏思想は法燈から受け継がれたと強調している。なお、鎌倉末期に書写されている『播州法語集』には[19]

漢土に径山という山寺あり、禅の寺なり、麓の卒都婆の銘に、念起是病不続是薬云々。由良の心房は此頌文をもて法を得たり。

と述べている。心地房というのは無本覚心の房号である。「念起是病不続是薬」ということは無本覚心の塔銘にも書かれている。さらに、時宗の教団に対して、無本覚心の念仏の思想が影響を与えていることは明らかである。さらに、無本覚心が念仏と参禅についてどのような態度をもっているか。つぎのように述べている。[20]

已上元相承佛心宗、以心傳心正脈、見法燈年譜、并鎌倉志、開發無相離念、自性即佛覺悟歷々明々。

問。元祖相承佛心宗者。何不弘禪法偏勸念佛耶。

答。禅法與念佛本是一致。

問。其所以者何。

答。歸元直指下云。參禪亦是唯心。念佛亦是唯心。參禪為了生死。念佛亦為了生死。參禪念佛其理是同。

問。參禪念佛其理一同者。互可弘之何偏勸念佛乎。

答。參禪是難行。念佛是易行。故偏勸念佛。

問。爾者難易二義可得聞乎。

答。歸元直指上云。利根上智之人可以真參實悟。略有差訛便成大錯。曰何以知其為錯。曰錯處在於未悟。依舊展轉輪廻。不若持誦修行必得徑生淨土。善知識非不教汝參禪。唯恐儞不念佛。何以故。參禪悟道者難。

念佛往生者易。汝不聞。古德云。參禪要了生死百無二三。念佛求生淨土萬不失一。正所謂有禪無淨土。十人九錯路。豈不然乎。況以參禪不礙念佛。念佛不礙參禪。禪宗淨土易難。今日分明直指。

ある人が無本覚心に仏心宗を継承するにもかかわらず、如何なる理由で念仏をすすめて仏道に向かわせるのかと問う。すると、仏心宗は禅宗の別称である。禅宗が文字および経典を所依とせず、直ちに仏の心印を伝える宗旨であるので仏心宗であると答えた。ここで禅宗と淨土はどちらかすぐれたものかに関して、無本覚心の主張は明確であり、無本覚心は参禅と念仏とともに生死海を超越するために、「参禅為了生死」の説は全く否定するわけではないが、両者の中で「念仏」のやり方がすぐれていると主張している。

禅淨の問題で常に取り上げられるのは「難行門」と「易行門」の課題である。無本覚心の主張によると、参禅は「難行」であり、超仏・超祖することは容易にはできない。また、時間から言えばにわかにできないし、空間的から言えば、だれでもできるというものでない。解脱は百人の中で二・三人が成就できるだけで、その人数は少ない。これに対して、念仏は「易行」であり、参禅をも含め、念仏によって必ず淨土へ生まれるのである。また、参禅は念仏の障りにはならない、念仏しても、坐禅を妨げないと強調している。無本覚心は仏心宗の門派を嗣法するが、念仏の法門がすぐれていることを主張している。

中国において念仏と禅の融合した仏教が僧団を離れて、庶民にまで完全に深く根をおろしたのは、やはり宋代といってよいであろう。宋朝以前、禅は一般化したといっても、教団以外の農民や商人や工人には簡単に浸透しなかった。しかし、宋朝に至り、教団から解放された禅は、念仏禅として新しく変貌し生まれ変わった仏教になっていった。[21]実際、念仏については、六祖慧能の弟子南陽慧忠が首唱したとされるが、宋代になると、法眼宗の永明延寿は慈愍流の念仏禅を唱えるなどで淨禅一致の説を立てている。これに対して、道元の只管打坐の禅は禅浄両修を否定した。
つぎに、無本覚心の高野山の萱堂聖における念仏の状況を考察したい。まず、高野山の念仏の形態について、『紀伊読風土記』「非事史事歴」[22]によると、つぎのようである。[23]

抑當山非事史の創は、高祖弘法大師入定後三百十八年應保二年壬午に至て、明偏上人十九歳にて此山に登蓮花谷に棲息し修懺堂を建て念佛の行を兼修す、是當山に念佛稱名の權輿なり。此時上人の下部八人髮を剃て其業を勤む即ち八葉の聖と云ふ。此時尚宗の名を立てす唯念佛者と云のみ是非事史の濫觴なり、弘安九年壬午法燈國師の弟子覺心老夫此山に縁あるを以て來て萱原に鉦鼓を叩て念佛す又一遍上人智真此山に登て念佛す非事吏等其宗風に染む此三類の非事吏終に混一して鉦鼓を叩き靜場を喧し或高聲念佛踊念佛の異行を企剩へ諸國に遍歴して空口を負て高野聖と號して吾山の瑕瑾を露し。

応保二年（一一六二）、明遍上人は蓮花谷に修懺堂を建てて、踊念仏を行った。また、他の一派であった無本覚心が弘安九年（一二八六）萱堂聖で激しく鉦をたたき高声念仏して踊ったという。さらに、一遍上人に至り、踊念仏の方法がとられた。事実、高野山が平安末期から鎌倉時代にかけて念仏の中心であったことは否定できない。その流派の発展上からいえば、はじめは明聖の蓮花谷聖であり、つぎに無本覚心の萱堂聖であり、さらに踊念仏の時宗聖があった。いうまでもなく、結局、時宗は念仏の法門の代表的一派であった。このような覚心の念仏のやり方は『法燈之縁起』の中にも掲載されている。つぎのように述べている。[24]

紀州由良法燈国師八十歳の時、弘安九年丙戌、爰有一人俗客來于西方寺、云吾有發心志請為和尚之弟子、師即剃髮名喚無本覚心、發心者云犯師諱多恐、師曰有意旨唯可從、言如高野有縁速登山、而於萱原可唱念佛、賜鉦一丁。發心者云、承聞高野鳴物禁制。師曰只可任吾言。彼無本覚心登高野如師教矣。山中大衆聞扣鐘聲警怪相尋、何處老人於萱中扣鉦鼓念佛、大衆日汝何物哉此山鳴物堅禁制之處、怒不可叶。彼無本覚心云我従由良開山教如此、雖然大衆取鐘棄之、此鐘飛空廻中鳴度八葉峰八谷於無本覚心坐前而不敲自鳴、如斯三度亦復如前、謂之飛鐘於此大衆成奇特思云々。其夜撿行各宿老衆夢、大師明神與由良開山有約束旨、此者可許容云々、所以於此地立堂表九品淨土為念佛三昧之道場。

『縁起』の八十歳の条によって無本覚心の念仏のやり方がうかがえる。弘安九年（一二八六）、無本覚心が西方寺に住むとき、ある人が弟子になることを要求した。その後、無本覚心はその同名の弟子無本覚心に鉦鼓を与えて、高野山を登って萱原に念仏をとなえるよう命じる。しかし、高野山は「鳴物禁制」であったので、山中の大衆が鉦鼓をとりあげて捨てたが、その鉦鼓は八葉の峰と八つの谷に響きわたるほどであり、無本覚心の座前にもおなじようになり続けた。この鉦鼓は「飛鐘」という。また、その夜、高野山の老宿検行は夢の中で弘法大師と高野明神と法燈国師が三人の約束をしたとして、山中の鉦鼓念仏を許されることになった。また、高野山は九品の淨土をあらわしたものとして念仏三昧の道場である。さらに、念仏堂が建立された。このようなことは、『年譜』の弘安九年条には全く論述されていない。ただ、「仏光入滅」と述べられているのみである。高野山では高声念仏と踊念仏がともに行われていたようである。

「鳴物禁制」について、その理由が、応永二十年（一四一三）五月二十六日の「五番衆一味契状事」にはっきり記載されている。[25]

夫以、当山者、密教相応之勝地、真言弘通之霊峯也。(中略)爰近年云無本覚心荒入道密厳院傍結萱菴、偏令念仏以来、号高野聖屓空口、令頭陀于諸国、是則易行得分之作業故。被捨于世類、擧入之門於于今者、寺家大躰成念仏之菴室、密教既為滅可不歎乎。

これは応永二十年に定めたものであるが、当時、無本覚心が高野山密厳院の傍に萱の草庵を建てて行った、ただ念仏のみの修行方式のことである。したがって、その時期に高野山は念仏の信徒が占拠したので、密教の勢力がおとろえて弱くなった感があった。そして、南北朝時代からさまざま宗派で改革運動と復旧運動などが行われた。もちろん、いろいろの制限があり、「五番一味契状」に三箇の禁制が定められている。

―高声念仏　金叩　屓頭陀、一向可停止事

―踊念仏固可止事　萱堂外

―於寺辺新造菴室堅可制之事

明らかに、無本覚心は萱堂でのみ高声念仏や鉦鼓や踊念仏を行った。言い換えれば、以上三つの形式はただ、萱堂のみで許されていたと言えよう。無本覚心の高声念仏の形態から考察すると、融通念仏と六斎念仏の二つの種類も含まれているものであった。融通念仏が平安末期から鎌倉・室町時代にかけて都鄙を風靡した大きな理由は大念仏形式による念仏の合唱とその曲調の芸術性であろう。鎌倉室町時代に至り、大念仏と融通念仏では一種の曲調をもった南無阿弥陀仏のくりかえしと掛け合いを聞くことができるようになった。[26] 念仏の合唱によって、念仏の功徳を相互に融通し、その功徳がさらに増えて大きくなるとされた。

六斎念仏というのは、持斎と念仏をむすんだ毎月の八日、十四日、十五日、二十三日、二十九日、三十日の六斎日に「南無阿弥陀仏」の六字を繰り返し唱えるものである。また、「法燈国師法語」の「第五斎戒功徳之事」によると、つぎのようである。[27]

帝釈諸の眷屬と共に、沙婆世界に來て、持斎の人を守護したまう、殊に六斎日をかたく持べし、其ゆえに、釋諸天等、夜叉神を具して、閻浮提に下て、我等をまもりたまふ、若人持戒持斎の者あれば、帝釋よろこび

> たまいて、此人をよくまもりたまふ、災難をのぞき福徳をあたえたまふ、若復斎日に戒をも持たず、斎をも持たず、諸悪をなす人をば、帝釋にくみたまいて、災難をなす、最も慎むべし。

これをみると、信徒に六斎戒を守らせて念仏を唱えさせれば、災難が除けて福徳が増えるというものであり、これが無本覚心の念仏思想であった。また、法語には「一念なりとも、此法を信ずれば、仏にしたしき者なり」とあり、いうまでもなく、一念の清浄あれば、成仏することができるという考えであった。さらに、「京都新善光寺御影堂縁起」によると、無本覚心の念仏思想は、禅と念仏を結び合わせて、念仏三昧の型になったと考えられる。浄土教では、念仏三昧が最上の三昧である。[28]

要するに、無本覚心が念仏の思想について六斎日を重視し、また、信徒に「偏に念仏名号を唱べし」と勧めたことは、その高野山萱堂に六斎日に持斎して融通念仏が行われたと推察できる。また、室町時代に至っても持戒と念仏を結合した戒称二門を標榜した。いうまでもなく、高野山萱堂は中世からの念仏聖の中心で、現在においても六斎念仏分布の一つの大きな中心地である。

以上、史料から考察すると、一遍が無本覚心に参禅した回数は二回が確認できる。時期については、無本覚心がほぼ六十歳のごろ、兵庫宝満寺で一遍に念仏禅を教えた。そのとき、一遍はだいたい四九歳であった。また、参禅説は「一遍上人行状」によって、第一回は建治元（一二七五）乙亥年春三月二十五日ごろ、第二回は建治二年（一二七六）夏四月に兵庫で参学したことが明らかである。

無本覚心の基本的史料の『年譜』には念仏信仰について全く見られないことは明らかである。それらは編者が意図的に省略したと推測できる。しかし、無本覚心の禅には念仏思想がみられるのである。さらに、『法燈国師法語』の第二「衆生顛倒之事」には「然レバ諸ノ雑言戯笑ヲ除テ。偏ニ念仏名号ヲ唱ベシ」ことが主張されているのである。いうまでもなく、無本覚心の念仏思想はただ法燈派に対して影響を与えただけではなく、一遍の時宗にも相当な影響を与えるものであった。

1 『法燈円明国師行実年譜』(『続群書類従』第九輯(上)、続群書類従完成会、一九八一年)三五八頁下。文暦二年条。
2 『新校高野春秋編年輯録』(岩田書院、一九九八年)一四五頁。嘉禄元年条。
3 五重来「一遍上人と法燈国師」(『印度学仏教学研究』第九巻、第二号、一九六一年)一〇二頁。
4 『紀伊続風土記』(高野山之部、巻之四十五「非事史事歴」)「旧記」二十五頁。
5 『一遍上人語録』(『大日本仏教全書』第六六巻、仏書刊行会、一九三五年)一八頁。
6 『一遍上人行状録』(『続群書類従』第九輯(上)、続群書類従完成会、一九八一年)。
7 『一遍上人語録諺釈』巻二(『大日本仏教全書』第六六巻、仏書刊行会、一九三五年)一一二頁。
8 海老沢早苗「無本覚心の思想における『無門関』の位置づけ」(『駒沢大学大学院仏教学研究会年報』第三六号、二〇〇三年)八一頁。
9 今井雅晴「法燈伝説考」(今枝愛真『禅宗の諸問題』、雄山閣、一九七九年)一三四頁。

10　『播州問答領解鈔』（『大日本仏教全書』第六六巻、仏書刊行会、一九三五年）二八八頁。
11　『法燈円明国師行実年譜』文永三年条（『続群書類従』第九輯(上)、続群書類従完成会、一九八一年）三五八頁下。
12　『法燈円明国師行実年譜』文永三年条（『続群書類従』第九輯(上)、続群書類従完成会、一九八一年）三五八頁下。
13　『法燈行状』正嘉二年条。
14　原田正俊『日本中世禅宗と社会』（吉川弘文館、一九九八年）一六〇頁。
15　『元亨釈書』巻（『大日本仏教全書』第六二巻・史伝部）九九頁。
16　『扶桑禅林僧宝伝』（『大日本仏教全書』第七十巻・史伝部九）巻一。
17　『延宝伝燈録』（『大日本仏教全書』第一〇九巻）四六八頁。
18　『一遍上人語録諺釈』巻二（『大日本仏教全書』第六六巻、仏書刊行会、一九三五年）八六頁。
19　『播州法語集』（『大日本仏教全書』第六六巻、仏書刊行会、一九三五年）二十五頁。
20　『播州問答領解鈔』巻十（『大日本仏教全書』第六六巻、仏書刊行会、一九三五年）二八九頁。
21　石井修道「大慧禅における禅と念仏の問題」（『禅と念仏――その現代的意義』、大蔵出版社、一九八三年）二九六頁。
22　『紀伊読風土記』高野山之部、巻之四十五「非事史事歴」。
23　『紀伊読風土記』高野山之部、巻之四十五「非事史事歴」二一頁。
24　『法燈国師縁起』弘安九年丙戌条。
25　『高野山文書』宝簡集三十七巻・第四四一号文書。
26　五重来「一遍上人と法燈国師」（『印度学仏教学研究』第九巻、第二号、一九六一年）一二九頁。五重来「融通念仏・大念仏・および六斎念仏」（『大谷大学研究年報』、一九五七年、第一〇号）一三三頁。

27 『由良開山法燈国師法語』（『大日本仏教全書』第四八巻、仏書刊行会、一九三五年）。

28 松下みどり「禅と念仏の接点——法燈国師と萱堂聖をめぐって——」（『日本思想史学』第二六号、一九九四年）五三頁。

第三節　『法燈国師法語』について

無本覚心には、ただ『由良開山法燈国師法語』[1]（以下『法語』を略称する）と『法燈国師坐禅儀』（以下『坐禅儀』を略称する）の著作が残されている。『法語』は江戸時代に刊行にされたものである。その内容は十一項目に分かれ、

一、無常之事
二、衆生顛倒之事
三、身始終之事
四、衆生父母兄弟之事
五、斎戒功徳之事
六、雖受人身難逢佛教事
七、自他心同事
八、一切衆生佛性之事
九、諸教中宗門勝事
十、公案之事
十一、坐禪之事

と編纂されている。また、『法語』の末尾には『坐禅儀』を付録のかたちで収める。

法燈の基本的史料である『法燈年譜』や『法燈行状』や『法燈円明国師之縁起』は弟子が撰したものである。その性質から言えば、法燈の編年史と言えよう。加えて、無本覚心の個人の語録は残っておらず、無本覚心の思想をうかがわせる史料も多くないが簡短な『法語』は存している。いうまでもなく、『法語』という史料は覚心個人の宗風の特色をうかがわせるばかりではなく、当時の禅林の特質を知らせる好個の文献資料と言えよう。本論では、『法語』を中心に無本覚心の思想の特質を考察することにしたい。

一　公案禅

『法燈国師坐禅儀』(以下『坐禅儀』を略称する)は、正保二年(一六四五)九月に刊行されていた。全文が仮名で書かれており在家の修禅者に対して説明している。法燈が『坐禅儀』を著した時、日本の禅林においては道元の『普勧坐禅儀』と『坐禅箴』と、円爾の『坐禅論』と、蘭渓道隆の『坐禅論』などが早くから存在していたが、これらの資料を参考にしたか否か確認できない。また、『坐禅儀』が撰述された年代を明確にする資料を欠くが、嵯峨に妙光寺が開創され、法燈がその開山第一祖として迎えられた年代と関連づけられるであろうか。[2]

また、法語の全体は十一の各論と末尾の『坐禅儀』から構成されたものである。その中で「第九諸教中宗門勝事」、「第十公案之事」、「第十一坐禅之事」、『坐禅儀』などは、全て坐禅に関する論題である。坐禅にかかわる部分が全体の三分の一を占めており、覚心が坐禅を重要視していた態度が読みとれる。

『坐禅儀』の内容によると、冒頭において「先初心ノ人ハ、念起坐禅ト云コトヲ心得ベシ」と述べており、これは初心者に対して説法するものである。また、居士の道心をすすめるために、男女によらず、貴賤をえらばず、只身をすて、此大事を勤むべき志しだにあらば、悟りを得ことは、掌を返すが如くなるべし、（『法語』二一二頁）

といっており、覚心が男女、貴賤を問わず、ただ生死大事に精進弁道するのであれば、悟を開くのは簡単なことであるとし初心者に勉励している。覚心は衆生の平等の観点から人々が成仏の可能性を具えているとした。このことからみると、覚心は濃厚な大乗の思想をそなえていることがうかがわれる。

「坐禅之事」と『坐禅儀』はともに坐禅に関することであるが、内容上、両者の間には大きな違いが存在している。坐禅儀の対象は初心者であるが、『坐禅儀』の内容から見れば、禅の坐法について全く論及されていない。このような状況は円爾の『坐禅論』がもっぱら初心の九条道家を説くだけであえいり、深い坐法への部分に言及していないことが理解できる。しかし、「坐禅之事」には以下のようにある。

坐禪には、先あつく坐物をしき、ゆるく坐し、身を端して坐し、脊をすぐに堅て、右の足を、左の股の上に安、左の足を右の股の上に安べし、是を結跏趺坐と云、又半跏と云は、右の足ばかりを、左の股の上にをくなり、左の掌を、右の掌の上に安、大指をさし合すべし、是を法界定印と云、前に傾かず、後に傾かず、左右に靠らず、目を半分開て、前三尺を見、鼻の頭を守るべし、鼻と臍と對し、耳と肩と對して、坐定すべし。（『法語』二二〇頁）

覚心の「坐禅之事」には坐禅を行う際の坐法が詳細に説明されている。これに対して『坐禅儀』には一言も論及していない。坐禅の作法は道元と蘭溪道隆とともに『禅苑清規』によって規定された。覚心の「坐禅之事」は『禅苑清規』と較べると、坐禅の作法がほぼ同じである。しかし、覚心は『坐禅儀』の中で特に公案禅を挙げ、つぎのように述べている。

心の用様は、父母未生以前の面目は、如何やうなる物ぞ、又我身の終ての後は、如何様なるぞと、よくよく是をたづね見べし、如く念ずるを、公案とも、工夫とも云ふなり心昏くしじむことなかれ、又散しみだすことなかれ、是を昏沈散乱の二病と云なり。(『法語』二二〇頁)

禅門では、歴史上の祖師が修行のやり方を示して学人を接化する。覚心も同様に「父母未生以前の面目」を挙げ、参禅者を教えて導いたのである。公案は中国唐代に始まり、宋代に至って盛行し、一千七百則の公案などといわれる。このようなことが、『法語』の中にも見られ、「一千七百則の公案とし、一千七百あれども、皆々彼の本来の面目を見せしめんが為めなり」と述べている。[3]

公案について、覚心はことに『法語』の中で第十「公案之事」を挙げており、これをみると、覚心の公案禅を重視する態度がうかがわれる。つぎのようである。

公案とも、工夫とも云ふなり、心昏くしづむことなかれ、又散しみだすことなかれ、是を昏沈散亂の二病と云なり、又茫然として、うつかとなることなかれ、是を無記心と云なり、只偏に父母未生以前の面目は、さていかんと、ふかくうたかふべし、若分別の心を以て、是は面目、是は面目にあらすと思量するものは、みな邪解なり、真の面目にあらす、譬は夢の中に、是非を辨ふるか如し、ゆめなるか故に、是も非も實なし、只十二時中深うたがふべし、問云、本來の面目を、計校思量して道理を辨別すれは、情識の分別ときれふなり、若此心を、はかれて用心すれは、此面目のうたがい、(『法語』二二〇頁)

また、覚心は、まず、坐禅の方法について「無」字の公案を挙げて参禅者に説明している。中国の公案書には、『無門関』・『碧巌録』・『従容録』などがあり、ともに禅門の内外によく知られたものである。この「無」字の公案は、すなわち『無門関』の第一則「趙州狗子」という公案をさすものであり、つぎのようである。[4]

趙州和尚、ちなみに僧問う、狗子に還って仏性有りや、また無しや、
州云わく、無

覚心は趙州の観音院の従諗禅師（七七八～八九七）の狗子仏性の有無の公案禅を取り挙げて禅の奥義を示した。覚心は参禅について、この一箇の無字、すなわち宗門の一関なりとあり、禅宗の悟りは、一箇の無字に依って始まり、一箇の無字に依って終わると強調している。この「無」を説明すれば、「無」とは仏性のことであり、「一切衆生、悉有仏性」という。無門慧開は自分がこの無字の公案で六年間も苦心した結果、ついに大悟徹底に至った体験があるから、この公案には特に力を入れて提唱している。この公案は「趙州無字」と称して、従来禅宗の最大の難関の公案とされ、仏性は有でもなく無でもなく、有無を越えた絶対性のものであるから、その絶対性に向かって実参実究し一切の是非・善悪を超えて非思量の立場に立たなければならない。無門慧開は師月林師観にこの「趙州無字」の公案を与えられ、六年間参究して無字三昧を大悟した。そして、覚心は無門の法を嗣いで中国の禅法を日本へ伝えている。この一例から、禅法が覚心によって日本に受容されていることがわかる。また、覚心は『無門関』第三十七則の「庭前柏樹」を取り上げて示している。次のように述べている。[5]

趙州因僧問如何是祖師西来意、州云庭前柏樹子。

この「庭前の柏樹」と前の「趙州無字」はともに趙州従諗禅師の有名な公案である。この公案のあらすじは、まず、達磨祖師が西のインドから中国にきた意図は何かと問われた。趙州は「庭前の柏樹子」と答えたという。事実、禅の宗旨では、「不立文字、教外別伝」を伝えているが、文字に迷いがあれば、庭前の柏樹に実参する工夫ができない。言い換えれば、真実を参究して自己の悟りをすることが非常に重要である。さらに、『無門関』第三十則「即心即仏」を取り上げ、次のように記している。[6]

心即是佛、佛即是心、心佛如々にして、古へに亙り、今に亙ると、實に知ぬ、是心是佛なることを、此心遠にあらず、他人の力をからず、自から知べし、佛果に至らんと思は、能これを見べし、（『法語』二一九頁）

馬祖（?〜七八八）の「即心即仏」は有名な公案であり、即心即仏の端的を本当に悟るならば、われわれが二六時中、何人も仏衣をきており、仏飯を喫しており、仏話を説いており、仏行を行じていることが納得できるとする。『華厳経』に「心仏及び衆生、この三差別なし」となるように、仏性の中心思想としては各宗の教義において「衆生本来仏なり」が根本原理になっている。

覚心は「諸行中宗門勝事」において、とくに馬祖の即心即仏の例を取り上げ、禅宗ではひたすら実究実参すれば、因縁時節に至って自然に仏になると述べている。これをみると、覚心は禅宗の成仏は「自力」によって完成すると主張している。このような主張は第八「一切衆生有仏性事」にも強調されている。つぎのように述べている。

經に云はく、心佛及衆生、是三無差別問、何ぞ等しきや、答云はく、佛心は明なる鏡の如し、衆生心は曇る鏡の如し、鏡の像は一つなりと云へども、妄想の塵に覆はる、故に、衆生と名く、妄塵なきを佛と名く、若人心佛衆生、一つなることを知て、一念飜へせば、則是佛なり、（『法語』二一九頁）

覚心は、『華厳経』第十巻「摩夜天宮菩薩説偈品」にある「心仏及び衆生、是三無差別」という有名な文句を引用している。覚心は、一切衆生が本来仏であるという思想を禅籍でも強調し、仏と衆生が異なるものではないことを重視すべきと主張している。

また、彼が入宋した際、無門慧開の会下に参禅し「心即是仏、仏則是心、心仏如如、亘古亘今」によって覚心は大悟を印可された。いうまでもなく、これは覚心の禅の根本的な思想である。また、その大悟の句とならび悟れば仏となり、心が迷えば、衆生となると考えられるが、その実は心、仏、衆生三者が差別はない。

さらに、覚心は「諸行中宗門勝事」において禅宗の優れた点を説している。

八萬四千人法門廣と云へども、皆是佛の實語なり、八萬の細行、一切の戒律、皆是佛の威儀なり、今此禪門は、佛心宗是なり、最上乘の法也、我等衆生に、生死の一大事を、知しめんかために、釋尊世に出たまふ、經に云はく、唯以一大事因縁故出現於世、釋尊一期の間、衆生即はち佛と説たまへり、或は苦とときを、樂とき、或は有とゝき、無とゝき、或は常住とゝき、無常とゝきたまふ、然とも、凡夫は終に悟ず、入涅槃の時、一枝の花を拈じて、大衆に示たまふ、唯葉尊者のみ、佛心を會得して、破顔微笑す、迦葉尊者、妙心を得てより、次第に以心傳心、的々相承、自脈不斷、第二十八世達磨大師、天竺より唐土に渡りたまいて、此宗を弘傳したまふ、惠能大師に至るまで三十三祖なり、爾來、日本國に此完弘まり盛に是を行して、悟を得る人、そのかづをしれず、然れば是萬法の根本なり、一切の法門是より出たる故に、若人此心を明むれば、萬法明かなり、此心に迷ふ者を衆生と名け、此心を悟る者を佛名。(『法語』二一九頁)

禅宗が文字および経典を所依とせず、直ちに仏の心印を伝える宗旨であるとして、禅宗を仏心宗といった。[7] 覚心は、禅宗は八万四千の法門の中ではもっとも優れた法門になったと主張している。このような主張は「坐禅之事」にも存在している。[8] また、法燈派の法脈について、覚心は、自分の宗派が釈迦牟尼から第二十八世の達磨祖師、つづいて慧能大師に至るまで三十三祖になり、さらに無門慧開まで法を継承して日本へ伝えた。これは法燈脈の法脈の正統性を強調するためであろう。

また、坐禅しているときに、念が起るときは如何なるものか、つぎのようである。

衆生は常に惡夢のみ見て、三途八難の苦をうくるなり、諸佛は念の起る源を知たまいて、惡夢を見玉はず、是を無念無心と云ふ、念なければ生死なし、心なければ種種の法おこることなし。此心の源をしるを、見解とも、悟道とも、生死を出離するとも、解脱とも、世尊とも、如來とも、成佛とも云なり、夢のさめさるほどは、有心有念と思へとも、さめて見たれば皆虚なり。佛とをもい、衆生とをもい、悟とをもい、迷とをもい、有とをもい、無とをもい、其源をさとり得れば、又無念無心と云べきものもなし。其時始て知る、虚空の如く清浄なることを、（『坐禅儀』二一一頁）

衆生は念あれば生死となり、心あれば種々の法が起こるために生死を輪廻するのであるとする。覚心は『坐禅儀』の中でさらに生死を流転する要因を分析している。一切の言語文字でも、思量分別でも無念をもって、無念あれば遂に無心になる。無覚が「無念無心」の思想を持っていることは明らかである。

これは『無門関』の「不思善悪」と文字が異なっているようだが、中身の意味は同じである。善をも思わず、悪をも思わず、是非、善悪、取捨て、憎愛の対立の世界から超越する、対立のない絶対のところになる。このようなことが『年譜』の弘安元年条に、つぎのようにある。[9]

坐禅殊勝、一切興念為非、若欲成仏、猶是妄念、何況余耶、問云、一切善悪、都莫思量。

覚心の『坐禅儀』は道元の『普勧坐禅儀』とくらべると、道元の『普勧坐禅儀』が普く坐禅をすすめようとするものであり、その内容はほとんど『禅苑清規』・『坐禅儀』によって作られたものである。これに対して、覚心の『坐禅儀』には坐禅の仕方、心得についてほとんど論及されていない。これに反して、「坐禅之事」の中には結跏趺坐、坐禅のやり方、得法の後に聖胎の長養について掲載されている。寧ろこの一章こそ坐禅儀というべきものとなっている。また、覚心の『坐禅儀』には、まったく出家主義の主張が見られなかった。これをみると、当時、在家参禅の人数がだんだん多くなっていた背景があろう。道元がひたすら主張する「仏法のために仏法を修す」という精神は、覚心においては、求道の純粋性を強調した非世俗的立場の必要なことは認めるものの、時代の流れに従えば、出家仏教より在家仏教への質的転換を推進していくことが必然になってきていたといえよう。

以上のように、覚心における公案禅の受容を取り上げてその禅風の特質を明らかにした。法燈派の宗風の日本での受容において無本覚心の貢献を見落すことはできない。覚心は無門の法脈を日本へ移植したばかりではなく、また、日本の宗教、文化などの影響も受けて法燈の禅風の特色を作り上げていると言えよう。

二　戒律観

覚心が六斎念仏を提唱したのは周知の通りである。ところが、一方、その持戒の精神について論究した研究はあまり見られなかったといえよう。覚心に関する基本的文献の中には厳しく戒律を守る資料が散見している。覚心の持戒の精神は中世の禅林において、注目すべき事象である。ここでは、法燈の『法語』の中で、特に戒律に関するものを取り上げて考えてみたい。

まず、注目したいのは、『法語』の「斎戒功徳之事」の中で提唱されている斎戒である。

人戒授者第六天魔王眷屬、經に云はく、衆生佛戒を得ば、位諸佛に同じ、真の佛子なり、又云はく、若斎戒をたもつ人あらば、帝釈諸の眷屬と共に、沙婆世界に來て、持斎の人を守護したまう、殊に六斎日をかたく持べし、其ゆえに、釋諸天等、夜叉神を具して、閻浮提に下て、我等をまもりたまふ、若人持戒持斎の者あれば、帝釋よろこびたまいて、此人をよくまもりたまふ、災難をのぞき福德をあたえたまふ、若復斎日に戒をも持たず、斎をも持たず、諸惡をなす人をば、帝釋にくみたまいて、災難をなす、最とも慎むべし。（『法

語』二一七頁）

受戒持戒する者は自然に福徳が増えて災難を除き、また、六斎日を持戒すれば、災難をのぞいて帝釈天に守護されることを覚心は強調している。平安中期には在家信者の受戒精神の広まりによる受戒の活動が展開されることになった。また、覚心が『六斎功徳精進経』を取り上げた一文には、持斎の功徳が主張されていることがわかる。つぎのように記している。

六斎功徳精進經に云はく、若人卯時持斎すれば、八萬劫糧を得。辰の時持斎すれば、七萬劫の糧を得。巳時持斎すれば、六萬劫のかてを得。午の時持斎すれば、六十萬歳のかてを得、乃至功徳無量なり。（『法語』二一八頁）

六斎日に持斎の時間が異なると、そのもたらされる功徳の大小も異なると示している。また、梵網経[10]を引用して戒条を守ることを信者に勧めている。

梵網經諸部毗尼藏詳、受戒持戒、人根器應、或一戒二戒、或五戒十戒乃至具足戒、機根依、或一日二日、五日十日、或一月二月、一年二年乃至盡形壽、盡未來際、機に應じてたもつべし、身命さだめなし、急々に受持すべし、（『法語』二一八頁）

在家戒は、すなわち優婆塞、優婆夷が守るべきものとして不殺生戒、不偸盗戒、不邪淫戒、不妄話戒、不飲酒戒の五戒があり、それを守るべきものであるとする。具足戒は比丘、比丘尼が保つべき戒法である。四分律によれば、比丘は二百五十戒、比丘尼は三四八戒を保つべきものとされる。この戒法を保つときは、無量の戒徳をその身につけて円満具足することである。「持斎功徳之事」の内容によると、この条は覚心が居士に対して開示したのみではなく、出家者も含んでいると推察できる。戒法のうち一つの戒を守ることから具足戒に至るまで個人の能力に応じて守るべきだとしている。また、時間においても人によって一日から尽未来際に至るまで期間は異なってても各人の能力に合わせて戒を保つべきだと主張している。以上のことから法燈の戒律に関する考え方がうかがえる。五戒を守れない者は少なくとも六斎日だけは必ず守るべきことを覚心は強調している。

また、高野山萱堂で六斎日には、持斎して融通念仏が行われ、「諸の雑言戯笑を除て、偏ニ念仏名号を唱えし」として厳しい戒律が保たれたことがうかがわれる。

世間の五慾は樂と云へとも、地ごくに堕て出期なし、佛道修行は苦に似たれとも、極樂に生して自在を得、

（『法語』二二六頁）

とあり、世間の財欲、色欲、飲食欲、名誉欲、睡眠欲の五つの慾楽が人々を地獄に堕す理由になっている。これに対して、修道者が仏道を精進弁道すれば、苦しい様子であっても、将来、極樂に生まれることができるとする。また、覚心は五戒の中でも特に邪淫と飲酒戒についてその弊害を強調している。

婬酒をたつことは、學人の根器によるべし、故ゆへに、強ちに婬酒をたつて、佛果に到るにもあらず、たたずして地獄におつべきにもあらず、愚人は婬酒をこのみ、世樂に耽著して、現在の世法を破、未來の業果を怖しず

（『法語』二二六頁）

とあり、覚心は居士に対して六斎日を守るのみではなく、また、世間の五欲と淫酒を断じるべきであると勧めている。覚心は一般の在家に対しても厳しく要求をしており、出家者にはさらに厳格な持戒を定めていたことは想像に難くない。

三　経典の引用について

『法燈国師法語』は簡短な法語であるが、その中でしばしば経典を引用している。引用について考察すると、無覚が経典を引用するとき、原文の通りに引用している場合であっても、原意を変えて用いる場合もある。経文の引用の方法を分類すると、（1）経典がそのまま引用されているもの、（2）些少の相違の存するもの、（3）法燈国師が意図的に変更したもの、（4）ただ「経に云」とだけあり、明確な経典の名が記されていないものの四種の方式にわけることができる。法燈の『法語』には引用されている経文が多いが、ここでは以上四種の形式に分類して考察を加えることにしたい。

（1）出典がそのままに引用されている例証

『坐禅儀』の中である人に如何に仏法と問われ、覚心は先師無門慧開の『無門関』の例を取り上げ、「庭前の柏樹子」と答えたという。これは『無門関』の第三七「庭前柏樹」と較べると、つぎのように記している。[11]

趙州、ちなみに僧問う、如何なるか是れ祖師西来意。州云わく、庭前の柏樹子。

覚心はとくに先師の『無門関』を挙げて説明している。「庭前の柏樹子」の公案は一般の人々は真実を客観界のものとばかり思うであろうけれども、趙州の答えは、宇宙は一つなりという、真実が自己を突きつけて「庭前の柏樹子」という語で真理を示したものである。

また、「第二衆生顛倒之事」の中で『金剛経』を引用し、つぎのように述べている。[12]

如來滅後後五百歳。有持戒修福者。於此章句能生信心以此為實當知是人不於一佛二佛三四五佛而種善根。已於無量千萬佛所種諸善根。聞是章句。乃至一念生淨信者。

衆生顛倒して己れに迷う、故に淫酒を以って楽とする。凡夫の楽しむところは、皆顛倒なり、覚心が『金剛経』の「正信希有分第六」を以って持戒修福ということを説明している。以上二つの例から経典がそのままに引用されていることが分かる。

（2）些少の相違の存するもの

『坐禅儀』の中で清浄法界の心を解明するために『華厳経』を引用しており、つぎのように述べている。

華嚴經に清淨法界心と説たまふ、又、三界唯一心、心外無別法と説たまふ、又心は工みなる畫師の、いろいろ彩色を作がしと説たまへり、一切は一心より生ず、生滅の始終なし。故えに有と説、無ととく、虚空の如くなる心中より、善惡の法をこるなり。[13]（傍点作者）

という経文が引用されている。原典である『華厳経』を引用して当てはめてみると、つぎのように記している。

三界唯一心現心。如工畫師故。[14]

心如工畫師、能畫諸世間。[15]

覚心は『坐禅儀』の冒頭で『華厳経』の中心思想である「三界唯一心」をもって清浄法界の心が如何に起こるかを詳しく分析し、さらに、十法界における諸法の生滅の相が生死の源流の原因となると説明している。

両者を比較すると、「清浄法界心」というのは『華厳経』の中には見られない。また、傍点の部分は出典によると二つの経文を組み合わせたものであることがわかる。初心の参禅者に教えるとき、はじめに清浄心の重要性を取りあげており、「清浄法界心」というものは引用する時自然に加わったのかもしれないと推察できる。

法燈が「第一、無常之事」を説明するとき、とくに『金剛般若波羅蜜經』第三十二「應化非真」の経文を引用している。[16]

　故に仏の言はく、風前の燈の如く、風前の芭焦の如く、夢の如く、幻の如く、泡の如く影の如く、露の如く電びかりの如しと。

とあり、この文句は原典である『金剛般若波羅蜜經』ではつぎのように述べている。[17]

　一切有為法。如夢幻泡影。如露亦如電。應作如是觀。

覚心が引用文を挙げる時、とくに「風前の燈の如く、風前の芭焦の如く」を加えていっそう無常の状況を強調していると理解できる。もちろん、初心者の場合から言えば、「夢の如く、幻の如く、泡の如く影の如く、露の如く電びかりの如しと」というものは、「夢、幻、泡、影、露、雷」など無常の現象は一瞬なるので、説明しても理解しにくいと考えた。そこで、覚心はとくに現象界において見えるものでも、風前の燈であり、風前の芭焦であることなどの例をあげて無常を分かりやすく説明したのである。

（3）法燈国師が意図的に変更したもの

「第五斎戒功徳之事」の中で受戒と持戒について、覚心はみずからの視点を述べている。[18]

　受戒持戒は、人の根器に応ずべし、或は受一戒二戒乃至五戒十戒乃至具足戒も、機根に依てうくべし。或は一日二日、五日十日、或は一月二月、一年二年乃至必盡形壽、盡未来際。機に応じてたもつべし、身命さだめなし、急々に受持すべし。[19]

とある。『法語』によると、これは『梵網経』と諸部の毘尼蔵に詳しく記載されているが、このような経文の一部のみが『薩婆多毘尼毘婆沙』の中で引用されている。つぎのように記している。[20]

若受一戒二戒乃至四戒。受得戒不。答曰不得。若不得者。有經說。少分優婆塞。多分優婆塞。滿分優婆塞。此義云何。答曰。所以作是說者。欲明持戒功德多少。不言有如是受戒也。憂波離復白佛言。若受一日二日乃至十日五戒。得如是受不。答曰。不得。佛本制戒各有限斎。若受五戒必盡形壽。

両者を比べると、傍点の部分は覚心は全く省略し用いていない。また、『薩婆多毘尼毘婆沙』によると、受戒すれば必ず五戒を守って盡形壽に堅持すべきである。受戒の型式について少分優婆塞、多分優婆塞、滿分優婆塞というような軽い戒をうけてもそれでは受戒したことにはならない。また、一日二日乃至十日の期間に五戒を守ることにはならない。五戒を受けた人は必ず盡形壽を守るべきである。ところが、覚心の立場から言えば、この『法語』は在家の居士が仏道を求めるために解明するものであり、したがって、戒条と期間ともに厳しくなく、少しずつ戒を守ることを許されている。明らかに、これは戒律の規則と違うところであり、居士に勧めるために、覚心個人が意図的に変更したものであろう。

（4）「経に云」とだけ記し、明確な経典の名称を挙げないもの

覚心は佛性に関しての自分の見解を第八「一切衆生佛性之事」において取りあげている。つぎのようである。

21 経に云はく、心佛及衆生、是三無差別。

覚心は『大方廣佛華嚴經』の中で有名な「心佛及衆生、是三無差別」という文句を引用し、この名句は『大方廣佛華嚴經』に見え、この経の中心的な思想と言えよう。

また、初心者のために覚心が特別な人身を受けたことは非常に大切なことである。そして『法語』の中でさら

に「第六雖受人身難逢佛教事」一文を挙げて解明している。つぎのように記している。[22]

舍利弗、佛に白してもふさく、群生の中、人界にむまるること幾ばくかある、佛爪の上に、土をついて言く、人界に生るることは、爪の上の土のことし、三途にをつる者は、十方世界の土のことし、たとえば梵天より絲を下して、大海の底にあらん針のあなに、貫よりも難し、又大海に盲龜あり、海上の浮木、風に随て、東西するに、浮木の穴に、たづねあたるよりも難、たまたま人身を受ると云えども、佛教にあふことは猶かたきなり、受がたきは人身。あいがたきは如來の教法なり。

右の引用文は『佛説大般洹經』に、つぎのようにある。[23]

人身難得又復過是。具足信心心亦復甚難。猶如盲龜値浮木孔。

覚心は経典を引用するとき、明確な経典の名をあげずに引用を行い、また、簡明なやり方をもって「難逢仏教事」の条を説明している。

『法語』の第一「無常之事」では、覚心は仏門に入る第一の要門として無常観をもつことが発菩提心の根基と勧めている。

故えに經に云く、妻子珍寶、及王位、臨命終時無隨者、唯戒及施不放逸、今世後世為伴侶。夫世界の無常を思えば、生ずる者は必らず滅し、會者は定めて離り、始あれは終わりあり。昨は富て而も貴く、今日は貧して且賤し、朝に生れて暮に死す。流れる水少時も住まらず、熾なる火も終にはきゆることあり。日朝に出てだに夕に入、月上て又沒す、物として常住なるものなし、命は死のために生る、然るに山にのぼり、海にいり、岩窟にかくし、無常の上使をまねかれんとせし。

右の引用文は『大方等大集經』巻十六に、つぎのように述べられている。[24]

妻子珍寶及王位、臨命終時無隨者、唯戒及施不放逸、今世後世為伴侶

一切万物の変化は極まりなく、一切の有為法はことごとく皆因縁によって生じ、生住異滅の三有為と合して刹那に生滅し、総じて無常と名付ける。亡くなるとき名位、財産などは何も随従することはなく、ただ、持戒と不放逸が伴うと述べられている。

これは『大方等大集經』を見れば、覚心はただ「経に云く」と述べているが、これは『大方等大集經』の第十六巻からの引用である。この偈頌の意図は無常を説いて参禅者に発菩提心を勧めるために使い、さらに、覚心は言葉と目的をしっかり合致させている。偈頌の引用をしたのみではなく、さらに、傍点以外の文章を「世間の無常を思へば（中略）無常の上使をまねかれんとせし。」として無常について覚心は自分の言葉を加えて説明している。

また、「斎戒功徳之事」の中で戒を受ける人がその功徳について分析している。つぎのように記している。[25]

經に云はく、衆生佛戒を得ば、位諸佛に同じ、真の佛子なり、又云はく、若斎戒をたもつ人あらば、帝釈諸の眷屬と共に、沙婆世界に來て、持斎の人を守護したまう、殊に六斎日をかたく持べし、其ゆえに、釋諸天等、夜叉神を具して、閻浮提に下て、我等をまもりたまふ、若人持戒持斎の者あれば、帝釋よろこびたまいて、此人をよくまもりたまふ、災難をのぞき福德をあたえたまふ、若復斎日に戒をも持たず、斎をも持たず、諸惡をなす人をば、帝釋にくみたまいて、災難をなす、最とも慎むべし。

という経文が引用されている。しかし、この内容において、覚心はただ一つの経典のみから引用を行っているわけではない。様々な経典を読んで自ら理解して自らの言葉を使って教理を転釈したものであろう。例えば、『大方等大集經』に、つぎのようにある。[26]

修集淨戒為佛戒、獲得佛戒如虛空、成就如是無上戒、即是菩薩不退印。

また、『大般若波羅蜜多經』巻第四百八十四の中に、つぎのようにある。[27]

真仏子。從佛心生。從佛口生。從佛法生。從法化生。得佛法分。不受財分。於諸法中身自作證。慧眼現見而能說。佛常說汝聲聞衆中住無諍定最為第一。如佛所說真實不虛。善現。

また、『起世経』に、斎戒の功徳について、[28]

爾時天使。巡察見已。白四王言。大王當知。世間衆人。多有孝順供養父母。多有恭敬沙門婆羅門及諸尊長。樂行布施。勤修斎戒。爾時四大天王。從諸天使聞此語已。心大歡喜踊躍無量。作如是言。甚善甚善。諸世間人。能如是修極大賢善。何以故。彼諸人等。壽命短少。不久便當移至他世。今者乃能於彼人間孝養父母。奉事沙門及婆羅門。尊敬耆舊。修行禮讓。多樂布施。持戒守斎。如是便當增長諸天無量眷屬。損減修羅所有種類。

と述べられており、覚心が原典を引用するとき、諸経典と共に合糅して一文として引用したものと考えられる。ちなみに覚心は斎戒をただ一本調子に強調するばかりではなく、『六斎功德精進經』を挙げてその功徳の区別を示している。[29]

六斎功德精進經に云はく、若人卯時持斎すれば、八萬劫糧を得。辰の時持斎すれば、七萬劫の糧を得。巳時持斎すれば、六萬劫の糧を得。午時に持斎すれば、六十萬歳のかてを得、乃至功德無量なり。

しかし、『六斎功德精進經』について資料を調べたところ『大蔵経』の中には収められていないことがわかった。また、持斎の功徳を強調されることは『大蔵経』の中であまり見られない。どこから引用されたものかよく分からない。当時の中国禅林の中では葷食と酒とを寺院に入れることは絶対に許されなかった。[30] 葱韮・薤蒜・園荽

・酒肉・魚兔及乳餅・酥酪・用蠐螬卵・猪羊脂などは不應食と言われるものである。精進料理はいわゆる中国禅林の特色の一つである。西元前四世紀に成立した『佛説斎経』によると、つぎのようにである。[31]

佛言。斎有三輩。樂何等斎。維耶長跪言。願聞何謂三斎。佛言。一為牧牛斎。二為尼犍斎。三為佛法斎。（中略）斎之福祐明譬廣遠。譬是天下十六大國。是十六國滿中衆寶不可稱數。不如一日受佛法斎。如此其福者。則十六國為一豆耳。天上廣遠不可稱説。（中略）斎之福徳甚快無量。願受佛戒。從今已後月月六斎。竭力作福至死。

ここには、持斎することで自分の福徳が無量になると記されている。覚心が引用して説いた『六斎功徳精進經』では、斎戒を受ければ持戒の時間によって果報が異なるとあるとされ、完全な世俗の立場に立ち斎戒の功徳を論じている。これに対して、『佛説斎経』には、仏法斎を守るのは仏道を求めるためであり、斎戒をうけるのは現世的利益ではなくて将来の出世間の仏道のためにすすめるのであると述べられている。同じく斎戒を勧めるものであるが微妙な意義が異なるものである。

結びにかえて

無本覚心が帰朝して後の教化の活動を記したものの中には、元徳二年（一三三〇）覚心の三十三回忌に、明極楚俊が法燈国師頂相を讃した有名な綷跳がある。[32]

高野山中作戯場　　金剛三昧弄業識
両居鷲峰四十年　　一住勝林不幾日

末後一着到牢関　闍維設利光五色

無本覚心が帰朝以来、高野山と由良との「両居」と理解されていたことがわかる。その時期から高野山の高声念仏と踊念仏が盛んに行われていたのであろう。また、無本覚心が臨済宗の系統に属し、その北陸への教線の発展に寄与したことは注目すべきことであろう。その時期の主な臨済宗派がほぼ中央権勢と繋がって大きな教団を形成していたことを考える。それに対して無本覚心の紀州由良興国寺における林下としての発展にみえる彼の禅風の特色は極めて異なると言えよう。

また、無本覚心の『年譜』の分析により、彼が神祇信仰を取り入れつつ展開を遂げていったことを明らかにした。無本覚心は悪魔に三帰依文を授けるなどして禅宗の布教に勤め、「愛染之行法」と「五大尊法」等密教の修法で世利益を祈った。無本覚心が密教的色彩と神秘主義的修法をもって布教接化の手段としたことを明らかにした。

さらに、無本覚心についての基本的な史料である『年譜』には、念仏信仰に関する記載が全く見られないことを明らかにした。それは編者が意図的に省略したと推測できる。つまり、実際に無本覚心の禅には念仏思想がみられるのである。『法燈国師法語』の第二「衆生顛倒之事」には「然レバ諸ノ雑言戯笑ヲ除テ。偏ニ念仏名号ヲ唱ベシ」ことが主張されている。また、無本覚心の念仏思想はただ法燈派に対して影響を与えただけではなく、一遍の時宗にも相当な影響を与えるものであった。

無本覚心は仏心宗を継承するにもかかわらず、念仏をすすめた理由や、禅宗と淨土の優劣につて、無本覚心の見解は、参禅と念仏とはともに生死を超越するために行うものであるとする。しかし、参禅は「難行」であり、超仏・超祖をすることは容易にはできないとする。また、時間的にもにわかにはできないし、だれでもできるわけではないということである。参禅という手法では百人の中で二・三人が成就できるだけで、その人数は少ない。

これに対して、念仏は「易行」であり、参禅をも含め、念仏によっても必ず淨土へ生まれるのである。また、参禅は念の障りにはならない、念仏も、坐禅を妨げないと強調している。つまり、無本覚心は仏心宗の門派を嗣法するにも関わらず、念仏の法門がすぐれていることを主張していると明らかにした。

無本覚心の教化活動は、ただ禅宗をもってなされたものではなかった。地方発展のために宗教・文化に相応したのみならず、広く庶民の間にも迎えられるに至ったのである。一般世俗への融合によって教団を発展させることが鎌倉時代末葉の特色と言えよう。また、無本覚心の禅風は真言密教と融合するのみならず、持斎持戒によって信徒に念仏を勧めていることを明らかにした。このような多面的な禅風が無本覚心の特色と言えよう。

1　『法燈国師法語』（『大日本仏教全書』第四八巻）。
2　古田紹欽『日本禅宗史の諸問題』（大東出版社、一九八八年）一七八頁。
3　伊藤古鑑『禅と公案』（春秋社、一九七〇年）一二三頁。これは公案の実数ではない。「八万四千の法門」といわれるのと同様に大体の数を挙げたものにすぎない。公案には頌古・拈古・擧古について代表的なものが指摘されている。
4　『五燈会元』巻四に掲載されている。この公案は『趙州禅師語録』と『五燈会元』の第四巻「趙州従稔禅師の伝記」とともに記載されている。しかし、『景徳伝燈録』第十巻「趙州従稔禅師の伝記」にはこの有名な公案が記載されていない。
5　『五燈會元』（卍新纂續藏經第八十冊・八八頁上）。
6　『景徳伝燈録』第六巻、『五燈會元』第三巻、『宋高僧伝』第十巻、『馬祖語録』第一巻。

7　仏心宗と称することは、道元の「正法眼蔵」「仏道」に「大宋の近代、天下の庸流、この妄称禅宗の名をききて、俗徒おほく禅宗と称し、達磨宗と称し、仏心宗と称する妄称、きほひ風聞して、仏道をみだらんとす」とある。このように道元は自らの教えを正伝の仏法と捉えを、禅宗とか仏心宗とかいう呼称を用いることを禁止した。

8　「諸法の中に禪門最とも勝れたり、佛心宗なるかゆへに、諸行の中に坐禪最とも勝れたり、大安樂の行なるかゆへに」と掲載されている。

9　『年譜』、弘安元年条。

10　『梵網経』は、近年の研究では劉宋代に(五世紀頃)に中国で成立したとみている。本経は大乗律第一の経典として、中国・日本では重視され、特に最澄が南都小乗律に対し、本経によって大乗律を主張した意義は大きい。

11　『坐禅儀』(『大日本仏教全書』第四八巻・二一二頁上)。

12　『金剛般若波羅蜜経』(『大正新脩大蔵経』第八冊・七四九頁中)。

13　『坐禅儀』(『大日本仏教全書』第四八巻・二一一頁上)。

14　『華厳経』(『大正新脩大蔵経』第三冊・五一七頁)。

15　『華厳経』(『大正新脩大蔵経』第三冊・一〇二頁上)。

16　『法燈国師法語』(『大日本仏教全書』第四八巻・二一四頁下)。

17　『金剛般若波羅蜜經経』(『大正新脩大蔵経』第八冊・七五二頁中)。

18　『法燈国師法語』(『大日本仏教全書』第四八巻・二一八頁上)。

19　大方便佛報恩經巻第六(『大正新脩大蔵経』第三冊・一五七頁中)。

20　『薩婆多毘尼毘婆沙』(『大正新脩大蔵経』第二三冊・五〇七頁中)。

21　『大方廣佛華嚴經』(『大正新脩大蔵経』第九冊・四六五頁下)。

22 『法燈国師法語』(『大日本仏教全書』第四八巻・二一八頁上)。
23 『佛說大般泥洹經』(『大正新脩大蔵経』第一冊・八五八頁下)。
24 『大方等大集經』(『大正新脩大蔵経』第十三冊・一〇八頁下)。
25 『法燈国師法語』(『大日本仏教全書』第四八巻・二一七頁下)。
26 『大方等大集經』(『大正新脩大蔵経』第一三冊・三八頁下)。
27 『大般若波羅蜜多經』巻第四百八十四(『大正新脩大蔵経』第七冊・四五六頁下)。
28 『起世経』(『大正新脩大蔵経』第一冊・三四七頁中)。
29 『法燈国師法語』(『大日本仏教全書』第四八巻・二一八頁上)。
30 道端良秀「中国仏教と肉食禁止の問題」・「中国仏教と禁酒運動」(『中国仏教思想史の研究』、平楽寺書店、一九七九年)二七一頁。
31 『佛説斎経』(『大正新脩大蔵経』第一冊・九一〇頁下)。「牧牛齋者。如牧牛人求善水草飲飼其牛。暮歸思念何野有豐饒。須天明當復往。若族姓男女已受斎戒。意在家居利欲產業。及念美飲食育養身者。是為如彼牧牛人意。不得大福非大明。尼齋者。當月十五日齋之時。伏地受斎戒。為十由延内諸神拜言。我今日齋不敢為惡。不名有家彼我無親。妻子奴婢非是我有。我非其主。然其學貴文賤質無有正心。至到明日相名有如故事齋如彼者。不得大福非大明。佛法齋者。道弟子月六齋之日受八戒。」
32 『法燈国師縡跳賛』(『続群書類従』第一三輯、続群書類従完成会、一九八一年)三五八頁。

第八章　禅宗史上における夢窓疎石の思想とその位置

はじめに

夢窓疎石に代表される臨済宗五山派は早くから幕府や朝廷の関係者等に受容されて発展していった。すなわち「中央政権」の布教を中心に展開を遂げていった。これに対して、曹洞宗は道元が越前永平寺を拠点にひたすら坐禅を挙揚して以来、いわゆる「地方」の武士に受容されていった。その布教活動の方向は異なるものであった。また、鎌倉時代の臨済宗は北条氏の外護を中心に成立していたといってよい。しかし、時代が遷り、北条氏の滅亡、すなわち鎌倉幕府の滅亡により臨済宗が衰退する中、禅宗界には夢窓が登場し、新たに五山禅林文化を発展させたことは禅宗史上、一大画期となるものであった。なお、日本の五山十刹制度は中国の南宋に源を発して鎌倉末期に開始され、室町時代に完成を遂げている。

夢窓は鎌倉の末期から南北朝時代にかけて生きた禅僧であり、七代の天皇から国師号を下賜された人物である。本論では、まず、夢窓が中世の禅林に対して如何に大きな影響を与えたかについて考察を加えることにする。また、大発展を遂げた夢窓派は叢林に巨大な派閥も形成しているが、その禅風の特質を『語録』・『西山夜話』・『夢中問答』等に分析して論述し、さらに、『臨川家訓』から夢窓が理想とした禅林のあり方はいかなるものであったかを究明することにつとめたい。

第一節　夢窓における教化と教団の展開

一　夢窓の禅密兼修

夢窓疎石は建治元年（一二七五）伊勢に生まれた。父は宇多源氏の佐々木氏で、母は平氏の血をひくと言う。ところが、弘安元年（一二七八）夢窓が四歳のときに甲斐に移住した。同六年（一二八三）九歳のときに真言宗の平塩山寺に入り、空阿大徳に内典・外典・世間の技芸を学び、十四歳になったとき、夢窓は自ら「九想の図」を画き、坐禅を思惟した。「不浄観」（貪欲多き者が貪欲を対治して心一境性を得るために修する観法である。）を訓練して自覚的修道生活に入った夢窓にとって、修行そのものが精神生活に大きな影響を与えたことはよく知られているところである。[1]

十八歳にして、奈良に赴き明真講師の下にあり、また、東大寺戒壇院で受戒した。これより専ら仏書の解読に志し、密教を学び天台を聴いたが、ある日、平生信頼していた講師が死に臨んで見るに忍びないありさまを見た。このことが、教より禅への転機となった。永仁二年（一二九四）京都に出て建仁寺の無隠円範に礼し、翌年、退耕行勇の開いた東勝寺の因縁によるものであろうが、のち、建長寺の葦航道然の会下となった。いずれも蘭渓道隆の直弟子ばかりであり、当時の高僧であった。こうして夢窓は台密双修の時代を経て密禅兼修までその過程を経たことが将来の夢窓の宗風に大きな影響を与えることになった。

正安元年（一二九九）八月、一山一寧（一二四七～一三一七）が江南から渡来して[2]円覚寺住持をも兼任したので、夢窓は随侍してひたすら道を求めるために、建長寺より円覚寺に籍を移した。しかし、「省悟」することができなかった。ついに、高峰顕日（一二四一〜一三一六）の万寿寺に至り、参究して深く「省悟」した。その後、奥州百鳥・内草山・常陸臼庭などに隠栖するに至った。嘉元三年（一三〇五）五月、夢窓は坐禅三昧の中にあって豁然として「悟」が開けた。『年譜』によると、五月末のある日、庭前の樹下で涼をとって坐して、深夜に至った。彼は身の疲れを休めるために庵に入り、床に上ろうとしたが、壁の無いところを壁と誤り、体を寄せようとして顛落した。このとき思わずわれに返って笑い、偈を作った。つぎのように記載している。[3]

多年掘地覓青天、添得重々礙膺物、一夜暗中颺碌甎、等閒撃砕虚空骨、爾来覰透仏祖機関。

さらにある一つの偈を作った。

西秦東魯信不通、蛇香鼈鼻虎咬大虫。

この偈こそ夢窓がはっきりと「悟」を開いたことを示す史料であるといえよう。日本禅宗歴史の中で、開悟の道程を自ら明らかにしたものは夢窓が初めてではないかとされる。[4]これと後の公案禅とは著しく様相を異にしている。それは、古く唐代の禅に近いものである。同年十月、再び高峰顕日を鎌倉浄智寺に訪ねて「省悟」を呈して印可を受けた。[5]それから、徳治二年（一三〇七）高峰顕日から自賛の頂相と法衣を授けられ印可証明を受けた。その頂相に自賛の偈頌を加えている。[6]

脱体無依坐断観寰宇、黒漆竹篦号令仏祖、

石侍者横点首、転円石於千仭、付鉏斧於両手。

さらに、高峰顕日は無学祖元から与えられた径山無準の法衣を授けた。延慶元年（一三〇八）正月、高峰顕日について教化活動を助けるなど、書記の役をつとめた。然るに、翌年、夢窓は恩師高峰顕日に別れて甲斐に帰り、隠遁生活を送る。しかしながら、夢窓が山中に隠遁すると、かえってその人気が高まる結果となり、それをうらやむ者が出るほどであった。

元応元年（一三一九）夢窓が群参者を避けるために、鎌倉の勝栄寺に住した。この際に、北条貞時の夫人覚海は高峰顕日の遺囑を受けて夢窓を関東に迎えたのである。夢窓がこれを聞いて五台山に遁れ、使者は「もし夢窓を隠すと、罪とする」と言って各家をまわったため、夢窓はついにやむなく「逃げることが難しい」と言ったという。貞時の夫人が再三懇請するので、ついにその請に応じて鎌倉に赴いたのである。[7]

二　南禅寺から天竜寺へ

1　南禅寺

永仁七年（一二九九）三月五日、亀山法皇は南禅寺に起願文を納めている。[8]同寺ははじめ寺名を竜安山禅林禅寺と言ったが、正安年間（一二九九～一三〇一）に改めて瑞竜山太平興国南禅禅寺と称した。

明らかに、南禅寺の創建は悉く禅寺としての性格標榜しており、したがって南禅寺の伽藍には一宇も天台・真言的な堂舎はなく、純然たる禅院の構造で創建された。皇室の手によって建てられた最初の禅寺であり、その置文の主旨が必ず守られるという状況にあった。南禅寺は京都の禅宗の伝統から脱離し、教乗禅の形式を捨てており、建仁寺・東福寺とは明らかに異なっていた。南禅寺の創建は京都における禅宗の発展史から見て新時代の到来であったといえる。

正中二年（一三二五）南禅寺の住持が欠けたので、後醍醐天皇は特に近臣を遣い夢窓を招請させる。夢窓が病と称して辞退したので、執権北条高時を介するなど、非常に強い態度で要請した。さらに、後醍醐天皇より重ねて南禅寺入寺のために一度上洛せよとの勅命があったので、夢窓も今度は断りきれず、ついに南禅寺・第九世住持となった。同年八月二十九日、南禅寺に入院した。その際の法語はつぎのようなものであった。[9]

陞座拈香云、此一瓣香爇向爐中，恭為祝延今上皇帝聖躬萬歳萬歳萬萬歳、陛下恭願皇圖斬新永符山呼之祝民物康阜咸賴天賦之恩。

此香奉為諸位尊官文武百寮資倍祿算、伏願輔弼全功權威旌美德。

此香山南海北到處埋藏、未嘗容易衒賣、定價還他大商、爇向爐中供養前住相州建長　勅謚佛國禪師高峯大和尚用酬法乳之恩。

南禅寺入院の方法は、中国で行われてきた方法であった。夢窓には全く入宋して禅を学んだ経験はない。しかし、南宋の禅法をその法嗣としてそのまま行っている。これは無学祖元から高峰顕日を経て継承されてきたものであった。また、後に浄智寺[10]・円覚寺[11]・再住南禅寺[12]・天竜寺[13]・再住天竜寺[14]に入院したときにも同じような形式で行っている。まず、「上皇帝聖」を祝う「万歳万歳万万歳」の言葉で国家の安定と人民の安楽を祈るのである。つぎに、文武百官の権勢を祈り、さらに、高峰顕日に対して承法香を薫いての嗣法の恩を感謝した。この形式は北宋時代から「忠君愛国」を表明するものとして存在し、南宋に至りとくに顕著になったものであった。

亀山法皇の『起願文』は、つぎのようである。[16]

朕聞、古云、人身難逢佛法難聽、吾被催十善之餘薫　恭踐萬乘之帝祚　雖有亢龍之悔　猶待金仙之樂　竊思何幸、法逢大乘　禪聞南宗　處於后五百世之間　如在三百餘會之砌　爰以建寺度僧、有漏善根雖非本望　利生悲願化物要徑也、吾子子孫孫宜佑吾所思　當寺繁昌者、蘿圖永固、玉葉久茂、若背吾所思　廢亡旋踵、若在天界以天眼照之、若在佛界以佛眼鑑之、思之思之。

一、寺領事

遠江國　初倉庄

加賀國　小坂庄

筑前國　宗像社

右件三ヶ所、盡未來際、被寄附當寺畢、縱雖高岸成深谷、滄海變桑田、不可有改易者也、子孫宜守吾本志　願雖有加增不可減少者也。

長老職事、選器量卓拔、才智兼全、而佛法為重擔　勤行為志師之仁　可補任者也、佛日增輝、法輪常轉而已、僧者不必以貴人為尊、乃至雖吾子孫、不可以勢住持　恐為傷風敗教之端　深屬深屬。

永仁七年三月五日

佛子金剛眼

これをみると、二つの事柄を述べている。当寺が繁栄すれば国は永く安定し、興隆する。もし、自分の思いと違えば滅亡がすぐに来る。南禅寺が繁栄すれば皇室の繁栄も共にあるだろうというものであった。その第一は、法皇は南禅寺の庇護のために、その経済の確立をはかるために、遠江国初倉庄・加賀国小坂庄・筑前国宗像社など三か所を南禅寺寺領として寄進した。もし将来、高山が深谷になり、滄海が桑田に変わることがあっても決して変更できない。寄進は増加することはできても、反対に減少することはできない。第二には、南禅寺における長老職、すなわち住職に関するものである。それには器量が卓抜で才智を兼備した人物が仏法を担うものであり、また、勤勉で志節ある人物が担任すべきだと規定した。これは完全な中国の「十方住持制度」の法にかなったもので仏法の宣揚を担うために才智兼備の人材を選ぶというものであった。南禅寺の歴代の住持を見ると、第一世、聖一派の無関玄悟。第二世、仏光派の規庵祖円。第三世、一山派の一山一寧。第四世、大応派の絶崖宗卓。第五世、大覚派の約翁徳倹というように、その住持は特定の一派一流によることはなかった。南禅寺は十方住持の制度を採用したのである。

中国の五山制度は鎌倉末期から日本に移入された。十方住持制度とは、すなわち、新たに住持を迎える際に、その僧の法系や門派を問うことなく、天下の名僧を自由に招請する制度である。中国から無学祖元や大休正念などの来朝僧が渡来するようになり、官寺の制度がようやく確立するようになっていった。前述したように京都南禅寺は、亀山法皇が開基した禅寺である。加えて、中国の禅宗の制度を承知していて、十方から人材を選んで住持に任命すべしという置文を出している。十方住持の制度が採られた。[17]南禅寺は徳治二年（一三〇七）、後宇多法皇により準五山に列するよう鎌倉幕府に推薦され認められている。南禅寺の創建は禅宗の発展史からみて一大画期をなしたといえる。

嘉暦元年（一三二六）七月、夢窓が南禅寺を退院した。退院上堂の偈はつぎのようである。[18]

一片間雲多変化、従龍暫寄此山頭、釘釘懸挂没交渉、又逐秋風過別州。

第一句には、「一片の間雲」はすでに後醍醐天皇の命運を暗示する。第二句には、竜はしばらくこの山頂に寄るだけですぐに秋風に逐われて別の州を越えるとある。これはすべて自身と後醍醐天皇とのかかわりを苦慮するものであろう。[19]このような心境が余すとこなく表現されているといえよう。

夢窓は南禅寺を退いたのち、北条高時より寿福寺の住持に招かれたが固辞して受けず、熊野・那智を巡って生まれ故郷の伊勢に善応寺を開き、鎌倉に戻った。嘉暦二年（一三二七）二月、高時の招請をうけて鎌倉浄智寺に住持したが、七月に退位して南芳庵に帰住し、八月には瑞泉院を設けて移住した。ついで、高時が再三再四で円覚・建長の住持を招請するが、夢窓はわずかに円覚寺に入寺するのみであった。元徳元年（一三二九）八月二十九日に入院陞座を行っている。[20]

その間に鎌倉幕府はようやく衰退し、その滅亡も時間の問題であろうと見られていた折、夢窓を招請することは北条高時の深い願望であった。しかし、夢窓の方は鎌倉政権との接触に消極的姿勢をとったようである。[21]

2　臨川寺

元弘三年（一三三三）五月、鎌倉幕府は滅び、後醍醐天皇が隠岐から京都に帰って政権を掌握すると、後醍醐天皇が足利尊氏に命を下し、臨川寺を勅建して夢窓に管領させ、建武二年（一三三五）には、夢窓を開山とし、霊亀山臨川寺が成立したのである。

同年十月十一日、[22]光厳院は夢窓に夢窓国師の号を下賜した。これは生前に国師号を得た最初の例である。このような優遇の条件下に臨川寺は開創されたのであり、同寺が大きく発展することは疑いなかった。また、同月二十九日、臨川寺領として大井郷内関所・遮那院并屋地が寄進された。[23]夢窓は尊氏の庇護を受けた。建武三年（一三三六）尊氏は夢窓を請じて弟子の礼を取るための教誡を求めている。[24]建武新政が成ると、尊氏は不意に後醍醐天皇より、夢窓を京都に招請する勅使を命じられた。それ以来尊氏は夢窓に対して尊敬の念を持つようになっていたのである。鎌倉幕府滅亡以前には、両者が直接に交渉することはなかったものと推量される。

暦応二年（一三三九）四月二十五日、光厳院は臨川寺のまわりに散在する土地を寺領として寄進し、また、同四年十二月十八日、室町准后尊融、すなわち世良親王は内近江の栗津・橋木の御厨・美濃国高田勅旨田・備後国垣田庄など遺産の土地を臨川寺の三会院に寄進した。夢窓は門徒の精神的拠点を作るため臨川寺に開山塔三会院を建てており、これは夢窓派の教団を形成するのに大いに寄与することになった。

三会院には「三会院遺誡」を、臨川寺には「臨川家訓」を制定し、門徒に対する規則を定めている。以上の二つの史料には夢窓の門派運営についての方針が明確に示されている。この問題については後に詳しく考察を加えることにする。

3　天竜寺

尊氏は元弘以来の戦没者に対する悔恨の情に絶えなかった。中国には民心を慰撫するために天寧禅寺と報恩光孝禅寺が建てられているが、日本でも阿育王の舎利塔のようなものを創建してはどうかと、夢窓は尊氏・直義に勧めた。この提案にさっそく尊氏は同意し、康永元年（一三四二）八月五日、塔婆が建立され、その趣旨は「八坂宝塔慶讃仏事」の中にはっきりと書されている。[25]

伏惟征夷大將軍（中略）元弘以來國家大亂、想料賢懷奚有介惡、祇是天災起於不虞傷害人民不尠、焚燒舍宅幾何。因此惡緣翻發善願、其善願者所謂欲於六十餘州內每州建于一基塔者也。其旨趣不敢為私家、欲祈佛法王法同時盛興。其回向亦非為自利、欲濟此方他方一切含識、具陳精悃上達、聖聞其志協叡襟亦同發大願。乃命主幹於武將以成締構於諸州、或新樹營功或重補廢址、今此當山靈塔是其一也。

天竜寺を創建する前に、尊氏は元弘以来の戦没者の菩提を弔うために全国六十六の国ごとに安国寺・利生塔を建てることを明らかにした。事実、安国寺・利生塔はすべてが新設ではなく、その国での由緒ある寺塔を改めてこれに充当したものもなくはなかった。この史料の中には特に明らかに示してはいないが、業債と慚愧を謝罪すると共に、言外には後醍醐天皇に対する自身の所作についての懺悔をも示唆している。夢窓はこれを私家のためにあらず、仏法と王法が共に興隆するためであるとしている。[26]

また、康永四年（一三四五）八月晦日、光厳上皇が天竜寺に行幸したとき、同じく、「天竜寺仏殿慶讃陞座法語」につぎのように述べている。[27]

聖旨於榑桑國中毎州、建立一寺一塔、普為元弘以來戰死傷亡一切魂儀資薦覺路。又曆應年中特立叡願、革此皇宮以作梵苑奉為　先皇嚴飾寂場。又命武家董其營造、經年未幾不日成功。寔是君臣道合、天龍保持之所致耳。惡事轉成善事、法無定相逆縁却為順縁。此所以其禍福同源、冤親一體者也。兵革之亂於世非適今也。

鎌倉幕府の滅亡によって足利氏による武家政権が誕生したのであった。元弘以来の戦没者の遺霊を弔い、民心を慰撫するという目的と、天下の泰平を祈るために、また、少し残っている南朝の勢力を監視するために、夢窓の勧めにより六十六の国ほとんどに安国寺・利生塔を設置したと見るべきであろう。

寺塔の設立には仏教の立場から民心の慰撫という主な目的であったことが明らかであるが、政治家としての尊氏・直義の胸中には武力および政治性と寺塔の宗教性とを直結することによって、幕府の支配をより円滑に推進しようという考えがあったに相違ない。[28]安国寺・利生塔は、すなわち足利氏の勢力範囲を拡張し、さらに、戦後の民心の鎮撫のために、宗教の力を借りる必要があった。そこには政治的意図を存在しているのである。[29]

安国寺・利生塔の件は表面から見れば、夢窓が尊氏に勧めた事であり、これにより夢窓が幕府の宗教政策にたびたび影響力を行使するようになったのは明白なる事実であった。また、実質的に、利生塔を設置することは明らかに禅宗の地方発展と他宗の統制などに利ならしむるために大きな役割を果たしたといえる。要するに、乱世の時代に怨親平等の思想を実践して天下に太平をもたらそうというものであった。安国寺・利生塔を設置したことは国家の安定と禅宗の発展に寄与するものであったといえよう。

延元四年（一三三九）八月十六日、後醍醐天皇は吉野で寂した。尊氏は九月一日から七日間、廃朝して政務をとるのをやめ、弟直義とともに専ら天皇の冥福を祈った。尊氏の後醍醐天皇に対する哀悼の意は相当に強かったことが理解できる。夢窓は天皇の菩提を弔うために禅苑創建の構想を尊氏・直義兄弟に述べた。のちに、このことを光厳上皇に奏して亀山殿の土地を撰んで一大伽藍を創建することになったのである。

大覚寺統の亀山殿については、これを簡明に物語るのが『天竜寺造営記』に収められる光厳院の院宣である。

　亀山殿事為被資、後醍醐院御菩提可被成仏閣可被令造進給者、院宣如此、仍執達如件。

　暦応二年十月五日　　按察使経顕奉

謹上　鎌倉大納言殿

ついでに、暦応三年（一三四〇）四月二十一日、亀山殿の敷地において、新禅刹建設工事は第一歩を踏み出した。[30] また、同年十一月二十六日、醍醐天皇の百箇日忌を迎えている。『天竜寺造営記』には、冒頭につぎのようにある。[31]

　天龍寺造營記録　　自暦應迨于康永元

暦應資聖禪寺造營記

後醍醐院（號吉野新院）暦應二年八月十六日崩御事、同十八日未時　自南都馳申之、虚實猶未分明、有種種異說、終實也。諸人周章、柳營武衛兩將軍哀傷恐怖甚深也、仍七七御忌慇懃也（內佛事記有別）、且為報恩謝德、且為怨靈納受也。新建立蘭若、可奉資彼御菩提之旨發願云々、則被定奉行人。

（中略）

其後被下　院宣云
龜山殿事、為被資　後醍醐院御菩提、以仙居改佛閣畢為開山致管領、合專佛法之弘通、可奉祈先院之證果者
院宣如此、仍執達如件。
曆應二年十一月五日　　按察使經顯奉
夢想國師方丈

また、
龜山殿事、為被資　後醍醐院御菩提、可被成佛閣可被令造進給者　院宣如此仍執達如件
十月五日　　按察使經顯奉
謹上　鎌倉大納言殿

であり、尊氏は等持院で荘厳な法要を行う。夢窓は兄弟の念願を受けて天竜寺を開山した。天竜寺は發願から六年かかって完成している。康永元年(一三四二)十二月二日、天竜寺は上棟の儀式を挙げた。また、同月五日、上棟の祝賀のために、光明天皇の勅使・足利尊氏・直義兄弟が天竜寺に赴いた。同十二月、天竜寺は光厳上皇から五山・十刹の座位を定められたので、五山の第二に列せしめられた。康永二年(一三四三)八月、天竜寺の上梁銘が書かれたが、つぎのようである。[32]

梁牌
天龍寺上梁銘
上間
虔革故嵯峨離宮鼎建精舍

伏冀　諸障併消頓超墜之區域
恭為後醍醐聖廟資倍善根
伏冀　洪慈均被普化怨親之品彙
太上天皇量仁謹書

下間
暦歴庚辰孟夏表其權輿
恭願　皇基鞏固龜龍呈瑞於無窮
康永癸未仲秋成此寶殿
恭願　法運紹興魔外歸真而不擾
開山夢窓疎石敬白

天竜寺の仏殿が竣工し、その上梁の銘の上間の部分を光厳上皇が、下間の部分を夢窓が書いた。貞和三年（一三四七）に至り荘厳なる天竜禅寺は竣工した。康永四年（一三四五）四月八日天竜寺の新たな法堂の開堂の儀式が行われた。つぎのような記載がある。[33]

暦応二年十月降　勅奉　為後醍醐上皇、革離宮作梵苑、乃命師開基。
康永四年四月初八　新開法堂（此日武將兩殿下光臨法筵）
上堂、先伸佛誕儀罷乃云、三世諸佛出現於世、唯為説法濟度衆生、是以四辯八音並為説法軌範、鹿苑鷲嶺亦是度生道場、祖師門下單提獨弄、直示本分不同教門、然鞠其旨歸亦只為傳法救迷也。（中略）百丈大智禪師創興叢林以來、震旦榑桑列刹相望、大小雖異皆構法堂擧唱宗乘。

天竜寺法堂の開堂は「後醍醐上皇」の菩提を弔うためであり、「離宮」を「革」めて寺院としたことが記されている。夢窓は陞座して君恩に感謝した。また、朝廷から一枚の扁額を賜わる。つぎのようにある。[34]

朝廷賜額扁日法雷、宸翰奎畫鳳舞龍翔、直得法雨將降天旌瑞兆、仁澤普被世仰洪恩。如來以法付囑國王大臣、慈鑑之効昭著于此、懿哉斯法布益無窮。所謂法者何耶、乃是衆生圓具本法也。在聖不増在凡不減、大之則彌於宇宙、細之則攝於毫釐、亙古亙今不變不異、諸佛所説大小權實半滿偏圓皆悉。此堂未營造法門自現成、山僧今日陞于此座、別無衷私底法門為人可説、只與本師釋迦如來、及盡虚空界諸佛菩薩・諸賢聖衆・現前大衆・外護尊官堂中、欐梁燈籠露柱無邊、刹海人畜草芥各出廣長舌、同轉大法輪而已。

康永四年（一三四五）八月三十日、光厳上皇は群臣を率いて天竜寺に臨幸した。夢窓は拈香して陞座説法し、覚皇宝殿落成の法語を唱えた。つぎのようである。[35]

覺皇寶殿慶賛陞座　　康永四年八月晦日此日太上天皇臨幸

拈香云、此一瓣香根蟠實際、蔭覆高穹無邊、德用集在其中、爇向爐中恭為今上皇帝　太上天皇祝嚴聖壽無疆、洎文武百僚增福增壽。

次拈香云、此香應時變化、沒蹤由信手拈來歸掌握、爇向寶爐供養、現座道場毘盧遮那如來、千百億化身釋迦尼大覺世尊、普賢菩薩文殊菩薩等諸大薩埵、迦葉尊者、達磨大師等歴代祖師、及微塵刹界一切三寶、所鳩善利恭為　後醍醐上皇莊嚴覺果。

次伸祝貢　大梵尊天帝・釋尊天・四大天王・日月星宿・火德星君天界列位、諸天仙衆地界所屬一切靈祇水界、所屬諸大龍王榑桑顯化、伊勢太神宮八幡大菩薩等多少神祇。普用資熏、同垂保護。

まず、「今上皇帝」および「太上天皇」の「聖寿無疆」を祈祷するための香を焼いており、中国以来の形式に基づくものであった。また、後醍醐上皇帝を荘厳化するために焼いている。天竜寺の創建は夢窓と足利氏とが師檀の関係を結び、夢窓派の勢力がさらに伸び五山派の中で大きく発展を遂げる基礎となったといえる。尊氏・直義の外護により成立した天竜寺は、彼等が天竜寺をもって、鎮護国家祈祷の拠点としようとしたのである。国家における新しい社会秩序を象徴している。[36]

4 示寂

貞和二年（一三四六）、夢窓は七十二歳になり、寺の規矩のために、同年四月二十九日に『三会院遺誡』を定め、康永四年（一三四五）十月十七日に『西芳遺訓』を、また、観応二年（一三五一）九月二十六日に『末後垂誡』を制定した。

貞和二年（一三四六）三月十七日、光厳院が奉賀入山して上堂説法をし、また、十一月二十五日、光明天皇が夢窓を宮中に召して受衣し、弟子の礼を取り、翌日、「正覚国師」の号を下賜された。[37]同五年三月、足利直義は雲居庵に受衣し、また、同十一月にも、天竜寺の普明閣で受衣している。[38]

観応二年（一三五一）四月、夢窓は天竜寺に再住して僧堂を竣工し、七月に開堂した。同年八月十五日、光厳院より「夢窓正覚心宗国師」の号を賜わる。同十六日、後醍醐天皇の十三回忌に聖廟多宝院で冥福を祈る。翌日、夢窓は三会院を退き微疾を示した。九月一日、大衆に告げて「私は世縁が近気にあり、疑問があれば問うべし」と伝えた。これから、日々多数の人々が遠近を問わず集まり、夢窓の最後の教示を求めている。[39]朝廷からは国医を遣わされたが、夢窓は老病は自然であり、医療では救うことができないと言って辞退した。その静かな態度をもって示寂を迎えている。また、九月七日、光厳上皇と光明天皇とともに見舞い、さらに、十九日にも重ねて臨幸していいものか病状を問われた。その夜、夢窓は侍者を教化して、つぎのように述べている。[40]

道無去来生死之相、亦無安危治乱之変、若於此安住者、苦楽逆順道之所在、生死去来遊戯三昧。

臨終に際しても懇切な態度で弟子を指導している。なお、西芳寺に入る直前に、夢窓は臨川寺で遺誡を書いているがその冒頭で弟子を三つに分けている。「三会院遺誡」にはつぎのような記載がある。[41]

我有三等弟子、所謂猛烈放下諸縁専一窮明己事、是為上等。修行不純駁雑好學、謂之中等。自昧己靈光輝只嗜佛祖涎唾、此名下等。如其酔心於外書立業於文筆者、此是剃頭俗人也、不足以作下等。矧乎飽食安眠放逸過時者謂之緇流耶、古人喚作衣架飯嚢。既是非僧、不許稱我弟子出入寺中及塔頭、暫時出入尚以不容、何況來求掛搭乎。

猛烈に諸縁を放下して専ら「己事」を究明する者を上等とし、つぎに、修行が純粋でなく雑学を好むものを中等とし、さらに、ただ仏祖の福徳を嗜むものを下等の弟子と述べている。このように見ると、夢窓が弟子達に厳峻な禅風を与えようとしたことがうかがえる。しかし、この三等の弟子で言えば、春屋・義堂などは上等の弟子ということになろう。しかし、ほかの中等、下等の弟子も同じように弟子として認めている。三等の弟子ともに夢窓は自己の門派として認める立場をとっているのである。夢窓は禅を考える際に、つねに禅と社会との関係に重点を置いていたことを知ることができる。同時に、夢窓には現実社会に対する妥協的態度がうかがえよう[42]その寛容な性格が夢窓の門派を早急に発展させることに大きな要素となったに相違ない。かくの如く弟子を育成することは極めて厳しくもあり、また懇切であった。夢窓の生涯における弟子の数は『天竜雑誌』によると、総計一万三千百四十五人と記されているのを見るだけでも、[43]その影響力が察せられる。

夢窓は自らの死期を悟って『末後垂誡』を書き、門人に遺誡を残して己事の究明に専念せよと説いている。さらに尊氏に禅寺の庇護を依頼し、九月二十九日遺偈を書き、翌日、親しく門弟たちに別れを告げ、三会院で示寂した。

七朝国師号

夢窓は代々国師号を次々に賜った。遂に、七朝の国師号をえるに至った。すなわち、建武二年には、後醍醐天皇より「夢窓国師」を、貞和二年（一三四六）には、光明院より「正覚国師」を加えて下賜されている。観応二年（一三五一）には、光厳院より「心宗国師」を下賜されている。以上、夢窓は夢窓・正覚・心宗の三つの国師号を生存中に賜っているのである。

また、夢窓の寂後、延文三年（一三五八）には、光厳院より「普済国師」を、応安五年（一三七二）には、後円融院より「玄猷国師」を加諡された。宝徳二年（一四五〇）には、後花園天皇より「仏統国師」を、文明三年（一四七一）には、後土御門天皇より「大円国師号」を加諡された。[44] 夢窓は後醍醐天皇以下七人の天皇から国師号を与えられた故に「七朝国師」と仰がれた。

日本禅宗の興隆は栄西・道元禅師にはじまり、宋より渡来した蘭渓道隆・無学祖元などがつづき、その各々の弟子に南浦紹明・高峰顕日などの人材が出ている。また、第三代にあたる夢窓疎石と宗峰妙超とは京都で相並んで、興隆を極めたこの二流は南北朝期より室町期にかけてもっとも栄え、臨済禅宗の黄金時代を築いたが、夢窓の門派であった。[45]

夢窓の一生はその評価に褒貶両面がある。概観すれば、壮年の時期は政治的に動いたのであるが、中年以降にはどうも諦観の境地に入ったらしい。[46] 夢窓は禅宗に一生をささげる七朝の帝師と崇せられたばかりではなく、歴史上においても見逝してはならない重要な位置を占めているのである。

1　『夢窓年譜』正安元年条。
2　玉村竹二『夢窓国師』（平楽寺書店、一九七七年）一八頁。玉村竹二氏は一山一寧が正安元年八月に来朝したと指摘している。その『一山国師年譜』の記述は年譜編者の誤認とする。
3　『夢窓年譜』嘉元三年五月条。
4　柳田聖山『禅の時代』――栄西・夢窓・大燈・百隠（筑摩書房、一九八七年）一二〇頁。
5　『夢窓禅師語録』（『大正蔵』八十冊・四八五頁上）。
6　『夢窓年譜』徳治二年条。
7　『夢窓年譜』応元元年条。
8　『南禅寺史』永仁七年三月五日条。禅林禅寺『起願文』は昭和十四年文部省より亀山天皇御宸翰として国宝に指定され、現在、南禅寺に珍蔵されている。
9　『夢窓禅師語録』（『大正蔵』八十冊・四四九頁下）。
10　『夢窓禅師語録』（『大正蔵』八十冊・四五三頁上）。
相州鎌倉縣金寶山淨智禪寺語録　　於嘉曆二年二月十二日入院
拈香云、此一瓣香爇向爐中、

恭為祝延今上皇帝聖躬萬歳萬歳萬萬歳、陛下恭願　聖謨恢恢寶祚、永踐玄扄之高躅、淳化蕩蕩世樞、咸復丹陵之古風。
次拈香云、此香奉為征夷大將軍資倍禄算、伏願營門無擊刀斗三軍止戈、官路不見烽烟四塞銜璧。
又拈香云、此香奉為相州太守都元帥、伏願壽基福基倶堅佐聖明於萬世、信力智力兼具護正法於無窮。
又次拈香云、此香奉為本寺大檀那親衛校尉大禪定門、伏願命府運數盡芥城而有餘身宮德儀、如藥樹而長茂、
又拈香云、此香貞實絶枝葉、逢春不著芬、只有天然些子氣、許他無鼻孔人聞、爇以供養前住建長、再住本山勅諡佛國禪師高峰大和尚、用酬法乳之恩。
『夢窓禅師語録』（『大正蔵』八十冊・四五四頁下）。

11　相州鎌倉縣瑞鹿山圓覺興聖禪寺語録　　於元德元年八月二十九日入院
拈香、此一瓣香燕向爐中恭為
今上皇帝祝嚴聖躬萬歳萬歳萬萬歳、陛下恭願永掲文明齊德化於宣光之中興、毋墜葆命竝覆燾於大禹之高躅。
此香奉為徑夷大将軍及文武官僚同增禄算、伏願膺一人簡在副四海具瞻、益懋輔佐之功驟布安撫之德。
此香奉為本寺大檀那資倍禄算、伏願壽山高於百億須彌之高、福海廣於十重香水之廣、權澤長覃華九而綏皇極、誠明普被緇白以耀法門。
此香久在窮谷埋之而不腐、爇向人前燒之而不燼、今復拈出供養前住巨福名山建長興國禪寺　勅諡佛國禪師高峯大和尚用酬法乳之恩。
『夢窓禅師語録』（『大正蔵』八十冊・四五七頁中）

12　再住山城州瑞龍山太平興國南禪禪寺語録　　於建武元年十月十日入院

法座指座云十年兩度登斯座、無等級中成等級、一回進歩一回高、燈王也在階下立拈香云、此一瓣香恭為祝嚴今上皇帝聖躬萬歳萬歳萬萬歳　陛下恭願建武揚文、播駿功於萬世而不拔、興禪輔教傳鴻業於未來之無窮。此香仰祝　皇太子尊躬、伏願離明内瑩、嚴威震驚百里、副德深殖景運、保綏千秋。此香奉為闔朝貴官、文武百僚、同資祿算、伏願長沐天澤、中孚久為法城外護。此香多年抛在窮谷、贏得枝葉自除錯向人前賣弄、聲價遍墮掠虛、早知今日事、悔不慎當初、已展不縮、爇向爐中供養　前住相州巨福名山建長禪寺　勅諡佛國禪師高峯大和尚用謝負恩之罪

13　『夢窓禅師語録』（『大正蔵』八十冊・四六〇頁下）。

14　『夢窓禅師語録』（『大正蔵』八十冊・四六二頁上）。

七月二十日陞座拈香云、此一瓣香恭為今上皇帝太上天皇祝延　睿算萬歳萬歳萬萬歳。恭願　聖德不渝永膺神符之録皇謨不變久受天授之圖。

次拈香云、此香奉為　征夷大將軍及兩副將軍資倍祿算、伏願身宮久保、不失輔上撫下之洪勳。智海彌深、永乘崇教興禪之大願。

又拈香云、此香未歸掌握遍界都是真熏、纔插爐中一會只成假弄、今日拈出供養前住巨福名山勅諡佛國禪師高峰大和尚、聊表世俗禮儀。

15　足利衍述『鎌倉室町時代之儒教』（日本古典全集刊行会、一九三二年）三六頁。

16　『南禅寺史』永仁七年三月五日条。

17　玉村竹二「五山叢林の十方住持制度について」（『臨済宗史』、三省印刷、一九九一年）二六七頁。

18　『夢窓禅師語録』（『大正蔵』八十冊・四五三頁上）。

19 柳田聖山『夢窓』語録・陞座・西山夜話・偈頌（講談社、一九九四年）九頁。
20 『夢窓禅師語録』（『大正蔵』八十冊・四五四頁下）。
21 竹貫元勝『日本禅宗史』（大蔵出版社、一九八九年）六一頁。
22 『夢窓年譜』建武元年とするが、『大日本史料』は『夢窓年譜』建武元年の記述は誤まりであるとする。
23 『天竜寺文書』建武二年九月二十九日条。
24 『夢窓年譜』建武三年条。
25 『夢窓禅師語録』（『大正蔵』八十冊・四六六頁下）。
26 玉懸博之『日本中世思想史研究』（ぺりかん社、一九九八年）二三一頁。
27 『夢窓禅師語録』（『大正蔵』八十冊・四六八頁中）。
28 今枝愛真『中世禅宗史の研究』（東京大学出版社、一九七〇年）一三七頁。
29 辻善之助『日本仏教史』第四巻　中世篇之三（岩波書店、一九七〇年）一〇七頁。
30 奈良本辰也監修『天竜寺』（東洋文化社、一九七八年）六一頁。
31 『天竜寺造営記』、この文書は鹿王院に珍蔵し、春屋妙葩が筆である。
32 『夢窓禅師語録』（『大正蔵』八十冊・五〇六頁下）。
33 『夢窓禅師語録』（『大正蔵』八十冊・四六〇頁下）。
34 『夢窓禅師語録』（『大正蔵』八十冊・四六〇頁下）。
35 『夢窓禅師語録』（『大正蔵』八十冊・四六七頁下）。
36 西山美香『武家政権と禅宗』（笠間書院、二〇〇四年）五八頁。

37 『夢窓年譜』貞和二年条。
38 『夢窓年譜』貞和五年条。
39 『夢窓年譜』観応二年条。
40 『夢窓年譜』観応二年十九日条。
41 『夢窓禅師語録』（『大正蔵』八十冊・五〇三頁下）。
42 桜井景雄「禅宗主流の成立とその性格」（『禅中文化史の研究』、思文閣出版社、一九八六年）一〇八頁。
43 玉村竹二『夢窓国師』（平楽寺書店、一九七七年）二五七頁。
44 『夢窓禅師語録』（『大正蔵』八十冊・五〇七頁中）。
45 辻善之助『日本仏教史』第四巻　中世篇之三（岩波書店、一九七〇年）八〇頁。
46 玉村竹二『五山禅僧伝記集成』（講談社、一九八三年）六六七頁。

第二節　夢窓の宗風――『西山夜話』を中心として

『西山夜話』は、夢窓の弟子春屋妙葩が編集したものであり、その書名もまた春屋による。これは夢窓が弟子たちに仏教の教理と禅の奥義を細部にわたって述べたものである。この書には、夢窓自から波瀾万丈の世を生き抜いてきたことを総括したものであり、また、中国と日本の仏教を中心とした文化交流の成果が盛り込まれていると言えよう。¹『西山夜話』にはしばしば中国の禅僧の言説が引用されているが、やはりその中心にも夢窓の自らの禅の思想とその特質が表現されているといえる。

『西山夜話』を論述したものに、柳田聖山『夢窓』（講談社、一九九四年）がある。『西山夜話』の全文を現代語訳したものである。玉村竹二『夢窓国師』（平楽寺書店、一九七七年）は、夢窓個人の伝記のみでなく、夢窓派が中世禅林の半数以上を占める勢力であったことを論じ、その門派の成立及び発展についても述べている。

これらの研究を踏まえて、本論では、『西山夜話』を中心に夢窓の禅風の特色について考察を加えていくことにする。その中で中国禅とのとかかわりについても究明してみることにしたい。

一　理致と機関

日本に本格的な禅宗が導入されて夢窓に至るまでおよそ百五十年が経っている。当時の臨済禅宗界の人々は、単に宋朝風の公案禅を模倣する修行方法をとり、法理の面を重要視しないという側面がみられた。夢窓はこのような状態に対して不満を覚えたようであり、とくに理致と機関について解説を加えている。つぎのようである。[2]

古人云、馬祖百丈以前多示理致少示機關、馬祖百丈以來機關多理致少、此亦何之謂乎。謂上古知識無眼故多示理致耶、謂後來知識無眼故背先輩以機關接入耶。當知祖師門下不似座主家法門、一尺終一尺、二尺終二尺、只是見機而作。

また、つぎのようにもある。[3]

至于風興化唱彌高和彌峻、亦是通途變格之體裁也。當知祖師宗旨畢竟不在理致機關之中、都是呼小玉之手段耳。

夢窓は円悟が隆知蔵に示した例を引用して説明している。理致と機関とは両者とも従来の中国禅では学人を接化するときに用いられた。宗旨を挙げ、義理を開示して学人を激励する時に用いる方法を理致と名付け、棒喝をもって義理に関わらない話頭を示すことを機関と名付けたのである。理致・機関は何れにしてもすべて「小玉を呼ぶ手段」（恋人に自分がここに居ることを知らせるためにやたらと侍女の小玉の名を呼ぶことをいう。）にしか過ぎないとする。

『西山夜話』によると、馬祖・百丈以前は、理致を多く示し、機関を用いることは少なかった。しかし、それ以降は機関を多く用い、理致は少量になった。理致と機関の問題について、夢窓は自らの立場を明らかに示している。修行者のなかには「理致を貴ぶが機関を嫌う」ものと「機関を愛するが理致を嫌う」ものとが存在していた。しかし、両者はともに祖師が弟子を教化する手段であり、風をみて帆を使うというものであるとする。[4]夢窓は弟子を教化するために理致・機関を用いている。観応二年（一三五一）九月二十六日には、「末後垂誡」で、次のように述べている。[5]

（前略）老僧平生信口道著都無途轍、並是翳晴之術呼小玉之手段也。面面隨其各得解以此作蘧廬同還本源、則老僧平生願望千足萬足矣。若有直受老僧印證者、並為虚語、非是我之弟子、佛法中狂惑者也。

近聞種種虚説因特記焉

觀應二年九月二十六日　夢窓

夢窓は弟子たちに臨終の垂誡をしている。ここでも、自分が門徒を教導することを「小玉を呼ぶ手段なり」と称した。夢窓の『夢中問答』にも多く「呼小玉」の形式が多く出てくる。例えば、『夢中問答集』第七七・七九・八十・八一にも同じようなことが主張されている。[6]小玉を呼ぶ手段の話は夢窓が敬愛して止まなかった大慧宗杲（一〇八九～一一六三）の語録『大慧武庫』巻上に見られるものである。また、観応二年（一三五一）九月、夢窓の示寂の数日前にもつぎのようにみえる。[7]

一僧云：承師有害、仏祖言教呼小玉手段。某於此略得信。師曰：道呼小玉手段也是呼小玉。

ここでも、仏祖の言葉は小玉を呼ぶ手段であるとする。また、夢窓は「道」と「言教」ともに皆小玉を呼ぶ手段と考えている。ここに経典・祖師語録という文字言教に対して、平素からいかに深い関心を持って臨んでいたかがうかがえるのである。さらに、この問題に対して夢窓はいっそう説明を進めている。[8]

古人云、達磨西來、別無一法轉人、祇是指出人人具足、箇箇圓成、與佛祖不移易一絲毫而已。既言人人箇箇與佛祖不移易一絲毫、何容自他勝劣於其間哉。若有人謂、我已悟他未悟而生慢心、則可以驗知是人未曾參得西來意旨。倘能參得西來意旨者、乃知教門性相・事理・禪家理致機關盡是標月指敲門瓦也。

夢窓は特別に教門の「性相二宗」の十異を挙げて「事理」の四法界を説き[9]、さらに、禅門の空の境地を説明することである。実際には、ダルマは中国に来て一法も人に教えず、本来、人々は仏性を具足し、個々円成しているのであって、理致と機関とは皆小玉を呼ぶ手段であるという。すべて月を見せるための指であり、門を開くために敲く瓦である。

　このように見ると、夢窓はその本来の立場からただ機関を好むように見える当時の禅界の状態を批評した。したがって、夢窓は弟子の質問に、学問と公案とはともに修行上必要なものであると答えている。一般的に両者の相互の関係について、理致とは学問的な理解であり、機関とは端的に禅を体得する方法としての公案を指すものである。しかし、夢窓は理致と機関とはただ月を見せるための指であり、門を開くために敲く瓦であり、僅かな手段に過ぎないという。教家と禅家の両極端をともに相対化させ、これらを超えるところのより高い立場を標榜しているといえよう。

　さらに、夢窓の立場がうかがえる以下のような話もある。ある僧が、臨済宗は従来「教外別伝、不立文字」とする宗旨であり、夢窓は臨済宗の門流であるのに、坐禅工夫の手段を用いず、どうして常に経典を講ずるのかと迫った。[10]

　有僧謂師、和尚是臨濟下兒孫、而不以本分接人常講經典者何也。師曰、夫善知識者須是解行相應始得。縱雖相應、若也不得時機則無益於世矣。余羽毛未具力量未充、不得其機、不逢其時、寧怪得我乎。今時已眼未明妙用未備、只以識情學得古人標格一挨一拶轉轆轆地。乃謂舉揚宗風、看來只是一時風流、學古人體裁則易、得古人利益則難。若夫不顧無其利益徒誇得其體裁者、固非吾所期耳。

　これに対して夢窓は、善知識は必ず「解」と「行」が相応するものであると答えている。しかし、解行が相応しても、時機が捉えられなければ、世の利益にならないとする。夢窓は修行がただ自己にのみかかわるのではなく、現実の社会と調合すれば必ず利益をもたらすものであるという現実社会も考慮する立場を主張したのであった。

また、説法の形式についてつねに経典を根拠に解釈をすすめており、夢窓は教理を分析するときに広く資料を引用し、論証するために資料を博引傍証するという接化方法をとったといえよう。これを見ると、夢窓の禅法は文字論理を重視したものといえよう。

夢窓は自ら臨済の宗派を継承し、その門流には従来の「教外別伝、不立文字」[11]という教義を強調しているのは言うまでもない。しかし、夢窓の立場からみると、禅を参究するときには古人の「教外別伝、不立文字」のやり方は学びやすいが、実際に参禅の真髄を極めることはできないと主張している。

夢窓が経典を講じ語録を解説することは、全く因果を信じない人に輪廻の事実を知らせ、大乗を知らぬものにその深い道理を説き、禅の宗旨を信じない人にその真実が存在することを教えるだけのことであった。[12]これをみると、夢窓は衆生に慈悲心をもって教化したことが明らかとなる。古人が道のそばで旅人のために茶を供養したのも、法縁を結ぶためである。夢窓が仏祖の教理を伝えることは同じように法縁を結んでいるに過ぎない。夢窓は衆生救済のために布教し、また、参禅するときには現実即応の立場を考えていたのである。これは中世の禅宗に大なる足跡を残したといえよう。[13]要するに、夢窓は教典や他宗の教義や社会状況に対して融合的な姿勢をもって衆生を教化そようとしたことが明らかとなったといえよう。

二　坐禅と学問

禅に参ずるものは坐禅と学問の関係をいかに捉えるべきかについて、夢窓の『西山夜話』には明確な主張がなされている。修行者が経論に関して理解できない部分がある場合、その修行の方向を誤まる場合があるので、文字経典への理解は必要なものであるとするのである。夢窓は『西山夜話』の中でとくに布袋和尚の「十無益」[14]の例を挙げ、つぎのように述べている。[15]

行学都絶、僧形無益。

唐朝以前の禅が、つねに『楞伽経』が修行の方針を指し示すもの、としてきたのに対して、その後の六祖慧能（六三八―七一三）に至り、見性中心の禅に変わったことはよく知られている。[16]それ以降中国の禅の特色が展開し、いわゆる「教外別伝、不立文字、直指人心、見性成仏」が主張された。[17]「教外別伝、不立文字」とは後人が達磨禅の特色を形容した文言である。

インド禅の中国への移入は、早く後漢の建和二年（一四八）に安世高が洛陽に来て禅経を翻訳し、数息観による習禅を勧めたのに始まる。鳩摩羅什に至ってはじめて般若経の大乗経典が翻訳された。それ以降、中国には三論宗が新たに勢力を得た時期もあり中国的展開を遂げたが、そののちには般若の空理と老荘の清談とが結び合わされた。これは唐朝以後の中国の禅風に大きな影響を与えた。この段階は、いわゆる中国禅の準備時代であり、[18]ようやく「教外別伝、不立文字」の主張が形成されていった。さらに、それに加えて「行」の方面を重要視するようになり、これが中国唐朝以後の禅宗の特色となっていったのである。

禅を修める際、夢窓は「解」と「行」の両者を同様に重視した。「解」と「行」とはつまり論理と実践ということである。「解」を理解しない場合、坐禅だけで修行の要領を得ないときに、その弊害に落ち入りやすい。なお、原始仏教以来、必ず戒定慧の三学をもって、また、正見・正思惟・正語・正業・正精進・正命・正念・正定の八正道においても、禅定は一般的仏教の修行として必要な法門であった。仏教経典は世尊の説法が文字に表現され記載されたものであった。後の修行者にとって経典を理解して禅を修めることが必要条件となってくる。その弊害を防ぐために、夢窓の宗風には文字・言詮・経典への勉学を主張しているとうかがわれる。換言すれば、夢窓の禅には教学的傾向があり初期禅宗の教禅融合的宗風があったのである。

一方、夢窓は大慧宗杲を深く尊敬していたので『西山夜話』の中にしばしば大慧の禅法を引用しており、次のように記載している。[19]

大慧禪師、毎為學者舉似古人話頭云、莫向意根下卜度、莫向舉起處承當、莫颺在無事甲裏、大慧恁麼舉似老婆心亦在其中、翳睛術亦在其中。若能與麼提撕、不可謂之參句也、縱坐蒲團上冥心寂默。苟於語路上作活計、則不是參意之人也。

また、夢窓は参禅者がたとえ坐して自心を見つめ、たとえ言葉を自由に扱えても、すなわち心を学んだ人物。また、夢窓は自分が大慧の禅風を参究したその経験を論述することによって弟子達に説明を加えている。つぎのようである。[20]

大慧禪師、自少行脚參得語話禪、自謂參禪徹底。三十六歳始知其非、遂逢圓悟老師打破業識團、後來為衆垂誨毎説其錯以誡學者、可以為乞時學者之針艾矣。若是明眼宗匠垂手為人、把住放行擒縱殺活、如擊石火、似閃電光、謂之活祖手段、亦名翳睛術。

大慧は若いときに口頭禅を学び、自分で参禅工夫を徹底したと思っていた。三十六歳に至り、はじめて自らの境地の誤りに気付き、円悟をたずねて妄想を破られている。円悟の門下には得法者が七十余人あったが、中でも大慧宗杲・虎丘紹隆の二人は最も傑出した禅者であった。大慧の宗風は公案禅を挙揚するものであったし、当時の禅林ではこれは周知のことであった。つまり大慧の禅は公案を参究し、大悟徹底をめざすという禅風であった。宋朝の禅宗は二つが主流となる。すなわち、看話禅は宋代の臨済宗楊岐派の法系に属する大慧宗杲（楊岐方会―白雲守端――五祖法演――円悟克勤――大慧宗杲）により大成された。これに対して、黙照禅は宋代の曹洞宗の系統に属する宏智正覚（洞山良价――雲居道膺――芙蓉道楷――丹霞子淳――宏智正覚）によって大成された。両者の禅風の特色は大きく異なり、大慧の宗風は公案すなわち話頭の工夫を旨とすることからこれを看話禅と称した。宏智の宗風はひたすら只管坐禅することを本意として寂照黙然を主眼とするものであることからこれを黙照禅というのである。

また、大慧は狗子無仏性の話・栢樹子の話・竹篦の話を多く用いたが、「一了一切了、一悟一切悟」としているところからすれば、一つの公案を究めることによって悟了し得るものとしたのである。たとえば、『大慧普覚禅師語録』巻下「答宗直閣」はつぎのようにある。[21]

　應縁日涉差別境界、未嘗不在佛法中、又於日用動容之間、以狗子無佛性話、破除情塵。若作如是工夫、恐卒未得悟入、請於脚跟下照顧、差別境界從甚麼處起、動容周旋之間。如何以狗子無佛性話、破除情塵、能知破除情塵者、又是阿誰。佛不云乎衆生顛倒迷己逐物。物本無自性、迷己者自逐之耳。境界本無差別、迷己者自差別耳。既日涉差別境界、又在佛法中、既在佛法中。則非差別境界、既在差別境界中、則非佛法矣、（中略）但只擧箇無字、亦不用存心等悟。若存心等悟、則境界也差別、佛法也差別、情塵也差別、狗子無佛性話也差別、間斷處也差別、無間斷處也差別、遭情塵惑亂身心不安樂處也差別。能知許多差別底亦差別。若要除此病。但只看箇無字。

大慧はもっとも愛好した「狗子無仏性の話」を重ねて引く。その公案は、祖師たちが修行者を接化して悟を開くためによく用い、宗旨の綱要を開示したものである。大慧は外縁に応じて日々差別の境界に遭遇しても、仏法から出ることはなく、また、日常の行動にあっても狗子無仏性の話頭で煩悩を払い除けていると言い、ただ「狗子無仏性」の話頭を取り上げなさい、煩悩を払い除けるという想を起こしてはならない、情塵の想いを起こしてはならない、差別の想いを起こしてはならない、仏法の教理が想いを起こしてはならない、もっぱら狗子無仏性の話頭を参究すべきである。もっぱら「無」を取り上げて、しかも心をとどめて悟りを待ってはならないとする。

また、『大慧書』にはつぎのようにある。[22]

古徳契證了便解道。應眼時若千日。萬象不能逃影質。應耳時若幽谷。大小音聲無不足。如此等事。不假他求。不借他力。自然向應縁處活鱍鱍地。未得如此。且將這思量世間塵勞底心。回在思量不及處。試思量看。那箇是思量不及處。僧問趙州。狗子還有佛性也無。州云無。只這一字。儘爾有甚麼伎倆。請安排看。請計較看。思量計較安排。無處可以頓放。只覺得肚裏悶心頭煩惱時。正是好底時節。第八識相次不行矣。覺得如此時。莫要放却。只就這無字上提撕。提撕來提撕去。生處自熟。熟處自生矣。

ただ、「無」について工夫を行う。工夫に工夫を重ねるべきである。二六時中の行住坐臥に、「趙州の狗子無仏性」の話題を前景に掲げて一瞬時と雖もこれから心が外れることなく、間断なくこれに参じ、これに徹し息まない意気込みをもってする覚悟が必要であることを説いている。以上、『大慧書』の狗子無仏性の話頭[23]についてみてきた。

臨済宗は大慧に至って完成をみたといわれる。夢窓は自ら公案禅を大いに挙揚した。また、再三再四大慧の禅風を例に取り上げ、門徒を教化しており、その傾倒の程度が深いことが知られる。しかし、大慧の話頭工夫・参禅工夫一辺倒に対して、夢窓の場合には「解」と「行」が相応するという主張があり、大慧とは異なるものがある。このような問題点について玉村竹二『夢窓国師』は、夢窓の性向には矛盾があると主張する。[24]
夢窓が如何して「解」と「行」が相応するということに至ったかというと、ついてそれは「禅」の展開の歴史から考察すると明らかになる。世紀前後、インドの仏教が商人と共に中国に伝来した。中国民族はインド仏教を消化し、ようやく生活体験の中に血肉化することができ、唐代に至り中国禅宗が成立した。柳田聖山によると、いわゆる禅宗という称呼は、六朝から唐初に至る時代には殆んど用いられず、中唐より五代に至ってようやく現われ、遂に近世仏教を代表するようになった。[25]また、「禅」と「智」について、インド禅では「禅」と「教」とは互いに融合するものであり分けられないものである。早期の漢訳である『法句経』三七二章には、[26]

無禪不智、無智不禪、道從禪智、得至泥洹。

とある。「定」と「慧」についても『出曜經』第二十九巻に同じように掲載されている。[27]

先從誦四阿含三藏具足、然後乃名稱為禪定。此是世俗之智、無智不禪者、無漏慧觀必有所至無有罣礙、設有二事具足者、便近於泥洹。是故說曰、無禪不智、無智不禪、道從禪智得近泥洹。

以上、早期漢訳の文献には「定」と「慧」が常に関連していて、そのいずれかでも欠ければ涅槃は得られないと記されている。このような思想は盧山の慧遠（三三四〜四一六）に至っても、同じように提唱されている。慧遠の『盧山出修行方便禪經統序』第十四巻に、[28]

禪非智無以窮其寂、智非禪無以深其照、則禪智之要照寂之謂、其相濟也。照不離寂、寂不離照、感則俱遊、應必同趣。

とあり、「禅」（＝定）と「智」（＝慧）の関係が述べられる。慧遠より以前は、皆同じように「定」と「慧」とは一体であることが主張されてきた。換言すれば、インドの「禅」は東伝から隋唐仏教まで定慧双修の立場が維持されてきたのである。仏教の「禅」は生天のために禅を修するのではなく、全く無漏智を得るために修するのである。したがって煩悩を脱離し、智慧を完成せしめるのが修行の目的であった。そして、仏教の「禅」は以前から定慧均等であった。[29]禅に智あらすれば寂静ならず、智に禅あらすれば照映できない。夢窓は「禅」を修めるとき「解」と「行」が相応すると説く。これをみると、夢窓の禅風は唐朝の「禅」への復古と重的部分があるのである。実際には夢窓が禅に投入する以前に身に付けた教禅の部分が濃い色彩を現われたものとみるべきであろう。

夢窓は看話禅を挙揚したことで知られる大慧の例を挙げることが多く、『西山夜話』の中に、つぎのようにみえる。[30]

有人以書呈大慧云、請云公案、慧答曰。聞儞常讀圓覺經、吾所示公案亦在其中。大慧平生所示公案者、須彌山乾屎橛趙州無字等是也。請看經文、如是公案在於何處、倘能於此會得、匪啻圓覺、至于千經萬論及世間麁言細語、靡非祖師公案如來所說、豈謂之虛語也哉。恁麼則寧以講經教謗吾而言失于宗師體裁乎。

林少瞻が大慧に対して公案を示して教えを説くように請うたのに対して大慧は、「私は常に円覚経を読むようにと聞いている、自分が示すところの公案にも、その経典の教説があるとする。明らかに、大慧の中では経典がすなわち公案であり、一方では、経典の教理・教義を運用して公案としている。このような例でも理解できるように、大慧は普説・法語・書簡のなかに経典を豊富に引用しているのである。[31]

『西山夜話』の中で無学祖元（一二二六～一二八六）（仏光禅師）が高峰顕日（一二四一～一三一六）（仏国禅師）に日本の禅僧に悟りを得る人が少ない理由を述べたことについて取り上げている。[32]

佛光禪師謂佛國云、我見日本兄弟一生得悟者不可多矣。此國之為風也、只貴智才不求悟解。是故設有靈根者、博覧内外典籍、深嗜巧偽文章不遑自究此事、迷中過了一生固為可憫。或有一類稱道人者、多是其器量不堪博學強記故、以閒坐為功業、而不辨真實向道之心、此類亦非今生可開悟者。

とあり、無学祖元はその理由を二点挙げている。まず、日本の修道者はひたすら才智を求めるばかりで、真実の悟りのあり方に気付かず、ひろく内外の典籍を読んで、文章の巧拙を問題にするのみである。第二には、前者と異なって、内外の典籍を読むことを止め、もっぱら無意義な閑坐をするばかりである。この二つの修行の一方のみのやり方では悟りの機会は少ないとするのである。つまり、夢窓は坐禅を中心としながらも教禅の部分も少しは重んずる立場を取らなければならないことを述べるのである。

この問題について、やはり『西山夜話』の中で高峰顕日はさらに説明する。[33]

余乃問云。若具靈根直下參究者且置不論、前所謂二類之中何輩為優。先師曰、直饒鈍根今生不悟、倘能孜孜捱到臘月三十日、不為業力所牽、來生出頭來必當一聞千悟也。若以博學為業者、不翅虚來閻浮打一遭、亦恐招得來生不如意處。

然らば、前に論述した二つのグループのうちでは、どちらがすぐれているかと高峰顕日に尋ねると、「直ちに高峰顕日はその二種類の修行法門の中の優劣の理由をつぎのように述べている。例えば、根性が鈍くて、今生に悟れなくても熱心に勤めるなら、蝋月三十日まで、悪業に引かれることがないから、来世は必ず一聞千悟するに違いないと述べている。これに対して、博学を誇るものは娑婆世界の中にあり空しく、一生だけではなく、来世もまた不如意を招くと考えられる」と説いたとするのである。二つの修行法門の優劣の理由を述べ、坐禅修行を「優」としている。そこでの高峰は無学と若干異なることが明らかになった。このような思想は『大慧書』の「答曾宗丞」にも掲載されているものである。[34]

左右天資近道。身心清淨。無他縁作障。只這一段。誰人能及。又能行住坐臥。以老僧所示省要處。時時提撕。休説一念相應千了百當。便是此生打未徹。只恁麼崖到臘月三十日。閻家老子也須倒退三千里始得。何以故。為念念在般若中無異念無間斷故。只如道家流。以妄心存想。日久月深。尚能成功。不為地水火風所使。況全念住在般若中。臘月三十日。豈不能轉業耶。

大慧は修行の方法について、修道者は天性で道に向う志をもっており、心身清浄で念々般若の中にいて雑念もなく、断えることもない。日月が長く経過するうちに、結構工夫を成しとげて地水火風に支配されないようになる。況して心念ことごとく般若の中にとどまっていると、「蝋月三十日」にどうして業を転じられないことがあろうかと説いている。

さらに、当時の修行者には共通の弊風が存在することを指摘している。今の人は見返りを求めるこころを以って道を学ぶので解脱ができない。逆に、身心ともに執着しない代償を求めないこころで自由にひたすら話題について参究すれば、将来、仏となり祖となれる。[35]

『西山夜話』の中で特に無学と高峰の禅の特色を挙げているが、夢窓は両方を重視するという立場をそれぞれの史料を挙げて主張しているのである。

三　出教入禅

永仁二年（一二九四）、夢窓は二十歳とき、建仁寺に無隠円範に参じて禅に帰した。無隠は蘭渓道隆の弟子で、徳照と共に同門の先輩である。夢窓は建仁寺について禅密兼修の道場から受業したので、直接宋朝の禅風をうけ、同時に、鎌倉禅林への道が開けた。その間に夢窓が僧堂に入って外に出ず、ひたすら熱心に自分を参究した。[36]
夢窓は自分が教を出て禅に入る経過を、つぎのように述べている。[37]

余年二十受業於建仁、不出堂裏孜孜參究此事。明年冬下關東掛錫巨山、有耆宿諭余云、古人機縁語句刊之於版以流通者無他、只欲令後生晩學因此悟入。而今承虚接響以為名韁利鎖之資者多矣、或有自稱道人不參知識、不看語録只管懞懞閒坐者、並是失于禪録流通之所由者也。世迨澆季、罕有真知、苟勵向道志以看禪録、則古人機縁即是今人機縁也安有古今之異哉、余甘其禪餘歸寮看閲語録。

翌年の冬、関東に下って巨福山建長寺に参学したある先輩が、「古人が悟りの言葉を本で読ませるのは、あくまで青年たちに勉強させて、これによって悟りに導くためだ」と教えてくれた。坐禅する以外の時間はひたすら語録に親しんだ。この段階の夢窓は語録によって道心を励ますと言える。

また、正安元年（一二九九）、一山一寧が国信使として日本の商船に乗って博多に着岸した。北条貞時は建長寺第九世の住持として入院することになる。西澗子曇を円覚寺住持に請じられが、同四年（一三〇二）一山は西澗子曇の後を承けて、円覚寺（第七世）住持を任せられ、一時に建長・円覚両寺の住持を兼任した。[38] この間、夢窓は一山の侍者になって朝夕参禅した。『西山夜話』のなかにつぎのように収載されている。[39]

于茲一山國師兼住建長圓覺、在其會下數年、晨昏親炙參決吾家宗脈。自謂禪門宗旨無所不明也、時復自顧胸中依前未穩、乃知從門人者不是家珍。古人云、靈光不昧萬古徽猷、入此門來莫存知解、我出教門入禪門、所學雖異知解是同。

夢窓は一山を京都に訪ねてそれから一山を慕って関東に下った。一山は巨福山建長寺に入寺するとき、内外の衲子が禅風を望んで競い参じようと志した。夢窓の『年譜』によれば、一山は偈頌をうまく作る人を選んで掛搭を許した。夢窓は上位二人の中の一人であった。これをみると、もともと、禅宗には求道心を以って掛塔を許すことに決まっていたが、しかし、この段階の禅宗はさらに学才を以って選ぶのが禅僧の要件となったと考えられる。こういうことは当時の禅宗に対して大きな影響を与えることになった。このようなことは禅僧に詩文に対して能力の向上を求める結果となった。五山文学の形成に第一歩となったのである。

そして、一山は建長寺・円覚寺の両寺を兼任される際、夢窓はその門派に入り、数年にわたって朝夕その教えに親しみ、同時に五山派の宗風を学んだ。それから禅門の宗旨を完全に知り尽くしたとばかり思ったが、ふと振り返ってみると、夢窓の胸中には以前と同じような不安があった。また、嘉元元年（一三〇三）のある日、夢窓の心境が激しく動揺したことがある。その折、一山に教を請うが、これに対して一山の回答はただ「私宗無語句、亦無一法与人」であった。この時も夢窓は経典・文字に執着しており、これを発見した一山の教化の手段と考えられる。しかし、夢窓は一歩進めて、「更請和尚慈悲方便。」と言い、それに対して一山は「也無方便、也無慈悲。」と、冷淡な返事している。初参の夢窓に対して一山は上位の参禅者として教化したが、両者は言語をもって通じあうことはできなかった。その結果、夢窓は教門を捨てて禅門に入ることになる。[40]

同年、さらに、夢窓は、高峰顕日が万寿寺に住持としているときに参ずることになった。高峰は後嵯峨天皇の皇子といわれ、来朝の無学祖元の法を継承した人物である。また、兼修禅の円爾は東福寺においてであった。したがって、一山に比べれば、夢窓にとって近づきやすい人物だったと言えよう。高峰は自己の参禅の経歴について述べた。つぎのように記載している。[41]

佛國歎之乃云、我年十六受業於東福依止一耆舊、他令我讀禪録、讀之一行就問此意如何。他（老宿）云、宗門語話不似教家所談、故不敢解說。

我（夢窓）云、苟不解説、云何知其旨趣。

他云、須是自悟始得。

我又問、讀録積功自然得悟否。

他云、若要悟去直須自究。

我聞斯言不復讀録、便歸堂裏打坐。僧侶多來勸我云、少年之人先須學問、一旦道心鮮克有終、老後必有所悔。

我不敢動、彌好坐禪今年已逾六旬未有所悔也。言已一笑。


高峰が十六歳に東福寺に出家してある老宿に参ずる。彼は高峰にばかり禅の語録を読ませるが完全にこれを解明することができない。また、「悟りたければ、自分で究めること」と言う。これを聞いてから高峰は本を読むのをやめ、禅堂にひたすら坐禅することに決めた。この間にしばしば仲間たちは高峰に勧めて、「若いうちは、まず、学問すること。一時の發心で貫き通せるものではないが、将来、年をとり必ず後悔する」と言う。これを高峰はますます坐禅をつとめてぜんぜん後悔することがなかった。[42]

夢窓は高峰顕日がひたすら坐禅する経過を聞いてさらに精進する決意を固めた。参禅により悟りにはいれないならば、草木と共に腐り果ててもと自らに誓っている。さらに、机上には『円悟心要』・『大慧書』・[43]『林間録』の三書だけを置いて警策した。これらの書は当時の参禅者にとって必携の書のであった。

嘉元三年（一三〇五）、ある日、夢窓は高峰顕日との別れに際し、教えてくれた言葉を思い出し、その内容をつぎのように記載している。[44]

一日忽憶佛國禪師臨別垂誨云、道人若於世出世毫釐有所挾、則不能入也。自惟我於世諦曾無所希然、未免挾佛法以作悟入之障、既知此非馳求之心自歇只麼元爾過時而已、一夜驀地踏翻前妄想窠窟、方知佛國所示非虚語也。

修行者が世間と出世間を区別するなら、その人は悟ることができないという。夢窓は考え見ると、自分は世間に対しては何の望みもないが、仏法の悟りを残すことに関してはないとは言えない。ある夜、思いもかけず、以前の妄想を突き破ることになり、はじめて高峰顕日の教えが真実であることが証明された。高峰顕日と夢窓は共に中国での参禅の経歴はないが、両者の禅風は中国禅の特質をそなえているといえる。高峰顕日の語録にはしばしば中国の禅者の事例を取り上げて弟子を教化していることが表れている。[45]

それ以来、夢窓は残しておいた僅かに三部の語録を人に与えてしまっている。本も読まず、横になって眠ることもなく、何事もなくに二十年を過ごし、もっぱら坐禅修行に励んだのである。

四　三等弟子

無学祖元から高峰顕日・夢窓疎石と経過して中世の禅宗におけるもっとも有力なこの門派の性格は衆生済度のために法幢を建立ということに主眼がある。このような宗風性格は夢窓が弟子を教化することに現れている。以下、夢窓は弟子達の参禅の態度について、次のように述べている。

有僧問師、多積學功以資談柄者固不足言焉、博覽古語而發智光者何過之有乎。師曰、中下機根不能直下到家、千聖憫此且設蘧廬以接之、其蘧廬者儞所謂古語也。若論其益、則經有經師、律有律師、論有論師、何怪禪師乎。古人云、達磨西來不立文字、直指人心見性成佛。又云、此事若在言句上、一大藏教豈無言句乎、用祖師西來作什麼。[46]

夢窓は弟子を学習の根器から三つに分けている。まず、多くの学問を積んでいる者は話の助けにはなるが、ただ論ずるだけで価値がない。つぎに、いわゆる下等の修行で、広く古典文学を読み智光を發するものは、中下の力の修行者と同じように悟りを開くには不足がある。さらに、いわゆる中等の修行者は、專らの禅に参ずることができない。また、雑多な学問・知識にわたって興味が及ぶので修行に対して純粋になることができない。上等の修行者は、ただ無求・無著を学ぶことに専念することができる。しかし、これらの三等の弟子でも夢窓にとっては自己の門派の人物である。生涯にわたって徒弟の養成に尽力することになるのである。夢窓の寛容の宗風性格がその門派に大きな影響を与えることになるのである。

さて、夢窓は修道者が成仏するについて黄檗禅師の『伝心法要』の第四段をあげて説明する。[47]

黄蘗禪師云、學者若欲成佛、一切佛法總不用學、唯學無求無著。無求即心不生、無著即心不滅、不生不滅即是佛。八萬四千法門秖是接引門、不翅祖師門下獨作此說、了義大乘亦皆合轍。

學道の人は成仏したのであれば、およそ一切の仏法を學ぶまでもない。ただ無求と無著とを學ぶことである。いわゆる無求であれば心は起きず、無著であれば心は消えない。起きず消えないのが佛である。八萬四千の法門はただ接化の門になるのみである。[48]『三会院遺誡』においては三等弟子について細かく解明している。[49]『大慧武庫』の中にも三等弟子の分類法が同じく存在している。建炎元年（一一二七）冬、虎丘に雪が降ったとき、大慧は自分でもこの三等の禅僧を見たことがあり、先輩の言葉が嘘ではないことを理解している。[50]『大慧普覺禪師宗門武庫』二巻は、大慧の弟子道謙によって編纂された。この書は世に広まっているが、内容は禅門のさまざまなエピソードを集めたものであり、大慧の思想を知る上での一級品と見なされている。

さらに、夢窓は弟子の学解と大智について、特別な経典を引用して多聞の阿難と精進者とを比べてその優劣について一層詳細に分析している。つぎのように記載している。[51]

法華云、我與阿難於空王佛所同時發菩提心、阿難常樂多聞、我常勤精進、是故我已得成菩提。

この思想は達磨祖師の門下のみではなく、大乗仏教の経典に同じように記載されている。例えば、『法華経』によると、「授学無学人記品」にわたしはかつて空王仏の下で、阿難と共に菩提心を發願した。阿難は多聞を追うにもかかわらず、いまだ道力を成せず。わたしは精進につとめたので、菩提を完成することができたと述べている。また、『楞嚴経』に、[52]

楞嚴云、阿難見佛悲泣、恨無始來一向多聞未全道力。

とあり、楞厳経「巻首の序章」には阿難は仏になる前であり、残念ながら、自分は無始の劫から多聞にふけって道力がまだ十分ではないと言って泣いた、さらに、『円覚経』に、[53]

円覺云、末世家衆生希望成道無令求悟、惟益多聞增長我見。縱覽群籍而發智光、豈得與阿難齊肩哉與夫學阿難得多聞。曷若子世尊成菩提、餘事不獲已談録講經、只要令人知佛祖玄旨不在文字言句之中耳。

とある。円覚経の「浄諸業障菩薩」の問に答えて、末法の世の人々は成道を求めながら悟ることを知らず、多聞を増して我見を増やすだけであると言っている。この史料によると、夢窓はとくに大乗経典の例をあげ、成仏することは原始仏教から部派仏教・大乗仏教までその筋道は変わらない。しかも、群書を読んで智慧を開けることはできるが、阿難の足もとにもおよべるものではなく、さらに、仏祖の奥義は必ずしも文字言句の問題のみではないことを知る。そして、博学の危険性については、やはり夢窓が最もよく理解するところであった。[54]

夢窓は自分の弟子達に猛烈に諸縁を捨て己事を究明することに専念するように求めている。しかし、末世の衆生は仏道の成就を願っているが、勤行して悟りを開くことを求めず、ただ多聞を好んで我見を増長している。夢窓は弟子の教育に対して厳格であったが故に多くすぐれた弟子が出ており、このことが大きな教団が形成された理由であった。

初心の学者は参禅の方法を如何にするべきか。夢窓はこの問題について円悟禅師の『円悟心要』巻下「印禅人」[55]を取り上げ、つぎのように記載している。[56]

圓悟禪師云、初機晩學乍爾要參無捫摸處、先徳垂慈令人看公案、蓋設法繋住其狂思横計、令沈識慮到專一之地、驀然發明心非外得、向來公案乃敲門瓦子矣。圓悟與麼説話豈欺人哉、當知先徳令人看公案、只要入得自家大解脱門耳。

従来、円悟禅は禅宗史における公案禅の大成就者として考察されるにとどまり、同様の課題が『夢中問答』中巻・第二六段にも取り上げられている。[57]

また、中国の禅宗界においてその位置がきわめて高いのは言うまでもない。円悟が参禅をしようとしても後輩は方法がわからない。そして弟子に公案を与えるのは意識分別を収めてただ一つの目的に専念させる。公案はすなわち門を敲く瓦子となる。この禅法は従来臨済宗の修行のやり方であり、公案は手段であって目的ではないことを示唆するもので、月の所を知らしめるいわゆる「指月の指」とされるものである。また、大慧の師である円悟禅師の「若し、利根種姓の人は必ずしも古人の公案を看る必要はない」という立場である。

大慧は「趙州の狗子無仏性」を話題として工夫を勧め、二六時中この一則の公案を参ずることを強調した。当時の禅宗界には一般的看話をもって学道の第一義としたことは疑う余地がない。しかし、円悟・大慧二師の看話禅は忽滑谷博士によって批判された。[58]さて『大慧武庫』巻下に曰く「五祖和尚初産円照禅師、會盡古今因縁」[59]と、当時に看話禅の盛行したるを明白すべし、思うに看話の風たる円悟・大慧を経て一大転変が起こる。看話禅は、公案を通じて祖道の真味を含んでいるが、円悟・大慧等の看話禅は公案を以って思量分別を杜塞するにある。このような思想が円悟の『圜悟佛果禪師語錄』の中にしばしば現われている。

古來作家宗師。不貴人作解會。唯許人捨知見。胸中不曾留毫髮許。蕩然如太虛空。悠久長養純熟。此即是本地風光本來面目也。[60]

また、

蓋此清淨本元。離去離來離聲離色。若以真實正見契寂如如。雖二六時中不思不量無作無為。至於動靜語默覺夢之間。無不皆是本地風光本來面目。[61]

以上二つの史料によると、円悟は平日に公案を以って知見を杜絶し、思量を排遣している。その目的は思量や分別を捨てる時に自然に無作・無為であることを工夫することになった。大慧は円悟の衣鉢を踏襲して恩師の思想をそのままを継承していった。

不能於古人直截徑要處一刀兩段直下休歇。此病非獨賢士大夫。久參衲子亦然。多不肯退步就省力處做工夫。只以聰明意識計較思量。向外馳求。[62]

といっており、円悟・大慧から看話禅の工夫を転変したことが極めて明白になった。要するに、大慧禅師は無仏性を唱えてただこれ「無」字に参ぜよという。つぎのように述べている。[63]

圓悟云、即心即佛已是八字打開、非心非佛重向當陽點破。不尋其言一直便透方見古人赤心片片、更入他語言中則永不透脫。又云、若具大根器、不必看古人言句公案、但只從朝起正却心、凡所指呼作為一番、作為一番再更提起審詳看、是箇甚物件為如許多、當塵緣中一透、則清淨無為道場也。

器量のすぐれた人には必ず古人の公案を与えない。ただ、朝起きて正念をして心を静めて、様々なことを徹悟することができたら清浄無為の道場である。円悟が即心即仏の思想としたのはすなわち見性悟道である。見性の「性」は本性・本質・本体の意味だが、人間の本性に仏性が存在していて仏となるとする。かりに人間の本体が迷いに満ちていれば自分では見にくく、迷いのない心が成仏の因となる。要するに、仏と衆生の性が同じ乗りものに乗っており、「性」は仏においても凡夫においても変わらないとして「直指人身、見性成仏」が達磨の大乗禅の思想である。[64]印度で行われた禅観は菩提達磨によって中国に輸入され、いわゆる達磨禅として最も特色ある文化形態を作り上げるに至った。そして達磨から六祖慧能に至るまでの禅を忽滑谷博士は純禅時代と名づける。[65]このように「即心即仏」として夢窓は自己の弟子を教化するためにわざわざ円悟と大慧の語録を挙げたのである。要するに、馬祖道一の「平常心」すなわち「道」である。「本有今有、修行道坐禪不必要。不修行、不坐禅本当如來清淨禪。」とする。[66]「道」を修行したり坐禅したりする必要はない。修行せず、坐禅せぬのが本当の如來清淨禪である。日常生活のすべてを仏性の働きとするその主張には、たしかにそうした危険性があるかもしれない。しかし、馬祖の主張は長い中国仏教思想史の展開上に現れたことは明らかであった。[67]

以上のように見て来るとき、夢窓の宗風において、理致と機関の両者は小玉を呼ぶ手段である。その宗風の特色は教と禅が兼備されたものであり、寛容性をもったものである。また、学問と坐禅すなわち解と行はともに重要視するが、むしろあくまでも解よりも行、学よりも坐禅実践を強調するのである。禅法の中に文字論理の色彩ももっており、開放性の禅風が夢窓の宗風の特質であるといえる。

夢窓が中国の禅僧円悟・大慧などにこころを傾倒していることはいうまでもないことであるが、それは当時の日本の禅界の一般的な風潮であったに違いない。加えて、夢窓は弟子の教育に頗る厳格であり、すぐれた弟子を出したので大きな教団が形成されたのである。『西山夜話』からみると、中日の禅宗文化の交流史上に対して大きな影響を与えた様子をうかがうことができるのである。

1　柳田聖山『夢窓』――語録・陞座・西山夜話・偈頌――（講談社、一九九四年）九六頁。
2　『西山夜話』（『大正新脩大蔵経』八十冊・四九三頁下）。『円悟心要』（『大正新脩大蔵経』四七冊・七七七頁上）「自迦葉二十八世。少示機關多顯理致。
3　『西山夜話』（『大正新脩大蔵経』八十冊・四九五頁下）。
4　『夢中問答集』第八十問。
5　『西山夜話』（『大正新脩大蔵経』八十冊・五〇五頁中）。
6　佐藤泰舜　校訂『夢中問答』（岩波書店刊、一九三四年）第七七・七九・八十・八一段。
7　『夢窓年譜』（『大正新脩大蔵経』八十冊・四九一頁下）。
8　『西山夜話』（『大正新脩大蔵経』八十冊・四九五頁下）。
9　『望月大辞典』による参照する。
性相二宗には、すなわち法相宗、法性宗である。二宗の立義に多くの差別であることを知るべし。略して十異条を挙げるものであり、一に、一乗三乗の別、二に、一性五性の別、三に、唯心真妄の別、四に、真如随縁凝然の別、五に、三性空有即離の別、六に、生仏不増不減の別、七に、二諦空有即離の別、八に、四相一時前後の別、九に、能所断証即離の別、一〇に、仏身無為有為の別である。さらに、四法界には、一に、事法界、二に、理法界、三に理事無礙法界、四に、事々無礙法界。四法界はすなわち華厳宗の宇宙観である。

10　『西山夜話』（『大正新脩大蔵経』八十冊・四九三頁上）。

11　教外別伝、不立文字には「教外別伝、不立文字、直指人心、見性成仏」の四言四句の一つ。唐宋時代にこの四句を禅の標識として挙揚したものである。これをダルマの語とするのは後世禅者フィクションである。禅の端的は経・文字の中にあるのではないという主張する。

12　『西山夜話』（『大正新脩大蔵経』八十冊・四九三頁中）。

13　桜井景雄「禅宗主流の成立とその性格」（『禅中文化史の研究』、思文閣出版社、一九八六年）一一〇頁。

14　所謂十無益には、不和不合、共住無益。行學都絕、僧形無益。不識正道、多聞無益。不知不覺、独住無益。放逸無慚、智者無益。用心蒙昧、坐禪無益。懈怠不信、行人無益。内外虛戲、聖人無益。名聞利養、善根無益。惡口喧嘩、法門無益。

15　『西山夜話』（『大正新脩大蔵経』八十冊・四九五頁下）。

16　柳田聖山『初期禅宗史書の研究』（法蔵館、二〇〇〇年）四一九頁。芋坂光龍「中国における禅の展開」（『講座禅第三巻　禅の歴史』、中国筑摩書店、一九七四年）一一六頁。

17　その「教外別伝、不立文字、直指人心、見性成仏」四言四句をとえられたというが、これを真実の文献は見当たらない。

18　芋坂光龍「中国における禅の展開」（『講座禅第三巻　禅の歴史』、中国筑摩書店、一九七四年）一一〇頁。

19 『西山夜話』（『大正新脩大蔵経』八十冊・四九五頁上）。『大慧書』（『大正新脩大蔵経』四七冊・九二一頁下）。
20 『西山夜話』（『大正新脩大蔵経』八十冊・四九六頁上）。
21 『大慧普覺禪師書』巻二十八（『大正新脩大蔵経』四七冊・九三三頁上）。
22 『大慧普覺禪師書』巻三十（『大正新脩大蔵経』四七冊・九三九頁中）。
23 伊藤古鑑『公案禅話』（大法輪閣、一九七八年）九三頁。
24 玉村竹二『夢窓国師』（平楽寺書店、一九七七年）九一頁。
25 柳田聖山『初期禅宗史書の研究』（法蔵館、二〇〇〇年）四四七頁。
26 『法句経』（『大正新脩大蔵経』四冊・五七二頁上）。
27 『出曜經』巻二十九（『大正新脩大蔵経』四冊・七六六頁中）。
28 『廬山出修行方便禪經統序』巻十四（『大正新脩大蔵経』五五冊・六五頁中）。
29 宇井伯寿『禅宗史研究』（岩波書店、一九九〇年）三頁。
30 『西山夜話』（『大正新脩大蔵経』八十冊・四九三頁中）。『大慧書』（『大正新脩大蔵経』四七冊・九三六頁中）。
31 玉村竹二『夢窓国師』（平楽寺書店、一九七七年）一二一頁。
32 『西山夜話』（『大正新脩大蔵経』八十冊・四九四頁中）。
33 『西山夜話』（『大正新脩大蔵経』八十冊・四九四頁中）。
34 『大慧普覺禪師書』巻二十八（『大正新脩大蔵経』四七冊・九三四頁上）。
35 荒木見悟『大慧書』（筑摩書店、一九八一年）一六二頁。
36 『夢窓年譜』永仁二年条。（『大正新脩大蔵経』八十冊・四八三頁下）。
37 『西山夜話』（『大正新脩大蔵経』八十冊・四九三頁下）。

38　玉村竹二『五山禅僧伝記集成』（講談社、一九八三年）参照した。西尾賢隆『中世の日中交流と禅宗』（吉川弘文館、一九九九年）四〇頁。
39　『西山夜話』（『大正新脩大蔵経』八十冊・四九三頁下）。
40　『夢窓年譜』嘉元元年条。（『大正新脩大蔵経』八十冊・四八四頁下）。
41　『西山夜話』（『大正新脩大蔵経』八十冊・四九四頁上）。
42　『仏国語録』巻下（『大正新脩大蔵経』八十冊・二八〇頁下）。
43　荒木見悟『大慧書』（筑摩書房、一九八一年）二五三頁。『大慧書』には、四十人の士大夫と二人の僧侶にあてた大慧の書簡が六十二件を編集されたものであった。本書に収められた書簡の執筆の年代はだいたい紹興四年（一一三四）大慧が四十六歳の頃から、同二十九年（一一五九）七十一歳までの期間のものと見て差し支えないであろう。その内容には高度な禅の思想を構成されたものである。大慧と一般知識人の深重な仏教の教理を参究することがある。要すると、禅の思想は大慧において歴史的現実のただ中に自己を開放し、人間改革の心源となったわけである。
44　『夢窓年譜』嘉元三年条。（『大正新脩大蔵経』八十冊・四八五頁上）。『西山夜話』（『大正新脩大蔵経』八十冊・四九四頁上）。
45　中国禅師の例を挙げて説明する場合が『仏国禅師語録』（『大正新脩大蔵経』八十冊）の中に、仏鑑禅師（二六三、二七五頁）。仏光禅師（二七一頁）。五祖演和尚（二七一頁）。維摩居士（二六七頁）。黄檗禅師（二七六頁）。慧照禅師（二七六頁）である。
46　『西山夜話』（『大正新脩大蔵経』八十冊・四九四頁中）。
47　『西山夜話』（『大正新脩大蔵経』八十冊・四九四頁中）。
48　『黄檗山斷際禪師傳心法要』（『大正新脩大蔵経』四八冊・三八一頁上）。「學道人若欲得成佛。一切佛法總不用學。

唯學無求無著。無求即心不生。無著即心不滅。不生不滅即是佛。八萬四千法門對八萬四千煩惱。秖是教化接引門。」

49 『三会院遺誡』(『大正新脩大蔵経』八十冊・五〇三頁下)。

50 『大慧普覺禪師宗門武庫』(『大正新脩大蔵経』四七冊・九五六頁中)。「圓通秀禪師因雪下云。雪下有三種僧。上等底僧堂中坐禪。中等磨墨點筆作雪詩。下等圍爐説食。予丁未年冬在虎丘。親見此三等僧。不覺失笑。乃知前輩語不虛耳。」

51 『法華経』(『大正新脩大蔵経』九冊・三〇頁上)。「爾時世尊。知諸菩薩心之所念。而告之曰。諸善男子。我與阿難等。於空王佛所。同時發阿耨多羅三藐三菩提心。阿難常樂多聞。我常勤精進。是故我已得成阿耨多羅三藐三菩提。而阿難護持我法。亦護將來諸佛法藏。教化成就諸菩薩衆。其本願如是。」『西山夜話』(『大正新脩大蔵経』八十冊・四九四頁下)。

52 『楞厳経』(『大正新脩大蔵経』十九冊・一〇六頁下)「阿難見佛頂禮悲泣。恨無始來一向多聞未全道力。」。『西山夜話』(『大正新脩大蔵経』八十冊・四九四頁上)。

53 『円覚経』(『大正新脩大蔵経』十七冊・九二〇頁上)「末世衆生希望成道無令求悟。唯益多聞增長我見。但當精勤降伏煩惱起大勇猛。未得令得未斷令斷。」。『西山夜話』(『大正新脩大蔵経』八十冊・四九四頁下)。

54 柳田聖山『禅の時代』――栄西・夢窓・大燈・百隠(筑摩書房、一九八七年)一二九頁。

55 『円悟心要』(『大正新脩大蔵経』四七冊・七八〇頁上)。

56 『西山夜話』(『大正新脩大蔵経』八十冊・四九四頁下)。

57 佐藤泰舜　校訂『夢中問答』(岩波書店刊、一九三四年)第二六段。

58 忽滑谷快天『禅学思想史』(名著刊行会、一九六九年)三七七頁。

59 『大慧普覺禪師宗門武庫』（『大正新脩大蔵経』四七冊・九五六頁中）。「初參圓照禪師。會盡古今因緣。惟不會僧問興化。四方八面來時如何。化云。打中間底。僧禮拜。化云。我昨日赴箇村齋。至中路被一陣狂風暴雨。却向古廟裏彈得過。遂請益照。照云。此是臨濟門風。」

60 『圓悟佛果禪師語録』巻十五（『大正新脩大蔵経』四七冊・七八五頁下）。

61 『圓悟佛果禪師語録』巻五（『大正新脩大蔵経』四七冊・七三四頁下）。

62 『大慧普覺禪師書』巻二十五（『大正新脩大蔵経』四七冊・九一七頁中）。

63 『西山夜話』（『大正新脩大蔵経』八十冊・四九五頁上）。『圓悟佛果禪師語録』巻十五「示張國太」（『大正新脩大蔵経』四七冊・七八五頁上）。「即心即佛。已是八字打開。非心非佛。重向當陽點破。不尋其言。一直便透。方見古人赤心片片。若也躊躇。則當面蹉過也　。不與萬法為侶底。是什麼人。待爾一口吸盡西江水。即向汝道。多少徑截。何不便與麼承當。更入他語句中。則永不透脱。多見學者。只言卜度下語要求合頭。此豈是要透生死。要透生死除非心地開通。此箇公案乃是開心地鑰匙子。只要明了言外領旨。始到此無疑之地矣　。昔修山主要見地藏。自陳此番來見和尚。經渉許多山川。極是辛苦。地藏指云。許多山川於汝也不惡。渠便桶底子脱去。似此豈假多言道途之間也。須保任始得。」

64 達磨禅の特色は、第一には、釈尊の経教を除けないで、その真意を体現して煩悩な迂路を避けて仏陀の根本精神を掌握する。第二には、普通仏教の術語を用いる、特殊な禅宗の術語を用いない、仏法を全提するに努めて宗派である。第三には、習禅の一つ弊風である厭世主義に落ちらず、また神異を現はすの風なく、平実穏健なる家風を守っている。第四には、老荘哲学の思潮に感染せず、大乗の教理を信奉する。第五には、坐禅工夫に力を用いるが、看話の死型の囚はれない。忽滑谷快天『禅学思想史』（名著刊行会、一九六九年）二六九頁。

65 忽滑谷快天『禅学思想史』（名著刊行会、一九六九年）二六九頁。

66 『景徳傳燈録』(『大正新脩大蔵経』五一冊・四四〇頁中)。
67 柳田聖山「中国禅宗史」(『講座禅第三巻　禅の歴史』、中国筑摩書店、一九七四年)五三頁。

第三節　『臨川家訓』に見られる叢林における規式

禅門の修行は実践を基調としている。修行者の日常の威儀作法が直ちに仏作仏行ということになる。修行僧の叢林生活においてそのよるべきものが叢林の清規である。清規は禅林修行における生活の規範であり、従来の禅宗研究における重要な研究課題の一つであったと言えよう。清規は単に禅院の規則を説くのみではない。同時に修行の意義を与えるものである。また、清規の出現は禅宗の教団を独立させる決定的な要因であり、その歴史的意義はきわめて重大なものである。[1] 中国の清規は成立の順序から言えば、『禅苑清規』（一一〇三）・『校定清規』（一二七四）・『備用清規』（一三一一）・『勅修清規』（一三三八）の四清規であり、重要なものである。その中の『禅苑清規』は現存する清規の中で最古のものであり、中国と日本の禅林ではこの清規が用いられてきた。

清規について論述したものには、鏡島元隆『訳註　禅苑清規』（曹洞宗宗務庁、一九九三年）があり、全文を収録して現代語訳をし、詳注を加えたものである。また、『禅苑清規』は清規史上における意義、内容、異本などのことを述べたものであった。近藤良一「百丈清規の成立とその原型」（『北海道駒沢大学研究紀要』第3号、一九六八年）は、中国の初期禅宗教団の実体を明らかにし、百丈時代から北宋に至るまでの叢林の変質と、外的条件の状勢の変化と、内的条件として思想の変遷を分析したものである。宇井伯寿「清規の意義」（『仏教思想研究』岩波書店、一九八二年）は、早期に成立した清規の性質上、地方の事情、寺院の状態、時代の変遷が論述されている。清規は禅宗の教団に対してきわめて重大な影響を寄与している。原田正俊『日本中世禅宗と社会』（吉川弘文館、一九九八年）があり、鎌倉時代の禅宗寺院の組織と規式について述べられている。

これらの研究を踏まえて、本論では、『臨川家訓』と中国の『禅苑清規』など四大清規と同異点については考察を加えてみることにする。『臨川家訓』には室町時代の宗教・政治・経済・社会の情勢が反映されており、同時に、禅林規式の変遷をも含んでいるといえる。以上のことから夢窓が理想とした叢林のあり方を究明することにしたい。

一　住持

◆住持

禅院の職位について、『禅苑清規』は、住持の役割は大衆を統率することであり、四知事・六頭首などはそれを補佐することを記す。当然のことではあるが、住持が叢林において最重要の職であることをうかがわせる。夢窓は『臨川家訓』の中で住持に関して、つぎのように記述している。[2]

本寺住持不可妄請三會院塔主與門弟宿老相共商量選其器以任之、門弟之中無其器、則請他門名勝亦可、莫倣尋常度弟院之式矣。

夢窓は臨川寺の住持[3]について、三会院の塔主および門弟の宿老の中からは商量して器用の者を選ぶべきである。しかし、門派の中にすぐれた人材がいないときは、別派より器用の者を招請するべきであることを詳細に規定している。夢窓派は完全に中国の十方住持制度を取り上げ用いることにした。中国唐末の叢林生活は五百人、あるいは千人の大衆が共同生活を営むという大規模なものであった。その叢林生活の中心は住持であるだけに、住持には重要な条件が課せられた。『長阿含経』には特別に長老の定義を加えている部分がある。[4]

謂三長老。年耆長老、法長老、作長老。

とあるが、明らかに禅宗はその第二の法長老を重視する立場をとる。さらに、住持の要件は法性に通達するのみではなく、智慧と徳行を兼備することであるとする。いうまでもなく、仏法を永く維持するために器用の人を選ぶことは叢林が興隆するための第一要件とする。『禅苑清規』巻七に、とくに尊宿住持の条件が詳しく述べられている。[5]

代佛揚化表異知事。故云伝法、各処一方続佛恵命、斯曰住持。初転法輪命為出世。師承有拠乃号伝燈。得善現尊者長老之名居金栗如来方丈之地。私称洒掃。貴徒厳浄道場。官請焚修。蓋為祝延聖寿。故宜運大心、演大法、蘊大徳、興大行、廓大慈悲、作大仏事、成大利益。権衡在手縦奪臨時。規矩準縄故難擬議。然其大体、令行、禁止必在威厳。形直影端莫如尊重。量才補職、略為指蹤。拱手仰成、慎無徹肘。整粛叢林規矩、撫循龍象高僧、朝輔不倦指南。便是人天眼目。

その「尊宿住持」条によると、いわゆる住持は仏法僧の三宝が持つべき徳を備えていなければならない。仏陀の慧命を体現し、悟りを身につけ、学人を教化することであるのである。加えて、住持の条件は、平日に宜しく大心を運び、大法を述べ、大徳をつつみ、大行を興し、大慈悲を開き、大仏事を成し、大利益を成すすべをそなえていることであるとする。[6]蔭木英雄「室町禅林の法階」は住持任命の条件を調べしかも一括して、一、才徳・器用のすぐれた人物、二、衆望ある人物、三、推挙による住持、四、功績ある人物と述べている。[7]『臨川家訓』の住持の条に、特に度弟院の住持制度を不採用と決めている。このようにみると、夢窓は寺院の住持制度に対して自派の人々とからすると極めて厳しい態度を採っている。寺院の相続と興隆のために夢窓は、十方から人材を選ぶことが重要だと考えていたのである。これは鎌倉禅の十方住持制度と基本的に相違しない。たとえば、円覚寺・建長寺の歴代の住持をみれば、明白である。夢窓が門派の純粋性に対して開放的態度をとったのは、無学祖元や蘭渓道隆などの渡来僧がもたらした十方住持制度の風に大きな影響を受けていたからに相違ない。

しかし、この点については、夢窓が「他門」から住職を撰びたくても、「他門」はまったく無制限に広い範囲ではない。ただ、無準師範の法系を受けている聖一派・中峰派・雲岩の諸派に限られていたのである。[8] また、末寺の慧林寺・瑞光寺・補陀寺の住持についても、住持の招請は、臨川寺の方法に基づいたのであり、必ず、臨川寺の長老と三会院の塔主と門弟の宿老などと商量してすぐれた人を選ぶという、十方住持の制度を取り上げている。要するに、室町時代の禅林では住持が禅徒の昇進の最終目標となったのである。

しかし、夢窓が死して以降、臨川寺はしだいに度弟院化していき、十方住持制度もまた変化していった。『天竜寺文書』によると、つぎのようである。[9]

嵯峨臨川寺事

後醍醐院勅願、開山国師寂場、禅宗再興之聖跡、君臣帰依之梵宇、信仰異他、仍雖為徒弟院、任東福之先例、可准十刹列之由、被仰門徒了、存其旨可被執務之状如件、

文和三年正月二十六日

左中将（足利義詮）（花押）

当寺長老

文和三年（一三五四）正月二十六日、幕府は臨川寺を十刹に列せしめる際に、度弟院であるが、十刹に列するという例外を許している。尊氏が夢窓派を重視するゆえ、とくに臨川寺を優遇したのである。幕府の十方住持制度に対する態度の変化は大きな影響を与えている。[10] 日本の禅林は早くから、円爾門派の東福寺を例とし、その

後、夢窓疎石の門派の興隆による臨川寺・相国寺などの度弟院においても、実際には開山門派下の複数の有力な派が輪住することになった。[11]つまり、室町時代の武家は十方住持制度に対して寛容の態度を取るのである。この制度は鎌倉時代に成立し、室町時代に至り時代の推移と共にいつしか形式化され、因襲化され、その意義を失っていった。

二　東西班

◆東西班

叢林の集団生活の規律を維持するために、各種の職務の分掌が必要となり、これを統率する組織が構成された。そして、それは禅林清規という規定によって具体化されることになった。住持の下には東序と西序という二つの職位が存在する。『百丈清規』の中に住持のもとに十務が置かれたとされているが、十務の明細ははっきりしない。『禅門規式』によると、[12]ただ、飯頭・菜頭・侍者・維那と記載され、それ以外の職位を明らかに示すことはない。これは『禅苑清規』によると、十務については住持の下で四知事・六頭首の職位であり、これ十務は住持にを補佐することでいる。『臨川家訓』は職位に関して、[13]

兩班莫過十人、侍者宜請四人、受請之人固辭若有其謂、則可免。無理而辭者須起單去、居位須經一回不得容易告退、大刹尚得人不多、矧是小刹乎。雖滿一回如無交代、則住持懇請而留之。若也固辭及再三則可免須虚其位以待後來、寮元堂主淨頭聖僧侍者不可缺人、寮元須係二十蝋以上之人半月半月代而主之。堂主須請寛心耐事哀憐病僧之人。淨頭聖僧侍者若無自欲之人、則可係十蝋以下之僧一月為限輪番而勤焉、若有戒蝋少而行年老者、宜免之。（十蝋以下如不足則十五蝋以下可勤之。）

と述べている。禅僧は禅寺の修行教育と寺院の経営を司る職事を担うので、両班が形成された。すなわち、東序には監院・維那・典座・直歳という四知事があり、西序には首座・書記・蔵主・知客・浴主・庫頭という六頭首がある。北宋時代の『禅苑清規』では知事は監院以下の四知事であるが、南宋時代に至り監院の一職が都寺・監寺・副寺の三役に分掌されて六知事となった。この例は道元禅師の「典座教訓」に「仏家従来六知事、所謂知事者有都寺・監寺・副寺・維那・典座・直歳」と記載されている。[14]

夢窓は臨川寺の職位について決める時に、中国の叢林制度を取り上げ、両班の人数は十人を超えないとした。夢窓の知事の職位はそのまま北宋の四知事のやり方を維持している。

『勅修清規』によると、頭首という職位の内容は具体的には、前堂・首座・後堂首座・書記・知蔵・知蔵・知客・知浴・知殿・焼香侍者・書状侍者・請客侍者・衣鉢侍者・湯薬侍者・聖僧侍者などである。[15] これをみれば、頭首の内容は時代とともに多少異なったのであろう。

◆侍者

堂頭の侍者についてであるが、『臨川家訓』に侍者の人数を四人に定めた。この点に関して『禅苑清規』では内侍者・外侍者に分けている。つぎのように述べている。[16]

如請侍者、須色力少壮、辭令分明、梵行清修、心機轉旋。自然堂頭諸事一切現成。煎點・茶湯、各依時節。往來賓客咸得觀心。由是尊宿安然傳道。雖係維那所請、亦須方丈選擇。

外侍者、知遇大座煎点、預先稟白、然後出牓請客排位。燒香・禮數・威儀・竝須如法。賓客相看、須知緊慢、或即時報覆、或欸曲咨聞。或人下書引見主人、竝報書司回答。或新到相看茶湯特為。請話・入室・念誦・放參及結夏蝋次牌、竝外侍者主之。

内侍者、收掌堂頭衣鉢、支收文暦竝方丈内公用物色、主管茶湯・紙筆・冬夏衣物、當令準備齊整、不得闕事。

如有闕少預先咨白。欲估倡堂頭衣物、即與維那同之。

内外侍者、雖分司列職、常須和同。供給茶湯、勿分彼此。如夜間珍重粥前問訊、即當稟問來日或今日有煎點・茶湯及處置之事。職分之外竝不得言知事・頭首及衆中長短之事。住持人語言亦不得衆中宣説。請客辨事、當以奉師供衆為心。不得辭憚辛苦、及見主人之過退有後言。亦不得學住持人可否諸方抑揚大衆。但念恭勤侍奉、贊助叢林、百事小心、無動主人之念。


内侍者は、堂頭の衣鉢を収掌し、書類と公用の品物を管理し、茶湯・紙筆・衣服を準備する。これはすなわち『勅修清規』の湯薬・衣鉢を司るものが内侍者である。外侍者は、お客の招待・書信の返事・新来僧の入室・諷経・放参・安居・法蝋などを管理する。外侍者は『勅修清規』の焼香・書状・請客を司るものが相当する。一般的には『禅苑清規』・『勅修清規』・『永平大清規』の中で侍者の仕事を五人に分担することを決めている。『臨川家訓』では侍者はただ四人で担当することを決めているのみで分担の内容は不明である。

◆寮首座

『勅修清規』では寮首座は寮元と称しており、主要な寮に止宿して寮内の紀綱を取り締まることを担当した。『臨川家訓』をみると、寮元を担う人は必ず法蝋が二十年以上の人及び叢林の風習・行儀に洗練した宿徳の中から選ぶことはなっている。二十年以上の法蝋に限ることは『禅苑清規』・『勅修清規』ともに明確に記載していない。『臨川家訓』がとくに二十年以上の法蝋の長老を定めていることから、いかに夢窓が禅寺の宿老を重要視する態度をとっていたかがうかがえよう。

◆堂主

延寿堂の堂主はもっぱら病僧の療養のための準備をし、病人を看護した。また、堂中の日常用品もつねに準備した。そして堂主はこころが広く、忍耐強い性格の持ち主が担当する必要があった。この点について『禅苑清規』はさらに詳細に規定している。つぎのようにある。[17]

堂主須請寛心耐事、道念周旋安養病僧、善知因果之人。堂中所用柴炭・米・麺油鹽・醤菜・茶湯・薬餌・薑棗・烏梅・什物家事・皆係堂主縁化。如其無力、唯米・麺・油炭就常住打給。如病僧入堂将息、令行者打疊床位如法安排、煎煮湯薬、供過粥飯、逐時問訊、務令適意。如病人苦悩、多生嗔怒、粥飯・湯薬、動不如意、及呻吟叫喚屎尿狼籍。竝須憫念看承、不得心生厭賤。如欲沽酒下薬、及以浸薬為名、食啖魚肉葱薤貴圖補益、是時堂主當於禁戒因果善言開諭、令堅正念。勿縦邪心。嚴戒供迴行者、剪剃針線之人、不得潜隱藏帯酒肉入堂。八福田中看病最為第一。（佛法僧・父・母・師長・貧窮・橋梁・義意・疾病・乃八福田也）況出家之人、雲遊萍寄。一有疾病誰為哀憐。唯藉同袍慈悲安養。誠為重任。豈可輕心。

延寿堂の中の一切の柴炭・米・蕎麦・油・塩などは堂主が係って「縁化」（勧化＝勧募）する。しかし、堂主の力がなくて「縁化」できない場合は、米・蕎麦・油・炭などは常住からもらうべきである。また、病僧が心身の苦しさあまり呻吟や屎尿狼藉してしまったものを処理するとき、須く慈悲をもってあたり、嫌気が生ずるようなことがあってはならないとする。さらに、『禅苑清規』は『梵網経』の八種福田の例を引いて説明している。[18]

若佛子。見一切疾病人。常應供養如佛無異。八福田中看病福田第一福田。

仏法僧・父・母・師長・貧窮・橋梁・義意・病気など八福田の中で、病気をもっとも第一の福田としている。修行者は参学のために諸処に行くが病気ともなれば誰が看護するのか。このような観点に立ち、堂主は必ず慈悲をもって病僧に接するのである。堂主の仕事は大切であるが、夢窓は半月毎に交代することにしている。このようにみると、夢窓はことに弱者に親切であった。この配慮は『禅苑清規』にはみられないものである。

◆浄頭

浄頭、すなわち東司を掃除する役職である。浄頭と聖僧侍者の二人の役職者に対して、自ら進んで引き受ける人物がいないときは、法蝋十年以下の禅僧が一ヶ月ごとの輪番で勤める。新たに出家した者でも年寄の場合はその必要はないとする。夢窓の年輩の人に対する尊敬の態度はみることができる。

◆土地・金銭の管理

臨川寺の土地についても詳しく管理の制度を定めている。つぎのように述べている。[19]

遠國莊園公務須是莊主掌之、於寺邊田地則都寺或監寺副寺相共掌之。莊主不可妄請、宜選其人、或請或改並宜住持與兩班大耆舊及老僧相共評定不得輕忽、莊園土貢收納時亦須諸人評定細計來年齋料及修造之公用勿令常住致衰弊、住持及知事不可信意支用、恐招大衆疑怪矣。

莊園の経営はもっぱら領主が管掌し、寺院の土地は都寺・監寺・副寺が共に管理する。また、莊園の土貢が収まったときには、詳細な会計を行い斎料と修造費等の公用とすべきであるとする。常住の金銭を思いのままに使用することは許されない。また、これらは十方僧衆の共有の財産であるので私心で使用することも許されなかった。これに対しては『禅苑清規』でも「庫頭」の条に、つぎのように述べられている。[20]

庫頭之職、主執常住錢穀出入歳計之事。所得錢物、即時上曆收管支破分明。齋料米麥、常知多少有無、及時舉覺收買。十日一次計曆、先同知事簽押、一月一次通計住持人已下同簽。金銀之物不宜謾藏。見錢常知數目、不得衷私借貸與人。如主人並同事、非理支用、即須堅執不得順情。常住之財一毫已上、並是十方衆僧有分之物。豈可私心専輙自用。如非院門供給檀越及有力護法官員、竝不宜將常住之物自行人事。如有借貸米麥・錢物、除主人及同事自辨衣鉢外、常住之物不可妄動。當庫行者須有心力解計算。守己清廉、言行真的衆所推伏方可委付。

これをみても、同様に寺院の金銭・穀物などには厳しい管理がなされ、私に用いることは禁止されていた。叢林の両班制度が首座・書記・蔵主・知客・浴主・庫頭の西班の六頭首と、都寺・監寺・副寺・維那・典座・直歳の東班の六知事とを設けたのは、大衆が安心して坐禅に打ち込めるようにするためであった。しかし、このような両班の制度は室町時代に至りその意義を変えていった。義堂周信の『空華日用工夫略集』は、つぎのように述べている。[21]

今時禅宗之弊、乃名位也。名位皆職也、百丈両序之設、為安衆也。安衆之本在乎行道、而今人取以為私名位、僥倖為官家。自生至死此念不断。可痛惜乎、可大咲乎、荘子曰道隠小成、余曰禅隠名位。

応安元年（一三六八）に、室町幕府は諸山住持の入院制度を定めているが、禅林の中の名誉と地位への執着は時代が下がれば下がるほど強くなっていった。『禅苑清規』の両班の制度は基本的には修行者の安心弁道のために設けられたものであるにもかかわらず、本来の意義は完全に薄れ、名誉と地位が求められ禅の本旨は失われてしまったと歎いているのである。

夢窓は臨川寺の永続のために『臨川家訓』の規式を定めて門徒に示したのである。玉村竹二は、臨川寺の建立によって、夢窓は自己の教団の基礎を確立したと指摘している。[22] 仁元二年（一二九四）、夢窓ははじめて建仁寺の無隠円範に参禅してから、三、四年の間に無及徳詮・葦航道然・桃渓徳悟・痴鈍空性の五師に歴参しているが、いずれも大覚派の人物であった。夢窓はこれによって宋朝禅林の生活と威儀を身に付けたのである。そして、理想的教団を建立しようとして、叢林の規式による修行弁道に専念してきたのである。その結実が『臨川家訓』であるといえよう。

三　衣と食

◆衣服

本来、出家者は三衣一鉢による質素な生活をもって仏道に修行を専念する。しかし、南宋に至り、早くもこのような古風な風潮は崩れてしまった。「豊食美衣」の問題について夢窓は特別に厳しく規定した。以下に禅僧が日常の生活道具をもって衣服・食事に関わったか、『臨川家訓』に、つぎのように記載している。[23]

寮舎資具一切宜従倹約、僧衆衣服不得華奢、不翅障道亦恐招賊。

また、

今時僧舍為防賊難畜諸兵器、乃是法滅之因縁也、可不慎乎。近來惡賊匪啻偸僧物、間有奪僧命者、此仍僧兵器之所致耳。苟守佛制不貯財寶、即是防賊之器杖也、只須把佛祖玄樞為務、莫以世間厄難介懷、倘能如此、諸天善神為之擁護、何勞自畜器杖、如其放逸無慚招禍上身、百千兵器亦無所用矣。

禅僧の寮舎の一切の生活道具はまったく修行のためにあるもので仏道を助けるのみにあるものである。そして道具は倹約するべきであり、衣服も華奢であってはならない。豪華な衣服は自ら仏道を障害するのみでなく、盗賊さえも招きかねないとする。このような内容は『禅苑清規』の「辨道具」の条にはっきりと示されているものである。[24]

将入叢林、先辨道具。所謂為山笠・拄杖・戒刀・祠部筒・鉢嚢・鞋袋（内安布帕條為脚布）・枕子・鈴口鞋・脚絣・前後包巾・白絹複包・條包・枕袋・蓋包・小油單・柿油單・布臥單・綿被・淨巾三條（一蓋被一喫食一常用）・小淨瓶・浴巾・浴裙・函櫃小鏁。如茶器並其餘衣物竝隨家豐儉。

すでに『禅苑清規』に叢林に入るときには二十二品物が最低の生活道具であることが指示されている。これらのものはもっぱら求道のためであり、出家者が修行のために必要最低限の基本的なもののみである。蓄積して貪心を増長するべきではないとしている。

◆非時食

釈尊の時代に出家者は一日一食をとり、しかもその一日一回の一食も、正午の前に必ずとることとしたのである。それ以外の時間の食事は非時食という。換言すれば、非時食とは、すなわち日中を過ぎた後に食べることである。比丘戒および八戒・十戒は皆非時食戒を守っている。

中国の禅寺では一般的に朝と昼の二回の食事が正式に規定されている。これ以外の食事は薬石と言われている。薬石は基本的には身体のために夕食を取ることである。薬のように身体に栄養を与えるであり、貪欲な態度からではない。この制度について『禅苑清規』の「護戒」条は、つぎのように述べている。[25]

受戒之後常應守護。寧有法死、不無法生。如小乘四分律、四波羅夷・十三僧伽婆尸沙・二不定・三十尼薩耆・九十波逸提・四波羅提提舍尼・一百衆學・七滅諍。大乘梵網經十重四十八輕。並須讀誦通利、善知持犯開遮。但依金口聖言莫擅隨於庸輩。如不應食葱韮・薤蒜・園荽・酒肉・魚兔及乳餅・酥酪・用蠐螬卵・猪羊脂並不應食。如遇病縁。寧捨身命終不以酒肉俗味毀禁戒。非時食小食・藥石、與果子・米飲・荳湯・菜汁之類。如非齋粥二時並是非時之食也並宜服禁。財色之禍、甚於毒蛇。尤當遠離。慈念衆生、猶如赤子。語言真實心口相應、讀誦大乘資發行願。尸羅清淨佛法現前。皮之不存、毛將安傅。故經云、精進持淨戒、猶如護明珠。

これを見ると、当時の中国禅林の中に葷食と酒とを入れることは絶対に許されないこととする。[26]葱韮・薤蒜・園荽・酒肉・魚兎及乳餅・酥酪・用蠐螬卵・猪羊脂などが不應食と言われるものである。たとえ、病気で生命を捨てるようになっても酒・肉・葷食の禁戒は破ってはならなかった。その時代の僧団の戒律を守る精神がはっきりと現われていると言えよう。また、このようなことは教典の中にも記載されている。

（表1）　経典における葷食・五辛などの禁止に関する一覧　（傍点筆者）

	年代	訳者撰者	仏典名称	内容	大正蔵・頁
1	東晉	譯失	七佛八菩薩所説大陀羅尼神呪經	不食酒肉五辛。一日一夜。我於爾時當現在其人前放大光明。	T21・537a
2	東晉	天竺三藏帛尸梨蜜多羅譯	佛説灌頂經	齋戒一心不食五辛。不得飲酒及噉臭肉。	T21・497a
3	北涼	天竺三藏曇無讖譯	大般涅槃經	不食肉不飲酒。五辛能熏悉不食之。是故其身無有臭處。常為諸天一切世人恭敬供養尊重讚歎。	T12・432c
4	齊	沙門釋曇景譯	摩訶摩耶經	七日七夜持八戒齋。斷於五辛諸不淨味十種之肉。一皆不噉。叉手合掌歸	T12・1009a

				依三寶。	
5	齊	天竺三藏那連提耶舍譯	大方等大集經	唯除酒肉五辛不淨之食。	T13・392b
6	唐	闐國三藏沙門實叉難陀譯	地藏菩薩本願經	愼五辛酒肉邪婬妄語及諸殺害。	T13・787b
7	胡	三藏菩提流支	佛說佛名經	諸沙門受佛淨戒而不淨持。貪嗜酒肉食噉五辛墮此地獄	T14・265b
8	唐	天竺三藏阿地瞿多譯	陀羅尼集經	唯除酒肉五辛葱蒜	T18・840a
9	後秦	龜茲國三藏鳩摩羅什譯	梵網經	若佛子。不得食五辛。大蒜革葱慈葱蘭葱興蕖。是五種一切食中不得食	T24・1005b
10	宋	罽賓三藏求那跋摩譯	菩薩善戒經	受持五法。一者不食肉。二者不飲酒。三者不食五辛。四者不婬。五者不淨之家不在中食。	T30・996b
11		新羅沙門義寂述	菩薩戒本疏	若佛子故食肉一切肉不得食 佛子不得食五辛大蒜革葱韮葱蘭葱興渠	T40・672a
12		龍樹菩薩	龍樹五明論	酒肉五辛皆不得食之。	T21・962a
13	大唐	北印度迦濕彌	大方廣菩薩藏	不得近諸女人及喫一切五辛酒肉	T20・780b

		羅國三藏寶思惟譯	經中文殊師利根本一字陀羅尼經		
14	唐	三藏沙門智通譯	千眼千臂觀世音菩薩陀羅尼神經	持呪之人犯欲及五辛等穢當。	T20・94a
15	唐	三藏沙門智通譯	千眼千臂觀世音菩薩陀羅尼神經	守持淨戒齋法清淨。不食五辛酒肉殘食。	T20・99a
16	東晉	譯失	佛說六字王經	不食五辛淨潔洗浴。不得行婬不得飲酒噉肉。	T20・39a
17	西北印度	三藏沙門賜紫臣施護奉詔譯	佛說守護大千國土經	令諸人民不食五辛受持禁戒。於諸衆生起平等心憐愍心。	19・588c
18	唐	中天竺三藏輸波迦羅譯	蘇悉地羯羅經	不應喫五辛。葱蒜蘿蔔油麻并酢。及餘一切諸菜茹米粉豆餅。	T18・606a
19	蕭	齊沙門釋曇景譯	佛說未曾有因緣經	修淨梵行。不食酒肉五辛葱蒜。唯仰牛乳。以為食資。	T17・581c
20	大唐	天竺三藏阿地瞿多譯	陀羅尼集經	療病家必不得食酒肉五辛。	T18・867b

右の表によれば、明らかに、中国の叢林においては五辛・葷食・酒などは厳格に禁止されている。これに対して後世の「臨川家訓」は食事の問題について、つぎのように述べている。[27]

若葷若酒莫使入門、縦為調菜亦不可用、縦有俗客日午以後莫令他食、寮暇僧亦莫過中而食、若為療病要非時食、宜歸延壽堂、僧有二種、謂菩薩僧聲聞僧、圓頂方袍皆是聲聞僧耳、教中云、釋迦法中無別菩薩僧、蓋由釋迦如來出于濁世宜以聲聞形而續慧命耳、是故佛赴鹿苑現比丘形、文殊等大乘菩薩亦皆剃染同其形体其威儀。法華云、内秘菩薩行外現是聲聞、乃此之謂也、今時禪流多言、大乘行者寧以禁戒束身乎、嗚呼作此説者大違如來所以令諸弟子同作聲聞形之意也、百丈規繩豈為小乘學者設耶、然佛運迨于澆季具三千威儀、守八萬細行誠以為難、些子教誡誰不能守之、若是不能者、宜棄僧形在俗行禪、復有何妨乎。

五辛・葷食・酒などを厳格に禁止することは、室町時代に至った臨川寺においても非時食・葷食・酒の禁止などは同様であった。臨川寺の薬石の場合も非時食の戒を守っている。また、正午以後、信者が禅寺に来ても同じように非時食戒を遵守させる。さらに、療養している禅僧は必ず延寿堂で薬石を食べるべきであるとする。禅僧は、若しこれらの禁戒を守りえないときは、僧形を捨てて世俗の立場で参禅すべきであるとする。臨川寺の禅僧は必ず三千威儀をそなえ、八万細行を守るべしとする。これをみると、夢窓が禅僧たちに厳格な要求をしていることが分かる。また、臨川寺が百丈清規の型を踏襲していることはやはり注目してよいと思われる。

酒・肉・五辛の問題について夢窓はさらに説明を加えている。『臨川家訓』に、つぎのように記載している。[28]

病暇之人宜在延壽堂、不可在地處。若欲在他處療養、宜請暇去。請暇若過日限、須抽其單。輕安之後更求掛搭、或免或不免宜任住持意。病中只許非時食、不許喫葷酒等。律院之式療病不制食五辛而制非時食、其制意尤有以也、予所制反此。亦有所思、不得怪焉、或服薬用酒嚥下、或煎薬少入葱根則不禁之。其餘宜遵如來寧死不犯之誡、莫謂酒肉五辛能令人養身延命、俗家長時食之者未見長生不死之人。僧家為道養身、非是古聖所制、幸有餘薬可用、而求有罪之薬、是愚之甚者也、人命難保、無病而死者多矣、何況抱病之人乎、莫謂先療病後行道、古人云、苦樂逆順道在其中、須知病惱時節乃是道之所在已。

酒・肉・五辛が本当に体を保護して寿命を延ばすことができるものであれば、世俗の多くの人々は大量に食べるが、長生不死の者が出たであらうが、それは見たことがない。病気の際に、命を捨てるようなことがあらうとも酒・肉・葷食の禁戒は破ってはいけないとする。

この点でみると、律宗の寺院では療病のためであれば五辛は制限されない。ただ、非時食は禁止した。これに対して、夢窓は病気のときも同様に五辛を禁止したが、非時食は許したのである。この点について禅宗と律宗は明らかに主張するところが異なる。病暇の人物は延寿堂で療養し、他所へ行くことは許されない。また、『禅苑清規』の「護戒」には、[29]

如非齋粥二時並是非時之食也並宜服禁。

とあり、非時食の戒律は南宋に至り、『日用清規』に、[30]

住持首座出堂開単、下床問訊帰寮薬石、各就案位、不得先起盛食、不得高声呼索。

と見えており、南宋に至り薬石を行うことは公然たる事実となった。禅林で夕食を薬石として食する風儀が生まれたのは、『日用清規』以降のことであった。『禅苑清規』以前では薬石が禁止されていた。さらに、栄西の「出家大綱」に当時南宋の禅林では非時食をとったことが記載されている。南宋の禅林は持斎に厳しかったことを伝えているが、しかし、禅院で薬石が許されたのは南宋からである。ようやく叢規の世俗化が見られたのである。

[31]道元も「雪時の薬石を許す」（示庫院文）とあり、厳寒時の夕食を許容しているが、それは臨時的なものであって常時ではない。いうまでもなく、非時食の制度は南宋以前から存在し、厳しく守られていたが、時代が下るにしたがって消えていったのである。

◆点心

さらに、点心について、『臨川家訓』に、つぎのように述べている。[32]

方丈及諸寮緇白集會喫點心、作茶宴游談終日而去甚不宜也。唯除特為佛事、縱為佛事設大齋會、點心無過一兩種。

『臨川家訓』は住持・諸寮僧・在家者が「集会」した際に、二つの注意事項を定めている。まず、「茶宴游談」して終日とならないように。つぎに、大斎会の特別な仏事を行うに際しても、ただ一・二種類の点心を準備するのみとしている。夢窓は倹約を重んじる性格であったようである。常住の銭財は必要な分のみが使用を許されている。常住の品物は自らの眼睛のように大切に愛惜すべきであるとする。夢窓の常住物の愛惜の精神は道元のものと相違しない。「典座教訓」にはつぎのようにある。[33]

打得了護惜此如眼睛、保寧勇禅師曰、護惜眼睛常住物、敬重之如御饌草料。

道元は、保寧勇禅師の語も引用して常住の物を愛惜する精神があれば、自らの修行を為し遂げることができるとし、それがもっとも大切であると教える。北条貞時は乾元二年（一三〇三）二月十二日に、円覚寺に制符を発布した。つぎのように述べている。[34]

崇演北條貞時圓覺寺制符條書

圓覺寺制符條々

一　僧衆事不可過貳百人。
一　粥飯事臨時打給、一向可停止之。
一　寺中點心事不可過一種。
一　寺參時、扈從輩儲事可停止之。
一　小僧・喝食入寺事自今以後、一向可停止之。但、檀那免許、非禁制之限。
一　僧徒出門、女人入寺事固可守先日法。若違犯者、可追放之。
一　行者・人工帶刀事固可禁制之。若有犯者、永可追出之。

右、所定如件。

乾元二年二月十二日

（貞時）
沙彌（花押）

「圓覺寺制符條書」をみると、茶席での点心は一種類を過ぎてはならないとしている。それまでは数種の点心であったかもしれない。鎌倉幕府の貞時が禅寺について定めた規則である。玉村竹二・葉貫磨哉の両氏が指摘しているのでここでは論述しないことにする。[35]

四　住と行

◆旦過

以下、「住」について述べることにする。修行者が諸方を参学するときに寺院に暫く投宿することを旦過という。なお、この制度は現在でも同様に存在している。『禅苑清規』の巻一「旦過」条に、つぎのようにみえる。[36]

入門先問旦迴所在、入寮解卸訖、具威儀到客位云、暫到相看。知客出各觸禮三拜。暫到辭云、此際經過幸獲瞻對。知客辭云、川途跋渉到來不易。隨後知客皆詣寮迴禮。如看住持人、亦當詣寮迴禮。若欲掛搭、歇一兩日、詣堂司相看。

また、「亀鏡文」に、[37]

旦過寮三朝権住、盡礼供承。

禅僧が旦過すれば、必ず礼を尽して供養し、旦過の人は寮舎に三日まで止宿し休養することができるのである。臨川寺では規則を定めて、つぎのように記載している。[38]

客僧若非常住僧知已者不可接之。所接客僧莫過一宿、或阻風雨或有事縁而淹留者、當稟住持、不爾則典座不可為之打飯。古來叢林皆開旦過以接方來、今也宜倣之。雖然世迨澆季似僧而非僧者多矣、不翅費常住、亦有濫清衆、此乃所以予之接客不敢倣古者也。

旦過の禅僧は常住の僧と知合いでなければ受付できない。また、旦過はただ一夜のみが許される。これに対して『禅苑清規』の三朝の止宿の権利から言えば、禅僧の旦過に関して非常に厳しい夢窓の態度が見えよう。また、禅僧の掛搭にはまったく言及していない。このことから当時の禅林には似た禅僧の類が多いので、若し、旦過を許すと常住の銭財を贅沢に費すのみではなく、おそらく大衆を邪魔することになったと推量される。そして、臨川寺では外来の修行者はただ一夜の旦過は許されるが、掛搭はおそらく許されなかったと推量できるのである。

◆掛搭

旦過と掛搭は従来の中国叢林において受け付けられていた。このようことが『禅苑清規』の「掛搭」条に、つぎのように記載されている。[39]

具威儀、袖祠部（如二人巳上則推一人人事精熟或戒蝋高者為參頭）於堂司相看。尋行者報維那云、新到相看。相見各觸禮三拜。喫茶罷、起身近前云、久嚮道風此者特來依棲左右、且望慈悲。維那云、山門多幸特荷光臨。乃各人依戒蝋次第呈祠部與維那。維那收訖（次第安箱内）新到觸禮一拜云、此際多幸深謝溫存。維那答一拜云、官待簫踈。且希以道為念。不喫湯。維那送出堂司云、請上座、帰堂掛搭。

この史料をみると、掛搭の規則は詳細に記載されている。また、掛搭の修行僧はしばらく休暇して外出する場合には十五日以内に帰院すべきであるとする。また、休暇の期限は半月を限度とする。もし、これを過ぎれば、再び掛搭の儀式を行わなければならないとする。

共に住む禅僧の条件について、夢窓は厳格な要求をし、僧衆を選ぶとき、自派・他派のいずれの入寺でも構わないが、禅僧の才徳が大切な要件と考えた。これからみると、夢窓は従来の十方叢林制度をもって禅衆に対した。臨川寺の禅僧の入寺はまったくその力量によって決定されたのである。さらに禅僧の人数に関して、つぎのように述べている。[40]

共住僧衆須擇其人、莫問自他門派、安衆多寡宜隨莊園土貢。近來長老或徇人情或憐弟弟、不顧常住煩費安衆過分、以致山門衰耗甚不宜也、古人云、安僧不必多。日用齋粥常教後手有餘、自然不費力量哉、斯訓不可不循。

臨川寺の僧数は荘園の土貢の多寡によって決めていった。加えて、北条貞時、高時ははじめに寺院の経費の節減と風紀の問題に関して「禁制条々事」を定めた。たとえば、「北條貞時圓覺寺制符條書」（『円覚寺文書』）に、つぎのようにみえる。[41]

崇演北條貞時圓覺寺制符條書

圓覺寺制符條々

僧衆事不可過貳百人。

乾元二年二月十二日

(貞時)

沙彌（花押）

とあり、また、

崇鑑北條高時圓覺寺制符條書

圓覺寺制符

僧衆事不可過貳佰伍拾人。

嘉暦二年十月一日

(高時)

沙彌（花押）

とある。円覚寺の禅僧の人数は貞時の時代には二百人と定めたが、高時に至り二百五十人に増加する。室町幕府は、はじめに寺僧の人数を制限していたがやがて寺の維持経営と寺規の管理の問題が生じた。葉貫磨哉は、禅林の内部が自浄能力を失ったことを示し、代わって官方が統制を強化していったと指摘した。[42]『臨川家訓』は寺院の禅僧の人数について、はっきりした数の上での制限を記載していないが、「圓覺寺制符條書」からすると制限されていたと推測することができる。

◆休暇

「休暇」については『百丈規縄頌』によると、

請暇遊山せんことはただ半月なるべし。あるいは限を過ぎる者は須らく祠部を呈して再び堂儀を守るべし。もし違せばすなわち院の施行に準ぜよ。[43]

と述べている。『禅苑清規』の「掛搭」条に、「休暇」について外出する場合に十五日以内に帰院すべし、十五日を過ぎた時、再び掛搭の儀式を行わなければならない。これに対して、臨川寺は「休暇」について『臨川家訓』の条々にはっきりと記載しており、つぎのように述べている。[44]

寮暇莫過七日、七日以後猶未得安、則可為病暇宜在寮將息、不得在他處。

また、

請暇以五十日為限。若有遠行不能早歸、則後日歸來更求掛搭、免與不免須任住持之意。

とある。禅僧は体調が悪い場合に、寮で休んでも若し七日以降まだ治愈しない場合は「病暇」となった。「病暇」の禅僧は寮にて休み、他所へ行くことは許されない。また、「休暇」の日は五十日に限られる。「遠行」のため期日を過ぎて帰来したときは、掛搭を許すか、許さないかは住持が決定する。これに対して円覚寺の休暇制度は百日が限度であり、[45]夢窓の厳しい禅風が窺える。

◆清浄戒

さらに、『臨川家訓』に男と女の間について、つぎのように述べている。[46]

不許獨入比丘尼菴婆婦家、但除為佛事受請、直饒赴請、不可無伴而去。

また、

比丘尼及女人不許非聽法時而入寺來。直饒齋會時節亦不許於寮舍内、令喫茶飯等。

とあり、比丘が一人で比丘尼と婦人の家に行くことは禁止された。また、比丘尼と女人が説法の期間以外に禅寺に入ることは許されていない。中世の禅寺法度に、永仁二年（一二九四）正月、北条貞時の「禪院制符條書」によると、[47]

比丘尼并女人入僧寺事。

但、許二季彼岸中日・二月十五日・四月八日・七月盂蘭盆兩日、此外於禪興寺者、毎月廿二日（時頼忌日）、於圓覺寺者、毎月初四日（時宗忌日）可入也。

と述べている。比丘尼と女性の入寺は時間がはっきり規定されており、それ以外の時間は許されない。これらのことは禅林内部の自浄作用に大きな影響を与えている。

◆沙彌喝食

沙彌喝食について、喝は唱の義であり、食時に衆僧に対して行食などを報ずることである。喝食行者は現存する最古の清規である『禅苑清規』に拠ると、本来は食事の時にその種別や作法の次第を唱えるのが役目であった。禅林の衆僧の斎時には、香飯・汁菜・再請・潑水・折水の順に行者が唱える。

沙彌喝食の人数と年齢について、『禅苑清規』の中では全く言及していない。これに対して、『臨川家訓』でははっきり喝食掛塔の人数が五人を過ぎてはいけないと述べている。また、十七歳未満の者は禅僧になれないと定めている。つぎのようである。[48]

沙彌喝食掛搭莫過五人、十七歳已前不許做僧。

これに対して「北条高時書状」（『円覚寺文書』）では、つぎのように記載している。[49]

小僧・喝食事不可過伍人。

嘉暦二年十月一日　（高時）

沙彌（花押）

また、「北条直義書状」（『円覚寺文書』）では、つぎのようである。

沙彌・喝食事僧衆之外、一寺分不可過廿人、子細同前矣。

暦應五年三月　日

（直義）

左兵衛督源朝臣（花押）

永徳元年十二月十二日、室町幕府の「諸山条条法式」と比べて、「小僧・喝食事不可過伍人」の部分は同じであるが、十五歳未満の者は僧にしないとする、また、それぞれの禅寺には禅僧の定員が定められていたが、[50]その主要な理由は沙彌喝食の監督指導が十分ではなかったためである。[51]

室町時代の禅寺は幕府と密接な関係があるので禅院の寺規に関して幕府からの制限が存在したのである。そして、『臨川家訓』を制定するに当たり、幕府の「諸山条々式」が第一の要件になったことは推測できる。この例からすると、禅寺と幕府が密接な関係にあったことを証明する良い文献史料であるといえる。

◆法堂

中国叢林の建築から言えば、早期の百丈懐海の時代に「仏殿を建てず、ただ法堂を構う」[52]とある。いうまでもなく、法堂は住持長老が上堂陞座して大法を講演する場所であり、言わば、叢林においてもっとも重要な殿堂である。これに対して、『臨川家訓』の中に、つぎのように述べている。[53]

法堂不要搆之、何則古之叢林以宗説倶通之人為主法者、會下龍象居頭首位以助住持之化。以故上堂秉拂所益尤多。今時叢林道不及古、大刹長老頭首尚以難得其人、何況小院乎、若是智眼不明機辨不具、勞心於相似之間語、紛念於滑稽之浮華、可謂自欺亦欺人矣、不如住持頭首與衆作息同參涅槃堂裏禪、若也住持具古人體裁者、不妨端居丈室以接方來、寧謂無法堂乎。

『臨川家訓』は法堂を建てることを禁止している。これは叢林規式と法堂に関することが多少異なるのである。夢窓によると、今の叢林にはすぐれた説法する人物がすくなかった。だから、住持と頭首と禅僧はともに涅槃堂において禅に参ずると定めている。また、禅寺の上堂・秉払などの行事は行わず、一日中にただ四時の坐禅を精進弁道すべきである。もし、住持が以前の祖師の如く才徳兼備の人物あれば、方丈室を門徒教化の場所にすればよいとする。このことから考えると、臨川寺はまったく夢窓の個人の宗風により建立されていった様子をうかがうことができるのである。

◆法蠟

禅院において戒法を受けて以後の蠟数によって大衆の席次を定めていた。このような制度が早くから叢林に存在していた。『禅門規式』によると、つぎのようである。[54]

所裒学衆、無多少無高下、盡入僧堂中、依夏次安排、設長連床、施椸架、掛搭道具。

法堂には高低の身分の区別がなく、学衆はすべて夏安居に参加した度数によって席次が定まった。百丈以前の教団生活は小乗律により、百丈以後僧団に適する新な制範を定めたのである。『百丈清規』は仏教史上に斬新な影響を与えたといえる。[55]『禅苑清規』の「赴粥飯」に[56]、

粥飯坐位須依戒蠟、資次早晨開靜之後、斎時三下已前先於食位就坐。

とある。この点に対して、『臨川家訓』がいかに主張するか。つぎのように述べている。[57]

衆僧位次不耆舊堂僧、宜依戒蝋行年之次第也。其中若有東堂西堂及大耆舊、宜在衆僧之上也、梵網經云、先受戒者在前坐、後受戒者在後座、如來意欲令人尊重戒法故作此説、然看令時禪流受戒之儀、多是有名無實、少年僧道我是戒蝋已經年序便在老僧上而坐、其言則似梵網之説其理則失敬老之儀、如來制律開遮隨時不可堅執、是以予不必用受戒先後為位次也、同年之人以戒為上、同戒之人以年為上、同年同戒者宜依掛搭後先、若有十年老於他者、宜在他上、若其戒十蝋先於他者、其年雖老不可怒焉、予於建化門中且作此説、真如法界無自無他、更有何位次也、只要諸人各入無諍三昧識得無位真人而已。

これは『臨川家訓』においても、僧衆の位次を法蝋によって定めている。一方、当時の年少僧の中には高い法蝋をもって老僧の上に位置し、敬老の精神が失われてしまう場合がある。そこで特に新たな規則を定めている。同年の人は戒を以って上位となし、同戒の人は年を以って上位となし、同年同戒の人は掛搭の前後によって次第を決める。しかし、十年以上法蝋の差がある時は年少でも老僧より上位に座し、それ以下の差では老僧が上位に座すことにしている。このようにみると、夢窓は老僧に対してその尊敬の態度を確立したことは疑う余地がない。また、夢窓は教団の規律に対して寛大な態度をもって対応している。古規をそのまま守るだけではなく、当時の寺院・政治・経済の状況などを考え合わせて『臨川家訓』を定めたと言えよう。これにより臨川寺の教団に大きな生命力を与えていった。夢窓は当時の社会状況に対してただ寛容な姿勢で臨んだのではなく、真に禅宗の修行弁道の維持とともに寺院の発展という立場で臨んでいたということができるのである。

◆六和敬

僧伽は、和合衆の意味である。六種に分かれる。ゆえに六和敬という。初期の僧伽において共住生活を営むためにその和合の徳目を示している、『雜阿含』二六巻に、[58]つぎのように述べられている。

爾時。世尊告諸比丘。如上說。差別者。若所有法。是衆之所取。一切皆是四攝事。或有一取施者。或一取愛語者。或一取行利者。或一取同利者。過去世時。過去世衆。以有所取者。亦是四攝事。未來世衆。當有所取者。亦是四攝事。

この観点から見るならば、初期の僧団において修行者は布施・愛語・利行・同事等「四攝事」をもって修道のために相互に認め、相互に諌め、相互に赦し合うことを意図しており、これら四つの包容の態度は僧団の和合の必要条件になった。和合はいわば僧伽の理想の目標の一である。『臨川家訓』は、つぎのように述べている。[59]

守口攝意勿致鬪諍、僧伽是梵語、此云衆和合、苟以我慢貢高介懷穢語諍論亂衆、其豈謂之僧伽耶、既是以道聚頭、縱是法譚、如及諍論則不可、矧為閒事長無明乎、然彼此同是凡夫、瞥喜瞥嗔難得而禁。如有少紛爭、則住持及首座維那勸令和合、及于相罵相打、則不論理非兩俱出院。

また、つぎのように記している。

犯重之僧實與不實未分明、若有衆人一同指目、則莫許共住、長老密誘其人令起單去、莫出罰牓。

『臨川家訓』に、夢窓はことに『禅苑清規』の「六和共聚、水乳相參」を引用して臨川寺の衆僧を勉励している。若し、争論があれば、両者は必ず禅林を離れることになる。そのようにならないように、夢窓は僧団の和合の重要性を認めているのである。このことは夢窓派に大きな影響を与え、のちに大教団が形成されることになったと言えよう。上下和睦の思想は禅林では大切な問題として注目されてきたといえる。『禅苑清規』の「訓童行」に、つぎのように記載している。[60]

既已出家參陪清衆。常念柔和善順不得我慢貢高。大者為兄、小者為弟、徐言持正勿宣人短。儻有諍者兩相和合。但以慈心相向不得悪語傷人。若也欺凌同列走扇是非、如此出家全無利益。他人財物不得擅使。別人衣被不得自移。不得床上立地着衣。不得背聖僧上床。若掲門簾常垂後手、不得敲磕作聲。堂中不得露頭衩衣。打靜已後未開靜已前除常住事、不得於堂内及近童行堂説話。

禅僧の訓練のためには沙彌の階段から出家として五戒を持つべきである。また、禅に参じて道を問う者は身心を収攝して散乱することを得ない。もっぱら個人の心身を訓練して仏道に専念するものである。つぎに、僧団の共住は常に柔和善順を念じて我慢貢高なことを得ず。大なる者は兄となり、小なる者は弟となる。叢林は僧衆の和合を非常に重要視して沙彌より訓練をしていくのである。

◆本寺・末寺

本寺・末寺については、両者が相互に扶助し合い仏祖の慧命を続け、本寺・末寺の間に優劣の分別が生じないようにする。しかも、寺院の荘園については本寺・末寺の寺領ははっきり区別を付けることが必要であった。さらに、本寺・末寺の重要な契約書と有価証券などの文書は必ず正本を三会院に置いて遺失しないようにした。これをみると、三会院は慧林寺・瑞光寺・補陀寺など末寺の管理を中心としたから門徒の組織を掌握していたことは明らかである。要するに、『臨川家訓』から夢窓の教団の経営に関する方針が明らかになるのである。

五　三時諷経と四時坐禅

◆四時坐禅

坐禅の回数について、早期（七世紀ごろ）に成立した「禅門規式」をみると、ただ、「入室請益を除く、学者の勤怠に任す」とある。『禅苑清規』では、僅かに「坐禅儀」のみを記載しているだけである。両者は坐禅の回数について全く言及していないのである。ところが南宋の『校定清規』に至ると、はじめて四時の坐禅が現われる。[61]叢林では四時坐禅・二時の粥飯と非時食が基本的な行事になったのである。

『永平大清規』によると、四時坐禅は黄昏坐禅（午後八時）、後夜坐禅（午前二時）、早辰坐禅（午前十時）、晡時坐禅（午後四時）など一日に四回の坐禅が行われたのである。つぎのように述べている。[62]

黄昏の坐禅は昏鍾を聞かば袈裟を搭け、雲堂に入り被位に就き坐禅す。住持人は椅子に就き、聖僧に向って坐禅す。首座は牀縁に向かって坐禅し、大衆は面壁して坐禅す。住持人、坐禅の時は、椅子の後、屏風の外に一搨を設けて、或いは志の侍者一人、或いは志の行者一人、住持人に伺候す。

また、『臨川家訓』では、つぎのように述べている。[63]

四時坐禪唯除浴日坐參、其餘極寒極熱修正蘭盆時節亦不可開。（若於坐禪時特有事可作則可開之）趙州和尚云、我在南方三十年、除粥飯二時是雜用心處、趙州寧謂粥飯二時不是正用心處耶。只是言其除粥飯外更不雜余事耳、此老生而知之人也、然其履踐工夫猶以如此、矧是自己未明者乎、古德又云、大事未明當如喪考妣、大事已明亦當如喪考妣、古人苦口叮嚀、其意豈在令人限日約時工夫不純乎、上古道人皆是卜僻洞深巖居樹下石上、更有何事可作、廢寢忘食一味存道、百丈建立叢林以來普請作務其事不少、雖然人人以道聚頭故、辨道工夫不曾為事縁所奪、百丈滅後迨于三百年、叢林規繩漸衰緇流少有慚愧、始有擊版坐禪之儀、謂之四時坐禪、蓋是主法尊宿曲設方便以誘懈怠者耳、今時後生猶嫌四時坐禪、動則欲令省略、無慚無愧莫甚於此。

当時の禅林は精進弁道の禅僧が次第に減少する傾向にあったようである。そこで夢窓は、『臨川家訓』において当時の修行者が四時の坐禅を嫌い、できれば省略しょうとしていることに対して、「無慚無愧」これより甚だしきはなしと嘆息している。夢窓は老婆心をもって禅僧にもっぱら求道のために精進すべきであることを説いている。坐禅はただ浴日を除き、それ以外の日は寒さ・暑さがあっても、また、盂蘭盆の季節であっても放参[64]することはせず、同様に一日に四回を坐禅すべきであるとしている。これは義堂周信の『空華日用工夫略集』の中にも、「夏安居、三時の諷経、四時の坐禅、本朝、大小刹を論ぜず皆な例してこれを行ず。怠らざるべし、怠る者は罰す。」と述べている。[65]この史料をみると、当時の禅堂の修行の状態がうかがえる。

◆三時諷経

三時の諷経は従来日本の叢林においては毎日必ず行う基本的行事であった。室町時代に至っても三時諷経は同様に行われていた。[66]鏡島元隆によると、日本の清規において三時の諷経を初めて取り入れたのは聖一国師である。[67]円爾の『慧山古清規』(一二一七〜一三一九)において四時の坐禅と並んで三時の諷経が初めて現れた。『東福寺祈祷日鑑』に[68]、

毎日中、尊勝陀羅尼七遍、関東御祈祷。毎日朝暮、楞厳咒、藤原家御一門云々。

と示されているのである。円爾の顕密禅を融合する禅風については従来の研究者により、その教禅合一の立場が明確にされている。もちろん、門流の行事として諷経・誦咒が極めて自然に行われるようになった。加えて、無学祖元は建長寺の大衆を率いて長日『法華経』を唱えてもっぱら敵軍降伏を祈祷した。元来宋の禅林には、日中諷経の例がない。しかるに鎌倉の無学祖元はこの際に日中諷経の例を開いたのである。[69]これに対して、『夢中問答』は、つぎのように記している。[70]

近古以来、種種の経咒を誦し、日課となして以って大衆を煩はす。顧ふに大道廢れて仁義あるか。行儀殊勝の謂にはあらず。日用の風度、講徒と異なることなし。

夢窓の『夢中問答』には、禅宗の宗旨はひたすら坐禅に打ち込むことだけであることを強調する。当時の禅宗は諷経するのみではなく、国家・武家の命令によって祈祷を行っていると述べている。この状態に対して夢窓は賛同をしていなかったと思われる。しかし、当時の禅林では三時の諷経は叢林規式の中で自然に形成されていったことは拒否できない。『臨川家訓』は、つぎのように記載している。[71]

臨時祈祷或順勅命或依武命諸寺院一同勤行、則本寺亦當掛祈祷牌而致精誠也、其餘或為寺家或為檀越別作祈祷則不可、毎日三時看經誦呪併為天下康寧伽藍鎮静、毎日祈祷若無効驗、一時勤行豈有感應乎、祈祷有二、所謂俗塵執心深重故、欲祈佛祷神以持壽福攘災厄、此是世間之祈也、身心道器、不可虚棄、故求三寶諸天之哀憐以要進道無障、是為出世之祷耳。僧家又徇世情為之祈祷以貪名利、其豈理之所宜哉、師檀倶違道理、佛神奚有哀憐、縦有小利却為失大利之因由、可不慎乎、禪家只須省萬事守本分、乃是報四恩資三有之祈祷也。

『臨川家訓』では祈祷の趣旨について、本格的に天下の康寧と伽藍の鎮静の二つの理由のために諷経を行い祈祷の目的を遂げることが大切であることを述べている。そしてもっぱら寺家・檀家のために祈祷することは許されないとする。時代の時勢の中にあって『臨川家訓』は三時諷経のことを定めなければならなかったと考えられる。

これに対して、『禅苑清規』の「延寿堂浄頭」条には、延寿堂の中に用いるものは皆堂主に係わって縁化するもらいものであるとある。[72]また、『校定清規』には、「粥罷、当為功徳主升座祝香」と述べている。[73]このようにみると、北宋時代に至り、禅院の経済体制は檀家より寄進を募ることになり、功徳主のために経典を誦えることが規定されている。当時、禅院と檀家とは相互依存の程度が高まり、百丈禅師の「一日作さざれば一日食らわず」[74]の自給自足の制度は完全に崩れていった。この点から考えると、夢窓が檀家の祈祷を禁止した教団はもっぱら坐禅する寂滅道場ということになる。夢窓の理想とした教団は百丈清規を中心とした禅林であったことが推測できるのである。夢窓の叢林清規の精神がそのままを表れており、また、大乗仏教の利他の精神が発揮されていることがうかがえる。

中国の『禅苑清規』・『日用清規』・『校定清規』をみると、特定の日及び臨時の諷経における規定は存在しているが、三時の諷経についてははっきり記載されていない。また、現存する最古の『禅苑清規』は、托鉢の頭陀行を主としたまったく自給自足の生活を確立するということを設いている。そして諷経・祈祷を退け、もっぱら修禅に重きを置いたのである。さらに、道元の『永平大清規』は『禅苑清規』を範本としており、それも『百丈古清規』のもとに返ることを目指した清規であり、『永平大清規』には三時の諷経に関することがまったく見られない。ただ、「参禅は身心脱落なり、焼香・礼拝・念仏・修懺・看経を要せず。只管打坐始めて得ん」（永平広録六）と記載されている。夢窓の三時の諷経は、ほぼ円爾の『慧山古清規』によって規定されたものと推測できる。加えて、室町幕府よりの法令が出されている。円覚寺の条々に[75]、

三時諷經、不問耆舊．衆僧、固點撿、衆僧可除名字、耆舊不可有序遷之儀也、夫禪宗、以坐禪得名、懈怠者及數度、出院、

永徳元年十二月十二日

左衛門佐（花押）

（斯波義將）

と規定されている。幕府から出された「諸山条条法式」には特別な三時諷経のことが強調されており、怠惰の人は禅院を出るべきであると定めている。おそらく夢窓は両者をともに参考にして三時の諷経を定めたものであろ

う。

以上のようにみると、日本の禅林の清規で実際に利用されたのは、『禅苑』・『校定』・『備用』などであった。一般的に用いられた諸清規のほかにも、法度・規式・遺訓・遺誡等の名称のものが著わされ、いずれも採用されている。『禅苑清規』以降の諸清規はこれらに基づいており、後世に与えた影響には著しいものがある。臨川寺はまったく夢窓が個人の理想の教団として構成したものである。『臨川家訓』からみると、叢林の規式は『禅苑清規』など諸清規と同様の部分もあるが、異なる部分もある。もちろん、日本の中世における宗教・政治・経済・文化等が時代に随って変遷していったので叢林に大きな影響を与えていった。『臨川家訓』の内容からみると、臨川寺はまったく政治的色彩を脱して純粋に四時の坐禅を修行し、それに専念する道場になっていった。夢窓は臨川寺に個人的・理想的な教団を目指したのである。

1　宇井伯寿「百丈清規の歴史的意義」(『仏教思想研究』岩波書店、一九八二年)六二八頁。
2　『臨川家訓』(『大正新脩大蔵経』八十冊・五〇〇頁中)。
3　住持の任期は三年二夏、すなわち二回の夏安居（四月十五日より三ヶ月間に出せず修行すること）を含む三年である。もちろん、病気がほかの理由とあれば任期途中で退院することもある。
4　『長阿含経』(『大正新脩大蔵経』一冊・五〇頁中)。
5　『禅苑清規』(『大日本続蔵経』一一一冊、四五八頁)。

6　鏡島元隆『訳註　禅苑清規』（曹洞宗宗務庁、一九九三年）二五七頁。
7　蔭木英雄『蔭涼軒目録』――室町禅林とその周辺（そしえて会社、一九八七年）七二頁。
8　玉村竹二『夢窓国師』（平楽寺書店、一九七七年）二六一頁。
9　『天竜寺文書』文和三年正月二十六日。
10　玉村竹二『五山叢林の十方住持制度について』（『日本禅宗史論集』（上）思文閣、一九七六年）二五九頁。
11　『日本中世禅宗と社会』（吉川弘文館、一九九八年）三六〇頁。
12　『景徳伝燈録』巻六（『大正新脩大蔵経』五十一冊・二五一頁上）。
13　『臨川家訓』（『大正新脩大蔵経』八十冊・五〇〇頁下）。
14　篠原寿雄『永平大清規』（大東出版社、一九八〇年）七頁。
15　『勅修清規』（『大正新脩大蔵経』四十八冊・一一三〇頁下）。
16　『禅苑清規』（『大日本続蔵経』一一一冊、四四九頁）。
17　『禅苑清規』（『大日本続蔵経』一一一冊、四四九頁）。
18　『梵網経』（『大正新脩大蔵経』二十四冊・一〇〇五頁下）。
19　『臨川家訓』（『大正新脩大蔵経』八十冊・五〇一頁上）。
20　『禅苑清規』（『大日本続蔵経』一一一冊、四四八頁）。
21　『空華日用工夫略集』応安元年十二月十日条。
22　玉村竹二『夢窓国師』（平楽寺書店、一九七七年）六六頁。
23　『臨川家訓』（『大正新脩大蔵経』八十冊・五〇二頁中）。
24　『禅苑清規』（『大日本続蔵経』一一一冊、四三八頁）。

25 『禅苑清規』（『大日本続蔵経』一一一冊、四三八頁）。
26 道瑞良秀「中国仏教と肉食禁止の問題」・「中国仏教と禁酒運動」（『中国仏教思想史の研究』、平楽寺書店、一九七九年）二七一頁。
27 『臨川家訓』（『大正新脩大蔵経』八十冊・五〇一頁下）。
28 『臨川家訓』（『大正新脩大蔵経』八十冊・五〇二頁上）。
29 『禅苑清規』（『大日本続蔵経』一一一冊、四三九頁）。
30 『日用清規』（『大日本続蔵経』一一二冊、四七三頁）。
31 鏡島元隆「南宋禅林の一考察」（『道元禅師とその門流』、一九六一年）四二頁。
32 『臨川家訓』（『大正新脩大蔵経』八十冊・五〇一頁下）。
33 篠原寿雄『永平大清規』（大東出版社、一九八〇年）三八三頁。
34 『円覚寺文書』乾元二年二月十二日条。
35 玉村竹二「北条貞時の禅宗帰嚮の一断面」（『日本禅宗史論集』（下之二）思文閣、一九八一年）一一三頁。葉貫磨哉『中世禅林成立史の研究』（吉川弘文館、一九九三年）二一六頁。
36 『禅苑清規』（『大日本続蔵経』一一一冊、四三九頁）。
37 「亀鏡文」（『大日本続蔵経』一一一冊、四六〇頁）。
38 『臨川家訓』（『大正新脩大蔵経』八十冊・五〇〇頁中）。
39 『禅苑清規』（『大日本続蔵経』一一一冊、四三九頁）。
40 『臨川家訓』（『大正新脩大蔵経』八十冊・五〇〇頁中）。
41 『円覚文書』乾元二年二月十二日条、嘉暦二年十月一日条。

42 葉貫磨哉『中世禅林成立史の研究』（吉川弘文館、一九九三年）二一六頁。
43 『百丈規縄頌』（『大日本続蔵経』一一一冊、四六七頁）。
44 『臨川家訓』（『大正新脩大蔵経』八十冊・五〇二頁上）。
45 『円覚寺文書』永徳元年十二月十二日条。「請暇可限百日、若一日過其期、可抽單、或帰來參暇、無幾、又請暇者、固制之、又不逢入院者、悉可抽單也、」
46 『臨川家訓』（『大正新脩大蔵経』八十冊・五〇一頁下）。
47 『円覚文書』永仁二年正月　日条。
48 『臨川家訓』（『大正新脩大蔵経』八十冊・五〇〇頁中）。
49 『円覚寺文書』嘉暦二年十月一日条、暦應五年三月　日条。

七五　崇鑑北條高時圓覺寺制符條書

圓覺寺制符

一　佛法修行事
　（北条時宗）

　任本願之素意、方丈可被執行之。於世事者、可有談合于寺家行事、是則先人之遺命也。後昆宜服膺焉。
一　寺官事、於兩斑頭・維那者、行事伺案內可請定。其外者、方丈・僧侶・行事相共加談議、以厥器用、可撰補也。
一　僧侶掛搭事談合寺家行事、可入法器之仁也。
一　大小耆舊事請定之後、一回未滿者、不可載名字於床曆也。
一　僧衆事不可過貳佰伍拾人。
一　小僧・喝食事不可過伍人。

一　諸堂并職者布施事佛殿・僧堂・舎利殿・輪蔵・御影、堂司・庫子、此外可停止也。
一　粥飯事大者舊之外、止請物、可著僧堂、將又随時打給、一向可停止也。
一　寺中點心事不可過一種。
一　寺領事給主連々遷替、庄務之煩費、濟物之闕乏、職而由斯、向後任旧例、都聞并行事、可致沙汰也。
一　住侶出寺事随其輕重、可有沙汰。以片言、不可折獄。亦於出寺之時者、可被談合行事也。
一　行者・人工帯刀事固可禁制。且件輩動致諍論、剰及刄傷、僧中沙汰弛紊故歟。早寺家行事、可令進止也、
一　僧侶夜行他宿事若有急用者、為長老之計、可差副伴僧也。
一　比丘尼并女人入僧寺事
　　　　　（仏涅槃忌）（仏誕生会）　　　　　（時宗忌日）　（貞時忌日）
彼岸中日・二月十五日・四月八日・盂蘭盆兩日・毎月四日・九日・廿六
　（時宗室・安達氏の忌日）
日、此外可禁制也。
一　僧衆去所不分明出門事
一　延壽堂僧出門事
一　僧徒入尼寺事
一　僧衆遠行時送迎事
　条々、可停止、於違犯之輩者、不論老少、可令出院也。
右、所定如件、
　　　　嘉暦二年十月一日　　（高時）

沙彌（花押）

50　『円覚寺文書』永徳元年十二月十二日条。

51　『中世法制史料集』第二巻・室町幕府法（岩波書店、一九七八年）五六頁。永徳元年十二月十二日条、近来少年者作侍者、叢林陵遅、不可過之。次十五未満者、不許作僧。

52　『禅門規式』巻六（『大正新脩大蔵経』五十一冊・二五一頁上）。

53　『臨川家訓』（『大正新脩大蔵経』八十冊・五〇一頁中）。

54　『景徳伝燈録』巻六（『大正新脩大蔵経』五十一冊・二五一頁上）。

55　宇井伯寿『第二禅宗史研究』（岩波書店、一九九〇年）三七三頁。宇井伯寿「百丈清規の歴史的意義」（『仏教思想研究』岩波書店、一九八二年）六二八頁。

56　『禅苑清規』（『大日本続蔵経』一一一冊、四四〇頁）。

57　『臨川家訓』（『大正新脩大蔵経』八十冊・五〇二頁中）。

58　『雑阿含』（『大正新脩大蔵経』二冊・一八五頁上）。

59　『臨川家訓』（『大正新脩大蔵経』八十冊・五〇二頁中）。

60　『禅苑清規』（『大日本続蔵経』一一一冊、四六四頁）。今枝愛真『中世禅宗史の研究』（東京大学出版社、一九七〇年）五六頁。

61　『校定清規』（『大日本続蔵経』一一二冊、一六頁）。

62　『永平大清規』（大東出版社、一九八〇年）八三頁。

63　『臨川家訓』（『大正新脩大蔵経』八十冊・五〇一頁上）。

64　放参は、すなわち晩参を休むこと。現代の禅寺は毎月の三と八のつく日を放参している。そして、禅寺の規定の行事が休むことを総称した。
65 『空華日用工夫略集』永和四年四月二十三日条
66 三時は、粥前・斎前・薬石前に諷経する。『夢中問答』佐藤泰舜校訂（岩波書店、一九三四年）五五頁。その由来など詳しく述べている。
67 鏡島元隆「古規復古運動とその思想的背景」（『道元禅師とその門流』、一九六一年）一九一頁。
68 『慧山古清規』（『東福寺誌』文保元年十一月条）。
69 鷲尾順敬『日本禅宗史の研究』（東京経典出版社、一九四五年）一五八頁。
70 『夢中問答集』第十五門答。
71 『臨川家訓』（『大正新脩大蔵経』八十冊・五〇一頁上）。
72 『禅苑清規』（『大日本続蔵経』一一一冊、四四九頁）。
73 『校定清規』（『大日本続蔵経』一一二冊、六頁）。
74 『祖堂集』巻十四・百丈章。
75 『円覚寺文書』永徳元年十二月十二日条。

第四節　夢窓と大乗仏教――『夢中問答』を中心として

『夢中問答』は、夢窓が直義の信仰上の疑問について遂一説明したものである。浅い問題から深いものまで、全編が禅に関するもので論理的な展開を示すように排列されている。また、『夢中問答』の編纂・刊行は、正法が流布することを最終的な目標としていることがわかる。さらに、夢窓は大乗の立場から論述しており、男女の差にとらわれない、平等観を持って述べていることが理解できる。このような大乗仏教の思想は本書の中に随所に見出すことができる。

『夢中問答』について先行の研究に西山美香『武家政権と禅宗』（笠間書院、二〇〇四年）がある。『夢中問答』の成立に論究し、その編纂・刊行される経緯を確認している。さらに、『夢中問答』の中の「譬え話」・「戦乱」・「本朝」について分析している。玉村竹二『夢窓国師』（平楽寺書店、一九七七年）は、夢窓の性格・家風について論究しており、とくに念仏・密教に対する姿勢について詳しく検討している。

これらの研究を踏まえて本論では、『夢中問答』の中の夢窓の大乗仏教の思想に関して考察を試みることにしたい。また、その内容を諸経典と比較しつつ検討することを心がけたい。

一　自覚宗教

夢窓は『夢中問答』の冒頭で「福について」解明している。まず、須達長者の例を挙げて詳しい説明を加えている。つぎのようである。

昔天竺の須達長者、老後に福報衰へて、世を渡る計略も尽き果てて年來の眷属一人もなし。ただ夫妻二人のみに成りにけり。財寶はなけれども、さすがに空倉はあまたありけり。もしやとて、倉の内を探す程に栴檀にてさしたる、斗を一つ求め得たり。これを米四升に換へて、これにて二三日の命を続ぎなむと、嬉しく思へり。須達は別事によりて他行しぬ。その後に舎利弗、須達が家に到りて、乞食し給ふ。須達が妻、四升の米を、一升分けて供養し奉る。その後、目連、迦葉來り乞ひ給ふ。又二升奉りぬ。その残り一升になりぬ。これだにあらば、今日ばかりの命をば続ぎなむと思う程に、又如來到り給へり。惜しみ申すべきやうもなし。やがて供養し奉る。さても須達が外へ出でつるが、疲れに臨みて帰り來らむ時、いかがはせんと思ふも悲しく、又仏僧を供養し奉ることも、時にこそよれ。（中略）ただこれ、須達夫妻ともに、無欲清浄なる心中より來れり。末代なりとも、もし人かやうに無欲ならば、無限の福徳、やがて満足すべし。

（『夢中問答』第一問答、佐藤泰舜校訂、岩波書店、一九三四年）。

周知のごとく、須達長者は在家の修行者であるが、出家者の精進弁道の場所として祇園精者を建てて寄進した人物である。その布施の精神は後世にまで褒讃えられている。また、大乗仏教では修行の徳目の「六度波羅蜜」の中で「布施波羅蜜」を最初に置いてその重要性を強調しているのである。つぎのように述べている。

菩薩六度無極難逮高行。疾得為佛。何謂為六。一日布施。二日持戒。三日忍辱。四日精進。五日禪定。六日明度無極高行。（傍点筆者）

大乗仏教における布施の功徳について言えば、無相の布施は無量無辺の功徳を成就させる。古くからこのような思想が主張されてきた。『夢中問答』からも同様に無欲清浄な心を重視ということが読み取れ、末世なりとも、もし人が主に無欲ならば、無限の福徳が得られ、やがて満足するであろうと述べている。古く中国禅宗でも「殊勝を求めんと欲せざれども、殊勝自ら至る。」[2]（原漢文）としている。

夢窓は『夢中問答』のはじめに「福について」のテーマを置き、その目的は世間の福運について、日常の精進が積み重なれば、殊勝なる福徳は自然に自分に備わってくる。また、『夢中問答』は、夢窓が足利尊氏の弟直義に仏教の教理について示した問答を記録したものである。この本は熱心な在俗の居士に開示したものである。これの第一問答は、つぎのように記載している。

世間に福を求むる人、或は商賈・農作の業を營み、或は利錢売買の計を巡らし、或は工巧伎芸の能を施し、或は奉公給仕の功をいたす。それ業は、各々異れども、その志は皆同じ。

（『夢中問答』第一問答、佐藤泰舜校訂　岩波書店）

「商賈農作」、「利銭売賣」、「工巧技芸」、「奉公給仕」を行っている人々は世間に福徳を求めるとき、職業は異なっても志すものは同じである。明らかに『夢中問答』はおもに仏道の修行を行う在家者を対象としていることが理解できる。さらに、『夢中問答』の文末の第九二問答「公刊の趣旨」に、つぎのようにみえる。

古人は大略、内外典を博覧して後に、禪門に入り給へり。これの故に、その所解、皆偏見におちず。末代禪宗を信ずる人の中に、未だ因果の道理をもわきまへず、真妄の差別をも知らざる人あり。さやうの人の中にも、もし道心いるがせならず、百不知、百不會の処について、二六時中、直に本分を參決せば、なまじいなる小智のある人よりも勝れり。世間を見れば、坐禪工夫は綿密ならず、經論聖教を聴聞することなし。或は坐中に、外道二乗の見解の起れるをも、これは坐中より得たる智慧なれば、得法なりと思へる人あり。或は自然に教家に談ずる所の法門を解了して、我れは禪僧なれば、所解も亦、禪の宗旨なりと思へり。予常に經論を講ずることは、かやうなる今時の弊を救はむためなり。文言義理の上について、委曲に談ずる因果真妄の法門をだにも、愚存の如く受け取る人は少し。

（『夢中問答』第九二問答、佐藤泰舜校訂　岩波書店）

これをみると、当時、禅宗の本旨をはっきりと理解する参禅者は少なかったようである。この問題点について、夢窓はとくに参禅者の能力の類型を挙げ、中には仏教の因果の道理の真妄の区別をも知らない者もいると述べている。その弊害を取り除くために、夢窓はつねに経論を講して仏教の教理を解き明かした。『夢中問答』の全論は九三問答より編纂され、冒頭と文末の文を見れば、前後の文脈は一貫していることがはっきりとわかる。まず、福徳から・祈祷・仏法と世法・大乗の慈悲に至るまでテーマごとに解き明かしており、つぎに、参禅、学解と大智・公案・菩提心などを論述し、最後には本分の田地・真心と妄心・見性成仏などについて述べている。全論の脈絡は仏教信仰から始まり禅を参究し、悟りの境地に至るまで、前後の次第は明確である。

『夢中問答』の「教外別伝の本旨」では、とくに檀林皇后の例を取り上げ、その意図に関して、つぎのように述べている。

鹽官の安國師に參じて、禪法を相承す。仍ってその會下の僧義空禪師を請じて我が朝に渡れしむ。東寺の西院に寄宿し給へり。弘法大師この由を奏聞し給ふ。天皇及び皇后。御對面ありき。皇后宿習開發して、教外の宗旨を悟りましましき。嵯峨の内に檀林寺を建立せらる。仍って檀林皇后と名付け奉る。義空禪師を請じてこの寺に住せしむ。禪師の云はく、禪宗のこの國にあまねく流布すべき時節、いまだ到來せず。

（『夢中問答』第九一問答、佐藤泰舜校訂　岩波書店）

また、『夢窓禅師語録』巻下之一にも、つぎのように見える。[3]

嵯天皇御宇有慧萼上人、奉勅渡于大唐流通佛法於本朝、參鹽官安國師信有教外玄旨、仍請其會下上首義空和尚來于本朝、勅以東寺西院為安下處時時召對鳳闕于時皇后宿植開發一面契悟、乃建精舍於此嵯峨以號檀林、請彼禪師住持、檀木寺内有十二院、皇后居其一院、因稱檀林皇后、其事具載石碑而在東寺、其碑表題云、日本首傳禪宗記、然禪宗興行未得其時　皇后登霞之後、檀林精舍漸漸荒零、或為郊蕪或為民居　嵯峨聖代已後迄于四百載禪院聿興、謂洛之建仁東福相之壽福建長是也、自爾以降大小禪刹遍於天下、七十年前　後嵯峨院卜皇居於此地、乃是檀林寺一院之故基、也　龜山法皇亦相繼以為行官、其内有壽量院、分南禪寺僧二十員而安此院、今之法堂所在便是壽量院之舊趾也、是知此地將興大叢林而豫有斯兆矣、遂見又革此行官作大伽藍禪宗首傳本朝則此地為先鋒、禪宗旺化於世則此地亦為殿後。

檀林寺は京都の天竜寺近辺にあった日本最古とされる禅院である。承和（八三四〜八四八）年間、嵯峨天皇の皇后は深く仏教に帰依し、唐僧義空を請じて檀林寺を創建した。皇后はこの寺の創始者であることから、檀林皇后と呼ばれている。[4]このようにみると、檀林皇后が女性の身分を以ってはじめて日本に禅刹を創建したことは、のちの中世禅林と女性の入信とを結び付けるのに大きな影響を及ぼしたに相違ない。[5]

夢窓は『夢中問答』の冒頭の須達長者と文末の檀林皇后の二人を優婆塞・優婆夷として例に取り上げて述べている。在家の修行者が寺とを創建することは居士の代表的な功徳である。夢窓あるいは当時の居士が女性の地位をある程度重要視していたことが認められる。加えて、在家の修行する従来からの大乗仏教の特色の一つである。

この点からみると、夢窓が中世禅林において女性の地位を重視していたことは見落せない。

奈良時代以来次第に神道と仏教の習合がみられ、平安末期に至って格段の発達を遂げ、仏菩薩が日本に至り神祇となって現れたという。本地垂跡の民俗信仰は民衆の仏教概念を単なる祈祷宗教化してしまったといえよう。夢窓はこのような状況をみて、とくに『夢中問答』の發端に「仏法と世法」を設け、その定義を闡明に行っている。つぎのように述べている。

問　世間の業をして福を求むるは、罪業の因縁なれば、もことに制せらるべし。福を祈らんために仏神を帰敬し經咒を誦持するは結縁とも成りむべければ、許さるる方もあるべしや。

答　もし結縁の分を論ぜば、世の業をなして福を求むるよりも勝れたりと申すべし。しかれども、世福を求むるほどの愚人は、とかく申すに足らず。たまたま人身を得て、会ひがたき仏法に会うて、無上道をが求めずして、あたら經咒を誦持して、世福を求むる人は、ことに愚なるにあらずや。古人云ふ、世法の上において、情を忘ずれば、仏法なり。仏法の中において、情を生ずれば、便ちこれ世法なりと云々。たとひ、仏法を修行して、自も菩提を証し、亦衆生を度せんと、大願を發せる人だにも、もし仏法において、愛著の情を生ずれば、自利利他ともに成就せず。況や我が身の出離のためにもあらず、亦衆生利益の由にもあらず、ただ世間の名利のためなる欲情にて仏神を帰敬し、經咒を讀誦せば、いかでか冥慮にかなはむや。もし身命を助けて仏法を修行し、衆生を誘引する方便のためならば、世間の種々事業をなすとも、皆善根となるべし。もし又その中において仏法を悟りむれば、前になす所の世間の事業、ただ衆生利益の縁となり、仏法修行の資となるのみにあらず。即ち、これ不思議解脱の妙用となるべし。法華經に治生産業も皆實相にそむかずと説けるは、この意なり。　（『夢中問答』第二問答、佐藤泰舜校訂　岩波書店）

第一問答の後に続いて直義は福を祈り、仏神を敬信し、経・陀羅尼を唱えることと仏道を結ぶにはどうすればよいかと質問する。夢窓は開巻の劈頭で修行者が世法の上において情を離れれば、それは仏法である。これに対して、仏法の中において情が生ずれば、それは世法になってしまうと言う。これは大乗仏教と民俗の信仰とを截然と区別しており、当時の仏教信仰上から言えば非常に意味あるものである。

福を求むる欲心をだに捨つれば、福分は自然に満足すべし。これ故仏教に、人の福を求むることを制するなり。福を求めずして、貧しかれとにはあらず。（『夢中問答』第一問答、佐藤泰舜校訂、岩波書店）

世法において情を忘れれば自然に仏法となる。鎌倉以降の革新仏教は単なる祈祷宗教を排撃し、真実解脱の宗教、自覚の宗教を提唱している。大乗仏教の究極目的は、経を誦んだり、念仏を唱えたり、坐禅をしたりして、仏教信者のように見えても、内心、名利の俗情を離れないならば、同様な解脱ができないとする。夢窓には従来の大乗仏教の自覚覚他の精神を主張するところが見られるのである。

二　菩提心

菩薩は菩提心を生起し、衆生済度の誓願を立てるが、周知のように「自未得度先度他」の菩薩行が称讃される。菩薩行は二乗と比べて勝れた徳行として、大乗仏教では実践すべき精神といわれている。菩提心の用語は原始仏教・部派仏教の文献には使われない。換言すれば、菩提心は大乗仏教特有の用語である。[6] 菩提心の思想は『夢中問答』のなかにも主張されている。つぎのように述べている。

大論に云はく、菩薩は一身一衆生のために、善根をなさずと云々。されば一切衆生のために、諸々善根を修して、無上道を求むるを菩薩とは申すなり。普賢菩薩、十大願を發し給へり。その初めに初敬禮諸仏の願あり。その文に云はく、願はくは我が身を無量無邊に分ちて、無量無邊の如來の前ごとに影現して、禮拜し奉ること、尽未來際、念々相續して間斷なかるべし。又、應修供養の願あり。その文に云はく、願はくは無邊の妙供を出生して、無邊の仏の前に身を現じて、無邊の仏を供養し奉ること、尽未來際間斷なかるべし。余願も皆この趣きなり。第九、恒順衆生の願なり。その文に云はく、願はくは我が身を無量無邊に分ちて、一切衆生に隨縁して、給使すること、仏を敬ふに異らず、尽未來際間斷なかるべし。第十は、普皆迴向の順なり。その文に云はく、前に修する所の敬禮供養等の功德を、普く皆一切衆生に迴向して、菩提を成ぜしむべしと云々。かやうの心を發すを、無上道を祈る人とは申すなり。

（『夢中問答』第一一問答、佐藤泰舜校訂　岩波書店）

菩薩は一切衆生のために、諸々善根を修めて無上の仏道を求めるのである。修行者の一切の修するところの敬礼供養の功徳が、一切衆生に回向して、皆が菩提を成就させることになる。夢窓はとく普賢菩薩の有名な十大願[7]の例を挙げて説明を加えている。

衆生が六道を輪廻することはあたかも車輪のようなものであって、或いは父となり母となり、男となり女となり、世々互に恩が巡る。それには、修行者は功徳の回向をただ恩ある人のために、心掛けるとすれば法界衆生に及ばないのでその功徳は大きくない。これに対して、功徳の回向が広大であれば、身に受ける功徳もさらに広大となる。また、菩薩の慈悲について詳しく分析し、つぎのように記載している。

大乗の菩薩の衆生を見ることは、貴人の家に生まれたる人の、思ひの外に零落たるを見るが如し。小乗の菩薩の、実に生死に沈める衆生ありと見て、愛見の大悲を起すには同じからず。

（『夢中問答』第十四問答、佐藤泰舜校訂　岩波書店）

これによると、大乗と小乗菩薩は衆生に対すると差があり、慈悲心の深浅の問題と関連している。事実、一切衆生は本来、諸仏と同体であって生死の相がない。無明の念が起こって生死の輪廻を生じたことはあたかも夢幻のごとくである。この問題に対して、夢窓はことに菩薩の慈悲の特色について検討を加えている。

慈悲に三種あり、一には衆生縁の慈悲。二には法縁の慈悲。三には無縁の慈悲なり。

（『夢中問答』第十三問答、佐藤泰舜校訂　岩波書店）

とあり、夢窓は修行解脱道の立場から慈悲に関して論述している。まず、衆生縁の慈悲は衆生の沈淪をみて、これを導いて世俗の煩悩から離脱させようとする慈悲である。このような慈悲は小乗の菩薩であると夢窓は指摘する。

世間の実有の見に堕ちて、利益の相を存するが故に、事実の慈悲にあらず。

（『夢中問答』第十三問答、佐藤泰舜校訂　岩波書店）

仏教の立場から考えると、衆生縁の慈悲は、なお出離の段階であり、世間の法理は実有に執着している。つぎに、法縁の慈悲は、縁生の諸法が有情・非情すべて幻に現れたものと同じだと見通して如幻の大悲を発する。これは大乗菩薩の慈悲である。しかし、このような慈悲はなおも如幻の相を残しているのでこれもまた真実の慈悲とは言えない。さらに、無縁の慈悲は、開悟の境地に至り、本来慈悲の徳性をそなえて自然に現れ、衆生に教化の心を起こさなくても自然に衆生を済度することになる。これを真実の慈悲と名付く。夢窓は菩薩の慈悲に対して無縁の慈悲をもってするのが真実の菩薩行であると認めている。

直義は菩提心が起こるとき、衆生の済度と自己の完成と、両者の順番はいずれが先でしょうかと質問する。これに対して、夢窓は詳しく分析しており、つぎのように述べている。

衆生の生死に沈めることは、我が身を執著して、この身のために名利を求めて、種々の罪業を作る故なり。しかればただ、我が身を忘れて、衆生を益する心を發せば、大悲内に薫じて仏心と冥合する故に、自身のためとて、善根を修せざれども、無邊の善根、おのづから萬備し、自身のために仏道を求めざれども、仏道速かに成就す。自身のためばかりに出離を求むる人は、小乗心なるが故に、たとひ無量の善根を修すれども、自身の成仏なほかなはず。いはんや他人を度することあらむや。菩薩心を發する人に智增・悲增の差別あり。先づ一切衆生むとするは、これ智增なり。（『夢中問答』第十二問答、佐藤泰舜校訂　岩波書店）

衆生の済度は自他の立場から言えば、「悲増の菩薩」と「智増の菩薩」とに分けられる。いわゆる「悲増の菩薩」は、まず一切の衆生を済度した後に、自分の仏道を完成する。これに対して、「智増の菩薩」は一切衆生を済度するために、まず自己の成仏を求める。明らかに、自己と他人の前後の完成が異なるので、その果報の成就も異なる。内容によると、悲増の菩薩は自分を忘れて衆生の利益のために菩提心を発願し、大悲心に薫じて仏心と具合する。それで、悲増の菩薩は速やかに仏道を成就させるとする。夢窓はこのような菩薩の精神を称讃する。

宇井伯寿氏は、菩提心は利他心であり、利他は自未得度先度他で、自己のためよりも他のためを先とするのであるが、然るに、単に自ら完成しなくとも、他を完成せしめようと考えたのみでは発心を得ない。利他心は極めて広大な心であるからと述べている。[8] 菩提心は仏道を求める過程から言えば、必要な要件となった。要するに、夢窓は特別に直義に菩提心の定義と目的を解き明かし、求められる菩提と菩提を求める心とは本来一つであって菩提と菩提心とは不二であるという考えを打ち出し、菩提心の空性を説き出だした。

さらに、夢窓はもっぱら「菩提心とは」について論述している。つぎのように述べている。

生者必ず滅，盛者必衰の理を知りて、世間の名利を心にかけず、偏に出離の道を求むるをば浅近の道心と名

（『夢中問答』第四十問答、佐藤泰舜校訂　岩波書店）

付く。

周知のように、菩提心は「上求菩提、下化衆生」のはたらきをする心作用といわれるが、このこころはあくまでも菩薩の因位の心である。菩提の道心について夢窓は浅近の道心と真実の道心との二つの菩提心を説明している。「生者必滅」「盛者必衰」の道理に分け、世間の名利に心を掛けず、ひたすら世俗からの出離の道を求めることを「浅近の道心」と名付ける。真実の道心とは無上菩提を信じる心をおこすことであるとする。大乗仏教はとくに自来得度先度他の菩薩行が称讃される。つぎのようである。[9]

須菩提。而諸菩薩摩訶薩為欲利益安樂悲愍諸世間故。趣求阿耨多羅三藐三菩提。彼作是念。我若成就阿耨多羅三藐三菩提時。當為世間作大救護。當為世間作所歸向。當為世間作究竟道。當為世間作所住舍。當為世間作廣大洲。當為世間作大光明。當為世間作善導師。當為世間作真實趣。以是義故菩薩摩訶薩於阿耨多羅三藐三菩提發大精進。

明らかに、その誓願を成就するために、まず自ら得度を完成し、そのあとで利他の誓願を実践しようと意図していることがわかる。ここに無上菩提心はすなわち阿耨多羅三藐三菩提であり、換言すれば、正等正覚である。この無上菩提は人々に具足し個々に円成している。大乗仏教ではとくに「自未得度先度他」の菩薩行が称讃されている。『大品般若経』にはつぎのようである。[10]

須菩提。菩薩摩訶薩應生如是心。我當代十方一切衆生若地獄衆生若畜生衆生若餓鬼衆生受苦痛。為一一衆生。無量百千億劫代受地獄中苦。乃至是衆生入無餘涅槃。以是法故為是衆生受諸懃苦。是衆生入無餘涅槃已。然後自種善根。無量百千億阿僧祇劫當得阿耨多羅三藐三菩提。

菩薩は人間以下の有情衆生の苦痛を自分が代わって受け、一切の衆生が無余涅槃に入ってのち自ら無上正等正覚菩提を得る。このように利他の菩提心は自らがまだ解脱なきうちに、さきに他の衆生を解脱させる。この精神はまさに大乗菩薩行の真髄である。言うまでもなく、夢窓は菩提心が仏道の成就に重要な影響を与えると理解している。夢窓は「菩提心とは」に検討を加えている。夢窓は論理を固めるために大乗の経典を取り上げている。たとえば、涅槃経は、菩提心は生滅無常なり。常住不滅の仏性にはあらずとあり、[11]華厳経は、阿耨菩提は、已退もなく、今退もなく、当退もなしと説けるは、人々具足せる本有の菩提心なり[12]とあることに注目する。また、密教の経典を挙げ、たとえば、『大日経』[13]には「いかなるをか菩提といふや、実の如く自心を知るなり。」[14]と述べている。『夢中問答』の中に菩提心のテーマと関連する問答は第一一・一二・一三・一四・四〇などである。このように見ると、夢窓の禅法には成仏するには菩提心が必要な条件となってくると強調されている。

三　龍女成仏

大乗仏教の中で、「女人成仏」はとくに重要視される問題である。初期の大乗経典には、たとえば、『無量寿経』に「変成男子」があり[15]、『法華経』に「竜女成仏」が説かれている。これに対して、『夢中問答』は第六〇及び八二問答において「竜女成仏」について論述している。『法華経』の「提婆達多品」に関して成立の真偽・内容などが書誌学や思想史などの上で種々に論及されてきたので[16]、拙稿では触れない。本論は夢窓の女性観について考察を加えることにしたい。

『夢中問答』の「臨終の相は無相」について、つぎのように述べている。

一切の事法、本より定相なし。善に似て悪なることもあり。悪に似て善なることもあり。臨終の相も亦、かくの如し。臨終の相はいしげなれども、貴ぶべからざる者あり。その故は、或は天魔の所為にて、その行者をたぶらかし、よそのひとをも迷惑せむために、かりに奇特の相を現ずることあり。或は有漏の善根の力にて、一旦人中天上に生るべき人は臨終の相、特殊なり。

（『夢中問答』第六〇問答、佐藤泰舜校訂　岩波書店）

これをみると、世間の一切の事相・法則に本来、定相はない。同様に臨終の相も定相ではない。これを夢窓はとくに『法華経』の「提婆達多品」で、文殊師利が八歳の龍女に対して菩提心を起こさせ、速やかに成仏させたことの例を挙げて説いている。[17]

時舎利弗語龍女言。汝謂不久得無上道。是事難信。所以者何。女身垢穢非是法器。云何能得無上菩提。佛道懸曠經無量劫。勤苦積行具修諸度。然後乃成。

このように考えると、成仏について年齢・性別は関連なく、ただ、無上阿耨多羅三藐三菩提心が起これば、速やかに成仏することになる。また、『夢中問答』の刊行の意図をみると、康永元年(一三四二)九月一日、竺仙梵僊の初跋に、つぎのようにある。

一日等持古先禪師。攜此帙以示余曰。此乃左武衛將軍古山大居士。久參夢窓國師問答之語。茲欲方便引導。一切在家出家。或女流等志於道者。或有學無學。使其便於觀覽之故。乃以日本字書所謂假字者繕之。曰夢中問答。國師之參學在家弟子。大高伊與太守者以鏤版。爾宜著語為證明歟。

（『夢中問答』初跋、佐藤泰舜校訂　岩波書店）

本書は跋文により夢窓が久しく参じた「左武衛将軍古山大居士」すなわち足利直義に問答形式で禅を説いたものである。それを足利家の武将で若狭安国寺の高成寺の開基となった、[18]大高重成の力によって出版の運びとなったことが理解されるのである。したがって本書は足利直義のため、あるいは大高重成のために説いたものであることが分かるが、それとともに跋文からは一切の在家出家あるいは女流などの道に志す者、あるいは有学無学などを勧め、あらゆる者に対して参禅に導こうとする意図があったことが読み取れるのである。これを見ると、当時、女性の禅参の人数がだんだん多くなったことがわかる。[19]したがって、夢窓はとくに「竜女成仏」の例を取り上げて女性の参禅者を勉励したのである。加えて、永原慶二氏は、室町の時期が大きな転換点であることを強調している。家父長制や男女差別はあったが、女性はその枠組の中に閉じこめられてしまったのではなく、さまざまな方面で経済活動の自由を享受した時期であった。南北朝期以後、女性の地位がようやく重要視されるようになったと指摘されている。[20]

また、『夢中問答』の第八二「易行門と難行門」において、つぎのように述べている。

龍女は畜生道に堕ちしかども、八歳の時、即身成仏しき。

(『夢中問答』第八二問答、佐藤泰舜校訂　岩波書店)

浄土の念仏法門を論述するとき、同様に竜女成仏の例を用いて説明を加えている。女人成仏の思想は日本仏教の歴史からみると、最初は最澄・空海の時代にみられる。[21]真宗の開祖親鸞や日蓮宗始祖日蓮なども女人成仏をさかんに主張している。例えば、日蓮の『開目鈔』の中に、つぎのように見える。[22]

龍女が成仏これ一人に非ず、一切の女人の成仏を表す。法華以前の諸大乗経には、成仏の往生をゆるすやうなれども、或は改転の成仏にして、一念三千の成仏に非ざれば有名無実の成仏往生也。挙一例と申て、龍女が成仏は末代女人の成仏往生の道をふみ明けたるなるべし、

このように女人成仏の思想は鎌倉時代に至ると各宗派において唱えられるようになる。道元も初期の著作であ

る『普勧坐禅儀』（一二二七）、『弁道話』（一二三一）、『礼拝得髄』（一二四二）などで、道元は出家・在家を問わずにその教化をはかるという、在家主義的傾向を濃厚に備えていたといえる。[23]また、七歳「竜女成仏」の例を挙げて「在家成仏」・「女身成仏」の主張を強調している。しかし、寛元元年（一二四三）夏、北陸越前の移錫の後、道元はこの問題点に関して大きく変化することになった。『正法眼蔵』の「出家功徳」に、つぎのように収載している。

三世十方諸仏、みな一仏としても、在家成仏の諸仏ましまさず。過去有仏のゆえに、出家受戒の功徳あり。衆生の得道、かならず出家受戒によるなり。おほよそ出家受戒の功徳、すなはち諸仏の常法なるがゆえに、その功徳なり、聖教のなかに在家成仏の説あれど、正伝にあらず。女身成仏の説あれど、またこれ正伝にあらず。仏祖正伝するは、出家成仏なり。

これは上述の「竜女成仏」の主張と完全に異なり、もっぱら出家主義を主張している。「在家成仏」ではなく、「女身成仏」でもなく、ただ、出家受戒による得道である。要するに道元の思想的変化は、当初、理想的な衆生の平等思想から「男女平等論」が発していると推定できる。それが後期は否定的に修正して、仏教の根源的立場に帰えったとみることも可能である。[24]仏性思想は大乗仏教の重要な思想であるが、根源的仏教の立場からの見直しが進んでいる。夢窓の主張からみると、まったく大乗の仏性論の立場であって衆生平等の思想から「男女平等」が考えられたと推定できる。

要するに、夢窓の大乗仏教の主張が『夢中問答』の随所に散見していることがわかる。たとえば、『夢中問答』の第二・第八四問答に、「もし大乗の法理を悟りぬれば、世間の一切の語一切の業、皆これ了義の大乗なるべし」と述べている。また、本書の冒頭から在家の人々の教化を図るために夢窓の主張は一貫していると考えられる。

以上のことからみれば、夢窓の思想には大乗仏教と緊密な関連があることが明らかである。

1 『六度集経』（『大正新脩大蔵経』三冊・一頁上）。
2 『臨済録』示衆第二段。
3 『夢窓禅師語録』（『大正新脩大蔵経』八十冊・四六八頁下）。
4 新版『禅学大辞典』（大修館書店、一九九六年）参照。
5 古田紹欽「中世禅林における女性の入信」『印度学仏教学研究』五一（二六～一）、一九七七年）
6 田上太秀『菩提心の研究』（東京書籍、一九九〇年）一四頁。
7 華嚴經普賢菩薩勸進善財童子海會大衆。欲成就此功德門。應修十種廣大行願。發十大願。一者禮敬諸佛。二者稱讃如來。三者廣修供養。四者懺悔業障。五者隨喜功德。六者請轉法輪。七者請佛住世。八者當隨佛學。九者恒順衆生。十者普皆回向。（『大方広佛華厳経』『大正新脩大蔵経』十冊・八四四頁中）。
8 宇井伯寿『仏教哲学の根本問題』（大東出版社、一九六八年）九三頁。
9 『佛說佛母出生三法藏般若波羅蜜多經』（『大正新脩大蔵経』八冊・六三五頁下）。
10 『大品般若経』（『大正新脩大蔵経』八冊・二四三頁下）。
11 『大般涅槃経』（『大正新脩大蔵経』一二冊・七六九頁中）。
12 『華厳経』（『大正新脩大蔵経』九冊・四四九頁下）。
13 松長有慶「大乗思想の儀軌化」（『密教文化』第九七号、一九七一年三月）参照。
『大日経』中期密教経典に見られる。それまでの経典にない特色として、教主が釈迦牟尼仏から大日如来へ、修法目的が現世利益から成仏へ、マンデラが組織立って構成されるなどの変化が挙げられる。

14 『大日経』（『大正新脩大蔵経』一八冊・一頁下）。

15 『無量寿経』（『大正新脩大蔵経』一二冊・二六八頁下）。阿彌仏陀の四十八大願にはその第三五願に「設我得佛。十方無量不可思議諸佛世界。其有女人聞我名字。歡喜信樂發菩提心厭惡女身。壽終之後復為女像者。不取正覺。」とある。

16 塚本啓祥『法華経の文化と基盤』（平楽寺書店、一九八二年）。

17 『法華経』（『大正新脩大蔵経』九冊・三五頁下）。女人身猶有五障。一者不得作梵天王。二者帝釋。三者魔王。四者轉輪聖王。五者佛身。

18 広瀬良弘『福井県史』通史篇２・中世、（福井県出版協会、一九九四年）九八三頁。西山美香『武家政権と禅宗』（笠間書院、二〇〇四年）五四八頁。

19 『天竜雑誌』によると、夢窓の徒弟人数からみると、比丘尼一千五百六十五人、優婆夷二千百九人、両者を合わせて夢窓の徒弟全体一万一千五十五人に占める女性の割合は三〇％である。この状況を見ると、夢窓は女性の門徒の人数が多いといえるだろう。

20 永原慶二「女性史における南北朝・室町期」（『日本女性史』第二巻・中世、東京大学出版会、一九八二年）。

21 渡辺楳雄「女人成仏論」（『法華経を中心にしての大乗経典の研究』青山書院、一九五六年）一〇二頁。

22 『開目鈔』第二巻（『仏教大系』第三四巻、中山書房、一九七八年）八八五頁。

23 『正法眼蔵』「礼拝得髄」「とふていはく、この行は在俗の男女をもつとむべしや、ひとり出家人のみ修するか。しめしていはく、祖師のいはく仏法を会すること、男女貴賎をえらぶべからずときこゆ。」

24 吉田道興「道元禅師の比丘尼・女人観」（『仏教と女性』、平楽寺書店、一九九一年）九三頁。

第五節　『夢中問答』における『法華経』の引用

『法華経』は日本において早い時代から最も広く流布した経典である。まず、聖徳太子は『法華経』を講じ、日本で最初の『法華経』義疏を製した。さらに、『法華経』における一仏乗の思想を以って国家・政治の基調としてた。それは憲法十七条となった。

奈良時代に至り、『法華経』は天台宗の最高の経典であった。『法華経』は諸経の王といわれ、仏教経典の中ではもっとも広く尊崇され、信奉された経典である。[1] 平安朝の初期から『法華経』講讃の法要が流行し、貴族たちは競って盛大に行ったが、そのような法式を行い、法要に参詣することが功徳になると信じられていて、転迷開悟に直接的に結びつくと言われていた。[2] 夢窓の『夢中問答』の中で引用されている教典の中では『法華経』について第二番目を数えるのである。

夢窓の『夢中問答』は参禅に関して九三問答をもって説いている。全論の中でしばしば仏教経典を引用して教理を説明している。以下簡略に引用の経典を紹介する。まず、『夢中問答』が引用した経・論・疏を示し、その際の順番は『大蔵経』の掲載順とした。

経　起世経・悲華経・金剛経・法華経・華厳経・宝積経・無量寿経・般舟三昧経・円覚経・涅槃経・大集経・大日経・占察業報経・首楞厳・理趣経・摩訶止観・維摩経・無行経・楞伽経・思益経・像法決疑経論

論　大智度論

疏　大日疏

以上の経典をみると、夢窓は般若・天台・禅宗・浄土・密教など宗派の経典を引用した。その中で引用の次数が、最多の『円覚経』は十六文が同書中に散見している。これに次ぐのが『法華経』で同文を含め八文を数えることができる。第三位は『涅槃経』で六回引用されている。本論は夢窓の『夢中問答』における『法華経』を引用の形式・内容について考察を加えた。

まず、第二問答「仏法と世法」において、夢窓は冒頭で仏法と世法の関係を分析している。仏法に入れるには世間法を離れることと信者を勉励した。仏法と世間法を区別するとすれば、それはただ、「情」一文字である。世法において情を離れれば、それは仏法である。これに対して、仏法において情が生ずれば、それは世法になってしまうとする。このような思想は『法華経』の「法師功徳品」につぎのようである。[3]

若善男子善女人。如來滅後受持是經。若讀若誦若解説若書寫。得千二百意功德。以是清淨意根。乃至聞一偈一句。通達無量無邊之義。解是義已。能演説一句一偈。至於一月四月乃至一歳。諸所説法隨其義趣。皆與實相不相違背。若説俗間經書。治世語言資生業等。皆順正法。

善男子・善女人が『法華経』を受持・読誦・解説・書写することは清浄な意根を以って行われる。その功徳がすなわち正法である。世間の種々の事業は衆生を仏法修行に導くため、衆生を救済するために、菩提大願を起して世法の中にあっても個人の情を忘れれば、世法もまた仏法になる。

また、夢窓は『夢中問答』の第八四問答「念仏を軽んじられる理由」について、再度『法華経』の「治生産業も、皆実相と違背せず」[4]をもって説明を加えている。大乗仏教の法理から言えば、世間の一切言語は皆大乗了義ものである。「浄土・穢土」・「自力・他力」を分けることは全く菩薩の大悲方便をもって衆生を済度するためであり、人々は阿彌陀仏の極楽世界へ生まれて成仏する。

『夢中問答』の第六問答「仏の功徳」には、『法華経』の「譬喩品」[5]を以って説明している。この品は非常に著名な仏陀の慈悲が巧みに示されている部分である。「火宅三車の譬」は、すなわち財富無量の長者があり、多数の子供や使用に人達と共に、大堂閣に住していたが、ある時突然大火が四面よりおこり、大堂閣は突ちにして火炎に包まれてしまった。しかるに子供達は遊びに心を奪われて、火に焼かれる恐怖に気が付かない。長者は子供達を救うために、一計を案じて羊・鹿・牛の三車が、門の外に置いてあるから、それを見に行きなさいと言った。という譬えである。[6]

「譬喩品」には三界は安きことなし、猶お火宅の如し、衆苦充満す。(中略)いまこの三界は皆これ我が有なり、其中の衆生は悉く是れ我が子なり。しかもいまこの処は諸の患難多し。ただ、我れ一人のみ能く救護をなすとする。[7]夢窓はとくに有名な火宅三車の譬喩を挙げ、三界の苦は火宅のようである。三界から離脱すれば成仏するとする。明らかに、最初三車を以って門外に導くことは誘導の手段に過ぎなかった。最後の目的は成仏するということである。『法華経』においても仏力・他力が強調されている。世俗の者は自らは仏道を求めない、仏の慈悲方便に導かれて仏道に入るとする。[8]

第二六問答「学解と大智」を説明するときも、『法華経』の「授学無学人記品」を取り上げ、つぎのように記載している。[9]

我與阿難等。於空王佛所。同時發阿耨多羅三藐三菩提心。阿難常樂多聞。我常勤精進。是故我已得成阿耨多羅三藐三菩提。而阿難護持我法。亦護將來諸佛法藏。

坐禅と学問に関しては従来から参禅者にとって重要な問題であった。夢窓は多聞の阿難の例を挙げるばかりではなかった。また、

楞厳経「阿難見佛頂禮悲泣。恨無始來一向多聞未全道力」。[10]

円覚経「末世衆生希望成道無令求悟。唯益多聞増長我見」[11]

と述べている。この問題点に対して夢窓は諸教典を引用して重要視する態度を示していることがよくわかる。禅宗の立場から言えば、学解は彼岸に至ろうとするのに船筏で大海を渡るようなものである。船筏はただ渡海の道具である。しかし、渡海したあと船筏を捨てることができずにそれに執着すれば、悟ることはできない。夢窓は当時の参禅者に修行の弊害を指摘していた。このような思想は夢窓の語録の中にもしばしばみられる。事実、この状態は早くも無学祖元が円覚寺の住持の時代に存在している。[12]

第六〇「臨終の相は無相」、八二「易行門と難行門」問答のなかに再び『法華経』の竜女成仏の例を取り上げている。これをみると、無窓は女性成仏を主張している。これは本論の「夢窓と大乗仏教」に論述したのでここで重復は避けることにする。

第七四問答「教門の大小権実の差」について、つぎのようである。

如来の説法は一相一味なれども、衆生の性欲ことなるによりて、解する所の法門、各々差別せり。たとへば、天より一雨をくだす時、諸々の草木、その根茎枝葉の大小に随って潤ひを受けること差別あるが如しと云々。

（『夢中問答』佐藤泰舜校訂、岩波書店、一九三四年）

夢窓は、真実の法理には大小権実の区別がないが、学者の智慧には深浅の区別があると述べている。さらに、『法華経』の「薬草喩品」の例を参げて分析する。如来は智の方便をもって演説するから、その利益は人々の能力に応じて種々不同となるが一切智の仏果は区別していない。このように、雨が降るとき、大地の草木には根・茎・枝・葉が雨を受けて成長するがそれぞれに大小の差が出る。同様に如来は一相一味をもって説法するが、衆生は自らの心欲によって差別相である。実智と権智は権実二智が不離一体にして仏智の両側面たることを示すのである。

『法華経』における譬喩は「法華七喩」として、七つ存在している。第一「火宅の譬喩」(譬喩品)、第二「窮子の譬喩」(信解品)、第三「雲雨の譬喩」(薬草喩品)、第四「化城の譬喩」(化城喩品)、第五「繫宝珠の譬喩」(五百弟子受記品)、第六「頂珠の譬喩」(安楽行品)、第七「医師の譬喩」(如来寿量品)である。[13]『夢中問答』の全論問答は『法華経』の七喩のなかの二つ、すなわちの火宅と薬草の譬喩を引用している。『夢中問答』は一般大衆を対象にしてその内容についても繁雑な教義理論を説くものではなく、平易な説法の方式である。大衆はよく理解できるであろう。そして、夢窓の二つの譬喩の目的は仏陀の大慈悲を示すことであった。また、慈悲心をもって衆生を救済するのがもっとも良い方法であるとする。

第八五問答「念仏と禅宗」について、『法華経』「常不軽菩薩品」の例を挙げ、つぎのようである。[14]

菩薩比丘。名常不輕。得大勢。以何因緣。名常不輕。是比丘凡有所見。若比丘比丘尼優婆塞優婆夷。皆悉禮拜讃歎。而作是言。我深敬汝等不敢輕慢。所以者何。汝等皆行菩薩道當得作佛。

念仏と禅宗のどちらがすぐれているかについては、古来ことに有名な常不軽菩薩の「普敬行」の例を挙げて説明している。常不軽菩薩はことに比丘・比丘尼・優婆塞・優婆夷の誰でも合うと皆その人を礼拝し、つづいて「我敢て汝等を軽んぜず、汝等、必ず当来に成仏すべければなり」という語を繰り返すのみであり、さらに、礼拝しつづけたのである。この品は常不軽により皆当作仏と主張しているので常に人間を軽んじないということである。『法華経』にこの中で仏性論を主張しているのである。

いうまでもなく、夢窓は念仏と禅宗に関して常不軽の例を取り上げているがその意図は明白である。念仏宗或いは禅宗の修行者は修行の法門が異なるが、皆成仏のために、一切の所作所為は全く仏道のみである。衆生の成仏ということは『法華経』がもっとも徹底した教説として説いているものであるが、それ自体は大乗仏教の共通の思想である。これからみると、夢窓の宗教観は極めて寛容の態度であったと思われる。

『法華経』では多く譬喩・寓話や因縁物語などもを多くを含んでおり、その点から高遠な哲理や緻密な理論を説こうとしている。また、『法華経』の中心思想は特に女性に関係ありというわけではない。以上、要するに、『夢中問答』の中で引用され、夢窓はとくに人々に『法華経』の特色[15]の代表的経文を全面的に取り上げている。夢窓は多数引用しているがその理由は「薬草喩品」のように「現世安穏、後生善処、以道受楽」をもたらそうしたからに外ならない。如来が世間に出ずれば、一切衆生を潤して苦海を離れ、安穏の楽世間楽及び涅槃の楽を与えることができるのであるとする。現世において安穏であるばかりではなく未来世の安楽が期待されるのである。このような現世の利益を強調することが『法華経』の特色の一つであるのである。

1　平川彰「大乗仏教における法華経の位置」（『講座4法華思想』、春秋社、一九八三年）五頁。
2　多屋頼俊「日本文学史上の法華経――室町時代まで――」（『法華思想』、平楽寺書店、一九六九年）五五二頁。
3　『法華経』（『大正新脩大蔵経』九冊・五〇頁下）。
4　『法華経』（『大正新脩大蔵経』九冊・五〇頁上）。

5 『法華経』（『大正新脩大蔵経』冊・一四頁下）。
6 『法華経』（『大正新脩大蔵経』 九冊・一四頁下）。
7 久保継成「三界火宅の譬喩」（『法華経菩薩思想の基礎』、春秋社、一九八七年）一九二頁。松見得忍「三界火宅の譬喩」（『法華思想の研究』、文栄堂書店、一九八七年）一六〇頁。
8 横超慧日『法華思想』（平楽寺書店、一九六五年）二一頁。
9 『法華経』（『大正新脩大蔵経』九冊・三〇頁上）。
10 『楞厳経』（『大正新脩大蔵経』一九冊・一〇六頁下）。
11 『円覚経』（『大正新脩大蔵経』一七冊・九二〇頁上）。
12 『佛光国師語録』（『大正新脩大蔵経』 八〇冊・一七七頁下、一九六頁中）。
13 塚本啓祥『法華経の成立と背景』（佼成出版社、一九八八年）三六八頁。
14 『法華経』（『大正新脩大蔵経』九冊・五〇頁下）。
15 平川彰「大乗仏教における法華経の位置」（『講座4法華思想』、春秋社、一九八三年）二頁。『法華経』の特色一には、『法華経』は読誦して非常に美しい経典である。二には、「経巻受持」を勧める文章が多く、この経を受持すれば功徳が大きいと信ぜられていることである。三には、『法華経』には仏陀の慈悲が巧みに示されている。四には、『法華経』には雄大な仏身論が示されている。

第六節　『夢中問答』における引用経典の形式的考察

夢窓が『夢中問答』の著作に引用された大きな経典が存在している。夢窓は経典・語録を原文の通りに引用するとき、その出典から直接に経論を引用する場合もあるし、祖師の語録を通じて間接的に引用した言葉も含まれている。

本論では『夢中問答』における経典・語録の引用を分析し、その際の夢窓の改編を転釈・更改・添加・省略・合糅・倒置などの形に分類することを試みたい。

一　転釈

夢窓は出典を引用するとき、原文の通りに引用している場合もあり、原意を変えて用いている場合もある。つぎに二・三例を示して見よう。

1『夢中問答』「本分の神通力」に、つぎのようにある。

大光明蔵三昧と説けるも、一切衆生本具の霊光なり。（傍点作者）

（『夢中問答』第五九問答、佐藤泰舜校訂、岩波書店、一九三四年）

出典は『円覚経』に、[1]

一時婆伽婆。入於神通大光明藏。三昧正受。一切如來。光嚴住持。是諸衆生清淨覺地。

とある文からである。原典に当たってみると、『夢中問答』も経典の語句の順と同じく、三昧の両字を下句へ掛けて読んでいる。それ故にこの言葉も、文法的に見れば破句読の一例であろう。また、後の「一切衆生」の言葉は同様な破句読のやり方であり、さらに「本具の霊光なり」の一句は原典と比較すると、夢窓が前後の文句を通じながらも、独自の言葉を創造した転釈の部類に属するものであろう。

2『夢中問答』「禅宗の手段——抑揚褒貶」に、つぎのようにある。

末世に菩提を習ふ者、少しこの証を得て、いまだ我相の根本をつくさぬ故に、おのれが法門を信ずる人あれば、これを悦び、そしる者あればこれをいかると云々。

（『夢中問答』第八六問答、佐藤泰舜校訂、岩波書店）。

という経文が引用されている。この言葉は『円覚経』の原文に、[2]つぎのようにある。

彼末世衆生習菩提者。以己微證為自清淨猶未能盡我相根本。若復有人讃歎彼法即生歡喜便欲濟度。若復誹謗彼所得者便生瞋恨。

というのであり、『円覚経』と『夢中問答』は、多少字句を異にしている。たとえば、「法門を信ずる人」は原典によると「有人讃嘆彼法」と収載しており、当該部分のみ見れば、意味がだいたい同じであるか文字を使用するとき文意を転換して用いている。このような例が『夢中問答』の中には多く存在している。

3『夢中問答』「菩提心とは」に、つぎのようである。

もし心すなわち菩提ならば、衆生何としてか仏にならざるをや。答へていはく、真の如く知らざる故なり。もし実の如く知らば初発心の時、やがて正覚を成ずべしと云々。

（『夢中問答』第四〇問答、佐藤泰舜校訂、岩波書店）

と述べている。『大日経』の疏によると、[3] つぎのようである。

云何菩提。謂如實知自心。即是開示如來功德寶所也。如人雖聞寶藏發意勤求。若不知其所在無由進趣。故復指言如上所明。第一甚深微妙之法。乃至非一切智人則不能解者。此法從何處得耶。即是行者自心耳。若能如實觀察了了證知。是名成菩提。

という経文が引用されている。『夢中問答と『大日経』の疏の原文と比べると、傍点の部分は明らかに夢窓が自ら経典を理解して独自の言葉で表した教理として転釈したものである。

二　更改

夢窓が引用文を挙げるとき、原典の文句を更改して引用している場合がある。つぎに例を示す。

1『夢中問答』「易行門と難行門」に、つぎのようである。

一切の仏世界も、空花の如しと云々。

（『夢中問答』第八二問答、佐藤泰舜校訂、岩波書店）

右の引用文は『円覚経』に[4]、つぎのようである。

一切衆生、種種幻化。皆生如來圓覺妙心。猶如空花從空而有。幻花雖滅空性不壞。衆生幻心。還依幻滅。諸幻盡滅。覺心不動。依幻説覺。亦名為幻。若説有覺。猶未離幻。説無覺者。亦復如是。是故。幻滅名為不動。

善男子。一切菩薩及末世衆生。應當遠離一切幻化虚妄境界。

『円覚経』の当該部分は、一切衆生は「空花」の如しであると論述しているものである。しかし、「仏世界も、空花の如し」の言葉は『円覚経』の中に現われていないにもかかわらず、夢窓の立場から言えば、一切の衆生ないし一切の仏世界は皆空花の如くであるとする。この部分は、夢窓がみずから仏教教理に通達し、原典の字句を変更して範囲を拡大しつつ引用したものである。

2『夢中問答』「真実の修行」に、つぎのように述べている。

六根をからずして、見聞覚知する証拠を挙げて云はく、阿那律は眼つぶれて後、三千世界を見ふと、掌の内なる物を見るが如し。跋難陀龍は耳なくして声聞く。恒河神は鼻なくして香をかぐ。憍波提は異舌にして味をなむ。虚空神は身なくして触を知る。摩訶迦葉は六識を滅して、円明の了知ありと云々。

(『夢中問答』第四九問答、佐藤泰舜校訂、岩波書店)。

という一文がある。この文句の原典は『楞厳経』に、つぎのように述べている。[5]

六根互相為用。阿難汝豈不知。今此會中阿那律陀無目而見。跋難陀龍無耳而聽。殑伽神女非鼻聞香。驕梵鉢提異舌知味。舜若多神無身有觸。如來光中映令暫現。既為風質其體元無。諸滅盡定得寂聲聞。如此會中摩訶迦葉。久滅意根圓明了知不因心念。

原典を対照すると、まず、原典の「六根互相為用」が「六根をからず」と改められたものである。このような例は文の中でもう一箇所あり、「摩訶迦葉。久滅意根」が「摩訶迦葉は六識を滅して」と更改されている。唯識学の立場から言えば、意根を滅すれば、眼耳鼻舌身意の六識がまったく滅する。しかるに、経典文学の立場からみると、明らかに夢窓による更改がなされている。さらに、「無目而見」が「三千世界を見ふと、掌の内なる物を見るが如し。」と改められが、夢窓が説法する際に原典の文字を用いずに簡明に説明している例といえよう。

三 添加

夢窓は経典を引用するとき、原典の文意をより明らかにするために、あるいは字句を修飾するためなどに原典以外の文字を添えた事例を考察したい。

1『夢中問答』「臨終の相は無相」に

娑竭龍女は前業によって一旦畜生道に堕ちしかども、その中において大乗の薫力発見する故に、八歳にして疾成正覚を成じき。

（『夢中問答』第六〇問答、佐藤泰舜校訂、岩波書店）

右の引用文は『法華経』巻四にある、つぎのようなものである。[6]

有娑竭羅龍王女。年始八歳。智慧利根善知衆生諸根行業。得陀羅尼。

右の本文において傍点の箇所は、夢窓がとくに龍女が前業によって畜生道にあった状況を挙げて詳細に説明するとき添加した文字である。

2『夢中問答』「禅門の五派とは」に、つぎのようにある。

五祖の演和尚に参じて、禅門の宗風を問ひ奉る。五祖の云はく、吾家の宗風は情識の解了すべきことにはあらず。然れども、小艶の詩に云はく、一段の風光画けども成ぜず。洞房深処に愁情を述ぶ。頻りに小玉をよぶえより事なし。ただ檀郎が声を認得せむことを要す。

（『夢中問答』第七七問答、佐藤泰舜校訂、岩波書店）

中国の禅僧の『大慧武庫』と比較すると、ただ、「頻呼小玉元無事。秖要檀郎認得聲。」[7]と記載されるのみである。夢窓が詳細に説明を加えるために、原典に他の文字をさらに添えたものでだろう。

3『夢中問答』「なぜ言説は妄想か」に、つぎのような文がある。

心自ら心を証し、心自ら心を覚す。これを菩提を成ずと名付く。他によりて証し、他によりて覚するには非ずと云々。

（『夢中問答』第三〇問答、佐藤泰舜校訂、岩波書店）

ここで引用されている文は『大日経』の疏であり、そこでは、ただ、「是心自證心心自覺心。」とするのみである。傍点の箇所は原文にはなく。夢窓が文意をあきらかにするために経文の注釈をして増添されたものと考えられる。

四　省略

原典を引用するときに、夢窓は簡略の形式をもって原文の意味を現わした場合がある。

1　『夢中問答』「本分の田地は何処に」に

一切の清浄真如、菩提涅槃、及び諸々の波羅蜜も円覚より流出せりと云々。

（『夢中問答』第六三問答、佐藤泰舜校訂、岩波書店）

と述べている。右の引用文は円覚経によると、[8]

流出一切清淨真如菩提涅槃及波羅密。教授菩薩。一切如來。本起因地。皆依圓照清淨覺相。永斷無明。方成佛道。

「円覚」の二字は原典では「圓照清淨覺相」の長文句を夢窓が省略したものである。また、文末の「円覚より流出せり」の言葉は原典と比べれば、「円覚経」には全く言及していない。この部分は夢窓が自ら理解したよって自創の言葉を追加したものであろう。

2『夢中問答』「祈りの正邪」に、つぎのようにある。

殺生を制するとて、乃至咒刹と説けるは、この義なり。（『夢中問答』第九問答、佐藤泰舜校訂、岩波書店）

右の引用文は『梵網經』巻十下によると、[9]

若自殺教人殺方便讃歎殺見作隨喜。乃至呪殺。殺因殺縁殺法殺業。乃至一切有命者不得故殺。

明らかに、原典の「教人殺・方便讃歎殺・見作隨喜」の経文を夢窓は簡略な語に改めて示している。また、その後の傍点の部分は全く省略されている。

3『夢中問答』「如幻観と本分」に、つぎのようにある。

如幻の智をも遠離すべしと説かれたり。（『夢中問答』第四三問答、佐藤泰舜校訂、岩波書店）

右の引用文は『円覚経』によると[10]

一切衆生。種種幻化。皆生如來圓覺妙心。猶如空花從空而有。幻花雖滅空性不壞。衆生幻心。還依幻滅。諸幻盡滅。覺心不動。依幻説覺。亦名為幻。若説有覺。猶未離幻。説無覺者。亦復如是。是故。幻滅名為不動。善男子。一切菩薩及末世衆生。應當遠離一切幻化虚妄境界。

とあり、夢窓は引用するとき前文の部分を省略し、ただ結論の部分を原文通り引用したものである。また、『円覚経』の経文を簡略化して引用したものの例である。

4『夢中問答』「凡夫は仏に成れるのか」に、つぎのようである。

心相に二種あり。一には真、二には妄なり。真とは、心体如々、清浄円満にして、一切の処に遍して、一切の法を成長す。妄とは分別覚知の心なり。実体あることなくして、虚偽の法を出生すと云々。（『夢中問答』第六九問答、佐藤泰舜校訂、岩波書店）

右の引用文は『占察善惡業報經』巻下、つぎのようである。[11]

心内相者。復有二種。云何為二。一者真。二者妄。所言真者。謂心體本相如如不異。清淨圓滿無障無礙微密難見。以遍一切處常恒不壞建立生長一切法故。所言妄者。謂起念分別覺知縁慮憶想等事。雖復相續能生一切種種境界。而内虚偽無有真實不可見故。

原典をみると、「心義」は心内相と心外相を分け、『夢中問答』の心相では心外相にあたる部分を省略し、ただ、心内相の定義をもって解明するばかりではなく、また、本文を対照して見れば、『占察善悪業報經』には傍点を付けて引用の経文が多くの箇所で省略をして、夢窓が用いていることがわかる。

五　合糅

1　『夢中問答』「教門の大小権実の差」では、

如来の説法は、一相一味なれども、衆生の性欲ことなるによりて、解する所の法門、各々差別せり。たとへば、天より一雨をくだす時、諸々の草木、その根茎枝葉の大小に随って潤ひを受くること差別あるが如しと云々。

(『夢中問答』第七四問答、佐藤泰舜校訂、岩波書店)

右の引用文は『法華経』巻三に、つぎのように述べている。[12]

如來知是一相一味之法。所謂解脱相離相滅相。究竟涅槃常寂滅相。終歸於空。佛知是已。觀衆生心欲而將護之。

また、巻末の偈頌に、

雨之所潤　無不豐足、乾地普洽、藥木竝茂、其雲所出、一味之水、草木叢林、隨分受潤、一切諸樹、上中下等、稱其大小、各得生長、根莖枝葉、華菓光色、一雨所及、皆得鮮澤、如其體相、性分大小、所潤是一、而各滋茂、佛亦如是。

とある。『法華経』の前後に離れた二つの経文と偈頌の部分を、夢窓は合糅して一文として引用したものである。また、『法華経』の「衆生心欲」が「衆生の性欲」と改められた。夢窓は特別に「性」を使ったがその意図は衆生の「仏性」を示唆したものだろう。仏性論の問題については『法華経』が重要視する点である。また、原典を引用するとき省略の部分が多くなっている。

2　『夢中問答』「後生の果報の祈り」に

大論に云はく、菩薩は一身一衆生のために、善根をなさずと云々。されば一切衆生のために、諸々善根を修して、無上道を求むるを菩薩とは申すなり。普賢菩薩、十大願を發し給へり。その初めに初敬禮諸仏の願あり。その文に云はく、願はくは我が身を無量無邊に分ちて、無量無邊の如來の前ごとに影現して、禮拜し奉ること、尽未來際、念々相續して間斷なかるべし。又、應修供養の願あり。その文に云はく、願はくは無邊の妙供を出生して、無邊の仏の前に身を現じて、無邊の仏を供養し奉ること、尽未來際間斷なかるべし。余願も皆この趣きなり。第九、恒順衆生の願なり。その文に云はく、願はくは我が身を無量無邊に分ちて、一切衆生に隨緣して、給使すること、仏を敬ふに異らず、尽未來際間斷なかるべし。第十は、普皆迴向の願なり。その文に云はく、前に修する所の敬禮供養等の功徳を、普く皆一切衆生に迴向して、菩提を成ぜしむべしと云々。かやうの心を發すを、無上道を祈る人とは申すなり。

（『夢中問答』第一一問答、佐藤泰舜校訂、岩波書店）。

とある。右の引用文は『大智度論』巻四九に、つぎのようである。[13]

順入衆生心。遊戯諸神通。觀諸佛國。如所見佛國自莊嚴其國。如實觀佛身自莊嚴佛身。是名五法具足滿。復次須菩提。菩薩摩訶薩住八地中復具足五法。何等五。知上下諸根。淨佛世界。入如幻三昧。常入三昧。隨衆生所應善根受身。須菩提。是為菩薩摩訶薩住八地中具足五法。

また、つぎのように述べている。[14]

若欲成就此功德門、應修十種廣大行願。何等為十。一者禮敬諸佛。二者稱讃如來。三者廣修供養。四者懺悔業障。五者隨喜功德。六者請轉法輪。七者請佛住世。八者常隨佛學。九者恒順衆生。十者普皆迴向

この二箇所が夢窓によって合糅され、一文として引用されたものである。

六　倒置

夢窓が引用文を用いるに当たって、原文の語句の前後を倒置して用いている場合もある。たとえば『夢中問答』「仏法と世法」に、つぎのようにある。

治生産業も皆実相にそむかずと説けるはこの意なり。　(『夢中問答』第二問答、佐藤泰舜校訂、岩波書店)

右の出典は『法華経』巻六に、つぎのようである。[15]

諸所説法隨其義趣。皆與實相不相違背。若説俗間經書。治世語言資生業等。皆順正法。

夢窓は経典を引用するとき、前後の順序が倒置され、さらに、原文の語句を一部省略している。

以上のように、夢窓の『夢中問答』に引用されたほとんど経文は忠実に引用されたものもあるが、引用の経典が変改されて用いられている場合もあり、その改変の形式は様々であった。

結びにかえて

十三世紀から十四世紀の中葉、日本においては鎌倉時代から南北朝期に至る時代であるが、宋朝禅の本格的な展開が建長寺と円覚寺を中心として始まっている。しかも、北条氏の滅亡とともに鎌倉から京都に移り、南北朝の動乱期に、ついに中世仏教の主流となってゆくのである。

臨川寺は夢窓が個人の理想の教団の寺として構成したものである。『臨川家訓』からみると、叢林の規範は『禅苑清規』など諸清規と同様の部分もあるが、異なる部分もある。『臨川家訓』には室町時代の宗教・政治・経済・社会の情勢が反映されており、同時に、禅林規式の変遷が含まれているということを明らかにした。また、その内容からみると、臨川寺はまったく政治的色彩を脱して純粋に四時の坐禅を修行し、それに専念する道場になっていった。夢窓は個人的に理想的な教団を目指したのである。また、『臨川家訓』からみると、夢窓は諸清規によって特に僧団の規則を定めていた。これは大きな門派が形成されるに際して大きな影響を与えることになったことを明らかにした。

『西山夜話』は、夢窓の弟子春屋妙葩が編集したものである。夢窓の宗風は、理致と機関の両者は小玉を呼ぶ手段であるとする。その宗風の特色は教と禅が兼備されたものであり、寛容性をもったものであった。また、学問と坐禅すなわち解と行はともに重要視するが、むしろあくまでも解よりも行、学よりも坐禅実践を強調するのである。しかし、一方では禅法の中に文字論理の色彩ももっており、開放的な禅風が夢窓の宗風の特質であるといえる。

『夢中問答集』の編纂・刊行は、正法が流布することを最終的な目標としていることがわかる。さらに、夢窓はとくに大乗の修行者の立場から論述しており、男女の差にとらわれず、平等観を持っていたことが観察できる。このような大乗仏教の思想は本書の中に随所に見出すことができる。

夢窓ははじめに天皇である後醍醐と深くかかわり、のち権利者の足利尊氏や直義から厚い帰依をうけている。また、鎌倉と京都の大寺に輪住し、後に七朝より国師号を賜せられた生涯を送った。五山派の禅寺は幕府権力と深くかかわり、その保護をうけて室町朝期は興隆を極めたのである。

1 『円覚経』(『大正新脩大蔵経』一七冊・九一三頁上)。
2 『円覚経』(『大正新脩大蔵経』一七冊・九一九頁下)。
3 『大日経』(『大正新脩大蔵経』三九冊・五八七頁中)。
4 『円覚経』(『大正新脩大蔵経』一七冊・九一四頁上)。
5 『楞厳経』(『大正新脩大蔵経』一九冊・一二三頁中)。
6 『法華経』(『大正新脩大蔵経』九冊・三五頁中)。

7　『大慧武庫』（『大正新脩大蔵経』四七冊・九四六頁上）。
8　『円覚経』（『大正新脩大蔵経』一七冊・九一三頁中）。
9　『梵網経』（『大正新脩大蔵経』二四冊・一〇〇四頁中）。
10　『円覚経』（『大正新脩大蔵経』一七冊・九一四頁上）。
11　『占察善悪業報經』巻下（『大正新脩大蔵経』一七冊・九〇七頁中）。
12　『法華経』（『大正新脩大蔵経』九冊・一九頁下）。
13　『大智度論』（『大正新脩大蔵経』二五冊・四一〇頁下）。
14　『大方廣佛華嚴經』（『大正新脩大蔵経』　十冊・八四四頁中）。
15　『法華経』（『大正新脩大蔵経』九冊・五〇頁上）。

結　章

本論では、中世における中日禅宗の交流の様相と展開について論究してきた。それが日本禅林の成立と展開に如何なる影響を与えることになったか、宗風（思想）の変化などに重点を置いて検討を加えることにした。また、本論の論述においては禅僧の語録を用いて教団・政治・文化等のかかわり合いについて考察し、独自の論を提示することができたと考えている。以下、各章ごとに論証しえたことについて述べ、最後に今後の課題をあげて締め括りたい。

まず、第一章「初期禅宗の展開とその思想的特質」では、初期の中世禅林において円爾と蘭渓は如何に主導的な役割を果したか、どのように影響力を発揮したかを明らかにしておくことにある。円爾は帰国するときに無準師範の親書の「仏祖宗派図」を受けている。円爾のこのような行動は中国禅宗の地位を日本において確認させることになった。日本禅宗の発展史からみても一大画期をなすものであった。また、円爾は渡来僧を積極的に受け容れ交流をはかった。このことが中世禅林発展の推進力となった。合せて円爾の活動の背景には中日の禅僧の間に頻繁な交流が存在したことも改めて考察してみた。

中国径山万寿寺の火災に際して円爾が謝国明らに依頼し、勧めて寄付を集め、万寿禅寺の復興のために檜材を送り、寄進しただけではなく、経済的援助も行ったことを明らかにした。この事実は『東福寺史』などにより知られているところであるが、さほど詳しい分析もなされていないのが実状である。その結果当時の中日宗教界において、とくに日本の禅宗にとって径山の地位が如何に高いものであったかも理解できた。「蘭渓道榜」と「大覚禅師省行文」にみられる通り、渡来した蘭渓道隆は日本の禅林に初めて厳格な清規を定めた人物である。そこには蘭渓の厳しい姿が表されており、このことも初期日本禅林の展開に大きな影響を与えることになったことを明らかにした。

蘭渓と円爾の『坐禅論』についての考察はさほど多くはない。広渡正利『聖一国師伝補遺』は、蘭渓と円爾における『坐禅論』の項目による比較を行っているが、内容とその特色とに関してはまったく論述していない。また、菅基久子「蘭渓道隆の『坐禅論』」は、仏教の因果と功徳の視点から分析をしている。さらに、吉原健雄「円爾における修行不要論」は両者を多少は比較しているが、本格的な分析を全面的に展開しているわけではない。本論では両者の差異を明確にするために「蘭渓道隆と円爾の『坐禅論』の比較対称表」を作成し、両者の差異を一覧表に表し、さらに、詳しく分析を試みた。また、両論の成立年代についても明らかにした。

円爾のものは蘭渓のものを殆んどそのままに書き下したものに過ぎない。蘭渓の『坐禅論』は禅僧たちにとって重要な持戒・禅定・解脱・成仏などについて論述している。しかし、それらは円爾のものではほとんど言及されていないのである。なお、蘭渓の唱える坐禅の「やり方」は円爾の『坐禅論』の中では一切触れられていない。

両者の『坐禅論』はほぼその旨趣を同じくするが、純粋禅の蘭渓は主に出家の弟子達に対してのものであり、教禅兼修の円爾はもっぱら九条道家という在俗者に開示したものであった。加えて、前者は臨済楊岐派松源派・無明慧性の法を継承し、後者は臨済楊岐派破庵派・無準師範の嗣法を受けている。要するに、二人の参学の経歴や性格、あるいは教示する対象などに異なる点があるので、その論点には異なる部分が生じているのである。そこに両者の禅風の特色が表われているといえよう。

時頼は禅の奥義を極めて悟道した最初の武士であったといっても過言ではない。したがって、武士の修養と参禅とは不可分の関係が出来ていくことになる。以降、禅宗は武士の積極的な保護をうけ、その発展の基礎を築くに至ったのである。時頼は禅寺の創建・所領寄進・禅僧の招聘などに力を尽くし、禅宗の発展に大きく貢献した。

つぎに、第二章「無学祖元の宗風と北条時宗の禅宗外護」で論述したことは、時宗の外護は中世禅林形成時においてどのような役割を担ったか、また、渡来僧は鎌倉において純粋禅の禅風を形成するについてどのように推進力を持ったのかを具体的にしておくことにあった。北条時宗の中世禅林への外護について、『円覚寺文書』の「北条時宗申文」・「北条氏時宗執事奉書」・「円覚寺年中寺用米注進状文書」などの史料により明らかにした。また、当時の円覚寺の創建の規模とその経済的な内容の史料を示すことができた。また、弘安四年、蒙古が来襲した、多忙を極めた時期に、時宗は「毎月」無学や諸禅僧と「相談」しているのである。このように見ると、時宗と渡来僧との関わりは参禅のみではなく、政治的なことを相談するような密接な関係であったことをも見ることができるのである。さらに、『仏光語録』によればこの前後六年間に、時宗と無学は三十八回も往来を繰り返しているのである。また、それが「祈風」・「祈雨」・「陞座」・「普説」などであったことを明らかにした。時宗の外護は中世禅林の発展に直接大きな影響を与えたことを明らかにしえたと思う。無学は祖師禅を挙揚して、修行僧に老婆心をもって教化している弟子の育成に成功している。このような教化の態度が仏光派の門派を大きく発展させた要因と考えられる。また、無学の宗風も中世禅林に対して極めて大きな影響を及ぼしたことは言うまでもなく。

宝塔を建立して、主に戦乱で亡くなった怨霊を供養して怨を親に転じる仏教的行為を「怨親平等」と称するが、鎌倉朝期と室町朝期に存在している。しかし、室町時代の足利尊氏の利生塔創立の趣旨は、宗教上の目的と、国家の安全を掌握し、地方の静謐を維持するという、政治的・軍事的に重要な意義を担っていたことを明らかにした。いずれにしても中世の禅林における王法と仏法の緊密な関係をうかがうことができるのである。

第三章「南浦紹明の禅風の特色とその展開」では、南浦は中世禅林において如何なる役割を果したかについて明らかにした。寛平六年（八九四）以来日本における遣唐使は廃絶されており、国家間の正式な交渉はなく、民間の交流には限られていた。宋の時代以降、中日の民間交流が盛んになり緊密な関係が保たれていた。『大応国師語録』「和蒙古國信使逍宣撫韻有東林遠之語二首」にある二つの偈頌からその様子をみることができる。また、『鎌倉遺文』「大蒙古國皇帝、差來國信使趙良弼」によると、南浦紹明は筑前興徳寺で松源派の禅法を挙揚するばかりではなかった。彼は九年間わたる在宋の経験をもって国際知識を生かした外交技術に能力を発揮した。鎌倉幕府は外交経験の不足を補強する人物として期待した。また、東福寺末寺の大宰府崇福寺は当時の外交政治に大きく貢献したことを明らかにした。このように南北朝期から室町時代に至り、外交対応はようやく五山の禅僧が担うようになっていったのである。

南浦紹明は筑前興徳寺に入寺しており、のちに嗣法香を焼いて虚堂の弟子であることを表明したことを証する書、ならびに入寺法語を西澗子曇に託して径山の虚堂智愚に呈したという説があるが、本論ではそれは事実ではないことを論証した。南浦紹明は帰国して建長寺の蔵主を担った。任職期間の中に蘭渓道隆の韻に和している。ほぼ文永五年～七年の間のある年の元宵（正月十五日）を祝うために詩文を賦したものと考えられる。このようなことは大休正念の語録にもみえており、大休と蘭渓との間でも「元宵放燈」に関しての詩文のやりとりが記載されている。中日の禅僧が交流する姿をうかがうことができた。

南浦紹明の宗風については、如来禅と祖師禅の異同を論ずることがあるが、それは無益な議論に過ぎない。それを証するために、とくに南浦紹明がよく唱えた「真実の参究」（参禅の方法）を取り上げて考察することにした。

また、弟子の宗峰に祖師禅が優位に立つことを主張している。南浦紹明の理想的叢林はまったく世俗的な誘惑を断り、修行者として自給自足の生活を目指すものであった。このような「不作不食」を主張する禅風は中世の叢林において極めて稀であったといえよう。南浦紹明は中国初期の禅宗教団の精神を宣揚していたことが見て取れるのである。のちの戦国時代になると、五山派に替って大徳寺と妙心寺の両派に代表される山林派が代わって隆昌してくるが、これは南浦紹明の禅風が大きな影響を与えているからである。

『大鑑清規』は、当時京都・鎌倉を中心に活動した臨済宗の禅僧たちの規範となった。第四章「清拙正澄と清規」では、とくに『大鑑清規』の当時における意義とそれ以前の諸清規との関係について考察を加えることにした。本論では『大鑑清規』と諸清規との関係を明確に表すために「『大鑑清規』における諸清規の引用一覧表」を作成した。まず、引用の情況から論究すれば、『大鑑清規』の中に引用された諸清規を見ると、『百丈清規』・『禅苑清規』・『校定清規』・『備用清規』の四清規が挙げられる。とくに『校定清規』が一番多く引用されている。また、「『大鑑清規』と諸清規の品目比較表」によって、『大鑑清規』と『校定清規』とは十六品目において全く同文であることを明らかにした。それらは儀式には関する品目である。清拙はとくに儀式を重要視する立場を取ったことを明らかにした。

『大鑑清規』の「叢林細事」以降の部分はほぼ清拙が来朝して建長寺、浄智寺、円覚寺、建仁寺、南禅寺などの住持を担った時期に次々と作成していったものであるということを論述した。なお、後世、『大鑑清規』をもとに『小清規』が作成されている。しかし、両者の内容を比較すると、「同様」・「増加」・「欠落」・「一部分同様」の部分が存在することを明らかにした。『大鑑清規』の「梅檀林須知」・「末後事儀」・「無隠和尚墨蹟」の部分は『小清規』の中に見られない。また、「月中毎日粥時念文」・「大鑑禅師小清規引」の内容は僅かに『小清規』の中に存在している。これらは明らかに新しく編集されたものである。なお、内容では同様なものであるが、項目名が変わっているものがある。すなわち、清拙の定めた清規は後世ではより日本の禅林に適した形で用いられるようになっていったことが明らかになった。

なお、清拙の『大鑑清規』が制定されたころは、当時の禅林で三時の諷経という形が形成されていた頃である。『大鑑清規』には「毎日三時諷経回向畢」と掲載されている。また、諸清規にはみられない濃厚な神祇信仰が取り入れられているのが『大鑑清規』の特色であることも明らかにした。清拙は、従来の中国諸清規そのままでは日本禅林に適用しにくい点があったので、それを解消させるために『大鑑清規』を定めたのである。この清規は大鑑の門派のみならず、広く日本の禅林で一般的行われたようである。日本の文化・社会・宗教などの情況を考え合わせて定めたものであることが明らかになった。清拙は寛容の態度でのそんだことが知られるのである。

第五章「曹洞宗宏智派東明慧日の渡来の意義」で考察したことは次のようである。当時、鎌倉の禅林の主流は臨済宗であった。このような状況は禅林の発展から言えば不完全な形であった。鎌倉五山禅林には、ただ臨済宗のみでなく、曹洞宗をも流布させようという貞時の考えがあった。さらに、曹洞宗宏智派は、十四世紀頃より貞時・高時の外護の下で中世の禅林において大きな僧団を形成したのである。

従来、東明慧日の渡来の年代については定説がなかった。また、「東明和尚塔銘」と「白雲山宝慶禅寺語録」は二つの史料を較べると一年の差がある。論究した結果、東明の来日の期日は延慶元年十二月八日以前である。清拙と東明の往来をみると、曹洞宗と臨済宗の両派が盛んに禅僧を交流させたことをうかがい知ることができた。また、『東明和尚語録』から東明慧日の各寺における住持期間も明らかにすることができた。

清拙の来訪を東明は「至人」と称している。これをみると、清拙を尊敬する態度がうかがわれる。両者は同様に中国から来日し、加えて、清拙は宋末元初の渡来僧の中では優れた人物といえる。そして、東明が清拙に尊敬の念を抱いていたことが分かる。これらをみると、曹洞宗と臨済宗の両派が盛んに禅僧を交流させていたことをうかがわせるのである。また、『東明和尚語録』から東明慧日の各寺における住持期間を明らかにすることができた。

つぎに、第六章「無象靜照の宗風と中世禅林における位置」では、伝衣菴記の一文が石に刻まれていることからみると、無象靜照は中国臨済宗・松源派石渓心月の法脈を日本に移植した人物である。伝衣は中日禅宗の交流史から言えば大きな意義をもっていたことを明らかにした。また、「我瓜葛之幸」とあり、無象は自分が北条氏一族の一員であることを非常な誉れと感じていることがわかる。時頼の時代に大休正念が渡来し、時宗の時代に至り、中国の渡来僧の中で最初に幕府から正式な招聘書を受けて無学祖元が渡来した。無象とどのような関連があるのかを推測することができた。初期鎌倉の禅林の発展に対して、無象が大きく貢献したことが明らかになった。

無学が建長寺に住した期間に無象が鎌倉を訪ねている。その期日について考察してみた。『仏光禅師語録』の上堂法語の配列によると、ほぼ弘安七年（一二八四）、初祖の忌辰（十月五日）から冬至小参（十一月中）の間のことになる。一方、無象の側からみれば、ほぼ大慶禅寺に住する期間に無学と会うことができたと推測できる。さらに『仏光語録』に「六七年内得見面」とあることから考えれば、弘安七年に無学と出会ったに違いない。

無象は禅宗と国家の相互の関係について、『興禅記』を作って解明している。その冒頭で圭峰の主張を引用しているが、その目的は明らかに天台と禅宗の調和をはかろうとしたことが考えられる。日本仏教においては王法と仏法の関係を正常にする調整が必要とされていた。なお、その内容から国家の盛衰と仏法とは緊密な関係にあると述べている。無象は仏法と王法の両者には相互依存の関係が必要であると主張していることを明らかにした。

鎌倉時代の臨済各宗派はほぼ中央権勢に連なって大きな教団を形成していたが、無本覚心は南紀や北陸の林下の教線の展開に寄与したことは注目すべきことである。第七章「無本覚心の宗風とその特質」では、密教的色彩、念仏の関係、神祇信仰とのかかわりについて論述した。まず、無本覚心の『年譜』・『縁起』の分析により、建長六年帰国後、伊勢大神宮に参拝した。また、西方寺の落慶法要を行ったとき、熊野権現を勧請して寺を庇護させている。また、熊野山に登ってもいる。彼が神祇信仰を取り入れることで展開を遂げていったことを明らかにした。無本覚心は悪魔に三帰依文を授けたことにして禅宗の布教に勤め、「愛染之行法」と「五大尊法」等密教の修法で現世利益を祈った。無本覚心は密教的色彩と神秘主義的修法をもって布教接化の手段としたことをその『年譜』、『縁起』、『法語』を用いて明らかにした。このような神人化度のやり方は、無本覚心の禅風の特色の一つと言える。

無本覚心の『年譜』・『縁起』には、念仏信仰に関する記載が全く見られないことを明らかにした。それは編者が意図的に省略したと推測できる。しかし、『法燈国師法語』の中で無本覚心の禅には念仏思想がみられるのである。また、紀州由良の宝満寺で無本覚心に参禅し問答したものである。無本覚心は一遍に「念起即覚」の文を示した。「念起即覚」の言葉は、すなわち『無門関』の四八則の公案の第二三「不思善悪」に「念起則覚弄精魂漢、禅家一切善悪都莫思量。念起即覚、覚之即失」とするのがそれで、無本覚心はとくに先師無門慧開の法を挙げて説明していることを明らかにした。無本覚心の念仏思想はただ法燈派に対して影響を与えただけではなく、一遍の時宗にも相当な影響を与えるものであった。また、禅宗と浄土はどちらがすぐれているか。無本覚心の立場から考察すると、参禅と念仏とはともに生死を超越するとする。しかし、参禅は「難行」であり、超仏・超祖することは容易にはできない。これに対して、念仏は「易行」であり、参禅をも含め、念仏によって必ず浄土に生まれるのである。また、参禅は念仏の障りにはならないし、念仏も坐禅を妨げないと強調している。明らかに、無本覚心は仏心宗の門派を嗣法するが、念仏の法門もすぐれていることを主張していることを明らかにした。覚心の坐禅儀は『禅苑清規』と較べると、坐禅の方法はほぼ同じであることが明らかになった。しかし、覚心は『坐禅儀』の中で特に公案禅を挙げて教化している。覚心は公案禅を重視する立場であったことがうかがわれる。無本覚心の禅風は真言密教とも融合し、持斎持戒によって信徒に念仏を勧めているのである。このような多面的な禅風が無本覚心の特色と言えよう。

室町時代に至って日本の五山制度は完成を遂げたが、夢窓の存在と無縁ではない。第八章「禅宗史上における夢窓疎石の思想とその位置」では、とくに夢窓が中世の禅林に如何に貢献したかを考察した。夢窓派は叢林に巨大な派閥を形成しているがその宗風の特質について詳細に分析することができた。『臨川家訓』からみると、叢林の規範は『禅苑清規』など諸清規と同様の部分もあるが、異なる部分もある。『臨川家訓』には室町時代の宗教・政治・経済・社会の情勢が反映されており、同時に、禅林規式の変遷が含まれているということを明らかにした。また、その内容からみると、臨川寺はまったく政治的色彩を脱して純粋に四時の坐禅を修行し、それに専念する道場になっていった。夢窓は個人的に理想的な教団を目指したのである。『西山夜話』では夢窓の禅風の特質があらわれていることを明らかにした。夢窓は、理致と機関とはただ月を見せるための指であり、門を開くために敲く瓦であり、僅かな手段に過ぎないという。その宗風の特色は「教」と「禅」が兼備されたものであり、寛容性をもったものであった。また、学問と坐禅すなわち解と行はともに重要視するが、むしろあくまでも解よりも行、学よりも坐禅実践を強調するのである。しかし、一方では禅法の中に文字論理の色彩ももっており、開放的な禅風が夢窓の宗風の特質であるといえる。

『夢中問答集』の編纂・刊行は、正法が流布することを最終的な目標としていることがわかる。さらに、夢窓はとくに大乗の修行者の立場から論述しており、男女の差にとらわれず、平等観を持っていたことが観察できる。このような大乗仏教の立場に立つの思想は本書の中に随所に見出すことができる。

なお、これらの考察を踏えて鎌倉期から室町期にかけての禅宗の流れを、渡来期(往来期)・展開期・成立期に区分してみた。つぎのようである。

鎌倉期から室町期にかけての中日禅宗の交流の時期から考察すれば、渡来期・展開期・成立期に分けられている。まず、渡来期（往来期）は、鎌倉初期における禅の伝法について禅密兼修の栄西、黙照禅の道元、顕密兼修禅の円爾は、いずれも禅を求めて主体的に入宋している。栄西や円爾が南宋から禅を伝えたとは言っても純粋禅を標榜するのみではなく、兼修禅とか、教乗禅とかいわれる。言わば、顕密体制に包摂された禅宗の姿であった。さらに、南宋末期における蘭渓道隆や兀菴普寧や大休正念や無学祖元などは渡来して純粋な祖師禅を挙揚することになる。この時期の渡来僧は日本の宗教界のみならず禅宗にも大きな影響を与えることになり、重大な歴史的意義をもったといえよう。このようなことが鎌倉時代の禅林にとって大きな役割を果した独自の禅風を形成させる要因となった。

つぎの展開期は、西の南浦昭明と東の高峰顕日が天下の「二甘露門」と称せられた時期である。南浦昭明が虚堂智愚の法を嗣いで「真実の参究」禅を挙揚した。林下の門派が今日まで存続している。道元の曹洞宗と南浦の臨済宗妙心寺派・大徳寺派の禅だけである。一方、戒律精厳の高峰顕日が祖師禅を挙揚した。その門下には俊材が輩出し、とくに夢窓とその門下が発展を遂げる一大門派を形成し、五山派の中心的存在となっている。高峰顕日がのちの禅宗界に如何に大きな影響力を持ったかを知るべきであろう。無本覚心が入宋して臨済宗楊岐派・無門慧開の法を嗣いている。その禅風は真言密教とも融合し、戒律の厳守も説き、民衆との接点に計るべく念仏門をも併せ持ち、民間信仰の神道にも共感するものをみいだしているのである。無本覚心の教化活動は時代の潮流に適合するために多面性の禅風を現れしているといえよう。如来清浄禅の無象静照が初期鎌倉の禅林の展開に対して大きく貢献している。また、仏法と王法の両者の相合依存の関係が正常化の必要性と主張しているのである。

成立期は、日本の禅林は入宋僧と渡来僧により禅を移植され、それが受容され変遷を遂げる中で当時の文化・政治・宗教などの影響を受けて融合し、自然な日本禅宗独自のものが形成されたと言える。まさしく、この時期を成立期と称することができるのである。この成立期を代表する人物として夢窓疎石をあげることができる。夢窓疎石の禅風は禅密兼修と教禅合一がその特色といえよう。また、教団の運営が組織化され、僧侶養成の関係から受戒の制度が確立さていった。室町期の五山僧は夢窓派が過半を占めている。これに対して、林下の宗峰妙超は、とくに祖師禅が如来禅より上位にあることを説き、さらに、「大灯三転語」を挙揚して独自の公案を形成した。夢疎と宗峰はともに臨済宗であり、幕府・朝廷の中枢に布教の拠点を拡大していった。いうまでもなく、五山官寺制度・受戒・一流相承制度・寺院の組織化・政治権力と禅宗の関係など独自性が豊かな日本の禅宗が成立したといえるのである。

以上、本論は上記の通り八章からなるものであるが、中日禅宗交流史の研究にとって教団・政治・文化に関する面で重要な課題について、いくつかの新事実を明らかにすることができたと思う。しかし、本研究は様々な課題の一端を明らかにしたものにすぎない。その成果を基にして今後課題の研究を進展させ、その全体の解明に向って更なる努力を重ねていく所存である。

今後の課題

今後は、禅寺の行事・儀式などの面で、日本の禅宗において中国の修法がどのように採用され、どのように展開したか、そしてそれが如何なる影響を後世に与えたかについて考察を加えていく必要があると考えている。

また、五山派は幕府権力と深くかかわり、その保護をうけて繁栄した。しかし、戦国時代に入なると山林派が代わって隆盛となり、中世・近世・近代にかけて日本の文化の中で大きな役割を演ずることになったのである。このような時代の変遷の中で、それらの門派の末流がどのような展開を遂げていったかを解明してみる必要があろう。以上の点を今後の研究の課題としたい。

索　　引

[け]

[こ]

[さ]

[し]

著者略歴

釈　会忍（しゃく　かいにん）

1959年　台湾高雄市に生まれる

博　士　（歴史・駒澤大学）

現　在　高雄市立空中大学准教授

　　　　元亨仏学院教務長

著　書　『菩妙老和尚』（国史館、2008年）

　　　　『元亨寺志』（打鼓巖元亨出版社、2010年）

　　　　『高雄市仏教会―65周年記念特刊』（高雄市仏教会、2012年）

中世の中日禅宗交流史

平成27年８月１日　印刷

平成27年８月11日　発行

著　者　釈　　　会　忍

発行者　浅　地　康　平

印刷者　小　林　裕　生

発行所　株式会社　山喜房佛書林

〒113-0033　東京都文京区本郷5-28-5

電話(03)3811-5361　振替00100-0-1900

ISBN978-4-7963-0256-2　C3015